KB190798

성 경 6 6 권   핵 심 설 교

성경 숲 설교

구약편

다바르
Dabar Bible School

김 진 명

(장로회신학대학교 구약학 교수, 목회전문대학원장)

〈성경 숲 설교〉는 창세기에서 말라기까지 39권으로 구성된 구약 각 권의 주요 본문을 중심으로 마련된 설교 형태의 글입니다. 이 책을 통하여 저자는 개혁교회 전통의 목사와 학자로서 목회자의 성경 묵상과 숙고와 연구의 결과를 세상에 소개해 주고 있으며, 목회자와 성도들 모두가 함께 공유할 수 있는 또 하나의 선물을 우리에게 전해주고 있습니다.

책의 내용을 따라 마치 한 편의 설교 말씀을 듣는 마음으로 읽어가다 보면, 독자들은 어느새 구약의 넓고 넓은 숲을 좋은 여행 안내자 혹은 숲 해설가와 함께 여행한 것과 같은 마음으로 성경말씀의 흐름과 멋지고 큰 그림을 머릿속에 그려보게 됩니다. 창세기 17장 본문으로 시작되는 "아브라함의 하나님이 왜 나의 하나님이 되는가?"라는 제목의 첫 번째 본문 설교문은 창세기의 성경 말씀에 대하여 풀어서 설명해 주는 이야기로서, 믿음의 주제를 구약 본문과 신약 본문과의 연결된 맥락 속에서 살펴보면서, 저자의 안내처럼 하나님을 바라보는 방향으로 나아갈 수 있게 합니다. 출애굽기 19장 본문과 레위기 19장 등의 본문 설교와 이어진 책별 성경 해설의 구성과 특징도 유사합니다.

그 느낌은 때로 마치 무더위 속에서 냉수 한 그릇을 마시는 것과 같은 경험이 되기도 하고, 추운 날씨 가운데 따뜻한 차 한잔을 마시는 느낌처럼 경험하게 될 때도 있습니다. 독자들은 찻자리를 떠날 때 남는 '차 향기'와 같은 여운과 '커피 향'과도 같은 기분 좋은 독서의 경험을 하기도 하면서, '성경 숲'을 차분하고 평안한 마음으로 여행해 갈 수 있을 것입니다.

구약성경에서는 포로귀환 공동체의 지도자였던 에스라에 대하여 "하늘의 하나님의 율법에 완전한 학자 겸 제사장"(스 7:12)이라고 불렀습니다. 이 책의 저자는 어떤 면에서 그러한 성경 시대 성직자의 전통을 이어가는 '목회자 겸 학자'로서, 우리에게 어렵게 느껴질 수 있는 구약성경을 목회자의 마음을 가지고 설교로 풀어서 설명해 주고 있습니다. 저자의 초대에 응답하여, 여행하는 마음으로, '성경의 숲'을 산책하기 원하는 이들에게 이 책을 추천하고자 합니다.

임 경 묵

(다바르 말씀사역원 원장, 주향교회 담임목사)

매주 성경 66권을 한 권씩 설교하는 것이 가능할까 하는 염려가 있었지만 어느새 구약을 마치고 신약을 설교하고 계신 지금, 이제는 마지막 설교에 대한 기대감이 있습니다. 걱정은 사라지고, 기쁨과 감사, 기대와 놀라움이 가득합니다.

안남기 목사님의 '성경 숲 설교'는 목사님뿐만 아니라 저에게도 깊은 의미를 가지고 있습니다. 보통의 추천서는 부탁을 받아 쓰게 되지만 이번 추천서는 자원하여 썼습니다. 여기에는 나름대로 큰 이유가 있습니다.

안남기 목사님의 이번 '성경 숲 설교'는 '다바르 말씀사역'의 연속이며, 확장이 되기 때문입니다. 많은 정회원이 있지만 아직 직접 모든 말씀 학교에 참여하는 사람들은 많지 않음에도 불구하고 성실하고, 신실하게 모임에 참석하셨고, 마침내 '성경 숲 설교'는 다바르 말씀학교의 또 하나의 결실이 되었습니다.

'구조는 곧 메시지다'라는 다바르 말씀학교의 모토를 '성경 숲'으로 재해석하였으며, 다소 도식적일 수 있는 성경의 구조적인 딱딱함을 설교에 담아 풀어내었습니다. '한 절'을 설교하고, 성경의 '단락'을 설교하고, 어떠한 목회자는 과감하게 성경의 '몇 장'을 설교하기도 하지만, 성경 '한 권'을 통으로 설교한다는 것은 성경을 충분히 이해하고 있지 않고는 무모하며 불가능한 도전일 수밖에 없습니다. 그러므로 아마도 누군가는 별 기대감 없이 이 책을 읽을 수도 있을 것입니다. 그러나 저와 이 책을 읽어본 사람만이 고백할 수 있는 것은 정말 잘 썼다는 탄식입니다.

막연하게 알고 있는 성경의 흐름을 일목요연하게 정리하였으며 그 내적인 의미까지 드러냄으로 믿음의 사람들에게는 영적인 카타르시스를 느끼게 합니다. 성경을 읽지만 이해하지 못하는 답답함의 체증이 사라지고, 성경 한 권 한 권이 가지고 있는 다양한 풍성함을 보게 합니다.

설교자로서 아쉬운 것은 때때로 창세기를 설교하면서도 창세기를 보여주지 못하고, 출애굽기를 설교하면서도 정작 출애굽기 자체를 보여주지 못하는 한계입니다. 한 편의 영화를 보더라도 끊어 보지 않고 통으로 보듯, 성경은 어떠한 부분에 있어서는 전체를 보아야 합니다. 신약의 서신서를 보더라도 편지라고 하면서도 여전히 한 장을 이해하는 것조차 힘들어하는 것은 누구의 잘못인지 알 수가 없습니다.

이번 '성경 숲 설교' 실제적인 설교의 현장을 그대로 담아 글로 재현하였습니다. 애초 처음 설교의 현장부터 불필요한 예화를 과감하게 삭제하였기에 유튜브로 확인할 수 있는 선포된 설교와 글로 기록된 '성경 숲 설교'는 크게 다르지 않습니다. 이는 선포 사역의 연속과 연장으로 설교를 음미함에 도움을 줍니다.

성경을 연구하는 목회자나 성경을 알기 원하는 성도들에게 이번 '성경 숲 설교'는 귀한 메시지이며 또한 선물입니다. 기쁜 마음과 자랑스러운 마음으로 이 귀한 책을 많은 분들에게 소개하며 작은 자를 들어 하나님의 큰일을 감당하게 하시는 하나님께 영광을 돌립니다.

오늘날 한국 기독교는 대중에게 주목받는 집단이 되었습니다. 대부분 부정적인 기사의 내용입니다. 일부 기독교인들의 자극적인 유튜브 뉴스, 남북문제, 동성애 입장, 교회 내 가족 목회 승계 등의 첨예한 이슈에 대해서 거침없는 목소리를 내고 있습니다. 이에 대하여 목회자들뿐만 아니라 대중의 입장도 첨예하게 갈리고 있습니다. 이런 양극화된 상황 속에서 한국교회는 세상을 향해 치유와 회복, 생명의 메시지를 어떻게 전해야 할까요? 더불어 한국교회는 교인들의 탈교회 현상이 두드러지게 나타나고 있습니다. 가나안 성도라는 용어가 희화적으로 사용되고 있습니다. 왜 교회를 떠났을까요? 설교자로서 스스로 대답해봅니다.

성경 숲 설교는 주일 오후에 예배를 드리는 공유교회 목회자의 메시지입니다. 코로나가 창궐할 때 개척교회를 시작했습니다. 교회 건물 유지가 우선인 것 같은 개척목회 환경에서 공유교회로의 전환과 코로나 상황은 온라인 설교 사역의 기회가 되었습니다. 작은 교회의 강소형 사역을 위해 선택과 집중이 요구되는 상황 속에서 매주 성경 66권을 차례대로 숲으로 보고 통으로 핵심 메시지를 전한 것입니다. 저에게 가나안 성도들을 향한 마음을 주셨습니다. 이들에게 성경이 하나님의 말씀으로 들려질 수 있다면 어떤 상황 속에서도 믿음을 지킬 수 있을 것이라는 확신입니다. 구약의 말씀을 전하고 나니 성경 숲 설교의 세 가지 특징이 보입니다.

첫째, 성경 숲 설교는 시대 상황과 문화를 초월해서 성경 텍스트의 보편적 의미의 메시지로 시대를 상대화시키는 설교라 할 수 있습니다. 하나님께서 성경 저자들을 통해서 들려주셨던 텍스트의 말씀을 그대로 보여주고자 노력하였습니다. 설교는 어느 누구나 어떤 정치적이고 사회적인 입장이 있다 하더라도 말씀 안에서 이해하고 결단하여 그리스도인으로 살아가도록 하는 절대적인 것이 되어야 하기 때문입니다. 따라서 성경 숲 설교에는 예화가 보이지 않습니다. 30분 안에 각 권의 전체의 메시지를 담아야 하기 때문입니다.

둘째, 성경 숲 설교는 신학이 있습니다. 메시지에는 신학이 있어야 합니다. 창세기에서 요한계시록까지 삼위일체 하나님이 어떤 분이신지, 하나님이 어떻게 구원의 역사를 이루셨는지를 각 권별로 밝히고자 했습니다. 성경의 중심 예수 그리스도를 증거한 설교입니다. 기승전 모든 결론은 구속의 드라마를 진행하시는 하나님의 놀라운 역사를 전할 수 있었습니다. 역시 성경은 하나님의 말씀입니다. 설교는 하나님 말씀을 전하는 것입니다. 설교자는 성경이 하나님의 말씀으로 들려지도록 쓰임 받는 말씀의 종입니다. 언어로 전달될 때 성령의 감동과 글로 기록될 때 지혜의 영으로 충만케 해주셨습니다.

셋째, 성경 숲 설교에는 메시지 안에 상담에서 일어나는 흐름을 적용하려고 노력하였습니다. 치유 설교란 단순히 우울증, 분노, 자존감, 죄책감, 수치심 등의 심리적 주제를 다루는 설교가 아닙니다. 목회자들보다 더 많은 심리학적, 과학적, 인문학적 지식을 소유한 그리스도인들에게 얕은 지식으로 정보를 제공하는 메시지는 오히려 성도들을 근심 속으로 이끌 수 있다는 것입니다. 그럼에도 진정성 있는 설교를 듣고 개인적인 상담을 받았다는 느낌을 갖게 된다면 분명 치유적 효과라 할 수 있을 것입니다. 상담을 전공한 목사로 메시지의 흐름 안에 질문과 공감, 말씀으로 직면하고 '아하' 하는 상담의 과정이 스며들도록 하였습니다.

매주 숲 설교를 전하면서 설교 시간이 강의와 세미나 시간으로 흘러갈 수 있다는 것을 경계하였습니다. 자칫 오늘의 상황에 맞지 않는 과거의 이야기로 들려지지 않기를 바라면서, 그렇다고 오늘의 정황에 맞게 하려다가 하나님 말씀의 의도를 희석시킬 수 있음을 의식하였습니다. 설교 강단에서 설교자의 로고스, 파토스, 에토스를 담아 성령의 감동을 기대하면서 한 주 한 주 마음을 전하였습니다. 분명한 것은 성경이 하나님의 말씀으로 들려진다면 그 어떤 문제나 상황 속에서도 소망을 말할 수 있을 것입니다. 여전히 교회가 희망이라 말할 수 있게 될 것입니다.

　　말씀으로 나를 부르신 하나님께서 말씀을 맡겨주심이 얼마나 복된 인생인지 매주일 강단에 설 때마다 고백할 수 있음이 기쁘고 감사할 뿐입니다. 하나님께 영광을 돌립니다.

차 례

아브라함의 하나님이
왜 나의 하나님이 되는가?

1 아브람이 구십구 세 때에 여호와께서 아브람에게 나타나서 그에게 이르시되 나는 전능한 하나님이라 너는 내 앞에서 행하여 완전하라 2 내가 내 언약을 나와 너 사이에 두어 너를 크게 번성하게 하리라 하시니 3 아브람이 엎드렸더니 하나님이 또 그에게 말씀하여 이르시되 4 보라 내 언약이 너와 함께 있으니 너는 여러 민족의 아버지가 될지라 5 이제 후로는 네 이름을 아브람이라 하지 아니하고 아브라함이라 하리니 이는 내가 너를 여러 민족의 아버지가 되게 함이니라 6 내가 너로 심히 번성하게 하리니 내가 네게서 민족들이 나게 하며 왕들이 네게로부터 나오리라 7 내가 내 언약을 나와 너 및 네 대대 후손 사이에 세워서 영원한 언약을 삼고 너와 네 후손의 하나님이 되리라 8 내가 너와 네 후손에게 네가 거류하는 이 땅 곧 가나안 온 땅을 주어 영원한 기업이 되게 하고 나는 그들의 하나님이 되리라

숲으로 전하는 창세기

본문 : 창 17장1-8절

성경을 펼치면 그 첫마디가 "태초에 하나님이 천지를 창조하시니라"는 선언으로 시작합니다. 그래서 성경 첫 번째 책의 제목을 창세기, 세상 창조의 기록이란 의미의 제목을 붙인 것 같습니다. 그런데 창세기를 읽다 보면 창세기의 제목이 어색하다는 생각을 하게 됩니다. 물론 창세기는 하나님께서 세상을 창조하신 일에 대한 회고를 담고 있습니다. 창세기 3장에 죄의 기원을 알 수 있는 아담과 하와의 범죄한 사건도 나타납니다. 하지만 대부분 믿음의 조상이라 불리는 아브라함과 이삭과 야곱, 그리고 요셉 이야기를 중심으로 한 이스라엘 선조들의 이야기라 할 수 있습니다.

그래서 우리말 성경에는 창세기로 되어 있지만, 오히려 기원의 책이라 하면 더 좋아 보입니다. 그래서 헬라어 성경에는 '제너시스'라 이름을 붙이고 있습니다. 천지와 만물의 기원, 사람의 기원, 가정의 기원, 죄의 기원, 인류의 기원, 이스라엘의 민족의 기원 등과 같은 의미를 담은 제목이라 할 수 있습니다. 특별히 창세기는 아브라함, 이삭, 야곱, 그리고 야곱의 열두 아들의 이야기를 통해서 어떻게 이스라엘이란 나라가 형성되었는지 알 수 있습니다.

우리가 성경 66권 어떤 책을 읽어도 이 이야기가 하나님의 구속의 역사에 어떠한 면을 보여주고 있는지를 살필 수 있어야 하고, 무엇보다 성경이 증거하고 있는 하나님이 바로 나의 삶을 주관하시는 하나님을 발견할 수 있어야 합니다. 따라서 창세기를 읽으면서 아브라함과 그의 선택된 백성인 이스라엘을 통해 인류를 구원하고자 하는 하나님의 계획을 읽지 못하면 단순한 위인전과 같은 이야기에 불과합니다. 그리고 성경에 나타난 이 믿음의 사람들처럼 되어야 한다는 모범적인 교과서와 같은 책도 아닙니다. 아브라함과 이삭과 야곱과 요셉과 열두 아들처럼 살자 한다면 말이 안되는 사건들이 많습니다.

창세기 안에서 위대한 하나님의 놀라운 창조와 구원의 청사진의 이야기를 시작해봅시다. 아브라함 이야기 전에 여러 사건이 있었지만 아브라함의 사건으로부터 하나님의 구원의 역사가 시작이 됩니다. 놀라운 구원의 이야기는 하나님이 한 사람 아브라함을 부르시고 그에게 약속하시고 축복하시는 말씀으로 시작하고 있습니다.

하나님은 창세기 12장에서 아브라함을 부르시면서 "너로 큰 민족을 이룰 것이다, 네 이름을 창대하게 할 것이다, 땅의 모든 족속이 너로 말미암아 복을 받을 것이다" 하는 약속을 하셨습니다. 그러나 상황은 어떠했습니까? 스데반은 하나님이 주시기로 약속하시고 명령하신 그 땅은 발붙일 만한 땅도 유업으로 주지 않고, 자식도 없는 아브라함과 그 후손들에게 주셨다고 해석을 하고 있습니다. 그러나 하나님의 의지가 너무나 확고해 보입니다. "내가 너에게 이른다, 떠나라, 가라, 그리고 내가 이렇게 할 것이다" 하는 명령과도 같은 말씀이었습니다. 아브라함의 나이 75세 때, 성경은 하나님께서 말씀하신 약속을 믿고 고향을 떠날 결심을 하고 그 땅으로 출발합니다. 그 이후에 하나님은 창세기 15장에서 아브라함을 이끌고 밖으로 나가 하늘을 보여주면서 하늘의 별과 같이 바다의 모래와 같이 셀 수 없는 자손을 이루실 것을 또다시 약속하셨습니다.

성경은 이와 같은 하나님의 약속의 말씀에 대하여 분명히 아브라함이 믿었다고 증거합니다. 그래서 여호와께서 이 믿음을 그의 의로 여기셨고, 훗날 야고보서 기자가 아브라함을 '여호와의 벗'이라 칭함을 받았다고 기록해주고 있습니다.

분명, 아브라함 이야기 중에서 중요한 주제는 '아브라함의 온전한 믿음, 순종으로 나타난 그의 결단"이라 할 수 있습니다. 아브라함 이야기 속에 나오는 사건 몇 가지가 증거가 됩니다.

첫 번째는 하나님이 자신을 부르셨을 때에 미지의 세계를 향해 약속의 말씀을 품고 길을 나섰다는 이야기로 시작합니다, 성경은 하나님의 명령에 갈 바를 알지 못하면서도 순종했음을 강조하고 있습니다. 그리고 남방으로 이동하는 동안에도 노아가 제단을 쌓아 예배했던 것처럼 아브라함도 여호와의 이름을 부르며 예배했습니다.

두 번째는 창세기 14장의 이야기입니다. 당시 사해 근방 도시 국가들 사이에 전쟁이 있었는데, 아브라함이 전쟁에서 잡혀간 조카 롯을 구하기 위해 318명을 이끌고 전쟁에서 승리한 후에, 제사장 멜기세덱을 만나 축복을 받고, 전리품의 십분의 일을 제사장에게 바치는 이야기입니다. 십일조를 통하여 하나님께 감사한 것이고, 제사장으로서의 멜기세덱을 인정한 것입니다. 이 멜기세덱에 대해서는 성경에 자세한 기록은 없지만, 히브리서에 대제사장되신 예수 그리스도의 예표로 평가되었던 위대한 인물이었습니다.

세 번째는 창세기 22장의 이야기입니다. 100세에 아브라함에게 주신 사랑하는 독자 아들 이삭을 하나님께 드리라는 아주 거친 하나님의 시험 앞에서 순종함으로 아브라함의 믿음은 다시 한번 확증이 되었습니다.

그런데, 성경은 성경을 읽는 사람들을 긴장시킵니다. 하나님이 반복해서 약속하시고, 여러 번 하나님의 큰 그림을 보여주고 있지만, 계속해서 그 약속을 믿지 못하고 생명의 두려움과 생존을 위한 전략을 취하는 반응 사이에 갈등이 반복해서 나타나고 있다는 것입니다. 약속의 말씀과 현실 사이 긴장이라 할 수 있습니다.

첫 번째 만난 위기가 무엇이었습니까? 아브라함이 들어가 살았던 가나안 땅에 기근이 생겨 애굽으로 내려갔을 때 발생한 사건입니다. 아브라함이 아내를 누이라고 속인 사건이었습니다. 이 사건은 생존을 위한 전략이었습니다. 그런데 이 전략은 더 큰 위기를 만들고 말았습니다. 이런 상황에서 하나님은 바로와 그 집에 큰 재앙을 내리셔서 아브라함과 사라를 구해내십니다.

두 번째 위기는 아브라함이 하나님으로부터 약속을 받은 10년 후에 85세가 되었을 때에도 자식이 하나도 없었던 상황이었습니다. 창세기 16장 2절에 보면, 사래가 "여호와께서 내 출산을 허락하지 아니하셨다"는 자기 확신을 아브라함에 말합니다. 얼마나 속이 탔겠습니까? 가는 세월, 약해지는 기력이 염려되어 아브라함의 아내 사라가 아브라함에게 "아무리 기다려도 아들이 주어지지 않으니 종을 통해서 아들을 낳으시지요" 하는 의견을 제시합니다. 당시 관습과 상황을 이해한 그럴듯한 제안입니다. 아브라함이 사래의 말에 어떻게 반응했을까요? "사래의 말을 들었다" 하였습니다. 그래서 이듬해인 86세에 아브라함이 사래의 종 하갈을 통해서 아들을 낳는데, 그 이름이 이스마엘이었습니다. 그런데 사래와 하갈에게 찾아온 것은 서로를 향한 멸시와 학대였습니다. 이 사건으로 보면 아브라함은 믿음의 사람이라 불리기가 어려운 사람입니다. 하나님의 약속이 파기된 것 같습니다.

그런데 본문의 말씀은 아무 기록이 없이 13년이 지난, 아브라함이 99세가 되었을 때 하나님께서 다시 찾아오셔서 약속을 확인시켜주십니다.

"보라 내 언약이 너와 함께 있으니 너는 여러 민족의 아비가 될지라, 내가 너로 심히 번성하게 하여 내가 네게서 민족들이 나게 하며 왕

들이 네게로부터 나오리라"(창 17:7)

하나님의 약속의 말씀을 듣고서도 아마도 아브라함과 사라는 "하나님 됐거든요, 제 나이도 그렇구요, 지금 이 정도면 잘 살고 있는데요, 이미 있는 자식 이스마엘이나 하나님 앞에 잘 살았으면 좋겠습니다" 하는 마음이었던 것 같습니다. 그러나 하나님의 계획은 이들의 생각과 달랐습니다. 아브람은 이스마엘을 하나님께서 약속하셨던 자식으로 간주하고 만족하고 있었지만, 하나님의 계획은 아니었습니다. 드디어 하나님의 때가 이른 것입니다. 하나님은 자신의 약속을 다시 확인시키시고 언약을 통해 더 견고히 하십니다. 하나님은 아브람을 찾아오셔서 자신을 밝히십니다. 어떤 말씀을 하셨습니까? 나는 전능한 하나님이라 밝히셨습니다. 하나님은 그 누구와도 비교할 수 없이 강하고 무한한 능력을 가지신 분이심을 강조한 것입니다.

"아브람이 구십구 세 때에 여호와께서 아브람에게 나타나서 그에게 이르시되 나는 전능한 하나님이라 너는 내 앞에서 행하여 완전하라 2 내가 내 언약을 나와 너 사이에 두어 크게 번성하리라"(창 17:1)

고통스러운 나날을 살던 아브라함에게 하나님께서 나타나셨습니다. '나타나다'라는 단어는 세 가지 의미가 있습니다. 하나는 '들으셨다'라는 뜻입니다. 하나님께서 13년간 고통 속에 있던 아브라함의 신음을 들으셨습니다. 두 번째는 '다 보셨다'입니다. 세 번째는 하나님께서 아브라함에게 '찾아오셨다'라는 뜻이 담겨 있습니다. 아브라함의 신음을 들으시고 고통을 보시고 불쌍히 여기시사 그에게 친히 찾아와 주신 것입니다. 그래서 결국, 놀라운 일이 일어난 것입니다. 그 이듬해 고목나무처럼 말라버린 노부부가 아들을 낳았습니다. 하나님이 약속하신 때에 약속하신 방법대로 아들이 주어진 것입니다. 이삭은 약속의 자녀로 때가 되었을 때 하나님께서 주신 것입니다.

우리가 아브라함에 대한 성경 이야기를 함께 찾아보았는데, 솔직히 몇 가지의 질문이 생길 것 같습니다.

그리스도인들이 왜 아브라함의 이야기를 왜 읽어야 합니까? 나는 한국 사람인데 이스라엘 민족의 조상이라 할 수 있는 아브라함과 어떤 관계가 있는 것입니까? 왜 아브라함의 하나님이 나의 하나님이 되는 것일까요? 그 이유를 7절에서 발견하게 됩니다. 이 언약은 하나님과 아브라함 사이에만 맺어진 것이 아니라 하나님과 앞으로 태어날 아브라함 후손들 사이에도 유효한 것입니다.

"내가 내 언약을 너와 네 대대 후손 사이에 세워서 영원한 언약을 삼고 너와 네 후손의 하나님이 되리라"(창 17:7)

하나님께서 사도 바울을 통하여 그 이유를 아주 선명하게 말씀해 주셨습니다.

"그에게 의로 여겨졌다 기록된 것은 아브라함만 위한 것이 아니요 의로 여기심을 받을 우리도 위함이니 곧 예수 우리 주를 죽은 자 가운데서 살리신 이를 믿는 자니라"(롬 4:23)

아브라함을 통해서 위대한 하나님의 구원의 사역을 시작하셨습니다. 창세기 12장에 약속하신 말씀대로 땅의 모든 족속이 너로 말미암아 복을 얻을 것이다 하신 약속을 이루셨습니다. 아브라함에게 약속하셨던 그 놀라운 구원의 역사를 아브라함의 자손 예수 그리스도를 통해서 모든 민족과 열방이 구원을 얻게 된 것입니다. 그래서 아브라함의 이야기를 읽을 때 생생하게 들려지는 것은 바로 그 약속이 나에게까지 이르게 된 하나님의 영원한 언약이기 때문입니다.

이 놀라운 약속의 성취로 말미암아 이루어지게 될 마지막 청사진의 장면은 어떤 모습일까요? 저는 이 말씀을 대할 때마다 위로와 소망의 말씀으로 확신하게 됩니다.

"이 일 후에 내가 보니 각 나라와 족속과 백성과 방언에서 아무도 능히 셀 수 없는 큰 무리가 나와 흰 옷을 입고 손에 종려 가지를 들고 보좌 앞과 어린 양 앞에 서서 큰 소리로 외쳐 이르되 구원하심이 보좌에 앉으신 우리 하나님과 어린 양에게 있도다 하니"(계 7:9-10)

우리가 아브라함 이야기를 읽을 때마다 아브라함의 믿음에 집중을 합니다. 아브라함이 믿었다! 아브라함의 믿음을 강조하고 모범적인 믿음의 조상이라 하지만, 아브라함은 믿음의 대상이 아니고, 우리의 완전한 모델도 될 수 없습니다. 아브라함을 보는 것이 아니라, 아브라함의 하나님, 이러한 아브라함을 통해서도 구속의 역사를 이루신 하나님, 아브라함에게 다시 찾아오신 하나님, 아브라함에게 약속하신 것을 지키신 신실하신 하나님, 그리고 아브라함을 축복하셨던 하나님을 바라보는 것입니다.

성경은 온통 약속한 것을 반드시 지키시는 하나님을 증거해 주고 있습니다. 성경을 읽어야 하는 이유입니다. 그리고 사람들이 어떻게 반응했는지도 중요하지만, 그 한 사람을 어떻게 부르시고, 어떻게 하나님의 구원의 드라마를 펼쳐 나오셨는지, 마지막 구원의 완성은 어떻게 이루어질지를 살펴보면 그 크신 하나님! 놀랍고도 놀라운 신비한 구원의 청사진을 갖고 마침내 그 일을 이루신 하나님을 발견할 수 있을 것입니다.

이 시간, 하나님의 약속이 점점 희미하게 느껴지고, 모든 희망과 의욕이 사라지고 있는 성도님들에게 아브라함에게 하나님께서 다시 찾아오셔서 약속의 말씀을 하셨던 것처럼 하나님의 약속의 말씀이 들려지기를 간절히 바랍니다. 100세 된 아브라함에게 찾아오셔서 약속을 지키시는 하나님을 바라봅시다. 전능하신 하나님은 손자 야곱에게도 다시 나타나 그 약속을 확인시켜 주셨습니다. 황량한 벧엘 들판의 야곱에게 "나는 전능한 하나님이라 생육하며 번성하라 한 백성과 백성들의 총회가 네게서 나오고 왕들이 네 허리에서 나오리라"(창 35:11)고 하시며 그를 축복하셨습니다. 모든 것이 불가능하다고 생각되는 시간, 여기가 끝이라고 느껴지는 절망의 시간, 모든 것을 포기해야 할 만큼 늦은 때 하나님은 전능하신 분으로 나타나셨습니다.

믿음은 자기 신념이 아닙니다. 그런데 신념 중에서 그럴듯하지만 아주 왜곡된 신념이 많다는 것입니다. 우리가 좌우명이라고도 하고, 자기 확신이라고 하는 것 중에 삶을 불행으로 이끄는 신념이 있다는 것입니다. 믿음은 우정이 아닙니다. 우정은 이 땅에서 얻을 수 있는 행복 중에 정말 큰 행복입니다. 그러나 때로 우정은 정말 사소한 것 때문에 소원해질 수 있습니다. 더 나아가 사람은 결코 믿음의 대상이 될 수 없습니다. 사람은 돌봄과 사랑의 대상이지 결코 신뢰의 대상은 될 수 없습니다. 하나님 앞에 의롭다 할 사람이 아무도 없습니다. 믿음은 막연한 기대가 아닙니다. 어떤 사람들은 막연하게 내일이면 좋아지겠지! 하는 기대를 갖고 있습니다.

믿음이란 아브라함의 하나님이 나의 하나님이심을 믿는 것입니다. 아브라함의 생애 속에 나타난 위기와 갈등 가운데에서 하나님은 개입하시고 다시 약속을 반복하여 확인시켜 주시면서 아브라함에 주신 약속을 이루시고야 마시는 하나님, 수많은 믿음의 선진들에게 전능하신 분으로 나타나신 하나님은 지금 저와 여러분의 삶 속에서도 동일하게 나타나 역사하시는 분이심을 믿는 것입니다. 아브라함의 하나님께서 나타나 역사하셨던 것처럼, 분명 우리의 믿음의 여정에도 역사하실 것입니다. 이 믿음으로 승리하시기를 간절히 바랍니다.

너희는 내 백성이라

1 이스라엘 자손이 애굽 땅을 떠난 지 삼 개월이 되던 날 그들이 시내 광야에 이르니라 2 그들이 르비딤을 떠나 시내 광야에 이르러 그 광야에 장막을 치되 이스라엘이 거기 산 앞에 장막을 치니라 3 모세가 하나님 앞에 올라가니 여호와께서 산에서 그를 불러 말씀하시되 너는 이같이 야곱의 집에 말하고 이스라엘 자손들에게 말하라 4 내가 애굽 사람에게 어떻게 행하였음과 내가 어떻게 독수리 날개로 너희를 업어 내게로 인도하였음을 너희가 보았느니라 5 세계가 다 내게 속하였나니 너희가 내 말을 잘 듣고 내 언약을 지키면 너희는 모든 민족 중에서 내 소유가 되겠고 6 너희가 내게 대하여 제사장 나라가 되며 거룩한 백성이 되리라 너는 이 말을 이스라엘 자손에게 전할지니라

숲으로 전하는 출애굽기

본문 : 출 19장1-6절

혹자는 인류의 최대 행복은 하나님의 말씀이 문자로 기록되어 성경으로 우리 손에 들려진 것이라 말하기도 하였습니다. 더 놀랍고 신비한 것은 우리는 66권의 성경 안에서 서로 다른 색깔과 느낌으로 하나님을 만날 수 있다는 것입니다. 성경의 하나님은 말씀하시는 하나님이십니다.

창세기의 핵심 메시지는 아브라함을 부르시고 땅과 자손과 민족의 축복을 약속하시면서 하나님의 구원의 역사를 시작하셨다는 것입니다. 설교의 핵심 주제는 아브라함의 하나님이 나의 하나님이심을 확신하는 것이 믿음의 본질이라 전하였습니다. 출애굽기에 나타난 하나님의 구원의 이야기를 나누도록 하겠습니다.

출애굽기를 제목만 보고 단순히 이스라엘 민족이 애굽으로부터 해방을 그린 역사 이야기로 이해하는 사람들이 있습니다. 그리고 수년 전에 개봉된 이집트 왕자 모세 이야기 정도로 이해하기도 합니다. 물론 어릴 적에는 이러한 한정된 관점을 갖고 성경을 읽기도 했지만, 신앙이 자라면서 성경이 하나님의 구원의 이야기임을 알고, 이 출애굽기가 하나님의 큰 그림 가운데 어떤 그림의 한 부분인지를 볼 수 있다면 더 큰 감동과 은혜가 있을 것입니다. 신앙생활을 이제 시작하신 분들은 '출애굽기'만 읽고 공부해도 "신앙이란 이런 것이구나, 하나님은 이런 분이시구나"를 이해할 수 있는 책이라 할 만큼 아주 중요한 책이라 할 수 있습니다. 저는 출애굽기의 핵심 구절을 본문 말씀에서 선정하였습니다.

"세계가 다 내게 속하였나니 너희가 내 말을 잘 듣고 내 언약을 지키면 너희는 모든 민족 중에서 내 소유가 되겠고 너희가 내게 대하여 제사장 나라가 되며 거룩한 백성이 되리라 너는 이 말을 이스라엘 자손에게 전할지니라"(출 19:5-6)

이 말씀을 선정한 이유는 설교 제목처럼 '너희는 내 백성이라'는 것을 반복해서 말씀하시는 하나님을 발견할 수 있기 때문입니다. 출애굽기의 내용을 구조적으로 네 부분(덩어리)으로 나눌 수 있습니다.

첫 번째 덩어리는 1장에서 12장까지 애굽을 배경으로, 노예 상태에 있는 이스라엘 백성들을 하나님께서 큰 능력으로 구출해내는 하나님의 구원 이야기입니다. 거기에는 모세의 소명, 열 가지 재앙, 유월절 어린 양의 피의 내용이 포함되어 있습니다. 여기에서의 키워드는 구원입니다. 무엇으로부터의 구원이었을까요? 압제와 학대 가운데 있었던 자기 백성을 하나님이 400년이 지난 후에 아브라함에게 약속하셨던 것을 기억하시고 찾아오신 이야기부터 시작했다는 것입니다.

두 번째 덩어리는 12장에서 18장까지 광야를 배경으로 하는데 출애굽과 시내산에 이르기까지 광야에서 일어난 사건 이야기입니다. 이 부분에서 하나님과 인간, 하나님의 은혜와 이스라엘 백성들의 죄악을 보여줍니다. 물이 없다고 불평하고, 광야 길에서 구름기둥과 불기둥으로 인도하시고 만나와 메추라기를 먹여주시는 내용이 포함되어 있습니다. 여기에서의 키워드는 광야입니다. 이 광야는 인생이 어려움을 연단과 훈련의 과정으로 승화시키시는 과정이었습니다. 그러면서 신앙의 여정에 이러한 고난이 있는 것이구나를 이해할 수 있다는 것입니다.

세 번째 덩어리는 19장에서 24장까지 시내산을 배경으로 하여 십계명을 중심으로 한 언약과 율법에 대한 내용입니다. 광야를 지나 시내산에 이른 자기 백성 이스라엘에게 하나님 나라 백성의 정체성과 거룩한 백성의 사명에 대해 말씀하신 것입니다. 출애굽기 한가운데에 본문이 등장하고 있습니다. 그리고 오늘의 시각으로 보아도 그 고대에 신분법, 재산법 등 일상에서 거룩하게 살아갈 수 있는 하나님의 율법을 전해주시고 있습니다. 이 부분에서 키워드는 하나님의 말씀입니다.

네 번째 덩어리는 성막을 건축하는 이야기입니다. 하나님은 이 성막에서 자기 백성과 교제하기를 원하셨던 것입니다. 하나님과의 친밀한 교제는 그 성막에서 제사 즉 예배하는 것임을 가르쳐주신 것입니다. 당연히 이 부분에서의 키워드는 예배입니다.

하나님의 구원의 드라마는 창세기부터 시작됩니다. 1장부터 11장까지 원역사까지 일단락하고 창세기 12장에서 아브라함을 찾아오셔서 아브라함에게 땅과 후손과 민족을 이루게 될 것을 약속하심으로 시작하였습니다. 그리고 다시 창세기 15장에서 하늘의 별을 바라보여주면서 '너희 자손이 하늘의 별과 같이 빛날 것이다'라는 약속을 확인시켜 주셨습니다. 참 놀라운 말씀은 하나님께서 아브라함에게 다시약속을 하실 때에 사백 년 후의 일어날 사건을 말씀하셨습니다.

"여호와께서 아브람에게 이르시되 너는 반드시 알라 네 자손이 이방에서 객이 되어 그들을 섬기겠고 그들은 사백 년 동안 네 자손을 괴롭히리니 그들이 섬기는 나라를 내가 징벌할지며 그 후에 네 자손이 큰 재물을 이끌고 나오리라"(창 15:13-14)

아브라함에게 하신 약속은 이삭과 야곱에게 반복하여 말씀하셨습니다. 그러나 창세기에 나오는 약속의 자녀 이삭과 야곱, 그리고 열두 아들과 요셉, 그 가족을 통하여 그 역사의 진행은 순조롭지 못했습니다. 약속된 땅이었지만 발붙일 만한 땅도 없었고, 죽은 자를 묻을 곳이 없어 그 땅에 들어가 돈을 주고 사야만 했습니다. 그 땅에 기근과 전쟁이 끊이지 않았습니다. 뿐만 아니라, 자손에 대한 약속도 임신하지 못하게 되어 가정에 갈등이 일어나기도 했습니다. 이런 과정을 통해서 창세기가 끝날 즈음에 아브라함으로 시작된 그 약속이 70명이라는 야곱의 집 사람의 숫자로 나타나고 있습니다. 여기까지가 창세기의 내용이었습니다.

그런데, 출애굽기는 400년이 지난 후에 70명이 생육하고 번성하고 매우 강하여 온 땅에 가득하게 되었더라는 말씀으로 시작하고 있다는 것입니다.

출애굽기 1장에서 이들은 야곱의 허리에서 나온 아들들이라고 증거하고 있습니다. 이 말씀은 창세기에 관통하는 창조 명령이라 할 수 있는 "생육하고 번성하라, 땅에 충만하라"는 하나님의 명령과 아브라함에게 약속하신 말씀이 성취되었음을 알게 하는 말씀입니다. 그런데, 당시 상황이 어떠했습니까? 출애굽기를 펼치면 열두 조상들의 이름이 나오고, 그 다음에 바로 번성한 이스라엘 자손의 애굽의 노예생활과 이들에 대한 탄압상이 나옵니다. 자식을 낳아도 아들이면 즉시 강에 던져지는 상황이었습니다. 2장에서 그들의 고된 노동으로 부르짖는 소리가 하나님에게까지 상달되었다고 기록하고 있습니다. 하나님 나라의 새로운 시작의 현장이 매우 고통스러운 상황이었다는 것입니다.

출애굽기는 그 하나님께서 자기 백성의 고통을 보시고 어떻게 하셨는지를 증거해주었습니다. 성경이 증거하고 있는 하나님은 400년 전 아브라함에게 약속하신 하나님께서 비록 애굽의 압제와 종살이 속에 있었지만 그 말씀을 기억하시고 찾아오셔서 그 약속을 성취하시는 하나님으로 나타나셨습니다.

"하나님이 그들의 고통 소리를 들으시고 하나님이 아브라함과 이삭과 야곱에게 세운 그의 언약을 기억하사 25 하나님이 이스라엘 자손을 돌보셨고 하나님이 그들을 기억하셨더라"(출 2:24)

뿐만 아니라 3장8절에 보면, 하나님께서 모세를 호렙산에서 부르시면서 모세에게 친히 말씀하실 때도 내가 애굽에 있는 내 백성의 고통을 분명히 보았다, 백성들의 부르짖음을 들었다, 그 근심을 알았다 말씀해 주셨습니다. 그래서 하나님은 내가 내려가서 애굽인의 손에서 건져내고 그 땅에서 인도하여 젖과 꿀이 흐르는 땅으로 데려가실 것을 말씀하시며 모세를 설득하여 백성의 지도자로 세우셨습니다. 자기 백성들의 고통으로 말미암는 부르짖음을 보시고 들으시고 그 근심을 아시는 분이시기에 오늘 우리의 고통을 외면치 않고 찾아오셔서 건져내고 인도하시고 우리를 약속의 땅으로 이끌어 주실 줄로 믿습니다.

자, 드디어 모세의 인도로 애굽에서 나오는 이야기가 전개됩니다. 이스라엘 백성들이 애굽에서 나오면서 하나님의 큰 구원의 역사를 눈으로 확인할 수 있었습니다. 하나님이 행하신 놀라운 구원의 이야기 드라마틱하게 전개되었습니다. 애굽에 많은 재앙을 내려 자기 백성을 구원해 내셨습니다. 결국, 마지막으로 바로의 마음이 강퍅하여서 애굽의 모든 장자들을 다 죽임으로 문제를 해결하셨습니다. 이때 흠 없고 일 년 된 수양이나 염소를 취하여 문설주에 바르며 집에 이 묻은 피를 볼 때 그 집을 넘어가 재앙이 임하지 아니하였습니다(유월-넘어가다). 뿐만 아니라, 죽음의 홍해를 건너게 하셔서 자기 백성을 위하여 싸우시는 하나님을 경험하게 되었습니다.

그러나, 열 가지 재앙과 홍해가 갈라짐으로 애굽의 노예 상태에서 해방된 이스라엘 백성들은 애굽을 탈출한 것만이 모든 문제의 끝이 아니라 그들이 기다리고 있었던 것은 끝없이 펼쳐진 불타는 광야 길이었습니다.

이스라엘 백성들로 하여금 바다를 통과하게 하셨던 하나님께서 또다시 사막 광야를 건너게 하신 이유가 무엇이었을까요? 그 이유를 출애굽의 세대가 다 광야에서 죽은 후에 광야에서 태어난 다음 세대를 향해서 가나안 땅에 들어가기 전에 해석을 해 주셨는데, 사람이 떡으로만 사는 것이 아니요 하나님의 말씀으로 산다는 것을 깨닫게 하시기 위함이었습니다. 기본적으로 늘 불순종하고 원망하는 것이 몸에 밴 이스라엘 백성들을 그대로 가나안에 빨리 들어가게 하면 그들은 틀림없이 가나안 땅에 살며 하나님께 불순종하고 징벌을 받아 망하게 될 것입니다. 그래서 하나님은 40년 동안 그들을 헤매게 하시면서 순종 훈련을 시킨 것입니다.

여러분, 광야를 지났던 백성들의 모습 속에 우리의 모습을 발견하게 됩니다. 마음에 안들면 욕하고 소리 지르고 하나님께 대들고 하나님께 삐져 도망가고 세상적인 방법과 하나님의 방법 두 개를 붙들고 있다가 세상적인 방법으로 안되면 짐승으로 돌변해버리는 뿌리 깊은 인간의 본성을 봅니다. 이스라엘 백성들이 출애굽 한 후에 애굽의 군대가 쫓아올 때 어떤 말을 했을까요? 우리를 이끌어 내어 이 광야에서 죽게 하느냐 하고 불평하였습니다. 홍해를 건넌 후 3일이 지나 마라에 도착했을 때 물이 써서 마시지 못했을 때 어떤 불평을 했지요? 무엇을 마실까 불평하였습니다. 그리고 한 달 후 신광야에서 우리가 애굽 땅에서 고기 가마 곁에 앉아 있던 때와 배불리 먹던 때에 여호와의 손에 죽었더라면 좋았을 것을 너희가 이 광야로 우리를 이끌어 내어 이 온 회중이 주려 죽게 하려는구나 하고 원망하였습니다. 목회자인 내 안에 있는 애굽 근성이 있다는 것을 깨닫습니다. 참 변한 것 같은데 변하지 않는, 순종하고 싶지 않은 본성이 있습니다. 신앙생활을 오랜 기간 동안 열심히 하고 있으면서도 저와 교인들 모두가 아직도 애굽을 떠나지 못한 목이 곧고 완고한 노예 백성이라는 사실을 깨닫게 됩니다.

여러분, 출애굽기 32장에 나타나는 금송아지 사건 아시지요? 모세가 시내산에서 하나님의 사랑의 언약과 율법을 받는 그 기간도 참지 못한 것입니다. 그들이 왜 그렇게 행동했을까요? 그저 신앙을 하나님 말씀을 듣는 것이 아니라 자신의 종교적인 정서를 표현하고 즐기는 것으로만 생각했기 때문입니다. 40일을 기다리지 못하고 금송아지 신앙으로 돌아가 버립니다. 그럼에도 불구하고 출애굽기가 증거하는 하나님은 하나님을 향해 불평하고 원망하고 우상숭배한 백성들을 버리지 아니하셨습니다. 모세의 중보기도를 외면치 않고 들으셔서 그 뜻을 돌이키셨습니다. 그 이유가 무엇이었습니까? 세상 열국 중에 하나님의 소유가 된 백성이 되었기 때문입니다. 하나님의 소유가 된다는 것은 하나님께서 보호하시고 인도하시겠다는 것을 전제합니다. 전적으로 하나님께 속한 자가 되는 축복입니다. 또한 하나님께 대하여 제사장 나라라 선포해주셨습니다. 하나님의 은혜와 복을 먼저 받고 누리고 이를 통하여 만민에게 미치기 하며 하나님께 이르게 하는 통로로 쓰임 받는 백성이 되는 것입니다. 더 나아가 거룩한 백성이 되는 것입니다. 거룩한 백성이라는 것은 세상에서 하나님의 언약의 당사자로 선택함을 받아 구분된 백성이 되는 것을 의미합니다.

마지막 부분에서는 하나님이 이 백성을 향해서 하나님 자신이 내려오셔서 자기의 백성을 만나주시고 대화하시고 교제하시는 길을 열어주셨습니다. 그것이 바로 성막에서의 만남입니다.

하나님께 나아가는 것을 방해하는 것은 죄입니다. 하나님은 자기 백성의 죄를 사하시는 방법까지 말씀하시면서 자기 백성과 함께 하시기를 원하셨습니다. 이스라엘 백성에 대한 하나님의 사랑은 만남의 장소를 지정하시고, 그들을 만나고, 그들의 죄를 용서하시겠다는 것에서 뚜렷이 나타나는 것입니다.

"거기서 내가 너와 만나고 속죄소 위 곧 증거궤 위에 있는 두 그룹 사이에서 내가 이스라엘 자손을 위하여 네게 명령할 모든 일을 네

게 이르리라"(출 25:22)

하나님께서 이스라엘 백성들과 함께 거하실 수 있었던 것은 그들이 무죄했기 때문이 아니라, 마치 보자기가 덮는 것처럼 그들의 죄를 가리셨기 때문입니다. 그것은 성막에서 흘리는 어린 양의 피였습니다.

우리는 출애굽기를 통해서 미리 온전한 구원을 이루신 하나님의 아들 예수 그리스도를 통한 구원을 예표하고 있다는 사실을 볼 수가 있는 것입니다. 사도 바울은 죄로 말미암아 죽어야만 할 우리를 유월절 어린 양되신 예수님의 십자가의 피로 우리의 죄를 용서해 주셨음을 깨닫고 복음을 전하게 된 것입니다. 그래서 출애굽기의 이야기가 나의 이야기가 되는 것입니다. 출애굽기는 수 천 년 전의 이야기인데도 하나님과 가까워지는 내 자신의 이야기입니다. 출애굽기는 영웅전도 아니고, 이스라엘의 역사도 아니고, 나를 구원하시기 위한 생명의 말씀입니다. 출애굽기를 통해서 우리는 복음을 만납니다. 우리는 출애굽기를 통해서 자기 백성을 이렇게까지 사랑하시는 하나님을 만날 수 있어야 하겠습니다. 하나님이 사랑의 편지로 읽을 수 있어야 할 것입니다. 오늘도 우리가 하나님 앞에 나올 수 있는 것, 예배의 자리로 나올 수 있는 단 한 가지 이유는 예수 그리스도의 피가 단번에 과거와 현재와 미래의 모든 죄를 용서해 주셨기 때문입니다.

성경은 계속해서 출애굽 사건을 기억하라고 증거합니다. 출애굽기의 구원의 이야기를 선지자들의 메시지의 핵심으로 전하였습니다. 선지자들은 하나님의 선택된 백성이 죄를 범할 때마다 너희들이 어떤 상태였는지를 알아야 한다고 말씀하십니다. 애굽에서 학대와 고통으로 신음하고 있었던 상황을 기억하라 하였습니다. 너희들이 광야생활의 모습을 통해서 어떤 존재인지를 알아야 한다고 증거해줍니다. 우리는 출애굽기를 읽으면서 우리의 고통을 모른다 하지 않으시고, 오셔서 우리를 죄와 고통에서 건져 내주시고, 우리와 언약을 다시 확인시켜 주시고, 보혈로 모든 죄를 덮으시고, 다시 자기 백성과 교제하기를 원하시는 그 사랑과 자비의 하나님, 신실하신 하나님을 만날 수 있어야 하겠습니다.

"여호와로라 여호와로라 자비롭고 은혜롭고 노하기를 더디하고 인자와 신실이 많은 하나님이시로다"(출 34:6)

레위기는 사랑입니다

17 너는 네 형제를 마음으로 미워하지 말
며 네 이웃을 반드시 견책하라 그러면 네가
그에 대하여 죄를 담당하지 아니하리라 18
원수를 갚지 말며 동포를 원망하지 말며 네
이웃 사랑하기를 네 자신과 같이 사랑하라
나는 여호와이니라

숲으로 전하는 레위기

본문 : 레 19장17-18절

질문해 봅니다. 성령이 충만한 상태에서 성경을 읽을 때 하나님의 마음을 느끼고, 하나님의 꿈을 품을 수 있을까요? 성경을 읽다가 성령이 충만해지면서 하나님의 마음이 느껴지는 것일까요? 답은 성경을 어떤 책으로 이해하고 있느냐일 것입니다. 성경은 나를 향한 사랑의 편지로 인식이 되었을 때 구절구절 따뜻한 온기를 느끼며 읽을 수 있다는 것입니다. 규정과 법전을 읽을 때와 사랑의 편지를 읽을 때는 느낌이 다를 것입니다.

창세기는 아브라함을 선택하시고 약속하시는 것으로 하나님의 구원의 드라마가 시작되었다는 이야기로 요약할 수 있고, 출애굽기는 400년이 지난 후 약속의 말씀을 기억하시고 애굽에서 노예 생활을 하고 있던 자기 백성을 출애굽하여 시내산에서 언약을 맺으시는 이야기라 할 수 있고, 그리고 레위기는 하나님은 언약 백성된 자신이 택한 백성 한 사람, 한 사람, 나아가 그들이 모인 공동체를 향해서 하나님께서 어떤 바람을 갖고 계셨는지 가장 선명하게 보여주신 책이라 말할 수 있습니다.

그래서 유대인들은 레위기를 어린이들에게 가장 먼저 읽힌다고 합니다. 숲으로 보면 레위기는 모세오경 중에 세 번째, 중심에 위치해 있습니다. 모세오경을 유대인들은 가르침, 교훈, 이야기라 번역할 수 있는 '토라'라고 부릅니다. 히브리어 성경을 헬라어로 번역하면서 '율법서'라 부르기도 하는데 레위기는 바로 그 율법서의 핵심이라 할 수 있는 책입니다. 무엇보다도 예수님의 말씀 가운데 성경 전체를 요약해주셨던 말씀이 레위기의 말씀이었습니다.

마태복음 22장에서 한 율법사가 예수님께 가장 큰 계명이 무엇인가에 관하여 질문하는 대화의 내용 속에 레위기의 말씀을 인용했습니다. 누가복음 10장, 선한 사마리아인의 비유의 말씀을 하실 때, 율법사가 먼저 "내가 무엇을 하여야 영생을 얻을 수 있습니까?" 하는 질문에 예수님께서 율법사에게 역으로 물으셨습니다. "율법에 어떻게 기록되었느냐?" 그 때 율법사가 대답한 말씀이 레위기에 나타난 말씀이었습니다. 그 때 율법의 핵심을 두 가지로 요약하였는데, 첫째는 하나님을 사랑하고, 둘째는 이웃을 사랑하라는 계명이었습니다.

이러한 관점으로 레위기를 보면 구조가 선명하게 나뉩니다. 레위기의 전체 내용을 보더라도 전반부에서는 하나님을 사랑하고 하나님과 교제하는 방법인 제사와 제사장에 대해서, 후반부는 거룩한 백성 사이에서(공동체) 지켜야 할 성결함의 주제로 나눌 수가 있습니다. 전반부를 '거룩법전', 후반부를 '성결법전' 이라는 용어를 사용하기도 합니다.

한 가지 핵심 메시지를 전하기 전에 풀고 가야 할 문제가 있습니다. 레위기라는 책의 제목입니다. 레위기는 레위인에 관한 이야기입니다. 레위는 야곱의 12자녀 중에 셋째로 특별히 성전에서 일하는 역할을 감당한 지파입니다(성막의 재료를 나르는 사람, 성전에서 찬양하는 사람, 성전 제사 때 봉사하는 사람). 그리고 제사장도 레위 지파에서 나오게 되어 있습니다. 그런데 레위기에는 레위인에 대한 언급이 없지만, 구약 성경이 헬라어로 번역될 당시에는 레위인이 제사장을 의미하는 것이었기 때문에 레위기를 제사와 제사장에 관한 이야기로 이해하면 된다는 것입니다. 레위기에서 제사장의 위임식과 구별됨, 제사장들이 드리는 제사에 대한 내용이 나타나고 있습니다. 레위기 10장에는 제사장직을 성실하게 감당하지 못했던 아론의 아들이었지만 나답과 아비후가 죽는 이야기도 나타납니다.

레위기의 말씀 중에서 한가운데 있는 레위기 19장은 레위기의 주제가 가장 선명하게 드러난 장이라 할 수 있습니다.

요약하면 하나님과 교제하고 하나님이 사랑하신 이웃을 사랑하는 삶이 하나님께서 자신의 백성에게 가장 원하는 것이다, 너희를 향한 나의 꿈이라는 것을 말씀해주고 있다는 것입니다. 하나님은 자기 백성들에게 너희들은 누구인지를 확인시켜 주십니다.

"너희는 거룩하라 이는 나 여호와 너희 하나님이 거룩함이니라"(레 19:2)

이 말씀은 우리에게 부담스러운 명령이 아니라, 참으로 영광스러운 말씀입니다. 이 말씀을 통해 이스라엘 자손이 하나님께 속한 사람임을 확인할 수 있습니다. 피조물인 우리가 창조주이신 하나님을 닮아갈 수 있다고 하나님께서 친히 말씀하신 것은 참으로 놀라운 영광스러운 일입니다. 거룩이란 '도덕적으로 흠이 없다'는 의미입니다. 신앙적으로 보면 '세상과 구별됐다'는 의미가 있습니다. 따라서 거룩이란 용어는 하나님에게 붙여질 수 있는 단어입니다. 거룩이란 개념은 하나님과 사람 사이의 근본적인 차이를 뜻하는 것이 분명합니다. 거룩하신 하나님과 사람을 비롯한 피조물들과는 질적으로 다르지만, 피조된 세상과 인간에 대하여 거룩하다고 말할 때에는 하나님과 관계되어 있을 때 즉 하나님께 바쳐진 것, 하나님께 속한 것의 의미가 있을 때 감히 거룩하다는 말을 쓸 수 있습니다.

그중에 대표적인 것이 창조의 일곱째 날을 복되고 거룩하게 하셨다는 것입니다. 하나님은 아론과 그의 아들들에게 기름을 바르거나 거룩한 옷을 입히셔서 제사를 위해 구별된 사람으로 선택하셨습니다. 제단의 경우 제사장들이 이레 동안 그것을 위해 속죄함으로써 거룩하게 되면 그 제단 자체가 지극히 거룩한 곳인 '지성소'처럼 지극히 거룩한 곳이 되기도 합니다. 하나님께 드리는 제물도 예외가 아니었습니다. 그리고 일상에서 하나님과 정상적인 관계 속에서 살아가는 삶을 거룩한 삶이라 말하는 것입니다. 하나님께서 레위기를 주신 궁극적 목적은 모든 영역 제사와 가정과 공동체 일상에서 하나님과의 정상적인 관계를 회복시키는 것이라 할 수 있습니다. 이것을 거룩함이라 말하는 것입니다.

하나님은 친절하게도 레위기 전반부에서 말씀해주셨던 제사를 통해서 하나님과의 깨어진 관계를 회복하시기 위하여 죄를 제거하고 정결하게 하여 거룩하신 하나님께 나아갈 수 있는 길을 열어주신 것입니다.

제사는 이스라엘이 하나님을 만나는 통로였습니다. 지성소 6평, 사람이 손으로 만든 작은 공간에서 모세를 부르시고 만나주셨습니다. 하나님이 스스로 낮아지지 않고서는 작은 공간에서 모세와 대화 나누는 것이 불가능한 것이었습니다. 기독교 복음의 핵심은 바로 하나님이 스스로 낮아지셔서 사람이 되셨다는 것입니다. 그래서 우리 인간이 거룩하신 하나님을 볼 수 있도록, 만질 수 있도록, 대화할 수 있도록 이 땅에 육신이 되어 오셨다는 것입니다.

제사 가운데 가장 핵심은 속죄와 정결의식입니다. 속죄와 정결의식은 우리에게 죄가 얼마나 처참한 것인지를 깨닫게 해 줍니다. 동물을 제사로 드리며 피흘림을 통하여 죄를 사하셨습니다. 동물제사를 드릴 때 먼저 동물을 사야 합니다. 동물은 그 당시 매우 비쌌습니다. 자신의 죄를 회개하기 위해 먼저 비싼 대가를 치렀습니다. 그리고 제사장이 동물을 잡습니다. 그 때 제사드리는 사람은 동물의 머리에 자신의 손을 얹었습니다. 자신의 죄를 옮기는 것입니다. 그 사람의 죄를 뒤집어쓴 그 동물은 피를 튀기며 처참하게 죽임을 당합니다. 그 광경을 보면서도 죄를 쉽게 생각하겠습니까?

우리는 예배 가운데 예수 그리스도의 속죄의 은총을 얻게 됩니다. 오늘날 예배를 드릴 때마다 속죄의 은총을 받으며 사죄의 말씀을 받고 저와 여러분은 다시 거룩한 일상의 자리로 나아갈 수 있는 것입니다. 아무리 생각해도 내 안에 더럽고 추한 것뿐이고 세상의 유혹과 정욕에 넘어져 감히 하나님 앞에 고개도 들 수 없는 부끄러움을 가득 안고 성전에 나왔지만 이 시간 십자가에서 보여주신 그 완전하신 사랑을 믿고 바라보고 의지하는 심령들에게 사죄의 은총과 성령의 충만한 은혜가 임하시기를 간절히 바랍니다. 보혈을 지나 하나님 품으로 나아오시면 됩니다. 존귀한 주님의 보혈이 내 영을 새롭게 하실 것입니다. 주의 보좌로 나아갈 때에 내 자격과 내 힘이 아닌 오직 예수님의 보혈, 완전한 사랑 힘입어 나아가시면 됩니다.

구약의 제사에는 언제나 제물이 있었습니다. 절대 부정한 짐승이 제물이 되어서는 안되었습니다. 그리고 날카로운 발톱과 사나운 이빨을 가진 짐승도 드릴 수 없었습니다. 하나님께서 받으시는 제물은 깨끗하고 정직하고 그리고 온전한 제물을 드릴 수 있어야 합니다. 신약에서는 그 제물을 살아 있는 채로 드리는 제물이라 하였습니다. 그런데, 레위기에는 부정한 동물과 정결한 동물을 나누고 있는 것을 보게 됩니다. 레위기 이해의 아주 중요한 관점이 있다면, 부정하다는 것을 '더럽다, 역겹다'라고 해석할 수는 없다는 해석입니다. 이렇게 해석할 수 있습니다. 어떤 종류의 동물을 부정하다고 하면 먹지 않는다는 것입니다. 먹지 않기 때문에 멸종 위기의 종을 보전할 수 있다는 것입니다. 그리고 여인의 출산도 부정하다 하는 것은 산모에게 접근하지 않는다는 것입니다. 그래서 산모를 보호한다는 의미가 있습니다. 가난하고 연약한 자를 배려하시는 하나님의 본심을 알 수 있다는 것입니다.

여러분, 히브리서에 보면 피흘림이 없은즉 사함이 없다는 말씀이 있습니다. 레위기의 제사는 거의 다 피흘림의 제사가 대부분입니다. 그런데, 레위기에 피흘림이 없는 속죄제가 있다고 기록되어 있습니다. 어떤 경우일까요? 5장 11-13절에 보면, 하나님이 스스로 그 원칙을 깰 경우는 사람이 형편이 안될 때에 가능했습니다. 이 규정은 무엇을 말씀하시는 것일까요? 원칙보다 사람이 중요, 배려하시는 하나님이시라는 것입니다. 레위기의 율법에는 칼날과 같은 예리하고 차갑기만 한 법이 아니라, 약한 자들을 배려해주시고, 그 사정을 봐주시는 하나님의 마음이 담겨 있는 따뜻한 법이라는 사실입니다. 하나님은 엄청 꼼꼼하고 치밀하지만 사람을 위해서는 깨뜨릴 수 있다는 것이었습니다. 제사법, 율법의 핵심이라 말할 수 있습니다. 예수님께서 안식일이 사람을 위하여 있는 것이요 사람이 안식을 위하여 있는 것이 아니라 하시며 참된 율법의 정신을 말씀하신 것입니다.

레위기는 예배와 함께 아주 중요한 거룩이 무엇인가에 대하여 말씀해주고 있습니다. 거룩은 이웃사랑으로 나타나야 한다는 것입니다 (19:9-10).

첫째 계명은 하나님 사랑의 계명으로, 둘째 계명은 이웃 사랑이라 말씀하실 때 예수님께서 인용하신 성경 말씀이 바로 레위기 19장 18절의 말씀입니다.

"원수를 갚지 말며 동포를 원망하지 말며 네 이웃 사랑하기를 네 자신과 같이 사랑하라 나는 여호와이니라"(레 19:18)

우리가 이웃을 사랑하는 것이 바로 하나님의 뜻입니다. 그리고 그것이 하나님을 닮아가는 방법입니다. 진정한 거룩은 이웃을 사랑하고 나눔의 삶을 사는 데서 실천되어야 한다고 말씀하신 것입니다. 야고보서에서 거룩을 경건이라는 말로 바꾸어서 "하나님 아버지 앞에서 정결하고 더러움이 없는 경건은 곧 고아와 과부를 그 환난 중에 돌보고 또 자기를 지켜 세속에 물들지 아니하는 그것이니라" 라 하였습니다. 하나님께 드려진 제사는 희생제물이든, 식용제물이든 성전의 뜰에서 잡고 피로 제단에 뿌리고, 기름을 불살라 향기로운 냄새가 되도록 하였습니다. 특히 하나님과의 화목을 위해 감사제와 서원제와 자원제를 드릴 때, 감사제는 그날 먹어야 하는데, 이것은 소 한 마리는 하루에 혼자 다 먹을 수 없기 때문에 나누어 먹으라는 배려라 할 수 있습니다.

레위기는 일반적인 수준의 이웃 사랑이 아니라 하나님 안에서, 가난한 자와 약자, 소외된 작은 자들의 벗이 되라는 하나님의 사랑의 계명이 있기 때문에 훨씬 더 적극적이고 구체적인 이웃 사랑과 나눔의 정신을 말씀하고 있습니다. 9절에 보면, "가난한 사람과 거류민을 위해 밭 모퉁이를 거두지 말고, 이삭도 줍지 말고, 포도원의 열매도 다 따지 말고 떨어진 열매도 줍지도 말라"하였습니다. 구체적으로 유대 랍비들은 밭모퉁이를 그 밭 전체 면적의 1/60로 규정했습니다. 하지만 이런 규정보다 중요한 것은 내 마음입니다. 내 마음 한 구석에 여유를 가지는 일이 중요하다고 생각합니다. 나도 힘들도 나도 바쁘고 나도 어렵지만 적어도 오늘 말씀처럼 내 마음 한 구석은 남을 위해 남겨두고, 나보다 더 어렵고 힘든 이들을 위해 쓸 줄 안다면 세상이 변하지 않겠습니까? 성경은 이것을 바로 진정한 '거룩'이라고 말씀하고 있습니다.

그렇다면, 구체적으로 어떤 모퉁이를 남겨둘 것인지 생각하도록 합시다. 제일 먼저 물질입니다. 물질뿐 아니라 시간도 나눔이 있어야 합니다. 내 시간 나를 위해 쓰는 데도 모자라지만 아주 작은 모퉁이를 남겨 남을 위해 사용하는 것이 귀합니다. 관심도 마찬가지입니다. 사랑의 나눔 있는 곳에 하나님께서 계시는 것입니다.

우리가 날마다 하나님께 나아와 예배를 드리고, 가난한 사람을 배려하며 살아가는 것, 그것으로도 하나님을 닮아가는 것이 된다니, 그것은 참으로 놀라운 일입니다.

레위기에는 많은 규정이 있습니다. 그래서 어떤 사람은 레위기의 규정을 읽으면서 속박당하는 기분을 느꼈을지도 모르겠습니다. '이렇게 하라, 하지 마라'는 것이 많으니 믿는 것이 어렵다는 생각이 듭니다. 사춘기 시절에는 듣기 싫은 엄마의 잔소리 같다는 생각도 들었을 것입니다. 그러나 철이 들면 우리 부모가 왜 그렇게 말했는지를 아는 것처럼, 하나님을 알면 알수록 수많은 규정은 우리를 옭아매는 올가미가 아니라 우리를 자유하게 하는 길입니다. 선택한 자기 백성을 사랑하셨기에 기대를 포기하지 않고 너는 내 백성이다 내가 거룩하니 너희도 거룩하라 말씀하시는 하나님의 사랑을 읽을 수 있어야 합니다. 그리고 하나님께 받은 만큼 하나님께 더 헌신하고 싶고 하나님이 기뻐하는 삶을 살아가기를 원하는 소망이 생기는 것입니다.

한 주간 레위기의 말씀을 사랑의 편지로 읽어가면서 참으로 자상하신 하나님, 가난하고 연약한 자들을 배려하시는 하나님, "내가 거룩하니 너희도 거룩하라" 말씀하시며 자기 백성을 향한 기대를 포기하지 않는 하나님을 만날 수 있기를 바랍니다. 레위기에서 나를 만나고 복음 되신 예수 그리스도를 만나고 거룩하신 하나님을 만나는 사건이 일어나기를 간절히 축원합니다.

광야, 그 가운데 서서

20 여호와께서 이르시되 내가 네 말대로 사하노라 21 그러나 진실로 내가 살아 있는 것과 여호와의 영광이 온 세계에 충만할 것을 두고 맹세하노니 22 내 영광과 애굽과 광야에서 행한 내 이적을 보고서도 이같이 열 번이나 나를 시험하고 내 목소리를 청종하지 아니한 그 사람들은 23 내가 그들의 조상들에게 맹세한 땅을 결단코 보지 못할 것이요 또 나를 멸시하는 사람은 한 사람도 그것을 보지 못하리라 24 그러나 내 종 갈렙은 그 마음이 그들과 달라서 나를 온전히 따랐은즉 그가 갔던 땅으로 내가 그를 인도하여 들이리니 그의 자손이 그 땅을 차지하리라 25 아말렉인과 가나안인이 골짜기에 거주하나니 너희는 내일 돌이켜 홍해 길을 따라 광야로 들어갈지니라

숲으로 전하는 민수기

본문 : 민 14장20-25절

민수기는 모세오경의 네 번째 책입니다. 민수기는 '숫자의 책'이라는 의미입니다. 민수기의 내용 중에 싸움에 나갈 두 번의 인구를 조사하는 내용이 나오기 때문입니다.[1] 왜냐하면, 유대인들에게 백성의 숫자는 하나님이 약속하신 자손의 축복을 확인하는 데 의미 있는 일이었기 때문입니다. 그러나 히브리 성경에서는 '베미드바르'라는 말로 책 제목을 사용했습니다. 우리말로 '광야에서'라는 제목입니다. 광야는 출애굽 이후 역사를 이어갔던 이스라엘 백성들의 실제 삶의 현장이었습니다. 창세기에서 시작된 약속과 성취의 과정에서 볼 때 아직 완성되지 않은 가나안 땅 정복의 중간과정을 보여주는 책이라 할 수 있습니다.

민수기의 말씀을 이해할 때 광야에 대한 두 가지 이해가 공존하는 책이다는 것을 알아야 민수기가 전하고자 하는 메시지를 알 수가 있을 것입니다. 먼저, 민수기에는 출애굽 세대와 광야에서 태어난 광야 세대, 두 세대의 역사가 겹쳐지고 있다는 것입니다, 1장부터 14장까지 출애굽 세대, 15장부터 두 세대가 공존하지만 주로 다음 세대를 향한 메시지가 중점적으로 나타나고 있습니다. 그리고 광야에 대한

---

1) 첫 번째는 1장에서 애굽에서 나온 지 둘째 해 둘째 달 첫째 날에 20세 이상 싸움에 나갈 수 있는 성인의 숫자를 세었더니 육십만 삼천 오백 오십 명이었고, 두 번째는 광야 40년이 지난 다음에 가나안 입성을 앞둔 시점에 모압평지에서 인구를 조사하였더니 육십만 천칠백삼십명이었다는 것입니다. 1820명이 줄었습니다.

신학적 해석이 상반되고 있다는 것입니다. 하나는 광야는 불신앙과 범죄로 인하여 멸망의 본보기로 제시되었던 장소였습니다. 심판과 절망과 실패의 역사였다는 이해입니다. 그러나 다른 한 가지의 관점은 선지자들 중에 이스라엘 백성의 첫사랑의 장소라 해석을 하기도 합니다. 절망스러운 심판의 상황 가운데에서도 새로운 희망과 미래를 품고 자라난 출애굽 2세대, 다음 세대에게 하나님은 다시 약속의 말씀을 확인시켜 주시고, 거룩한 백성에게 율법을 다시 말씀해주시고 있다는 것입니다.

여러분의 인생 광야 경험은 어떻게 이해하고 해석하시고 있습니까? 생각하기도 싫은 절망과 고통스러운 기억만 남아 있습니까? 아니면, 믿음의 눈으로 해석된 하나님을 만난 첫사랑의 자리라고 말할 수 있습니까? 민수기의 말씀, 특별히 오늘 본문의 말씀 안에서 그 해답을 찾고 대답할 수 있기를 바랍니다.

사도 바울은 출애굽과 광야시대 이스라엘 공동체와 고린도교회의 상황을 동일시하면서 이스라엘 백성의 광야 여정을 불신앙과 범죄로 말미암은 본보기로 해석을 하고 있습니다.

"그들 가운데 어떤 사람들이 원망하다가 멸망시키는 자에게 멸망하였나니 너희는 그들과 같이 원망하지 말라 그들에게 일어난 이런 일은 본보기가 되고 또한 말세를 만난 우리를 깨우치기 위하여 기록

되었느니라"(고전 10:10-11)

사도 바울은 본보기가 되고 말세를 만난 자들을 깨우치기 위한 것이었다고 해석을 하고 있습니다. 이런 의미에서 민수기는 '믿음의 오답노트'라 하면 어떨까요? 민수기의 내용을 자세히 살펴보면 실패한 사람들의 이야기입니다. 누가 실패했다는 것일까요? 이스라엘 백성들의 실패 이야기입니다. 이들은 애굽에서부터 구원을 받았고, 시내산에서 십계명을 받고 하나님의 약속의 백성된 사람들입니다. 그러나 그들은 약속의 땅에 들어가지 못했습니다. 광야에서 다 죽었습니다.

이 부분에서 이해하기 힘든 신학적 질문이 생깁니다. 애굽에 있는 자기 백성들의 고통을 보시고 들으시고 내려오셔서 친히 독수리 날개로 업어서 출애굽 시키신 하나님이, 40년 동안 광야에서 만나와 메추라기로 먹이시고, 구름기둥과 불기둥으로 인도하셨던 하나님이 이렇게 갑자기 출애굽 세대를 광야에서 다 죽이신 사건은 이해하기 힘들다는 것입니다. 광야에서 심판받은 이스라엘 백성은 결과적으로 하나님의 백성이 아니었을까요? 결국 원망과 불평으로 약속의 땅에 들어가지 못한 심판받은 백성들을 왜 하나님이 출애굽을 시켜야만 했을까요? 하나님과 백성들이 맺은 언약을 하나님이 파기시킨 것일까요?

이스라엘 백성들이 심판받고 죽은 이유, 믿음의 오답 노트의 사건들을 몇 가지 살펴보겠습니다.

민수기를 읽다 보면 이스라엘 백성들의 불신앙적 모습이 원망과 불평하는 모습으로 나타나는 것을 볼 수 있습니다. 불평은 홍해를 건넌지 사흘째부터 시작되었다는 것을 확인할 수 있습니다(출 15:22). 본문 14장22절에 하나님의 영광과 광야에서 행한 하나님의 기적을 보고서도 이스라엘 백성은 열 번이나 나를 시험하고 순종하지 아니하였다고 말씀해주시고 있습니다. 열 번이란 말은 꽉 찬 숫자를 의미합니다.

민수기에서는 11장부터 첫 번째 불신앙의 모습이 나타납니다. 자세한 원망의 내용은 나오지 않지만 '백성이 악한 말로 원망하였다' 하였습니다. 그래서 어떻게 되었을까요? 여호와께서 들으시고 진노하사 여호와의 불을 그들 중에 붙여서 진영 끝에 살라버렸습니다. 그래서 사람들이 그곳 이름을 '다베라'(불사름)라고 부른 것입니다. 민수기에 나오는 첫 번째 불신앙의 사건입니다.

이어서 구체적인 불신앙의 모습이 나타나고 있습니다. 불신앙의 모습 중에 가장 먼저 드러나는 것은 먹을 것에 대한 걱정이었습니다. 11장4절 이하를 보면 "이스라엘 자손들이 울며 누가 우리에게 고기를 주어 먹게 할 수 있느냐 우리에게 만나 밖에 없어 기력이 다 쇠하여졌다"라고 불평한 것입니다. 출애굽기에도 나온 불평입니다. 이 정도까지는 충분히 이해가 됩니다.

11장 마지막 부분에서 불신앙의 모습 또 한 가지가 나타납니다. 하나님이 먹을 것을 찾았던 백성들에게 바람을 일으키셔서 메추라기를 진영에 내리셨는데, 오랜만에 고기를 먹게 된 이스라엘이 눈이 뒤집혀 먹을 수도 없을 만큼 욕심을 부리고 있는 모습이 나타납니다. 고기가 아직 이 사이에 씹히기 전에 허겁지겁 메추라기를 거두고 있는 백성들의 모습을 보고 하나님은 진노하셔서 큰 재앙으로 치셨다 하였습니다. 그래서 그곳을 '기브롯 핫다아와' 욕심을 낸 백성을 장사했던 곳, '탐욕의 무덤'이라 부르게 된 것입니다.

얼마 되지 않아 다른 유형의 불신앙의 모습이 나타납니다. 미리암과 아론으로부터 모세의 권위에 대한 도전이 일어났습니다. 하세롯이란 지역에서 일어난 일입니다. 모세에 대한 비방의 이유는 구스 여인을 아내로 맞았다는 것이었습니다. 모세의 누이 미리암은 성령으로 충만한 이스라엘 여인의 지도자였습니다. 모세의 형 아론은 대제사장이요 이스라엘의 최고 종교지도자였습니다. 그러나 이 두 사람이 모세를 시기합니다. 12장2절에서 이렇게 대답합니다. 여호와께서 모세와만 말씀하셨느냐 우리도 말씀하지 아니하셨느냐? 하나님께서 백성들에게 말씀하시는 통로로 사용하는 모세의 선지자 역할에 대하여 도전합니다.

다베라에서부터 다시 싹트기 시작했던 불평은 하세롯에서 지도자에 대한 불평을 지나 마침내 본문이 증거하고 있는 가데스바네아에서 결정적인 불신앙으로 나타난 것입니다. 하나님 약속에 대한 불신과 불평이 되고 만 것입니다.

앞뒤 내용을 요약하여 말씀드리겠습니다. 가데스바네아는 꿈에도 그리던 약속의 땅이 눈앞에 보이는 곳입니다. 그곳에서 하나님은 약속의 땅을 탐지하도록 각 지파에서 한 사람씩을 보내라 명령합니다. 이 정탐꾼들이 보고는 어떤 보고였을까요? 그곳 사람들은 너무 강하여 이스라엘이 공격하여 가나안을 점령할 수 없을 것이라고 말하였습니다. 거기서 네피림 후손인 아낙 자손을 보고, 우리는 그들에 비하면 메뚜기와 같다는 보고였습니다. 공격했다가는 오히려 이스라엘이 패전할 것이라고 말하였습니다. 정탐꾼의 보고를 들은 백성들이 순식간에 하나님을 원망하며 모세를 돌로 치려고 달려듭니다.

그런데, 이들은 왜 그렇게 어리석고 불신앙적으로 반응했을까요? 그들은 현재로 과거를 부정했고, 일부를 가지고 전부를 말하는 사람이었습니다.

이스라엘 백성들은 현재 그들이 본 것, 네피림 후손의 거대한 족속이라는 현상을 보고 과거에 그들을 인도하신 하나님까지 부정하고 있는 것입니다. 홍해를 가르고 걸어온 것이 좀 우연의 사건이었나요?

매일 만나로 먹이시는 것이 작은 일인가요? 어리석은 사람들은 현재 때문에 과거를 무시하는 경향이 많습니다. 현재의 마음과 상황에 따라 과거의 사건들까지 한꺼번에 깡그리 무시됩니다. 심지어 하나님이 약속한 미래의 것도 한꺼번에 무너져 버립니다. 결정적인 불신앙은 약속에 대한 불신입니다. 어느덧 어리석은 불신앙의 자리로 내려가 있는 것을 보게 됩니다. 어리석은 사람들은 과거의 10개를 오늘의 한 개로 다 뒤집어 버립니다. 그래서 과거에 사랑을 열 번 받았어도 오늘 한 번 사랑받지 못하면 그 사람은 자신을 사랑하지 않는다고 생각합니다. 백성들의 원망 소리를 직접 들어보시기 바랍니다.

"우리가 애굽 땅에서 죽었거나 이 광야에서 죽었으면 좋았을 것을 어찌하여 여호와가 우리를 그 땅으로 인도하여 칼에 쓰러지게 하려 하는가 우리 처자가 사로잡히리니 애굽으로 돌아가는 것이 낫지 아니하냐"(민 14:2-3)

이스라엘 백성들의 불신앙의 위험 수위의 최고의 시점은 하나님의 약속에 대해 믿지 못한 것입니다. 그 땅은 어떤 땅이었습니까? 분명히 성경이 강조하고 있는 약속의 땅이었습니다. 이미 선물로서 주시기로 한 땅이었습니다. 그들의 선조 아브라함과 이삭과 야곱에게 주시기로 한 약속의 땅이었습니다. 그러나 백성들의 한두 번이 아닌 지속된 원망을 들은 모세와 아론은 어떻게 반응했을까요? 14장 5절을 보니 이스라엘 자손의 회중 앞에서 엎드렸다 하였습니다. 이때, 여호수아와 갈렙이 자기들의 옷을 찢으며 이스라엘 회중에게 간곡히 말합니다.

우리가 두루 다니며 정탐한 땅은 심히 아름다운 땅입니다. 여호와께서 우리를 기뻐하시면 우리를 그 땅으로 인도하여 들이실 것입니다. 그 땅은 젖과 꿀이 흐르는 땅입니다. 다만 여호와 하나님을 거역하지 맙시다. 그리고 두려워하지 맙시다. 여호와 하나님이 우리와 함께하시기 때문입니다

하나님은 여호수아와 갈렙의 말을 통하여 당신의 뜻(하나님의 구원의 큰 그림)을 전하셨습니다. 여호수아와 갈렙이 믿음의 말로 한 말을 듣고 백성들은 어떻게 반응했을까요? 믿음의 고백과 선포를 듣고서도 불평과 원망하며 온 회중이 그들을 돌로 치려했습니다. 백성들의 두려움은 분노로 변합니다.

이 광경을 보고 있던 하나님께서 모세에게 나를 멸시하고, 이적을 행하였지만 믿지 않는 백성들에게 전염병으로 그들을 쳐서 멸하겠다고 하셨습니다. 이때, 모세는 다시 14장19절에서 "구하옵나니 주의 인자의 광대하심을 따라 이 백성의 죄악을 사하시되 애굽에서부터 지금까지 이 백성을 사하신 것 같이 사하시옵소서" 하나님의 자비에 호소하였고, 여호와께서 다시 한번 참으시고 있습니다. 모세는 생명 다해 하나님 앞에서 중보자의 역할을 감당합니다.

결국 하나님은 모세의 기도를 들으시고 분명하게 말씀하셨습니다. 약속의 말씀을 믿지 못한 사람들과 약속을 믿고 순종한 사람들을 향하여 말씀하셨습니다.

"내 영광과 애굽과 광야에서 행한 내 이적을 보고서도 열 번이나 나를 시험하고 내 목소리를 청종하지 아니한 그 사람들은 내가 그들의 조상들에게 맹세한 땅을 결단코 보지 못할 것이요 또 나를 멸시하는 사람은 한 사람도 그것을 보지 못하리라 그러나 내 종 갈렙은 그 마음이 그들과 달라서 나를 온전히 따랐은즉 그가 갔던 땅으로 내가 그를 인도하여 들이리니 그의 자손이 그 땅을 차지하리라"(민 14:22-24)

이 말씀이 절망으로 들리십니까? 내가 저 이스라엘 백성들처럼 하나님의 약속을 믿지 못하기 때문에 그 가나안 땅에 들어갈 수 없는 존재라 여겨지십니까? 우리는 민수기의 말씀을 통해서 약속을 믿지 못한 이스라엘 백성들의 결국을 듣고 본 사람들입니다. 믿음의 오답 노트를 보고 이미 확인한 사람들입니다. 그리고 여호수아와 갈렙에게 주신 축복의 말씀을 듣는 성도들입니다. 약속의 땅을 차지하려는 계획은 출애굽 세대의 그 어떤 반항에도 불구하고 그 약속은 이루어진다는 것입니다. 심지어 모세도 들어가지 못했지만, 백성들의 죄에도 불구하고 하나님은 그들과 맺으신 언약을 그들의 후세들과 이어 가겠다는 의지를 보여주신 것입니다. 비록 그 약속이 출애굽 세대를 통해서 이루어지지 않았다 하더라도 제2세대 즉 광야 세대, 다음 세대를 통해서 이루고야 말겠다는 것이 하나님의 의지입니다. 이것이 민수기에 나타난 복음의 메시지입니다.

민수기 후반부는 광야 여정 가운데 다시금 약속을 확인시켜 주시고, 다음 세대인 이스라엘 백성들에게 약속의 말씀을 반복하여 말씀하십니다.

하나님은 다시 율법을 확인시켜 주십니다. 가나안 땅에 들어가서 지켜야 할 제사 규례를 다시 제시해주셨습니다. 그래서 하나님은 약속의 땅에 들어가 땅을 분배하기 위하여 인구조사를 다시 명령하신 것입니다. 이제까지 사건을 보아서는 이스라엘 백성들의 원망과 불평과 타락과 불순종으로 말미암아 하나님께서 그리셨던 그 꿈과 불꽃이 사그라지는 듯했습니다. 하지만, 다시 두 번째 인구조사를 하신 것은 하나님의 용서하심이고, 은혜의 회복이고, 희망의 증거이고 하나님 백성을 향한 사랑을 확증한 것입니다.

하나님께서 이스라엘 백성들이 40년 광야 생활에서 처음으로 참패했던 호르마(완전히 멸함의 의미), 바로 그 전쟁에서 첫 승리를 하게 하셨습니다. 출애굽 세대와는 질적으로 다른 슬로브핫의 딸들의 이야기를 통해서 불평과 원망이 아닌, 새로운 세대와 지도자와 소통하는 희망적인 사건이 기록되어 있습니다. 슬로브핫의 딸들은 이전의 세대가 감히 구하지도 못한 것을 구했습니다. 아직 기업에 들어가기도 전에 그 기업을 믿음으로 구했습니다. 슬로브핫의 딸들은 아들이 없이 딸들만 낳으므로 기업의 분배에서 제외될 위기 가운데 자신들에게 돌아와야 할 기업에 대하여 정당하게 요구합니다. 무조건 맘에 안 든다고 대들고 불평하는 방법이 아니라, 소통을 통해서 문제를 해결해가는 성숙한 모습을 보여줍니다. 이에 따라 여성에 대한 상속법이 새롭게 제정되었습니다.

그리고 하나님은 새 시대 새로운 지도자를 준비시켰습니다. 출애굽을 이끌었던 모세도 가나안 땅에 들어가지 못한다는 사건도 나오고, 아론과 미리암도 죽고 맙니다. 그래서 모세는 이스라엘의 목자를 세우실 것을 하나님께 간구하였고 이스라엘의 목자로 여호수아가 지명되는 사건이 민수기에 이미 기록되어 있습니다. 하나님은 새로운 세대를 준비시켜 하나님이 약속하신 것을 이루어 나가시는 분이십니다. 하나님은 다음 세대의 지도자인 여호수아에게 다시금 약속의 말씀으로 확신케 하셨습니다.

"내 종 모세가 죽었으니 이제 너는 이 모든 백성과 더불어 일어나 이 요단을 건너 내가 그들 곧 이스라엘 자손에게 주는 그 땅으로 가라"(수 1:2)

이 말은 하나님께서 모세가 죽었으니 너희들과 나는 상관없다는 말이 아니었습니다. 모세가 죽었기 때문에 전에 내가 약속한 것은 무효이다라는 말도 아닙니다. 이 말씀은 모세는 죽었지만 나 여호와는 지금도 살아있느니라. 사람이 죽고 시대적인 상황은 바뀌었다 하더라도 나의 입에서 나온 말은 일점일획이라도 떨어지지 아니한다는 변치 않는 약속을 의미합니다. 역시 신실하신 하나님이십니다. 민수기 마지막 부분에서는 가나안 땅의 경계를 미리 분배해주시는 말씀과 가나안 족속을 완전히 섬멸할 것을 명령하시고 있습니다.

민수기는 분명 이스라엘 백성들의 실패를 기록한 책입니다. 그럼에도 불구하고 이 책은 그 실패의 한가운데에서 자라난 새로운 세대의 가능성을 이미 충분히 보여 준 희망의 책입니다. 그래서 민수기는 우리에게 오답노트를 보여주신 것입니다. 그러나 더 중요한 것은 심판 가운데에서도 하나님은 약속을 이루시는 분이시라는 메시지를 들을 수 있어야 한다는 것입니다.

하나님만 사랑한다는 것

1 이는 곧 너희의 하나님 여호와께서 너희에게 가르치라고 명하신 명령과 규례와 법도라 너희가 건너가서 차지할 땅에서 행할 것이니 2 곧 너와 네 아들과 네 손자들이 평생에 네 하나님 여호와를 경외하며 내가 너희에게 명한 그 모든 규례와 명령을 지키게 하기 위한 것이며 또 네 날을 장구하게 하기 위한 것이라 3 이스라엘아 듣고 삼가 그것을 행하라 그리하면 네가 복을 받고 네 조상들의 하나님 여호와께서 네게 허락하심 같이 젖과 꿀이 흐르는 땅에서 네가 크게 번성하리라 4 이스라엘아 들으라 우리 하나님 여호와는 오직 유일한 여호와이시니 5 너는 마음을 다하고 뜻을 다하고 힘을 다하여 네 하나님 여호와를 사랑하라 6 오늘 내가 네게 명하는 이 말씀을 너는 마음에 새기고 7 네 자녀에게 부지런히 가르치며 집에 앉았을 때에든지 길을 갈 때에든지 누워 있을 때에든지 일어날 때에든지 이 말씀을 강론할 것이며 8 너는 또 그것을 네 손목에 매어 기호를 삼으며 네 미간에 붙여 표로 삼고 9 또 네 집 문설주와 바깥 문에 기록할지니라

숲으로 전하는 신명기

본문 : 신 6장1-9절

한자에 '신신당부(申申當付)'라는 말이 있습니다. '거듭하여 간곡히 부탁하다'라는 의미의 단어입니다. 신명기(申命記)의 이름 뜻은 '다시 되풀이된 명령'입니다. 곧 '두 번째 말씀' 뜻입니다. 누구를 대상으로 한 설교일까요? 모세가 출애굽 이후 광야에서 태어난 다음 세대를 대상으로 한 말씀입니다. 장소를 배경으로 구분하자면, 첫 번째 광야에서 하신 말씀이 시내산 언약이라 말하고, 두 번째 출애굽 이후 세대에게 하신 말씀은 모압 언약이라 칭할 수 있습니다. 모세오경 히브리 성경의 제목은 맨 처음 단어를 사용했다고 말씀드렸듯이, "이것은 말씀들이다" (엘레 하드바림), 다시 말하면 출애굽 이후의 세대들이 가나안 땅에 가지고 들어가야 할 말씀입니다. 앞선 레위기나 민수기는 제의적이고, 제도적인 형식과 틀에 초점을 맞추고 있는 반면, 신명기는 내면(마음)을 강조하고 있습니다.

가나안 진입을 앞두고 마지막 유언과도 같은 신명기는 모세의 세 편의 설교로 이루어져 있습니다. 1장부터 4장43절까지는 출애굽 이후 지금까지의 과거를 회상하면서 말씀을 준수할 것을 촉구합니다. 주제는 하나님의 신실하심이라 할 수 있습니다. 그 교훈은 '기억하라'입니다. 4장44절부터 26장까지 십계명을 시작으로 율법의 원리와 목적, 그리고 구체적인 율법의 내용들을 전합니다. 많이 나오는 단어가 '들어라'입니다. 27장에서 30장까지 미래적으로 축복과 저주를 선포하면서 말씀에 대한 순종을 다시 한번 촉구합니다. 그리고 신명기의 결론, 부록처럼 이해할 수 있는 31장부터 34장까지 모세에 대한 이야기로 구성되어 있습니다.

신명기의 말씀 중에서 가장 핵심 되는 말씀은 6장의 말씀이라 할 수 있습니다. 특히 4절에서 9절은 이스라엘 사람들이 자신들의 신앙을 가장 간략하고도 정확하게 요약한 신앙고백입니다. 4절에서 "이스라엘아 들으라"는 말로 시작합니다. '들으라'라는 말은 이것은 하나님의 말씀이니 기억하고 듣고 순종하라는 뜻을 담고 있습니다. 신명기는 하나님 말씀에 대한 순종과 불순종에 따른 복과 저주가 함께 약속된 책입니다. 구약 전체는 사실상 이것을 증명하고 증거하는 책이라 할 수 있습니다. 그래서 학자들은 이러한 큰 이야기의 줄기를 '신명기 사관, 신명기 신학'이라 부르고 있습니다.

신명기에서 모세가 출애굽 다음 세대에게 가르친 가장 우선되는 가르침은 하나님은 오직 유일하신 여호와 하나님이심을 강조한 것입니다.

모세는 이스라엘 백성들에게 가나안에 정착하게 되면 너와 네 아들과 네 손자들이 평생에 기억하고 지켜 행할 것은 하나님을 기억하는 것이라 가르친 것입니다. 왜냐하면, 가나안의 풍요로움으로 말미암아 하나님을 잊어버릴 가능성이 있다는 것을 알았습니다. 광야에서 힘들 때는 하나님께 매달리다가 가나안에 들어가면 더 이상 그럴 필요가 없어지기 때문입니다. 뿐만 아니라, 우상 숭배의 위기가 있을 것을 예견하였습니다. 가나안은 농경문화였습니다. 유목문화를 가진 이스라엘이 가나안 땅에 들어가 농사를 지을 때에 농사의 신인 가나안 신들을 섬길 우려가 있다는 것입니다. 바알과 아스다롯 사이의 성적 결합을 통해서 농사에 필요한 비가 온다고 믿었기 때문에 가나안 신전에서 제의적인 매춘행위까지 벌이곤 했습니다. 종교와 문화가 섞여 타락한 상태였습니다.

그래서 모세는 이스라엘 백성들을 향해서 6장10절 이하에서 가나안에 들어가서 하나님을 잊지 말라고, 기억하라고 반복해서, 귀가 닳도록 권면하고 명령합니다. 이 말씀은 풀어서 다시 보면, 십계명의 첫 번째 계명입니다. 너는 나 외에는 다른 신들을 네게 두지 말라는 계명입니다. 첫 번째 계명이라 함은 열 개의 계명 중에서 가장 중요하고 근본이 되는 계명이라는 의미입니다. 예수님께서 율법사의 가장 큰 계명이 무엇인가를 묻는 질문에 대답하신 것도 바로 이 계명이었습니다.

성경은 '나 외의 다른 신들'을 '우상'이라 말합니다. 요즘 말로 '짝퉁 하나님'이라고 정의합니다. 우상이란 여호와 하나님 이외에 우리가 사랑하고, 신뢰하며, 순종하고, 헌신하는 대상을 말합니다. 우상들은 우리에게 행복과 구원을 약속하면서 마치 절대적인 힘을 가지고 있기나 한 것처럼 행세합니다. 맘몬은 예나 지금이나 가장 매력적인 우상입니다. 온갖 종류의 이데올로기 신념들이 절대적 권위와 힘으로 사람들의 자유를 억압하며 생명을 희생 제물로까지 요구하였습니다. 뿐만 아니라, 내 마음에 너무나 많은 하나님을 대체하는 우상들이 허

다하게 많습니다. 자기중심성이란 우상이 있습니다. 칼뱅은 500년 전에 인간의 마음은 '우상공장'이라 하였습니다.

또한 성경은 짝퉁 신을 섬기는 우상숭배만 아니라 하나님을 믿으면서도 동시에 다른 신도 섬기는 혼합 종교적 신앙 태도 즉 양다리 걸치기 신앙을 비판합니다.

성경에 실제로 이스라엘 역사 속에 이 사례들은 여러 번 발견됩니다. 이스라엘 왕들의 평가 기준이 무엇이었습니까? 여호와 하나님을 온전히 섬기고 말씀에 순종했는지를 평가하였습니다. 솔로몬을 볼까요? 솔로몬은 여호와 하나님께 제사 드리던 예루살렘 성전 건너편에 이방신들 곧 밀곰, 그모스, 몰록을 위한 산당을 지어 제사를 드렸다고 기록하고 있습니다. 이후에 이스라엘 백성들은 아예 예루살렘 성전 안에 바알과 아세라 신상들을 세움으로써 여호와 하나님 면전에서 이방신들에게 제사를 드리기도 하였습니다. 시종 이스라엘의 왕들의 역사를 한마디로 말하면 신명기의 말씀을 따르지 않고 불순종의 길로 갔다는 것을 보여주고 있습니다. 어느 정도까지 막장이었냐면, 심지어 요시야 왕이 종교개혁을 시행할 때에는 이전의 왕 므낫세와 아몬 왕 때에 여호와의 성전 가운데 남창의 집이 있었다고까지 기록하고 있습니다(왕하 23:4-7).

이러한 현상들이 나타날 때마다 선지자들이 나타나 외쳤던 메시지가 무엇이었습니까? 바로 우상을 제거하라는 말씀이었습니다. 훗날 요시야 왕이 하나님 앞에서 회개하며 개혁을 이루었던 일은 언약의 말씀을 기억하고 따르는 것이었습니다.

"왕이 여호와의 성전 안에서 발견한 언약 책의 모든 말씀을 읽어 무리의 귀에 들리고 왕이 단 위에 서서 여호와 앞에서 언약을 세우되 마음을 다하고 뜻을 다하여 여호와께 순종하고 그의 계명과 법도와 율례를 지켜 이 책에 기록된 이 언약의 말씀을 이루게 하리라 하매 백성이 다 그 언약을 따르기로 하니라"(왕하 23:2-3)

그런데, 이스라엘 왕들은 선지자들의 경고마저 무시했던 철저한 불순종의 결과 북왕국 이스라엘은 앗수르에게 남왕국 유다는 바벨론의 수중에 넘어가고 말았습니다.

모세는 신명기에서 출애굽 이후 세대에게 유일하신 하나님을 사랑하라 가르칩니다. 본문은 하나님을 어떻게 사랑해야 하는지 가르칩니다.

"너는 마음을 다하고 뜻을 다하고 힘을 다하여 네 하나님 여호와를 사랑하라"(신 6:5)

이 구절은 신명기에서 가장 중요한 구절이라 할 수 있습니다. 하나님을 사랑하되 마음과 뜻과 힘을 다하여 사랑해야 합니다. 첫 번째 '마음'이란 사람의 생각하는 영역을 강조하는 단어입니다. 이성이나 의지 같은 것들입니다. 두 번째 '뜻'은 히브리어로 '네페쉬'라는 단어인데 소울, 영혼이라 번역할 수 있는 단어입니다. 그러나 감정이나 정서 혹은 욕구와 같은 것들입니다. 마음보다 더 근원적인 단어라 할 수 있습니다. 세 번째 '힘'은 물리적인 힘을 내는 신체적 영역이나 재능에 초점을 맞춥니다. 3번을 강조한 것은 우리의 모든 자아가 하나님을 사랑해야 함을 강조한 것입니다. 생각이 다할 때까지, 감정이 한계에 이를 때까지, 육체가 쇠잔할 때까지 하나님을 사랑하는 것을 요구하고 있습니다. 신명기에서 사랑은 감정보다 의지입니다. 하나님을 사랑하는 구체적인 방법을 말씀하십니다.

"오늘 내가 네게 명하는 이 말씀을 마음에 새기고 네 자녀에게 부지런히 가르치라"(신 6:6-7)

하나님 사랑은 반복해서 말씀을 마음에 새기는 것이라는 것입니다. 돌에 글자를 새길 때 어떻게 합니까? 끌로 반복하여 새깁니다. 계속 반복해서 긁어야만 글자가 새겨집니다. 왜 그렇게 반복하여 말하고 있을까요? 이스라엘 백성이 말씀에 순종하는 것에 실패하였기 때문입니다. 오늘날 사람들은 반복하여 말하는 것을 싫어합니다. 우리의 마음은 돌보다 더 굳어 있습니다. 예레미야는 만물보다 거짓되고 심히 부패한 것은 마음이라 하였습니다. 돌보다 더 단단한 우리의 마음에 말씀이 새겨지기 위해서는 우리가 반복하여 들어야 합니다. 반복하여 말씀을 마음에 새기셔야 합니다. 그것도 마음의 중심에 새기셔야 합니다. 그래서 어느 순간에든지 생각나게 해야 합니다. 어느 길을 가든 말씀이 등불이 될 수 있도록 해야 합니다. 언제든지 생각나고, 언제든지 사용할 수 있는 말씀이 되어야 합니다. 공무원, 취업 시험, 공인중개사 시험 하나를 보기 위해서도 열심히 공부합니다. 그런데 인생 전체를 이야기하는 성경을 공부하는 것에 있어서는 공부하지 않고 그냥 하늘에서 떨어지기를 바랍니다. 분명한 것은 말씀에 대한 경외와 연구와 사랑 없이는 하나님을 사랑할 수 없습니다.

스스로에게 질문해보십시오. 나는 하나님을 사랑하는가? 무엇으로 확인할 수 있을까요?

세상일에 마음이 분산된 사람들, 하나님 외에 세상의 다른 것들에 마음을 둔 사람들은 하나님의 말씀에 관심이 가지 않고, 그 말씀을 들어도 영혼의 떨림이 일어나지 않습니다. 안타깝게도 영혼이 잠을 자는 겁니다. 설교를 들을 때는 하나님이 생명이라는 사실을 느끼지만 일상으로 돌아가면 다시 희미해질 겁니다. 어떻게 하면 이 사실을 한순간도 놓치지 않고 살아갈 수 있을까요? 분명한 것은 하나님의 말씀을 마음에 새기고 순간순간을 살아갈 때 내 마음 깊은 곳에서 하나님을 사랑할 수 있고, 하나님이 유일하신 참 하나님이심을 확신하며 살아갈 수 있게 될 것입니다. 신명기는 말씀이 가까이 있을 때가 가장 복된 길임을 강조해주고 있습니다.

"내가 오늘 네게 명령한 이 명령은 네게 어려운 것도 아니요 먼 것도 아니라 오직 그 말씀이 내게 매우 가까워서 내 입에 있으며 내 마음에 있은즉 네가 이를 행할 수 있느니라 내가 오늘 네게 명령하여 네 하나님 여호와를 사랑하고 그 모든 길로 행하며 그의 명령과 규례와 법도를 지키라 하는 것이라 그리하면 네가 생존하며 번성할 것이요 또 네 하나님 여호와께서 네가 가서 차지할 땅에서 네게 복을 주실 것임이니라"(신 30:11-16)

사랑하는 성도 여러분, '쉐마 이스라엘'이라는 명령에 진심으로 귀를 기울이십시오. 그리고 그 명령에 순종하십시오. 그게 여러분이 생명을 얻는 유일한 길입니다.

마지막으로, 신명기 메시지의 중요한 핵심은 모세의 마지막 모습에서 아주 중요한 소망의 메시지를 주고 있다는 것입니다.

신명기는 모세의 마지막의 모습으로 마칩니다. 모세는 40년을 이스라엘 백성과 동고동락하며 하나님께서 약속하신 가나안 땅으로 그들을 인도하였습니다. 모세는 하나님의 친구라 여기며 함께 이야기를 나눌 만큼 공감하는 능력이 뛰어났던 지도자였습니다. 뿐만 아니라, 하나님의 마음을 품고 자기 백성들을 대할 줄 아는 지도자였습니다.

시시때때로 자신을 향해 울분과 돌로 치려한 적개심을 드러내는 군중들을 이끌고 치열한 광야를 이끌고 온 모세의 속은 아마도 시커먼 숯처럼 되었을 것입니다. 그런데, 40년 동안 광야 유랑과 반석 사건 이후 너는 여기서 끝이다 하는 말을 들었을 때, 인간 모세는 심정이 하나님께 많이 서운했을 것입니다.

그런데, 우리가 모세의 마지막을 보면서 위로가 되고 소망이 되는 이유가 무엇일까요? 모세의 사명을 존귀하게 여기셨을 뿐만 아니라, 모세라는 인물을 하나님께서 너무 멋지게 평가해주셨고, 뿐만 아니라 모세의 뒤를 이은 하나님의 말씀에 순종한 여호수아를 세워 위대한 구원의 역사를 이루어 가시는 하나님을 발견할 수 있습니다. 나의 시대와 사명은 멈춘 것 같지만 하나님은 살아계셔서 그 역사를 성취하시는 신실한 하나님이시기 때문입니다. 신명기 마지막 장 34장이 기록하고 있는 모세의 마지막 기록을 봅시다.

"그 후에는 이스라엘에 모세와 같은 선지자가 일어나지 못하였나니 모세는 여호와께서 대면하여 아시던 자요"(신 34:10)

모세라는 인물을 평가할 때 이만큼 존귀하게 평가된 인물이 없었다는 것입니다. 신명기 기자는 그의 사명을 단 두 줄로 요약하며 신명기 모세오경의 마지막을 장식하고 있습니다. 모세는 비스가 산 위에서 죽었습니다. 약속의 땅으로 진입이라는 사명은 모세를 통해 성취되지 못했지만, 궁극적 약속의 땅인 영원한 나라에 들어갔습니다. 한 시대 하나님께서 맡겨주신 소명과 사명의 삶을 신실하게 감당한 사람이 되었습니다. 그것만으로도 충분히 존귀합니다.

"여호와께서 그를 애굽 땅에 보내사 바로와 그의 모든 신하와 그의 온 땅에 모든 이적과 기사와 모든 큰 권능과 위엄을 행하게 하시매 온 이스라엘의 목전에서 그것을 행한 자이더라"(신 34:11-12)

그리고 모세가 죽은 후 하나님께서 여호수아를 통하여 새로운 세대에게 하나님의 놀라운 구원의 역사를 이루어 나가신다는 말씀을 통하여 지금도 말씀하시고 일하시는 하나님을 발견할 수 있습니다.

"모세가 눈의 아들 여호수아에게 안수하였으므로 그에게 지혜의 영이 충만하니 이스라엘 자손이 여호와께서 모세에게 명령하신 대로 여호수아의 말에 순종하였더라"(신 34:9)

신명기는 모세를 미화시키거나 신격화시키지 않았습니다. 모세의 영웅전이 아니었습니다. 그래서 약속의 땅에 들어가지 못한 그의 최후를 통해 모든 사람이 하나님께 집중하도록 합니다. 그래서 이스라엘을 구원하고 약속의 땅으로 인도한 분은 모세가 아니라 하나님이심을 알게 합니다. 우리는 약속의 땅을 향하여 가고 있습니다. 이 땅에서 보이는 약속의 땅을 목표로 살아갑니다. 그것이 저마다의 소명, 목표, 비전, 내 생애 속에 이루고 싶은 사명이라 말할 수 있습니다. 그리고 그것을 이루기 위하여 가나안 정복 전쟁처럼 치열한 영적 전쟁을 치르며 그 땅을 정복하기 위해 살아갑니다. 그래서 우리는 늘 소망이 가득합니다.

그러나 그 약속의 땅을 우리가 들어가든, 들어가지 못하든지, 약속의 땅을 향해 걸어가는 믿음의 여정이 너무나 존귀한 것입니다. 모세처럼 하나님의 얼굴을 대면하여 볼 수 있는 은총을 누리고 있고, 영원한 약속의 땅을 향해 믿음의 여정을 기쁨으로 걸어갈 수 있기 때문입니다. 객관적으로 보면 눈앞에 보이는 약속의 땅 앞에서 땅을 밟아 보지 못한, 비전을 이루지 못한 아쉬움이 있는 것 같아도, 모세의 마지막을 통하여 축복하셨던 것처럼, 당신의 구원의 역사를 이루어 가시는 하나님을 바라볼 때에 우리는 소망 가운데 살아갈 수 있다는 것입니다.

우리에게는 사명을 충분히 감당하지 못한 것 같아도, 갈등 가운데 아파했던 시간이 많았어도, 삶과 목회의 여정이 성공과는 거리가 있어 보여도, 소망이 있는 것은 영원한 약속의 땅을 가슴에 품고 살아갈 수 있기 때문입니다. 그리고 그 약속은 반드시 이루신다는 것입니다. 중요한 것은 우리가 하나님을 사랑하는가? 우리가 사랑하기에 그 말씀을 순종하는가? 하나님을 사랑하고 순종하며 살아갈 때 모세에게 주었던 그 영광을 우리에게도 주실 것입니다.

"내가 이 언약과 맹세를 너희에게만 세우는 것이 아니라 오늘 우리 하나님 여호와 앞에서 우리와 함께 여기 서 있는 자와 오늘 우리와 함께 여기 있지 아니한 자에게까지이니"(신 29:14)

신명기를 통해서 너 어디 가든지 하나님을 기억하고 하나님을 사랑하고 하나님 말씀에 순종하라 하시는 말씀을 경청하시기를 바랍니다. 신명기를 통해서 너 어디 있든지 충성하라 하시는 말씀에 귀 기울여 순종하는 삶을 살기로 결단하시기 바랍니다.

거룩한 땅에서

43 여호와께서 이스라엘의 조상들에게 맹세하사 주리라 하신 온 땅을 이와 같이 이스라엘에게 다 주셨으므로 그들이 그것을 차지하여 거기에 거주하였으니 44 여호와께서 그들의 주위에 안식을 주셨으되 그 조상들에게 맹세하신 대로 하셨으므로 그들의 모든 원수들 중에 그들과 맞선 자가 하나도 없었으니 이는 여호와께서 그들의 모든 원수들을 그들의 손에 넘겨 주셨음이니라 45 여호와께서 이스라엘 족속에게 말씀하신 선한 말씀이 하나도 남음이 없이 다 응하였더라

숲으로 전하는 여호수아

본문 : 수 21장43-45절

여호수아서를 열자마자 모세가 죽은 후 하나님께서 친히 여호수아에게 명령하시는 말씀으로 시작합니다.

"내 종 모세가 죽었으니 이제 너는 모든 백성과 더불어 일어나 이 요단을 건너 내가 그들 곧 이스라엘에게 주는 그 땅으로 가라"(수 1:2)

모세가 죽었지만 "이제 더 이상 슬퍼하지 말고, 일어나 내가 너희에게 주는 땅으로 가라" 는 의미의 말씀이었습니다. 하나님께서 모세가 죽었으니 "너희들과 나는 상관없다", 내 일은 다 끝났다, "내가 약속한 것은 무효이다"라는 말이 아니었습니다. 모세는 죽었지만 나 여호와는 지금도 살아있느니라. 위대한 지도자 모세의 죽음이 하나님의 계획과 역사에 차질을 빚을 수 없다는 말입니다.

성경에 나타나는 '땅'에 대한 주제는 성경을 이해하는데 아주 중요한 개념입니다. 성경은 가나안 땅을 거룩한 땅이라 부르고 있습니다. 왜냐하면 거룩한 하나님께서 거룩한 백성에게 주신 땅, 거룩한 백성이 거룩한 백성답게 살아야 할 땅이기 때문입니다. 여호수아 5장에 보면, 이스라엘 백성들이 요단을 건너 여리고 평지에서 유월절을 지키고, 여리고에 이르렀을 때에 여호와의 군대장관이 여호수아에게 찾아와 말씀하고 있습니다. 하나님께서 모세를 부르실 때 찾아와 말씀하신 것처럼, "네 발에서 신을 벗으라 네가 선 곳은 거룩하니라"고 말씀하셨습니다.

우리가 성경을 읽을 때 이 약속의 땅을 어떻게 이해하는가는 중요한 관점이 됩니다. 모세오경, 여호수아에서 땅은 물론 물리적인 땅, '가나안'이었습니다. 그러나 영적으로 이해하면 나의 영원하신 기업, 우리가 들어가 영원히 누릴 안식이라 할 수 있고, 실존적으로 이해하면 내 생애 동안 하나님이 약속하신 비전, 축복, 하나님이 약속하신 선물이라 해석할 수 있습니다. 따라서 여호수아를 읽고 묵상하고 오늘도 해석되고 적용되는 말씀 선포를 통해서 지금 여기 우리가 서 있는 거룩한 땅에서 오늘도 말씀하시는 하나님의 음성을 들을 수 있기를 바랍니다.

여호수아의 구성과 내용을 간단히 요약하면, 총 24장으로 구성되어 있는데 전반부 1장부터 12장까지 땅을 정복해 나가는 과정 중에 31번의 전쟁 이야기가 나타납니다(7년정도. 30승1패 전적). 가나안의 모든 땅을 정복한 것은 아니었습니다. 후반부 13장부터는 차지한 땅을 12지파에게 분배하는 내용과 여호수아의 마지막 고별설교, 여호수아의 죽음으로 여호수아서가 마치게 됩니다.

여호수아서를 읽다 보면 이해하기 불편한 내용들이 나타나고 있습니다. 한 가지는 여호수아가 이스라엘이 군사적으로 어떻게 가나안 땅을 정복하였는가에 지나친 초점을 맞춘 전쟁-정복이야기라는 것입니다. 현재, 이스라엘과 팔레스틴의 영토 전쟁이 지금도 긴장관계에 있는데, 팔레스타인들을 쫓아내야 한다는 근거를 여호수아에서 찾는 경우가 있습니다. 그리스도인으로서 어떤 입장을 취해야 할까요? 또 한 가지는 여호수아 1장에 나오는 율법책을 묵상하고 땅을 정복하러 나서기만 한다면 땅을 획득할 수 있을까요? 아무리 하나님이 주신 땅이라 하지만, 가나안 원주민들의 입장에서 볼 때 이해하기 어려운 이야기라는 것입니다. 이스라엘 백성들의 습격을 받아 죽어간 가나안 사람들의 입장에서는 너무 억울한 일 아니겠습니까? 가나안 족속들을 다 멸하라고 하는 것은 요즘 말로 전쟁 범죄라고 이해를 하는 것이지요. 원수를 사랑하라는 예수님의 말씀, 온유한 자는 땅을 얻는다는 말씀과 대치되는 말씀을 어떻게 이해할 수 있는가요?

여호수아서 제목은 여호수아라는 인물의 이름으로 정해졌지만, 이름의 의미에서 책 제목을 정한 것 같습니다. 왜냐하면 여호수아는 원래 '호세아'라는 이름이었습니다. 호세아는 구원이라는 의미였는데, 모세가 민수기에서 가데스바네아로 정탐을 보낼 때, 여호와는 구원이시다는 뜻인 여호수아라는 이름으로 바꾸어주셨습니다. 여호수아의 사건과 이야기들이 여호와의 구원이라는 큰 이야기로 이해할 수 있다는 것입니다. 여호수아의 내용을 보아서는 약속의 땅, 거룩한 땅에 들어가는 것으로 구원을 이해하면 됩니다.

첫째, 두 명의 인물이 여호수아가 가나안을 정복 전, 후에 등장합니다. 약속의 땅, 거룩한 땅을 얻지 못할 사람인데 그 땅을 얻은 사람도 있고, 땅을 얻을 수 있었던 사람인데 땅을 얻지 못한 사람도 있다는 것을 발견하게 됩니다.

땅을 얻지 못할 사람이 누구였습니까? 2장에 나오는 이스라엘 언약 백성이 아니고, 기생이었던 라합이라는 여인과 그 가정이었습니다. 그러나, 놀랍게도 이 여인은 다윗과 예수 그리스도의 계보에 들어간 여인이 되었습니다. 이방인을 구원하신 하나님의 구원역사가 이미 가나안에서 시작된 것입니다. 야고보는 라합의 행동이 하나님으로부터 의롭다고 인정받게 된 이유라 말하고, 히브리서 기자는 하나님께 순종한 일로 묘사합니다.

한편, 땅을 얻을 수 있는 사람인데 얻지 못한 사람은 7장에 나타나는 아간이라는 인물입니다. 유다지파 세라의 증손, 삽디의 손자 갈미의 아들이라는 흠이 없는 족보가 있는 인물이었습니다. 그런데 그가 승리로 얻은 물건을 하나님께 온전히 바치라는 명령을 어기고 빼돌린 사건이 있었습니다. 빼돌린 것은 외투 한 벌, 은 이백 세겔과 오십 세겔 무게의 금덩어리를 장막 가운데 땅 속에 감추었습니다. 성경은 이 사건이 온 이스라엘의 범죄가 되었음을 증거하고 있습니다. 만약, 아간의 사건처럼 하나님이 이렇게 죄지은 자를 처리하신다면 우리 가운데 살아 있을 자 있겠습니까? 아간의 일을 교훈 삼아 죄를 짓지 말라는 권고입니다. 그리고 우리 속에 아간이 있는가를 매일매일 살필 수 있어야 합니다. 성경은 아간의 죄를 이스라엘의 죄라 기록하고 있습니다. 성경은 이런 이야기를 하면서까지 하나님은 자기 백성의 거룩함과 정결함을 원하시고 있음을 말씀하고 있다는 것입니다.

둘째, 하나님이 주신 약속의 땅은 거룩한 땅이라는 것을 강조해 주고 있습니다.

그래서 여호수아는 가나안을 진입하기 전에 백성들에게 다시 한 번 하나님의 말씀을 전합니다. 여호수아가 강을 건너기 전에 백성들에게 성결을 요구하는 것은 이 일이 군사적 작전이 아니라 율법에 대한 순종과 거룩한 하나님 나라 백성의 삶을 원하셨습니다. 가나안 정복을 앞둔 이스라엘의 모습은 전쟁터로 나가는 사람이 아니라, 마치 예배를 드리러 성전에 들어가는 사람들의 모습과도 같습니다. 이스라엘 백성들이 당장 직면한 이 강을 어떻게 건널 수 있는가에 대한 하나님의 대답은 "너희는 스스로 성결케 하라" 는 것이었습니다.

"여호수아가 또 백성에게 이르되 너희는 자신을 성결하게 하라 여호와께서 내일 너희 가운데에 기이한 일을 행하시리라"(수 3:5)

이스라엘이 첫 번째 난관이라 할 수 있는 요단강을 건널 때 법궤를 멘 제사장들이 강에 발을 먼저 들여놓으라 하셨습니다. 하나님이 앞서 가시며 자기 백성들에게 길을 내주시는 것을 의미하는 중요한 사건이었습니다. 이스라엘이 요단강을 건너자마다 가장 먼저 한 일이 길갈에 기념비를 쌓고 할례를 하며 하나님께서 행하신 구원의 역사를 기억하고 유월절을 지켰습니다. 아이성 전투의 패배와 승리를 경험한 후에 에발산에서 제단을 쌓고 여호와께 번제와 화목제물을 드렸고, 거기에서 모세가 기록한 율법을 이스라엘 자손들이 보는 앞에서 그 돌에 기록하고, 그 율법책에 기록된 모든 것대로 축복과 저주하는 율법의 모든 말씀을 낭독하는 이야기가 나타납니다.

하나님께서 약속의 땅을 선물로 주신 이유는 그 땅에 들어가서 하나님을 온전히 섬기는 거룩한 백성으로 살아갈 수 있도록 약속의 땅을 주시는 것입니다. 삶의 난관 앞에서, 인생의 수많은 문제에 부딪혀 묘안을 찾고, 해결 방법을 찾고 있는 사람들에게 하나님께서는 우리의 성결을 요구하시고, 하나님 말씀에 대한 순종과 거룩한 삶을 원하신다는 의미입니다. 여호수아에서 가장 많이 인용하고 암송하는 말씀입니다.

"이 율법책을 네 입에서 떠나지 말게 하며 주야로 그것을 묵상하여 그 안에 기록된 대로 다 지켜 행하라 그리하면 네 길이 평탄하게 될 것이며 네가 형통하리라"(수 1:8)

셋째, 여호수아서가 강조하고 있는 것은 하나님이 약속하신 가나안 땅은 가만히 얻어지는 땅이 아니었습니다. 열심히 일해야 하고 싸워야 하고 날마다 영적 전투의 치열한 현장임을 말씀해 주십니다.

가나안의 모든 땅을 다 정복한 것은 아니었습니다. 13장1절에 보면 여호수아가 나이가 많아 늙었고 얻을 땅이 매우 많이 남아 있다는 말씀이 있습니다. 백성들에게 들어가 취해야 할 땅이 있고, 개척해야 할 땅이 있다는 말씀을 하십니다. 하나님께서 이스라엘 백성들에게 가나안 땅을 선물로 주실 것을 보증하시면서도 그 땅은 하나의 완성된 제품으로 그들에게 다가온 것이 아니었습니다. 그들은 전쟁을 예상하지는 않았을 것입니다. 그러나 들어가자마자 그 땅은 싸워서 이겨 정복해야 하는 땅이었습니다. 그 땅은 결코 좋은 땅만은 아니었습니다. 이미 그 땅에 거하는 거민들이 있었습니다. 성경은 젖과 꿀이 흐르는 땅이라 하였지만 그곳은 황무한 사막이 있는 땅이었습니다. 그 땅은 바알과 아세라와 같은 이방신으로 가득 차 있었던 땅이었습니다. 신들에게 바치는 가장 좋은 제물은 그들의 어린 아이였고, 자기 자녀를 불살라 드렸던 곳이 아골 골짜기였습니다. 그들의 제사법 중에 신전의 여자 제사장과 성관계를 하는 것이 제사법이었습니다. 하나님께서 가나안의 모든 거민을 진멸하라 하시는 이유는 죄에 대한 심판임과 동시에 이스라엘 민족의 거룩함을 강조하기 위한 것이었습니다.

넷째, 가나안 정복에 또 한 가지 중요한 신앙의 원리를 여호수아를 통해 발견할 수 있었습니다. 여호수아와 함께 했던 신앙의 동역자 갈렙이 있었다는 것입니다.

갈렙은 여호수아와 함께 광야에서 유일하게 약속의 땅에 들어갈 수 있는 사람이었습니다. 그리고 여호수아 후반부에 땅을 분배할 때, 갈렙은 땅을 선택할 수 있는 우선권이 있었음에도 아직 정복하지 않은 헤브론 땅을 선택하겠다고 하면서 그 유명한 85세에 믿음의 고백을 한 것입니다.

"모세가 나를 보내던 날과 같이 오늘도 내가 여전히 강건하니 내 힘이 그 때나 지금이나 같아서 싸움에나 출입에 감당할 수 있으니 그 날에 여호와께서 말씀하신 이 산지를 지금 내게 주소서 당신도 그 날에 들으셨거니와 그 곳에는 아낙 사람이 있고 그 성읍들은 크고 견고할지라도 여호와께서 나와 함께 하시면 내가 여호와께서 말씀하신 대로 그들을 쫓아내리이다 하니"(수 14:11-12)

평생 하나님 나라를 함께 꿈꾸고, 함께 세워나가기 위해 헌신하는 사람, 함께 하나님이 주신 비전을 향해 이 땅에서 사명을 감당할 수 있는 영적인 동반자, 믿음의 동역자가 있다는 것은 이 땅에서 누릴 수 있는 하나님 백성의 가장 큰 축복입니다. 남편과 아내가, 자녀와 부모가, 하늘 가족의 모든 식구들이 이 거룩한 하나님 나라의 한 비전으로 하나가 될 수 있다면 얼마나 복될까요? 내 인생에 갈렙과 같은 동역자가 있다는 것은 축복입니다.

마지막으로, 여호수아 내용의 절반이 13장부터 가나안 땅을 차지하고 분배하는 이야기가 나타납니다.

특히, 지루하게 느낄 정도로 가나안 땅의 분배와 성읍과 지역 목록이 나타나는데 전쟁보다 어려운 것이 분배입니다. 그런데, 비교적 순조롭게 땅을 분배하는 과정에서 요셉의 후손들은 분배받은 땅이 좁다고 여호수아에게 불만을 토로하기도 하였습니다. 이 때 여호수아의 대안이 무엇이었을까요? 에브라임 산지가 좁으니 브리스와 르바임 족속의 땅을 정복해 개척하라는 것이었습니다. 그러자 요셉의 후손들은 철 병거를 소유한 가나안 족속의 힘이 너무 세서 자신들이 싸우기에 힘들다고 말합니다. 그래도 여호수아는 다시 한번 그들을 설득하고 있습니다.

본문은 가나안 정복과 분배를 마치고 땅을 분배받은 지파들이 각자 자기 기업으로 돌아가 처음부터 끝까지 하나님의 은총이라는 것을 증거해 주고 있습니다.

하나님께서 이스라엘의 선조들에게 약속하신 모든 것을 행하셨다고 말씀합니다. 하나님의 신실하심에 대한 확실한 증언이라 할 수 있습니다.

"여호와께서 이스라엘 조상들에게 맹세하사 주리라 하신 땅을 이와 같이 이스라엘에게 다 주셨으므로 그들이 그것을 차지하여 거기에 거주하였으니 여호와께서 그들의 주위에 안식을 주셨으되 그 조상들에게 맹세하신 대로 하셨으므로 그들의 모든 원수들 중에 그들과 맞선 자가 하나도 없었으니 이는 여호와께서 그들의 모든 원수들을 그들의 손에 넘겨 주셨음이니라"(수 21:43-44)

　비록 이스라엘이 전쟁을 치르며 가나안 땅을 차지하게 되었지만, 분배의 과정에서 갈등도 있었고, 아직 차지하지 못한 땅이 남아 있었지만, 약속하시고 약속을 성취하시는 여호와 하나님을 온전히 신뢰하고 안식과 승리를 주신 분이심을 선포한 것입니다. 사실, 이제까지 이스라엘 가운데 행하신 일들을 돌아볼 때 역사의 모든 순간순간이 하나님의 인도하심, 하나님의 보호하심, 하나님의 신실하심, 하나님의 은총이었다는 것이 여호수아가 전하고자 하는 핵심 메시지입니다. 그렇다면 여호수아서를 읽고 묵상하고 말씀을 들어야 할 이유가 무엇일까요?

　우리는 성경을 읽으면서 하나님을 만나는 것입니다. 말씀을 들으면서 지금도 변함없는 하나님의 약속을 확신하는 것입니다. "그렇군요, 역시 하나님은 약속을 성취하시는 신실한 분이군요, 하나님은 지금도 살아계시는 분이시군요, 하나님의 백성들은 이렇게 살아야 하는군요" 여호수아를 통해서 이루신 약속, 뒷부분에서 너무나 명쾌하게 그 약속을 이루신 하나님을 증거하고 있습니다. 이 말씀을 마지막으로 읽는 동안 거룩한 하나님의 백성 된 모든 세대들의 가슴이 뛰는 감동과 은혜가 있기를 소망합니다.

"여호와께서 이스라엘 족속에게 말씀하신 선한 말씀이 하나도 남음이 없이 다 응하였더라"(수 21:45)

하나님은 분명 저와 여러분의 삶 속에 가나안 땅을 이미 허락하셨습니다. 예수 그리스도 안에서 구원과 안식의 삶을 살아가고 있습니다. 그리고 하나님께서 우리 삶의 정착지를 분배해주셨습니다. 우리 영혼의 집 교회를 만나게 하셨습니다. 그러나 우리가 살아가고 있는 그 땅은 여전히 우리가 힘써 싸워 정복해야 할 땅입니다. 여기에서 하나님은 성결과 말씀에 대한 순종과 영적인 치열한 싸움에서 날마다 승리하는 삶을 요구하고 있습니다. 이것이 거룩한 땅에서 거룩한 백성들에게 주신 거룩한 사명입니다. 여호수아의 마지막 고별 메시지에 백성들은 어떻게 대답했을까요?

"백성이 대답하여 이르되 우리가 결단코 여호와를 버리고 다른 신들을 섬기기를 하지 아니하오리니"(수 24:16)

정말 그랬을까요? 사사기는 또 다른 이야기가 전개됩니다.

그래도...기.승.전 구원

6 전에 여호수아가 백성을 보내매 이스라엘 자손이 각기 그들의 기업으로 가서 땅을 차지하였고 7 백성이 여호수아가 사는 날 동안과 여호수아 뒤에 생존한 장로들 곧 여호와께서 이스라엘을 위하여 행하신 모든 큰 일을 본 자들이 사는 날 동안에 여호와를 섬겼더라 8 여호와의 종 눈의 아들 여호수아가 백십 세에 죽으매 9 무리가 그의 기업의 경내 에브라임 산지 가아스 산 북쪽 딤낫 헤레스에 장사하였고 10 그 세대의 사람도 다 그 조상들에게로 돌아갔고 그 후에 일어난 다른 세대는 여호와를 알지 못하며 여호와께서 이스라엘을 위하여 행하신 일도 알지 못하였더라 11 이스라엘 자손이 여호와의 목전에 악을 행하여 바알들을 섬기며 12 애굽 땅에서 그들을 인도하여 내신 그들의 조상들의 하나님 여호와를 버리고 다른 신들 곧 그들의 주위에 있는 백성의 신들을 따라 그들에게 절하여 여호와를 진노하시게 하였으되 13 곧 그들이 여호와를 버리고 바알과 아스다롯을 섬겼으므로 14 여호와께서 이스라엘에게 진노하사 노략하는 자의 손에 넘겨 주사 그들이 노략을 당하게 하시며 또 주위에 있는 모든 대적의 손에 팔아 넘기시매 그들이 다시는 대적을 당하지 못하였으며 15 그들이 어디로 가든지 여호와의 손이 그들에게 재앙을 내리시니 곧 여호와께서 말씀하신 것과 같고 여호와께서 그들에게 맹세하신 것과 같아서 그들의 괴로움이 심하였더라

숲으로 전하는 사사기

본문 : 삿 2장6-15절

한국의 세대를 다음과 같이 분류하기도 합니다.

"국내 베이비붐 세대는 6.25 전쟁 직후인 1955년부터 1963년 사이에 출생한 사람들이다. 마지막 주산 시대이자 컴맹 1세대이다. 그 다음세대는 386세대(1964-1969)가 받았다. 이들은 1980년대에 대학 생활을 하며 민주화 투쟁에 앞장섰다. 대체로 토론에 강하고 정치에 관심이 많다. X세대는 1970-1980년에 태어난 이들이다. 경제적 풍요 속에 각자의 개성을 드러내기 시작한 세대다. 워크맨을 들고 다니며 서태지와 아이들(1992년 데뷔)의 음악을 들었다. 대중문화의 꽃을 피운 세대로 통한다. 밀레니엄 세대는 베이비부머 자식 세대다. 새로운 밀레니엄(2000년)을 찾아 대학에 들어갔다. X세대의 다음 세대란 이유로 Y세대로 불리기도 한다. Z세대는 X세대의 자녀들이다. 2005년 출범한 유튜브와 함께 자라 '유튜브 세대'로도 불린다. TV나 PC보다는 스마트폰을, 글보다는 이미지와 동영상 콘텐츠를 선호한다. MZ 세대는 스마트폰을 우선적으로 사용하고, 최근 트렌드와 남과 다른 이색적인 경험을 추구하는 특징을 보인다. 특히 MZ세대는 SNS를 기반으로 유통시장에서 강력한 영향력을 발휘하는 소비 주체로 성장했다. 또한 MZ세대는 집단보다는 개인의 행복을, 소유보다는 공유를, 상품보다는 경험을 중시하는 소비 특징을 보인다."

구약성경에 세대를 언급한 본문이 나타나는데 특히 사사기에서 뚜렷하게 보여주고 있습니다. 출애굽한 세대를 1세대라 부른다면, 광야에서 태어나 가나안 땅에 정착한 세대가 2세대라 할 수 있고, 가나안에서 태어나 정착한 세대라 3세대라 할 수 있는데 이들이 바로 사사기에 등장하는 세대입니다.

사사기에는 이 세대를 사사기 2장7절에서 백성이 여호수아가 사는 날 동안과 여호수아 뒤에 생존한 장로들 곧 여호와께서 이스라엘을 위하여 행하신 모든 큰 일을 본 자들이 사는 날 동안에 여호와를 섬겼더라 하였고, 8절과 9절에서 여호수아와 여호수아와 함께 했던 세대들이 그 조상들에게 돌아갔다고 설명한 후에, 10절에서 그 후에 일어난 다른 세대는 여호와를 알지 못하며 여호와께서 이스라엘을 위하여 행하신 일도 알지 못하였더라고 사사기 기자는 서술하고 있습니다.

사사기는 한자로 선비 사(士), 스승 사(師)를 합한 다소 생소한 단어입니다. 이 사사들은 평소에는 백성들 사이에 사소한 분쟁이 생겼을 때 하나님 말씀에 근거하여 분별하고 해야 할 일을 가르쳐주는 카운슬러, 재판관의 역할을 하였고(그래서 가톨릭 성경에는 판관기라 하였음) 특별히 이스라엘이 이방인들의 지배를 받고 있을 때 전쟁을 통해 평안을 회복시켜 주었던 군사지도자의 역할을 감당한 사람이라 할 수 있습니다. 역사적으로 여호수아가 죽은 후 주전 1350년 사울이 이스라엘의 초대 왕으로 등극할 때(1050)까지 350여 년을 사사시대라 합니다. 성경은 사사시대를 사사기 마지막 장 마지막 절(21장25절)에서 평가하고 있습니다.

"그 때에는 이스라엘에 왕이 없으므로 사람마다 자기 소견에 옳은 대로 행하였더라"(삿 21:25)

왕이 없었다는 것은 중앙집권이 아니라, 지파별로 통치했다는 상황이었다는 것입니다. 요즘 말로 지방자치가 이루어진 시대라는 것입니다. 자기 소견에 옳은 대로 행했다고 하는 것은 자기가 왕처럼 살았다는 말과 같은 의미라 할 수 있습니다. 사사기에 기록한 사건들은 동시에 이스라엘 전역에서 일어난 사건 중에서 대표적인 사건들이라 할 수 있습니다. 이 시대가 영적으로 어둡고, 정치적으로 얼마나 무질서한 시대였는지 알 수 있는 대표적인 이야기가 사사기 마지막 부분에 등장하고 있습니다.

첫 번째 이야기는 한 가정에서 발생한 사건입니다. '미가'라는 사람이 있었는데 이름의 뜻은 "여호와 같은 이가 누군가?" 입니다. 어머니의 돈, 은 1100세겔을 훔쳤습니다. 어머니가 돈을 훔쳐간 사람에 대해 비참한 운명을 선포하였습니다. 저주를 한 것입니다. 아들 미가가 두려웠는지 다시 어머니에게 돈을 도로 가져갔습니다. 돈을 훔쳐간 사람이 아들이라는 것을 알게 된 어머니는 그 선포된 저주를 되돌리려고 1100세겔 중에서 200세겔로 에봇(제사장의 옷)과 드라빔(우상신)을 만들어 아들을 제사장으로 만듭니다.

한편, 이어서 등장하는 사람이 유다 지파 베들레헴에 살던 한 레위인 청년이 있었는데, 아마도 이스라엘 백성들이 레위인에 대한 십일조를 바치지 않아 거류할 곳을 찾다가 미가의 집에 찾아온 레위 사람에게 돈을 주고 그 집안의 제사장으로 삼았다는 이야기입니다. 한 집안의 이야기이지만, 그 시대상을 말해주는 대표적인 사건이었습니다. 신앙의 이름으로 행해진 일들이 인간의 죄악을 감추기 위한 수단이 되었던 것입니다. 거룩한 일을 하고 있지만 인간의 욕망과 탐욕을 위해 행해지고 있었던 것입니다.

또 한 가지 대표적인 사건이 19-21장에 나타납니다. 이 이야기도 레위인에 대한 이야기입니다. 이스라엘의 영적인 장자 역할을 하고 있었던 레위인이 첩을 두었습니다. 레위인의 첩이 행음을 하였습니다. 이 첩이 자기 아버지가 있는 베들레헴으로 돌아갔습니다. 그래도 레위인은 아내를 데리러 갔는데 장인이 레위인을 융숭히 대접을 하며 아내를 돌려보내기로 하였습니다. 며칠 후에 레위 사람이 아내를 데리고 집으로 돌아가는 길에 날이 어두워져 베냐민 지파 사람들이 모여 사는 기브아 성읍을 찾았습니다. 그리고 그들은 그 성읍에 있는 한 노인의 집에 머물게 됩니다.

그 날 밤에 사건이 발생합니다. 그 성읍의 불량한 남자들이 그 노인의 집에 몰려와 레위 사람을 내보내 달라고 요구합니다. 성경은 "우리가 그와 관계하겠다"고 기록하고 있습니다. 요즘 말로 남성성폭행이었습니다. 그것도 집단적으로 윤간하겠다는 말이었습니다. 집주인이 어떻게 했을까요? 보다 못한 집 주인이 레위 사람 대신 자기 딸과 레위인의 첩을 내주겠다고 말합니다. 성경에 보면 레위인의 첩만 밖으로 끌어내어 밤새도록 여인을 강간하여 새벽에 내버렸다고 하였습니다. 결국 죽게 만듭니다.

이 사건은 여기서 끝난 것이 아니었습니다. 레위 사람은 아내를 나귀에 태워 자기 집으로 돌아가서 시체를 열두 토막을 내서 온 이스라엘에게 보내 기브아 사람들이 저지른 추악한 죄악을 이스라엘 사람들에게 알린 것입니다. 이러한 끔찍한 사건에 분노한 이스라엘 사람들은 기브아 사람들이 속해 있던 베냐민 지파에게 이 일을 저지른 불량배들을 넘겨 달라고 요구했지만 베냐민 지파 사람들은 불량배들을 보호하는데 급급했습니다. 결국 온 이스라엘과 베냐민 지파 사이에 동족끼리 싸우다가 이 전쟁으로 베냐민 지파 사람들은 거의 멸종하다시피 하였습니다.

그런데 싸움이 끝나고 보니, 막상 베냐민 지파의 씨가 끊어질 위기에 처하게 되자, 꾀를 내어 방법을 찾아냅니다. 그 방법은 베냐민 지파와 싸움이 있을 때, 함께 동참하지 않았던 길르앗 야베스 사람들을 응징하면서 400명의 처녀를 포로로 잡아 베냐민 지파 남자들의 아내로 삼아버렸습니다. 그런데도 200명이 모자라 실로에서 여호와의 명절을 지키며 춤을 추고 있던 여인들을 납치하도록 한 것입니다. 그래서 베냐민 지파의 종족을 보존했다는 이야기입니다. 얼마나 막장 드라마와 같은 이야기입니까? 이만큼 자기 멋대로 살았다는 이야기입니다.

미가라고 하는 한 개인이 어머니 돈을 훔치는 것으로 시작해서, 영적 질서를 위해 선택된 레위 사람이 타락을 했고, 더 나아가 한 지파, 민족 공동체의 타락 이야기로 확대되고 있습니다. 한 가지 질문이 생깁니다. 광야 40년 세월을 잘 참아 견디며 훈련을 받았고, 목숨을 건 정복전쟁도 잘 치러냈고, 땅에 대한 분배로 은혜롭게 땅을 제비 뽑아 분배하는 일도 잘 마칠 수 있었는데, 비교적 여호수아 시대까지 건강하고 신앙적이었던 사회가 무엇 때문에 사사시대에 이르러 이처럼 몰락한 것일까요?

성경은 한 마디로 말합니다. 여호와를 알지 못했기 때문이다. 여호와께서 이스라엘을 위하여 행하신 일도 알지 못하였다고 하는 것은 아주 심각한 문제였습니다.

물론 여기서 하나님을 알지 못했다고 하는 것은 하나님에 대한 객관적인 지식이 아닐 것입니다. 분명 하나님께서 이스라엘 백성들에게 가나안의 모든 것들을 진멸하라고 명령하였지만 이 명령을 지키지 못했습니다. 그 결과 다음 세대는 그 가나안 땅에 있는 바알과 아스다롯 등 이방신들을 허용하고 시간이 지나면서 가나안 문화에 매료되어서 혼합종교를 이루고 말았던 것입니다. 본문의 시작은 사사시대의 현상 즉 민낯을 그대로 보여주고 있습니다.

"이스라엘 자손이 여호와의 목전에 악을 행하여 바알들을 섬기며 애굽 땅에서 그들을 인도하여 내신 그들의 조상들의 하나님 여호와를 버리고 다른 신들 곧 그들의 주위에 있는 백성의 신들을 따라 그들에게 절하여 여호와를 진노하게 하였으되 곧 그들이 여호와를 버리고 바알과 아스다롯을 섬겼으므로"(삿 2:11-13)

이스라엘이 가나안 종교에 더욱 매력적으로 느꼈던 이유는 합리화된 신전매춘이라는 것이었습니다. 바알 신전들에는 항상 여제사장들이 있었고, 바알 숭배자는 바알 신전 앞에서 이들과 성관계를 가진 것입니다. 이유는 바알을 자극해 풍요와 다산을 얻기 위한 것이었습니다. 종교가 성과 혼합된 것이 이스라엘의 마음을 사로잡은 것입니다. 성경은 그 결과에 대하여 분명히 말씀하고 있습니다. 모세를 통하여 신명기 28장에서 말씀해 주신 결과입니다. 여호와의 말씀을 삼가 듣고 그의 명령을 지켜 행하면 모든 복이 네게 임할 것이라 하였지만, 그렇지 아니하면 이 모든 저주가 네게 이를 것임을 말씀하셨습니다. 진멸하라는 명령을 지키지 않은 결과를 14절 이하에서 밝혀주고 있습니다.

"여호와께서 이스라엘에게 진노하사 노략하는 자의 손에 넘겨주사 그들이 노략을 당하게 하시며 또 주위에 있는 모든 대적의 손에 팔아 넘기시매 그들이 다시는 대적을 당하지 못하였으며 그들이 어디로 가든지 여호와의 손이 그들에게 재앙을 내리시니 곧 여호와께서 말씀하신 것과 같고 여호와께서 그들에게 맹세하신 것과 같아서 그들의 괴로움이 심하였더라"(삿 2:14-15)

이런 상황 즉 괴로움이 심하였을 때 이스라엘 백성들은 어떻게 했을까요? 이들은 하나님께 구원해달라고 부르짖었다고 증거하고 있습니다. 하나님은 이 부르짖는 백성들의 소리를 들으시고 하나님이 취하신 구원의 방법은 하나님의 영에 사로잡힌 사람 즉 사사를 보내셔서 이스라엘을 구원해주신 것입니다. 그러나 시간이 지나면 이스라엘 백성들은 은혜를 망각합니다. 그리고 다시 죄를 짓는 일을 반복합니다. 이 기간 이스라엘 민족은 똑같은 악순환을 여섯 차례 반복합니다. 바로 죄의 악순환입니다. 그럼에도 불구하고 사사기는 우리에게 이러한 상황 속에서도 하나님의 끊이지 않는 은총과 구원을 강조하고 있습니다.

사사기는 범죄한 이스라엘의 삶 한가운데에서도 하나님의 은혜는 빛을 발하고 있는데, 죄 속에 헤매고 있는 그들을 결코 포기하지 않았다는 것입니다. 이것이 사사기의 핵심입니다.

그럼에도 더 놀라운 것은 하나님은 사사들을 부르시고 세우시고 사용하시는데, 그 사사들조차도 불완전하고 부족한 사람들이었다는 것입니다. 놀라울 뿐입니다. 사사들 중에는 삼손과 같이 몇 장에 걸쳐 언급된 사사도 있지만, 삼갈이라는 사사는 단 한 구절 언급되기도 합니다. 그러나 어느 사사이든 이들은 이스라엘을 적들의 손에서 구원한 사람들입니다.

그런데 사사들도 다시 한번 보면 문제가 많았습니다. 부족하고 약한 사람들이었습니다. 오른손을 쓰지 못하는 에훗을 모압의 압제에서 이스라엘의 구원자로 사용하셨습니다. 소모는 막대기로 철기 무기로 무장한 블레셋을 물리친 삼갈이라는 사사가 있었습니다. 하나님의 막대기로 사용하신 것입니다. 어떤 이는 기생의 아들로 집에서 쫓겨나 부랑아들과 어울려 지냈던 건달 같은 사람이었습니다. 여인도 있었습니다. 뿐만 아니라, 미디안의 압제로 부르짖는 소리를 들으시고 사람들을 두려워하여 포도주 틀에서 타작하고 있는 기드온을 부르셔서 이스라엘을 구하셨습니다. 큰 용사여! 하나님께서 너와 함께 계신다는 말씀으로 격려하시면서 설득하여 구원자로 세우시기도 하셨습니다. 그런데 기드온도 결국 미디안 전투에서 승리의 대가로 대제사장의 의복인 에봇을 만들어 오브라 라고 하는 지역에 보관하게 되며, 오히려 종교적인 질서가 무너지는 계기가 되기도 하였습니다.

특별히 사사 중에서 마지막 사사라 할 수 있는 삼손의 이야기는 읽는 사람으로 하여금 상당히 당황하게 할 수 있는 내용입니다. 삼손의 출생 이야기가 특별히 나타납니다. 나실인이었고 경건한 부모들이었고 이 글을 읽는 독자들에게 삼손의 등장과 함께 대단히 놀라운 일이 벌어질 것이라는 예측은 했겠지만, 삼손은 위대한 이스라엘의 구원자가 아니라 자기만 알고 여자를 밝히고 쉽게 분노하는 아주 경건치 못한 청년에 불과했던 것입니다. 결국 삼손의 마지막 이야기는 앞을 볼 수 없는 삼손, 사슬에 매인 채 노동을 하고 있는 사람은 참으로 더 이상 영웅도 아니고, 사사라 불리기에 부끄러운 인물이었습니다.

그러나 한 가지 놀라운 것은 신약성경 히브리서 기자는 이러한 삼손에 대하여 믿음의 영웅으로 포함시켰다는 것입니다(히 11:32). 삼손은 자기 삶의 최후의 날에 가장 높은 믿음의 정상에 올랐습니다. 그에게 일어났던 모든 어리석음과 들릴라의 배신과 블레셋 사람들에게 넘겨지는 비극에도 불구하고 삼손은 여전히 하나님을 신뢰하고 여전히 하나님께서 역사하시기를 기대했다는데서 우리는 위안이 되고 소망이 되고 있습니다. 우리는 한 번만 실수를 해도 쉽게 낙심이 됩니다. 두 번 실수하면 아예 용기를 잃어버립니다. 세 번 넘어지면 모든 것이 끝났다고 체념합니다. 그렇다면 누가 세 번이면 끝장이라 했습니까? 이것은 우리의 생각일 뿐입니다. 세상의 법칙입니다. 만약 하나님께서 이러한 법칙으로 우리를 다루셨다면 아무도 살아남지 못했을 것입니다.

그렇다면, 우리는 사사기를 왜 읽어야 할까요? 하나님께서 흠이 있는 백성을 위해 흠이 있는 사사들을 통해 자신의 역사를 만들어 가시는 하나님을 만날 수 있기 때문입니다. 사사기를 통해서 무너진 이 시대를 일으키시려는 하나님의 심정을 느낄 수 있기 때문입니다. 이스라엘의 끊이지 않는 반역과 대조적으로 하나님의 꾸준하심과 신실하신 하나님, 하나님은 백성의 신음소리를 들으실 때마다 자기 백성을 위해 사사를 세우시는 하나님, 우리를 용서하시기로 작정하시고 우리를 부르시고 이 시대의 사사로 세우시는 하나님을 볼 수 있기 때문입니다.

여러분은 사사기를 대하면서 우리 세대는 지금 어디에 있는 세대라 생각하십니까? 출애굽의 세대라 생각되십니까? 광야세대라 생각되십니까? 가나안 정착세대라 생각하십니까? 우리가 다음세대라 여겨진다면 사사기의 말씀을 읽고 "우리가 하나님을 알지 못했습니다, 우리가 범죄했습니다, 우리가 회개합니다" 하는 영적인 각성이 있어야 할 것입니다. 뿐만 아니라, "하나님! 우리가 다음세대의 사사로 쓰임 받게 하옵소서!" 하는 간절한 소망의 마음이 요구됩니다. 그리고 우리는 다음세대가 그들의 삶에서 하나님을 체험할 수 있도록 돕는 거룩한 소명이 있다는 것을 알아야 할 것입니다.

죄악에 찌든 이스라엘을 징계하시고 그때마다 고통 중에 부르짖을 때에 하나님은 사사들을 세우셔서 그들을 구원하셨습니다. 결국 구원은 하나님께 있습니다. 전적으로 타락한 인간을 은혜와 긍휼로 돌보시는 하나님, 약점과 실수가 있음에도 불구하고 하나님은 그들을 사용하시는 분이십니다. 기, 승, 전 우리의 구원을 이루실 하나님으로 말미암아 여전히 우리에게 소망이 있음을 확신할 수 있는 것입니다. 다음에 살필 룻기는 어두운 시대에 소망의 메시지를 전해준 대표적인 이야기가 사사기 뒤에 배치가 되어 있습니다. 하나님을 찬양합니다.

지독한 슬픔과 희망

1 사사들이 치리하던 때에 그 땅에 흉년이 드니라 유다 베들레헴에 한 사람이 그의 아내와 두 아들을 데리고 모압 지방에 가서 거류하였는데 2 그 사람의 이름은 엘리멜렉이요 그의 아내의 이름은 나오미요 그의 두 아들의 이름은 말론과 기룐이니 유다 베들레헴 에브랏 사람들이더라 그들이 모압 지방에 들어가서 거기 살더니 3 나오미의 남편 엘리멜렉이 죽고 나오미와 그의 두 아들이 남았으며 4 그들은 모압 여자 중에서 그들의 아내를 맞이하였는데 하나의 이름은 오르바요 하나의 이름은 룻이더라 그들이 거기에 거주한 지 십 년쯤에 5 말론과 기룐 두 사람이 다 죽고 그 여인은 두 아들과 남편의 뒤에 남았더라 나오미와 룻이 베들레헴으로 오다 6 그 여인이 모압 지방에서 여호와께서 자기 백성을 돌보시사 그들에게 양식을 주셨다 함을 듣고 이에 두 며느리와 함께 일어나 모압 지방에서 돌아오려 하여 7 있던 곳에서 나오고 두 며느리도 그와 함께 하여 유다 땅으로 돌아오려고 길을 가다가 8 나오미가 두 며느리에게 이르되 너희는 각기 너희 어머니의 집으로 돌아가라 너희가 죽은 자들과 나를 선대한 것 같이 여호와께서 너희를 선대하시기를 원하며 9 여호와께서 너희에게 허락하사 각기 남편의 집에서 위로를 받게 하시기를 원하노라 하고 그들에게 입 맞추매 그들이 소리를 높여 울며 10 나오미에게 이르되 아니니이다 우리는 어머니와 함께 어머니의 백성에게로 돌아가겠나이다 하는지라

숲으로 전하는 룻기

본문 : 룻 1장1-10절

'룻기'에는 '나오미'라는 여인의 이야기로부터 시작해서, 한 가정의 소박한 이야기로 전개됩니다. 나오미는 중년기에 갑작스럽게 찾아온 위기를 만난 여인입니다. 나오미란 이름이 기쁨과 즐거움이란 의미가 있는 것으로 보아 이스라엘 땅에서 비교적 유복한 가정에서 태어난 여인 같습니다. 그리고 "나의 하나님은 왕이시다"라는 뜻을 가진 엘리멜렉을 만나 결혼을 하였습니다. 거기에다 남들이 부러워할 두 아들 말론과 기룐을 낳았습니다. 당시 여성에게 있어서 남편으로부터의 사랑, 자녀들을 돌보는 것, 이것은 충분히 행복하다고 말할 수 있는 삶의 모습이었습니다.

그런데 뜻밖에 이스라엘 땅에 흉년이 찾아왔습니다. 나오미는 기근을 피해서 남편과 아들들과 함께 모압 땅으로 내려갑니다. 1장21절에 이들이 모압에 갈 때에 풍족히 나갔다는 말씀을 보아서는 양식을 구하기 위해서만 간 것 같지 않고, 더 풍족한 삶을 위해 떠난 것처럼 보입니다. 모압은 어떤 땅이었나요? 모압은 롯의 두 딸 중에 큰 딸이 아버지 롯과 근친상간을 해서 낳은 후손들입니다. 이런 이유로 이스라엘 백성들은 그들을 상종하지 않았습니다. 그들은 아마도 주위의 평가에 신경 쓰지 않고 베들레헴을 떠나 이방인의 땅 모압으로 떠나서 열심히 살았던 것입니다.

그런데, 우발적인 사건이 발생했는데, 남편이 죽은 것입니다. 중년기의 여성에게 남편의 죽음이란 받아들이기 어려운 고통임에 틀림없었을 것입니다. 그래도 이스라엘로 돌아가지 않고 두 아들을 모압에서 키우고자 했습니다. 나오미의 비극은 남편 엘리멜렉의 죽음으로 끝나지 않았습니다. 나오미는 남편 엘리멜렉이 죽은 후 두 아들 말론과 기룐을 모압 땅의 여인과 결혼을 시켰습니다. 여인들의 이름은 오르바와 룻이었습니다. 그러나 두 아들이 결혼한 지 10년이 지나 두 아들이 죽는 참상이 벌어집니다. 남편을 먼저 잃고 두 아들마저 잃은 나오미의 슬픔이 어떠했겠습니까? 성경에 죽을 것 같은 고통 당했던 사람들의 사람들 중에 욥이 남자의 대표적인 사람이라 한다면 여성 중에서는 나오미 같은 여자가 대표적인 인물이라 할 수 있을 것 같습니다. 혹자는 지독한 고통과 슬픔이라고 표현합니다. 나오미는 스스로 자신을 나오미라 부르지 말고 '마라'(괴로움)라 불러달라고 합니다.

어느 날 지금의 고통에 대하여 깊은 생각을 하게 한 것 같습니다. 나오미는 모든 불행의 시작이 어디에서 왔을까? 를 묻기 시작합니다.

룻기를 시작하는 이야기 서두에 그 원인을 확인할 수 있는 말씀이 나타납니다.

"너희가 어찌 그들이 자라기를 기다리겠으며 어찌 남편 없이 지내겠다고 결심하겠느냐 내 딸들아 그렇지 아니하니라 여호와의 손이 나를 치셨으므로 나는 너희로 말미암아 더욱 마음이 아프도다"(룻 1:13)

나오미는 내가 지금까지 경험한 모든 불행의 시작이 약속의 땅 베들레헴을 떠나 이방 족속의 땅으로 갔기 때문이라는 사실을 깊이 느끼기 시작한 것 같습니다. 다시 말하면 나오미는 고통과 지독한 슬픔이 하나님으로부터 왔다는 사실을 인정한 것입니다. 그러나, 만약 내가 당하고 있는 모든 고난이 죄의 대가라고 한다면 우리가 믿는 하나님은 너무 가혹하고 감히 가까이 갈 수 없는 분이실 것입니다. 이런 하나님만 경험되었다면 우리가 이렇게 무서운 하나님을 믿을 수 있었을까요? 우리 인생 가운데 아무 이유 없이 의인들이 당하는 고난도 있고, 아무리 고통을 해석하고자 해도 풀리지 않는 신비한 것들이 너무나 많습니다. 그럼에도 불구하고 우리가 우리의 삶을 돌아보면서 정직하게 드려다 볼 때, 하나님을 떠나, 하나님 말씀에 순종하지 못하며 살아가고 있는 불순종의 모습들이 하나도 없을까요? 나오미는 고향으로 돌아와서 사람들 앞에서 자기의 잘못을 뉘우치고 있습니다.

"내가 풍족하게 나갔더니 여호와께서 내게 비어 돌아오게 하셨느니라 여호와께서 나를 징벌하셨고 전능자가 나를 괴롭게 하셨거늘 너희가 어찌 나를 나오미라 부르느냐"(룻 1:21)

하나님의 징벌로 실패한 삶을 살았다고 고백합니다. 남편과 두 아들의 죽음, 가정의 붕괴, 인생의 실패가 하나님의 심판이라고 고백함으로써 나오미는 진정한 회심을 경험한 것입니다. 이러한 고백을 남들이 해석하여 말할 때는 가혹한 상처일 수 있지만, 이 사실을 스스로가 거룩하신 하나님 앞에서 깨닫고 인정할 때, 은혜의 드라마가 어느덧 시작되고 있음을 알게 될 것입니다.

룻기는 진정한 회개와 회심 후에 희망의 불씨가 나타나고 있다는 것을 증거로 보여주고 있습니다. 룻기는 사사시대에 기록된 한 여인의 이야기입니다. 사사 시대는 이스라엘 역사상 영적으로 타락하고 정치적으로 부패한 시대였습니다. 그런데 룻기의 이야기는 이러한 시대적 상황 가운데에서도 믿음과 참 순종에 관한 이야기를 소개하고 있는 것입니다. 어떠한 절망적 상황과 슬픔 가운데에서도 희망이 도래할 것을 믿고 기다리는 사람, 간절히 애타게 갈망하는 사람에게 룻기의 말씀은 여전히 우리에게 영원한 증거가 될 것입니다.

드디어 룻기는 나오미의 희망을 암시해주고 있습니다. 나오미의 지독한 슬픔과 절망 속에서 포로 상태에 놓여 있던 그 즈음에 그녀는 이스라엘에서 들려오는 소문을 듣습니다. 어떤 희망의 불씨였을까요?

"나오미가 모압 지방에서 그의 며느리 모압 여인과 함께 돌아왔는데 그들이 보리 추수 시작할 때에 베들레헴에 이르렀더라"(룻 1:22)

이 구절 안에 아주 중요한 희망의 현상이 나타나고 있습니다. "보리 추수 시작할 때에"라는 구절입니다. 이스라엘 백성에게 있어서 보리 추수는 무엇을 의미할까요? 팔레스타인 땅에서 보리 수확은 대개

4-5월에 이루어집니다. 겨울의 배고픔과 고달픔을 이기고 보리 수확하는 것은 그들에게 생명과 풍요가 시작되었음을 알리는 것입니다. 1장21절에서 나오미가 절망 속에서 하나님 앞에 회개하는 순간 온 대지에 희망의 현상이 나타난 것입니다. 보리 추수가 시작된 것입니다. 그들은 다시 선택을 합니다. 그들은 이스라엘로 돌아옵니다. 1장에서 중요한 키워드는 돌아옴입니다.

이들이 예루살렘에 돌아온 후에, 룻기 2장에서부터 은혜의 드라마가 시작됩니다. 그 첫 번 째 사건은 룻과 보아스와의 만남으로 시작된 것입니다.

모압 여인 룻은 어머니의 땅 베들레헴에 돌아와 할 수 있었던 일은 사회적 약자들이 할 수 있었던 밭에서 이삭을 줍는 일이었습니다. 이삭줍기는 가난한 자들이 타인의 밭에서 정당하게 일할 수 있는 생계수단이었습니다. 룻은 나오미의 허락을 받고 보리 이삭을 주우러 나갔습니다. 그런데 우연히 나간 곳이 남편의 친척이었던 그 지방의 유력한 자 보아스의 밭에서 보리 이삭을 줍게 된 것입니다. 특별히 룻과 보아스와의 만남은 보리 추수의 현장에서 이루어지고 있다는 사실입니다.

2장에서 룻이 밭에서 이삭을 줍고 있을 때 마침 보아스가 이삭을 베고 있는 자들에게 "여호와께서 너희와 함께 하시기를 원하노라" 하는 인사를 했고, 이삭을 베는 자들도 "여호와께서 당신에게 복 주시를 원합니다" 화답을 합니다. 다시 보아스는 사환에게 룻을 발견하여 "이는 누구의 소녀냐"라고 묻습니다. 사환은 "나오미와 함께 모압에서 온 소녀인데 아침부터 와서 잠시 쉰 것 이외에 지금까지 계속 따고 있다"는 말을 하게 됩니다. 보아스의 인격과 성품을 알 수 있는 부분입니다. 그래서 보아스는 룻에게 특별한 배려를 하고 있습니다. 먼저 룻을 내 딸이라 부릅니다. 그리고 이삭을 주우러 다른 곳으로 가지 말고 여기서 계속해서 줍고, 다른 소년들에게 너를 건드리지 말라 할 것이고, 목이 마르면 그 소년들이 길어 온 것을 마실 수 있도록 하겠다는 것이었습니다. 룻은 보아스가 베푼 것에 대해 아주 눈에 띄는 고백을 합니다. 이 단어가 2장에서 네 번이나 나타납니다. 2장10절에서 고백합니다.

"나는 이방 여인이거늘 당신이 어찌하여 내게 은혜를 베푸시며 나를 돌보시니이까"(룻 2:10)

2장에 계속되는 이야기는 보아스의 배려로 룻은 볶은 곡식을 배불리 먹고, 남긴 음식과 많은 이삭을 나오미에게 가져다 주면서 그날에 있었던 일을 고합니다. 나오미는 룻에게 보아스는 우리와 가까운 사람이고, 우리 집안에 기업을 무를 자라고 말합니다. 히브리말로 '고엘'이라는 법입니다. 친척이 재산을 잃었을 경우 소유권을 회복시켜 주는 자, 후손이 없는 미망인을 아내로 삼아 죽은 자의 뒤를 잇게 하는 자라는 의미입니다. 나오미는 그 곡식이 친척인 보아스에게서 왔다는 사실을 알고 희망을 갖기 시작한 것입니다.

2장에서 며느리 룻에게서 보리밭에서 있었던 이야기를 듣고 난 시어머니 나오미는 며느리 룻에게 명령을 내립니다. 3장에서 룻에게 고엘법에 따라 룻과 보아스를 결혼시킬 계획을 세우고 룻에게 제안합니다. 3절에 "너는 목욕하고 기름을 바르고 의복을 입고 보아스에게 가서 그의 이불을 들고 누워 있으라 그러면 그가 너에게 할 일을 알게 할 것이다"하는 말을 한 것입니다. "목욕하고 기름을 바르고 의복을 입는다"는 표현은 신부가 결혼식 준비를 하는 것을 의미하는 것이었습니다. 이러한 시어머니의 제안에 룻은 어머니의 말씀대로 내가 행하겠습니다 하고 대답을 하며 순종을 합니다.

사건이 어떻게 진행되었을까요? 보아스는 밤 중에 놀라 몸을 돌이켜 보니 한 여인이 자기 발치에 누워 있었습니다. 새벽까지 누워 있었습니다. 보아스는 "네가 누구냐 하니?" 룻이 잠에서 깬 보아스에게 대답을 합니다. "나는 당신의 여종 룻이오니 당신의 옷자락을 펴 당신의 여종을 덮으소서"라고 말합니다. 이 말은 여성이 남성에게 청혼할 때 쓰는 말입니다. 덮어달라는 것은 나를 보호하고 책임지고 받아달라는 청혼이었습니다. 이 말을 들은 보아스는 룻을 축복하며 칭찬합니다.

"그리고 이제 내 딸아 두려워하지 말라 내가 네 말대로 네게 다

행하리라 네가 현숙한 여자인 줄을 나의 성읍 백성이 다 아느니라"(룻 3:11)

그리고 돌아갈 때에 보리 여섯 되를 주면서 성읍으로 돌아가 있으라 말합니다. 나오미에게 돌아온 룻은 자신에게 있었던 일을 다 알립니다. 이에 나오미는 "내 딸아 이 사건이 어떻게 될지 알기까지 앉아 있으라 그 사람이 오늘 이 일을 성취하기 전에는 쉬지 아니하리라" 하였습니다. 그 사람은 빈말을 할 사람이 아니다. 오늘 중으로 일을 시작할 것이다라는 말입니다. 나오미의 마음이 어떠했을까요? 아마도 지금 이 시점이 희망을 위한 가장 애태우고 갈망하는 단계라 할 수 있을 것입니다. 이것은 기다리며 예상하는 것보다 애간장을 더 태우는 간절한 시점이라 할 수 있습니다. 3장에서의 키워드는 순종과 기다림입니다. 약속을 받은 후 실행되기 전까지의 애타는 기간....참으로 어려운 시간이지만 하나님의 시간표 속에는 항상 예비된 시간입니다.

드디어, 룻기 4장은 보아스가 룻과의 약속을 지키기 위해 지혜롭게 행하고 있는 내용입니다.

그런데, 한 가지 해결해야 할 문제가 있었습니다. 보아스보다 우선적으로 룻을 책임져야 할 친척이 있었던 것입니다. 만약 그 친척이 나오미의 남편 엘리멜렉의 소유지를 그녀로부터 구입하겠다는 마음을 먹게 되면 그 시대의 관습상 보아스는 룻을 아내로 맞이할 수 없었던 것입니다. 보아스가 이 문제를 어떻게 해결해 나갔을까요? 보아스는 날이 밝아 오자 성문에 올라갑니다. 그 때 "마침"(4:1) 기업 무를 그 친척이 성문을 지나가고 있었습니다. 그를 만나자 어떤 말을 했을까요?

"보아스가 성문으로 올라가서 거기 앉아 있더니 마침 보아스가 말하던 기업 무를 자가 지나가는지라 보아스가 그에게 이르되 아무개여 이리로 와서 앉으라"(룻 4:1)

이 말을 하고 성읍 가운데 장로 10명을 부릅니다. 근친 쪽에서 보면 '마침'이고 보아스 쪽에서 보면 예정된 일이었습니다. 여러분도 그 사건 당시는 우연인 듯 보였지만, 운이 좋았다고 생각했지만 한참 지나고 나서 그것이 하나님의 뜻에 의한 필연이었음을 발견한 적이 있으셨을 것입니다. 때마침 하나님의 개입의 손길이었던 것입니다. 사람의 눈에는 우연으로 보이고 마침으로 보일지 모르지만, 하나님의 눈에는 치밀한 계획과 인도하심이셨습니다. 보아스가 먼저 친척에게 묻습니다. 보아스가 나오미 가정에 대하여 설명을 한 후에 당신이 나오미의 기업을 책임지려 한다면 당신이 먼저 할 수 있고, 당신이 책임지지 않는다면 그 다음은 내 차례인데 어떻게 하시겠소? 이 제안을 들었던 아무개라는 친척은 내가 나오미의 기업을 무른다면 자신의 기업이 확장되는 것이었기 때문에 보아스의 제안을 듣자마자 "내가 그렇게 하겠다"고 대답을 합니다. 이 말을 들었을 때 나오미와 룻의 마음은 어떠했을까요? 당연히 낙담했겠지요.

여러분, 이러한 심정을 이해하시나요? 하나님께서 결정적으로 일을 행하시기 전에 기다려야 하는 그 시간과 사건! 될 듯 말 듯 아직 결정이 나지 않았을 때, 기대했던 것과 다른 결과가 나왔을 때 이런 소리들을 이해하십니까? 그런데 보아스가 아주 재치 있게 말을 합니다. 만약 네가 나오미에게서 그 밭을 살 경우에는 모압 여자 룻과 결혼하여 죽은 그 여자의 남편 이름으로 유산을 이어받을 자식을 낳게 해주어야 한다고 말을 합니다. 이 말을 들은 친척은 어떻게 대답을 합니까?

"그 기업 무를 자가 이르되 나는 내 기업에 손해가 있을까 하여 나를 위하여 무르지 못하노리 내가 무를 것을 네가 무르라 나는 무르지 못하겠노라 하는지라"(룻 4:6)

이 말을 하고 이 말의 약속의 증표로 그의 '신을 벗었다' 고 기록해주고 있습니다. 신발은 힘과 권위를 상징하는 것이기 때문에 신발을 벗어 상대방에게 준다는 것은 자신이 지닌 권리를 타인에게 양도한다는 말입니다. 친족의 양도의 말을 듣고, 신을 벗는 공적인 양도 사건 후에 보아스는 많은 증인 앞에서 나오미로부터 밭을 사게 되고 룻을 그의 아내로 맞이하게 되었습니다.

결국 이 이야기의 결론은 보아스와 룻이 이러한 과정을 거쳐 결혼을 하고, 자녀를 낳게 되었는데 그 자녀가 오벳이었던 것입니다.

이 아이를 보고 성읍의 여인들이 나오미를 보고 축복합니다. "하나님을 찬양합니다. 하나님께서 그대를 생명을 이어 갈 가족이 없는 상태로 내버려 두지 않으셨습니다. 이 아이가 자라서 이스라엘에서 유명해지기를 바랍니다. 이 아이가 그대를 다시 젊어지게 하고 노년의 그대를 돌볼 것입니다. 그 아이의 어머니이자 그대를 이토록 사랑하는 며느리는 그대에게 일곱 아들보다 귀합니다" (4장14-15절, 메시지) 그 아이의 이름이 오벳이었습니다. 오벳은 다윗 왕을 낳은 이새를 낳았고 이새는 다윗 왕을 낳은 것입니다. 오벳을 낳은 룻은 메시야 예수의 족보에 그 이름이 기록된 것입니다. 마지막 장 마지막 절이 희망의 구절입니다.

"오벳은 이새를 낳고 이새는 다윗을 낳았더라"(룻 4:22)

여러분, 생각해보세요. 룻은 시련 때문에 한 번도 가보지 않은 땅에 들어가 한 번도 만나보지 못한 사람을 만나는 은총을 받은 사람이 되었습니다. 룻기에 나타나는 하나님은 직접적이거나 구체적으로 개입하시는 것 같지만, 그들의 삶 한가운데 조용하면서도 끈질기게 개입하시는 분이셨습니다. 한 개인과 가정이 어떤 일이 일어나든, 어떤 선택을 하든지 여전히 우리의 길을 인도하시고, 지도하시고, 함께 하시고, 도우시고 결국 회복하시고 구원하시는 하나님이심을 알게 됩니다.

　사랑하는 성도 여러분, 어려운 파산의 지경에 있는 가정이 있다면, 인생의 바닥에서 고통스러운 깊은 한숨을 쉬고 계시고 있다면, 오랫동안 풀리지 않는 어려운 문제와 싸우고 있는 가정이 있다면 룻기가 증거하고 있는 하나님, 지독한 슬픔과 고통으로 찢긴 우리의 상한 몸과 마음과 영혼을 대신 찢기시면서까지 우리를 구원하시고 회복해 주신 하나님, 마침내 인생의 풀리지 않을 것 같은 수수께끼와 같은 고통과 슬픔을 짊어지시고 우리의 구속자로 이 땅에 오신 예수 그리스도를 보내사 우리의 영원한 위로와 소망이 되신 하나님, 우리의 영원한 희망의 근거가 되시는 하나님을 붙들고 나아갈 때 하나님께서 살 길을 열어주시고 은혜를 베푸실 줄로 믿습니다. 또한 잃어버렸던 것들도 다시 회복시켜주실 줄로 믿습니다.

　한 주간 룻기에서 보여주시고 증거해 주신 하나님이 오늘 우리의 하나님이심을 묵상할 때 룻기는 그 시절 그 때의 이야기가 아니라, 지금 여기에서 저와 여러분의 이야기로 다가올 것입니다. 희망이 있다는 증거는 한 사람의 이야기가 있다는 것입니다. 바로 여러분들이 희망의 증거가 되시기를 바랍니다.

낮추기도 하시고
높이시기도 하시고

1 한나가 기도하여 가로되 내 마음이 여호와를 인하여 즐거워하며 내 뿔이 여호와를 인하여 높아졌으며 내 입이 내 원수들을 향하여 크게 열렸으니 이는 내가 주의 구원을 인하여 기뻐함이니이다 2 여호와와 같이 거룩하신 이가 없으시니 이는 주 밖에 다른 이가 없고 우리 하나님 같은 반석도 없으심이니이다 3 심히 교만한 말을 다시 하지 말것이며 오만한 말을 너희 입에서 내지 말찌어다 여호와는 지식의 하나님이시라 행동을 달아보시느니라 4 용사의 활은 꺾이고 넘어진 자는 힘으로 띠를 띠도다 5 유족하던 자들은 양식을 위하여 품을 팔고 주리던 자들은 다시 주리지 않도다 전에 잉태치 못하던 자는 일곱을 낳았고 많은 자녀를 둔 자는 쇠약하도다 6 여호와는 죽이기도 하시고 살리기도 하시며 음부에 내리게도 하시고 올리기도 하시는도다 7 여호와는 가난하게도 하시고 부하게도 하시며 낮추기도 하시고 높이기도 하시는도다 8 가난한 자를 진토에서 일으키시며 빈핍한 자를 거름더미에서 드사 귀족들과 함께 앉게 하시며 영광의 위를 차지하게 하시는도다 땅의 기둥들은 여호와의 것이라 여호와께서 세계를 그 위에 세우셨도다 9 그가 그 거룩한 자들의 발을 지키실 것이요 악인으로 흑암 중에서 잠잠케 하시리니 힘으로는 이길 사람이 없음이로다 10 여호와를 대적하는 자는 산산이 깨어질 것이라 하늘 우뢰로 그들을 치시리로다 여호와께서 땅 끝까지 심판을 베푸시고 자기 왕에게 힘을 주시며 자기의 기름 부음을 받은 자의 뿔을 높이시리로다 하니라

숲으로 전하는 사무엘상하

본문 : 삼상 2장1-10절

이야기는 사람들이 자신의 삶을 이해하고 설명하는데 가장 쉽게 이용하는 매개체입니다. 이야기를 통해서 나는 누구였으며, 나는 누구이며, 나는 어떤 사람이 될 것인가? 하는 질문에 대하여 답을 찾기도 합니다. 스스로가 자기 이야기의 주인공이 되어 써나갈 수 있다면 어떠한 어려움과 갈등이 있어도 그것을 사건으로 이해하면서 분명, 아름다운 결론을 맺을 수 있을 것입니다. 하나님은 우리 인간의 체질을 아시고, '이야기'를 통해서 자신이 어떤 분이신지, 무엇을 원하시는지 보여주셨습니다. 이런 의미에서 신구약 성경 기자들을 일컬어 하나님의 이야기를 전해준 좋은 이야기꾼들(스토리텔러)이라 말할 수 있습니다.

특별히 사무엘서 기자는 우리를 그 이야기 속으로 끌어들이는 탁월한 이야기꾼이었습니다. 그 이야기를 읽고 듣는 독자들은 어떤 인물들과 일체감을 갖게 되고, 성경을 읽으면서 상상력이 피어나고, 소망이 묻어 나오고, 어떤 구절 앞에서는 오랫동안 머물기도 하면서 묵상하게 되고, 어느 순간에는 말로 표현하기 힘든 신비한 감정도 느끼고, 나를 향한 보이지 않았던 하나님의 손길도 깨닫게 되면서 가슴 벅찬 감동 속으로 들어갈 수 있습니다.

디모데후서 3장16절에서 말씀하듯, 성경의 모든 부분에는 하나님의 숨결이 깃들어 있어 모든 면에서 유익합니다. 우리에게 진리를 보여주고, 우리의 반역을 드러내며, 우리의 실수를 바로잡아 주고, 우리를 훈련시켜 하나님의 방식대로 살게 한다고 성경이 말씀해주고 있습니다. 그러나 성경은 "이렇게 안하면 틀린 것이다!" 답해주는 모범 답안이 아닙니다. 더더욱 "이것에 따라 살아라" 하는 도덕법도 아닙니다. 예를 들면, 사무엘상 1장에 유명한 한나의 기도가 나오는데, 그리스도인 중에 한나처럼 아이를 낳을 수 없을 때 한나처럼 기도하면 아이를 준다는 답안을 제시하는 것은 아닙니다. 전쟁이 일어났을 때 법궤를 맨 앞에 두고 싸우면 전쟁에서 승리할 수 있을 것이라고 병법 답안을 준 것이 아닙니다. 분명한 것은 성경을 가까이하고 묵상하고 열린 마음으로 성경 이야기를 들을 때 오늘 나에게 주시는 말씀이 들린다는 것입니다. 우리가 어릴 적부터 평생 읽고 들었음에도 불구하고 오늘 다시 보고 듣다보면 새롭게 이해되고 느껴지는 살아있는 이야기로 다가온다는 것이 신비한 것입니다. 그래서 성경은 살아 있는 하나님의 말씀이라 말하는 것입니다.

사무엘서는 연대기적으로 B.C. 1000년경에 일어난 사건을 배경으로 기록된 책입니다. 그러니까 지금부터 3000년 전의 시대를 배경으로 합니다. 그 전 1000년 전에는 이스라엘의 조상 아브라함의 소명과 약속이 있었고, 사무엘서가 기록되고 1000년 후에는 예수 그리스도의 탄생이 있었습니다. 사무엘서는 원래 한 권의 책이었습니다. 그런데 헬라어로 번역되면서 부피가 늘어나 두 권 즉 성경 66권 중에서 사무엘상, 사무엘하로 나누어지게 되었습니다.

사무엘서는 인물로 구분해보자면 이스라엘에 왕이 세워지는 과정에서 사무엘, 사울, 다윗의 이야기를 중심으로 나눌 수 있습니다.

특별히, 사무엘서 기자는 하나님과 한 사람 한 사람과의 관계가 어떠했는지를 드려다 볼 수 있도록 아주 흥미롭게 이야기를 전개시키고 있습니다. 제일 많이 등장하는 인물이 누구였을까요? 다윗의 이야기가 많이 나옵니다. 그런데, 책 제목을 다윗의 이야기라 하지 않고 사무엘서라 했을까요? 그 이유는 사무엘이 책의 초반부에 중심인물로 등장할 뿐만 아니라, 사울과 다윗을 기름 부어 왕으로 세우는 일(킹메이커)을 하였기 때문이라 할 수 있습니다.

사무엘서를 내용적으로 구분해보면, 사무엘상 1-7장은 장차 왕을 기름 부어 세울 인물(사무엘)의 탄생, 성장, 사역에 대해 묘사하면서 왕을 세우기 위해 준비하는 이야기, 8-14장은 이스라엘에 왕의 제도가 들어오게 된 과정과 초대 왕 사울이 어떻게 왕이 되었는지, 그리고 사울이 초기에는 어떻게 다스렸는지, 사무엘상 15-사무엘하 8장까지 사울과 다윗의 엇갈린 운명이 파노라마처럼 펼쳐집니다. 사울은 하나님 말씀에 불순종하여 몰락의 길로 걸어간 반면, 다윗은 하나님의 마음에 맞는 사람(13:14)으로 마침내 이스라엘의 왕이 됩니다. 그런데, 사무엘하 9장부터는 다윗 시대의 어두운 이야기가 부각되어 나타납니다.

사무엘서를 읽고 보는 중요한 포인트가 있는데, 사울이 처음에 왕으로 기름부음 받고 세워질 때 겸손한 사람이었고, 하나님을 섬기며 백성을 돌볼 줄 아는 겸비된 사람이었는데 왜 그가 하나님이 후회하실 만큼의 사람이 되었을까? 결국 사울은 어떠한 운명을 맞게 되었는가? 반면 다윗이 왕으로 어떻게 세워졌는지, 그리고 다윗도 사울처럼 사무엘하 후반부를 보면 너무나 인간적인 다윗, 사울의 업적과 비교했을 때 비슷해 보이는데, 왜 이스라엘 역사는 다윗을 가장 위대한 왕으로 기억하고, 훗날 이스라엘 왕들의 기준이 되었을까?

먼저, 사울을 살펴볼까요?

사울이 왕으로 세워질 때 읽는 사람으로 하여금 사울 정도면 왕으로 세울 수 있겠다 하는 안도감을 갖게 됩니다. 사울은 용모가 준수했고, 부모를 걱정할 줄 아는 효자였고, 군사적 작전 수행 능력이 있는 용기와 결단력도 있었던 인물로 묘사됩니다. 그런데, 이스라엘 왕정제도의 첫 단계에서 하나님의 기대가 컸는데, 사울은 그 기대에 부응하지 못하고 큰 실망을 안겨준 인물이었습니다. 그 이유가 무엇이었을까요? 사울의 이야기 중에 두 가지 사건을 사무엘서에서 보여주고 있습니다.

한 사건은 사울이 왕으로 즉위한지 2년째 있었던 일입니다. 이스라엘과 블레셋과의 전쟁 가운데 있었던 일입니다(삼상 13:13-14). 사울은 전쟁 중에 사무엘로부터 그가 전쟁터에 도착할 때까지 기다리라는 명령을 받았습니다. 그러나 전장의 상황이 블레셋 사람들은 시간이 갈수록 사기가 충천한 반면 이스라엘 사람들은 불안에 떨며 진영에서 빠져나가기 시작했습니다. 이스라엘 군대의 해체를 막기 위해 7일을 기다리다가 사무엘이 나타나지 않자, 보다 못한 사울은 사무엘이 도착하기 전에 스스로 제사장 노릇을 하며 하나님께 제물을 드린 사건이 있었습니다. 사무엘서 기자는 이 사건으로 인해 하나님의 진노까지 사게 되었다고 기록하고 있습니다.

또 한 사건은 이번에도 전쟁터에서 있었던 일입니다. 사울이 즉위한지 20년이 지나고 나라가 강성해진 상황이었습니다. 아말렉과의 싸움이었는데, 아말렉은 약 400년 전에 이스라엘이 애굽에서 나올 때 대열에서 뒤처질 수밖에 없는 약자들을 쫓아와 약탈하며 괴롭혔던 사람들이었습니다. 그런데 시간이 지난 후에 여전히 이렇게 살아가고 있는 아말렉을 보시고 하나님께서 그들의 죄를 갚으라 하셨습니다. 이 아말렉과의 전쟁에서 승리한 후에 하나님께서 그들의 모든 소유물을 진멸하라 말씀하셨는데, 사울은 좋은 물건과 짐승을 남겨서 여호와께 제사하려고 했다고 변명하기에 급급했습니다. 이 때, 사울 이야기 가운데 가장 핵심 되는 하나님의 마음, 하나님의 뜻을 사무엘의 입을 통해서 직접 말씀하셨습니다.

"사무엘이 이르되 여호와께서 번제와 다른 제사를 그의 목소리를 청종하는 것을 좋아하심 같이 좋아하시겠나이까 순종이 제사보다 낫

고 듣는 것이 숫양의 기름보다 나으니"(삼상 15:22)

사무엘서 기자는 왕이 여호와의 말씀을 어겼기 때문에 왕을 버렸다는 말씀도 하시고, 왕으로 삼으신 것을 후회하기까지 하셨다 말씀하셨습니다. 사무엘서 기자가 평가했던 사울은 통치력이나 군사력에 문제가 있었던 것이 아니라, 하나님에 대한 불신과 불순종이 문제였습니다. 결국 사울은 길보아 산의 전투에서 세 아들의 죽음을 먼저 보고 몸에 치명상을 입어 자살로 그의 생을 마감하게 되었습니다.

그런데, 우리는 사울의 이야기를 읽고 듣다 보면 하나님이 지나치게 심판하셨다는 생각을 할 수도 있습니다. 사울의 죄가 왕권을 박탈할 정도로 심각한 것이었나? 이런 실수로 버림받았다면 우리 같은 사람은 어떻게 하란 말인가? 독자들에게 갈등을 가져다 줄 수 있는 부분입니다. 사울을 선택하신 것을 후회하셨다는 말씀을 보아서 하나님이 실수하신 것은 아닌가? 그러나 성경은 하나님이 후회하셨다는 것을 하나님이 낮아지게 하신 것이다. 그리고 높이시는 자를 높이시는 분이심을 증거한 것입니다.

사무엘서는 사울의 이야기와 교차하면서 사울에 이어 이스라엘의 왕이 된 다윗의 이야기가 나타납니다.

다윗은 어릴 적에는 목동으로 살았고, 그 이후에 군인으로, 정치가로, 40세에는 왕이 된 사람입니다. 성경은 다윗을 하나님 마음에 합한 자라고 말하지만, 다윗에게도 정말 많은 허물이 있었습니다. 그는 모든 것을 가진 자였지만 남이 가진 작은 것을 빼앗은 사람이기도 합니다. 자기의 충신 우리아의 아내 밧세바와 간음까지 했습니다. 자신의 죄를 감추기 위해 정부의 남편을 살해하기도 했습니다. 거짓말 때문에 수많은 제사장을 죽이기도 했습니다. 주변의 만류에도 불구하고 자신의 위상을 가늠하고자 무리한 인구조사를 단행했습니다. 그런데도 하나님은 다윗을 버리지 않았습니다. 그 이유가 무엇이라 생각하십니까? 사무엘서가 말하고자 하는 궁극적 메시지가 무엇일까요?

한마디로 말하면 하나님 자신의 의지에 따라 일하신다는 것입니다. 신학적인 용어를 빌리자면 하나님의 절대주권이라는 것 외에는 해석할 방법이 없습니다. 사울과 다윗의 대조적인 운명을 여러 가지 요소로 설명할 수 있겠지만, 가장 근원적인 원인은 하나님 마음입니다. 오늘 본문이 증거한 것처럼 하나님은 자신의 의지대로 가난하게도 하시고 부하게도 하시며 낮추기도 하시고 높이시기도 하시는 분이시라는 것입니다. 보잘것없는 목동으로 태어나 한 나라의 왕이 되기까지, 또한 앞으로 그의 집안에 영원히 복을 주시겠다는 약속을 받기까지 모든 것이 하나님의 주권적인 은혜요, 선물이었다는 것입니다. 다윗의 왕권은 인간 다윗의 노력으로 빚어진 성취라기보다는 하나님의 주권으로 다윗에게 주어진 선물이었다는 것입니다.

단, 사무엘서가 강조하고 있는 다윗의 위대함은 그가 탁월한 군사적-정치적 지도자였다는 데 있는 것이 아니라, 하나님 마음에 합한 자였다는 것입니다. 그래서 우리는 사무엘서를 읽을 때, 도대체 어떤 모습이 하나님 마음에 합한 모습이었는지, 다윗의 행적, 그의 하나님 앞에서의 반응, 특별히 시편을 통해서 하나님을 어떤 분으로 알고 하나님과 관계했는지를 살피면서 하나님의 이야기와 하나님의 마음을 알 수가 있습니다.

다윗의 생애 중에 가장 하나님의 마음에 합한 순간이 언제였을까요?

하나님의 주권을 온전히 인정했을 때라 여겨집니다. 다윗은 자신을 죽이기 위해 혈안이 되어 있던 사울을 두 번이나 살려 주었습니다. 한번은 호위병도 없이 굴속에서 용변을 보고 있던 사울의 옷깃만을 자르고 그를 살려 보낸 일(삼상 24장, 엔게디 광야)이고, 한번은 고이 잠든 사울의 진영에 숨어 들어가 그의 창과 물통을 가지고 나옴으로써 마음만 먹으면 사울을 죽일 수 있었음을 입증한 일입니다(삼상 26장, 십 광야). 여호와 하나님의 기름부음을 받았던 사울 왕의 생명을 하나님의 손에 맡겼을 때, 높이시기도 하시고, 낮아지게도 하시는 하나님의 주권을 인정한 다윗이었습니다.

또 한가지, 다윗은 한 나라의 왕이었지만, 하나님의 긍휼을 간절히 구했던 왕이었습니다. 다윗은 밧세바 사건을 통해서 자신의 생애 속에 하나님의 진노가 얼마나 큰지를 볼 수가 있었습니다. 이 죄 때문에 그의 나머지 인생의 대부분이 바로 그 값으로 인한 고난으로 점철하게 됩니다. 사무엘서 기자는 다윗의 소위가 여호와 보시기에 악하였더라(11:27) 라고 고발하기도 하였습니다. 13장에서 다윗이 큰 아들 암논이 배다른 누이 다말을 욕보였고, 셋째 아들 압살롬이 그런 암논에게 복수합니다. 15장에서는 압살롬이 왕이 되기 위하여 반역을 일으켰고, 그로 인해 예루살렘에서 도망쳐야 했습니다. 뿐만 아니라, 백성들에게 조롱까지 당했습니다. 사울의 친척이었던 시므이가 네가 피를 흘렸기 때문에 화를 자초한 것이다라고 저주하였습니다. 16장 후반부에 신하에게 배신을 당했고, 결국 18장에서 결국 자녀를 잃게 되었습니다. 이런 진노 가운데에서 다윗은 하나님께 어떻게 구합니까?

"하나님이여 주의 인자를 따라 내게 은혜를 베푸시며 주의 많은 긍휼을 따라 내 죄악을 지워주소서"(시 51:1)

그런데, 그 진노 중에서도 긍휼을 베푸시는 하나님의 모습을 발견합니다. 다윗과 밧세바의 첫 번째 아들은 고통 가운데 죽었지만, 두 번째로 태어난 아이 솔로몬, 여호와의 사랑을 입은 자(여디디야)를 통해서 다윗 왕권을 이어 나가게 하셨습니다.

뿐만 아니라, 심지어 다윗의 인생 말년에 또다시 잘못 저지릅니다. 인간 본성상 죄악의 뿌리는 끝까지 쫓아옵니다. 자신이 이룬 업적을 과시하고 주변에서 만류했지만 자신의 위상을 높이고자 무리한 인구조사를 강행하였습니다. 그 결과 전염병으로 칠만 명이 죽기도 하였습니다. 인구조사에 대한 보고를 받고 나서야 자신의 잘못을 깨닫고 후회합니다. 그런데, 사무엘하 마지막 이야기의 내용이 무엇인가요? 죄를 뉘우친 다윗이 선지자 갓의 말에 따라 아라우나 타작마당에 단을 쌓고 제사를 드린 것입니다. 놀라운 것은 바로 이곳이 솔로몬이 성전을 건축한 곳이 된 것입니다. 성전이 어떤 곳입니까? 죄를 지적받는 곳입니까? 죄가 사해지는 곳입니까? 이 타작마당에 번제단을 쌓게 하심으로 다윗 왕과 그의 백성들에게 영원한 속죄의 길을 열어 주셨다는 것입니다. 이것이 사무엘서 마지막 이야기입니다.

여러분, 다윗이 이렇게 긍휼히 여김을 받고 다윗 왕가를 보존하신 궁극적인 이유가 무엇이었을까요?

그것은 사무엘하 7장에서 하나님과 다윗과 맺은 영원한 언약 때문이었습니다. 하나님께서는 성전건축을 소원하는 다윗에게 성전건축은 허락하지 않으시고 너의 집을 영원히 보존하시겠다는 영원한 왕권을 약속해주셨습니다.

"네 집과 네 나라가 내 앞에서 영원히 보전되고 네 왕위가 영원히 진짜 놀라운 것은, 바로 그 약속으로 유다 지파, 다윗의 후손 가운데 인류의 영원한 왕이 되시는 예수 그리스도가 오셨다는 사실입니다. 바로 메시야로 오신 그분, 왕으로 오신 바로 그분은 하나님께 온전히 순종하셨고, 보내신 자의 뜻을 온전히 이루셔서, 그리스도 안에 있는 자들에게 영원한 백성의 지위를 주셨을 뿐만 아니라, 그와 함께 영원토록 왕노릇 하며 살아갈 수 있게 되었다는 것입니다. 왕 되신 예수 그리스도께서 오늘 나의 삶을 주관하시고, 나를 왕 같은 제사장으로 살아가게 하신 영원한 언약이 된 말씀입니다.

사무엘상 2장은 1장에서 하나님 앞에서 탄식과 눈물로 기도를 드렸던 한나가 응답을 받은 기쁨으로 찬양을 드리고 있는 내용입니다. 한나의 노래는 단순히 한나 개인의 노래가 아니라, 성서학자들은 당시에 이스라엘 백성들 사이에서 전해지는 노래, 공동체 전체의 신앙 고백을 담아서 부른 노래로 이해를 하고 있고, 특별히 내용을 살펴보면 사무엘서 전체의 내용을 축약하고 있는 것처럼 보입니다. 그리고 이 노래는 사무엘서가 마무리되는 다윗의 노래와 비슷하고, 신약에서 새 구원의 시대를 알리는 예수 그리스도의 탄생에 있어서 예수의 어머니 마리아가 불렀던 노래와 그 내용과 구조가 비슷한 것을 보게 됩니다.

눅 1:46"마리아가 이르되 내 영혼이 주를 찬양하며 47 내 마음이 하나님 내 구주를 기뻐하였음은 48 그의 여종의 비천함을 돌보셨음이라 보라 이제 후로는 만세에 나를 복이 있다 일컬으리로다 55 우리 조상에게 말씀하신 것과 같이 아브라함과 그 자손에게 영원히 하시리로다"

인간의 생사는 전적으로 하나님의 주권에 달려 있습니다. 그리고 여호와는 빈부도 좌우하십니다. 이 노래는 인간의 수단과 방법이 완전히 바닥난 세상을 살아가는 사람들에게는 위로와 소망의 말씀이 되는 것입니다. 심지어 아무리 용서받기 어려운 죄를 범했다 하더라도, 어떠한 궁핍한 현실에도 불구하고 전화위복 하실 수 있는 능력이 하나님께 있음을 믿으시기 바랍니다. 내 인생 가운데 반전을 행하실 하나님을 기대합시다. 다윗과 같은 하나님의 은혜를 입는 인생을 사모하십시다. 이 말씀은 아무리 보잘것없는 자라도 하나님이 세우시면 이 세상에서 가장 존귀한 자가 될 수 있다는 것입니다. 사무엘서를 묵상하면서 다윗만큼, 다윗보다 더 큰 사랑을 입는 자, 하나님 마음에 합한 자 되시기를 간절히 축원합니다.

그래도 소망을 말씀하시네

27 유다의 왕 여호야긴이 사로잡혀 간 지 삼십
칠 년 곧 바벨론의 왕 에윌므로닥이 즉위한 원년
십이월 그 달 이십칠일에 유다의 왕 여호야긴을
옥에서 내놓아 그 머리를 들게 하고 28 그에게
좋게 말하고 그의 지위를 바벨론에 그와 함께 있
는 모든 왕의 지위보다 높이고 29 그 죄수의 의
복을 벗게 하고 그의 일평생에 항상 왕의 앞에서
양식을 먹게 하였고 30 그가 쓸 것은 날마다 왕
에게서 받는 양이 있어서 종신토록 끊이지 아니
하였더라

숲으로 전하는 열왕기상하

본문 : 왕하 25장27-30절

열왕기서는 '열 명의 왕'의 이야기일까요? 열왕기란 책 제목의 뜻은 '많은 왕들의 이야기'란 의미입니다. 성경에서 모세, 여호수아, 사사 시대를 지나 이스라엘 역사 가운데 왕들이 다스리던 시대가 시작되었는데, 기원전 1050년 사울, 1010년 다윗의 이야기는 사무엘서에 나타나고, 이후 970년 솔로몬이 다스리던 시대부터, 이스라엘이 남과 북으로 분열되고, 586년 남왕국 유다가 바벨론에게 침략당하는 이야기까지가 열왕기의 내용이라 할 수 있습니다.

성경 통독을 결심한 분들 중에 열왕기서를 읽다가 어떤 분들은 절망의 위기가 있었을 것입니다. 하나는 왕들의 이름들이 비슷하기도 하고, 왕들이 북쪽, 남쪽으로 왔다갔다 하고, 시대 상황과 주변 제국과의 관계에 대해 이해가 부족한 분들은 열왕기서를 읽는데 어려움이 있었을 것입니다. 또 하나는 우리가 알고 있었던 위대한 왕이라 평가되었던 왕들까지 실망을 안길 만큼 죄악을 범했다고 하는 것을 보면서 인간에 대한 실망을 하신 분도 많을 것입니다. 그래서 사람이 얼마나 연약한지 열왕기서를 읽으면 알게 된다는 말까지 있습니다.

첫 번째 실망은 솔로몬입니다. 하나님의 사랑함을 입은 자, '여디디야'로 하나님의 특별한 은총으로 왕이 되었고, 하나님께 지혜를 구하여 이스라엘을 제사장 나라로 다스릴 자로 기대했던 유명한 왕입니다. 물론 처음에는 성전을 건축하면서 드린 기도는 지금도 우리에게 큰 은혜와 감동을 주지만, 왕권이 강화되면서 자기 향락에 빠져 1000명의 후궁까지 두기도 하였고, 시돈의 여신 아스다롯, 암몬의 밀곰, 모압의 그모스 신을 가져다가 산당을 만들어 우상을 숭배하기도 하였고, 성전은 7년 만에 완성했지만, 자신의 궁궐은 13년 동안 지으면서 백성들에게 세금을 거두고 가혹하게 부역을 시키는 모습, 결국 이러한 상황 때문에 다윗 왕조가 북왕국 이스라엘과 남왕국 유다로 갈라지는 일이 일어나게 되었습니다.

열왕기 저자는 왕들을 평가하면서 아주 단호했습니다. 왕들의 죄악을 들추어내면서 이래서 하나님의 심판에 이르게 되었구나 하는 것을 알게 합니다. 특히 북왕국 이스라엘의 왕들 19명 모두가 악한 왕이었다고 평가하였습니다. 선한 왕의 이야기를 하면서도 그가 또다시 실패했던 사건들을 그대로 기술했습니다. 열왕기서는 왕들이 다스리던 시대의 모든 사건을 열거한 것이 아닙니다. 그리고 당시에 일어났던 정치적, 외교적 관점이 아니라 종교적인 관점 즉 그들이 하나님과의 관계가 어떠했는지의 신앙적 관점으로 왕들을 평가하며 기술했습니다.

예를 들면 오므리는 북왕국 이스라엘에서 새로운 왕조를 세운 인물이었고, 당시 발견된 고대 문서에 보면 매우 능력 있는 왕이었는데 성경에서는 여덟 절밖에 할애하지 않았다는 것입니다. 그리고 시므리라는 왕은 엘라 왕을 죽이고 7일밖에 통치하지 못했는데(그 짧은 기간을 평가하는 것이 가능하지 않지만), 그에 대한 평가가 "여호와 보시기에 악을 행하였더라" 고 평가했습니다. 이들의 평가의 기준은 다윗이었습니다. 그래서 왕들 중에서 선하게 서술된 왕들은 한결같이 다윗의 길을 걸었던 왕들이었고, 악하게 평가되었던 왕들은 여로보암의 길을 걸었던 왕들이었다고 마치 관용구처럼 평가합니다.

그렇다면, 왜 여로보암의 길이라 말하는가? 여로보암은 예루살렘 성전을 건축할 때 노역을 담당하며 중요한 역할을 한 사람입니다. 그런데 솔로몬의 아들 르호보암이 왕위를 계승하고, 백성들에게 무거운 세금을 부과하자 북쪽에 거주하던 10지파가 찾아와 세금 감면을 요구했는데 이것이 받아들여지지 않았습니다. 그래서 불만을 가졌던 10개 지파가 동맹을 맺어 여로보암을 지도자로 세워 통일왕국을 뛰쳐나와 북왕국 이스라엘 왕으로 추대한 것입니다. 그런데, 나라가 분열되어 있지만 이스라엘 백성들은 성전을 향한 그리움이 있었던 것입니다. 그래서 여로보암은 북쪽 국경 지역에 위치한 단이라고 하는 지역과 남쪽 유다 국경 쪽인 벧엘이라는 곳에 금송아지 우상을 만들었고, 레위 자손이 아닌 사람들로 하여금 제사장을 삼기도 하였고, 유다 절기와 비슷한 절기를 만들기도 하였습니다. 마치 그 옛날 출애굽 시대에 시내산에서 금송아지를 만들어 놓고 우상을 숭배했던 것처럼 하나님이 보시기에 악행을 저지른 것입니다. 놀라운 것은 북이스라엘의 19명의 모든 왕들이 여로보암의 길을 걸었다고 평가된 것입니다.

열왕기서의 내용을 장구하게 설명하기가 어렵지만 열왕기서 기자가 증거했던 하나님이 어떤 분이신가를 전하고자 합니다. 이를 위해서 먼저, 열왕기서가 언제, 누구에게, 어떻게 기록이 되었는지를 알면 오늘 우리에게 주시는 메시지가 더 선명하게 들릴 것 같습니다.

먼저, 열왕기하 마지막 장 사건을 통해서 언제 기록되었는지를 알 수 있는 힌트가 있습니다. 본문은 남왕국 유다의 19번째 왕 야호야긴이 바벨론으로 끌려가 감옥에 갇힌 지 37년 만에 풀려나는 이야기입니다. 이때가 주전 560년경이었는데, 아직 포로에서 돌아온 상태는 아니었습니다. 따라서 이 왕들의 지나온 이야기를 처음 들었던 사람들은 아직 바벨론에 포로로 잡혀 와 있는 백성들이었을 것입니다. 열왕기 기자는 아직 포로 상태에 있는 백성들에게 전하고 싶어 했던 메시지가 있었다는 것입니다.

열왕기 기자가 마지막으로 보았던 장면은 예루살렘 성벽도 파괴되었고, 솔로몬이 지은 여호와의 성전도 파괴되고, 심지어 여호와의 법궤가 이 때 이후로 행방불명이 되었고, 유다의 왕 마지막 왕 시드기야가 도망치다가 잡혀 심문을 당한 끝에 두 눈이 뽑혀 백성들과 함께 포로로 끌려간 상황이었습니다. 다윗과 솔로몬 시대에 오히려 주변의 강대국보다 막강했던 제국이 100년도 채 되지 않아 남북으로 갈라지고 약소국으로 전락하더니 400년도 안되어 완전히 남북이 망해 버리는 신세가 된 것입니다.

그래서 열왕기서의 기자는 포로로 잡혀와 있는 상황 속에서 질문합니다. 하나님이 다윗에게 약속하신 네 집과 네 나라가 영원히 보전되고 네 왕위가 영원히 견고하리라 하신 하나님의 약속은 파기된 것인가? 왜 하나님이 선택한 백성 이스라엘이 왜 이런 비통하고 아픈 현실 가운데 있는 것일까? 하나님이 선택한 거룩한 백성들의 제사장 나라의 꿈이 다 끝난 것 같은 실망을 갖게 됩니다. 마치 우리 삶 속에서 반복해서 일어나고 있는 죄악 된 삶의 모습들을 확인할 때마다 이런 마음에 격하게 공감이 됩니다. 다 끝난 것 같다. 지금 나의 상황은 포로 상황과도 같고, 희망의 불씨도 다 꺼진 것 같은 심정을 갖게 됩니다. 열왕기서를 읽으면 기쁘지가 않아요. 신이 안 납니다. 인간에 대한 절망만 확인할 뿐입니다.

뿐만 아니라, 열왕기서의 내용을 살펴보면, 절대적 은혜를 입은 솔로몬도 망가졌고, 하나님께 간절히 기도하여 유다의 멸망 위기에서 구해주신 은혜를 입고, 개인적으로 병들어 고통 가운데 있을 때 이번에도 하나님께 간절히 기도하여 15년이나 생명이 연장된 은혜를 입었던 히스기야도 교만으로 무너지고, 그리고 마지막 부흥의 불꽃이라 불렸던 요시야의 회개와 개혁으로 위기를 면할 수 있었지만, 이후에 급격하게 또다시 악을 행하여 결국 유다가 멸망하는 모습을 보면서 이제 다 끝났다, 하나님의 약속은 이제 무효가 되었다는 실망을 넘어서 절망하는 상태였습니다.

여러분, 정말 끝난 것일까요? 다윗에게 하신 영원한 언약은 유다 그런데, 열왕기 기자는 하나님께서 다윗에게 약속하신 것이 소멸될 것 같은 상황들 가운데 하나님께서 약속을 이루시기 위해 소망의 씨앗을 남겨두시는 장면들을 열왕기 구석구석에 남겨 놓았습니다. 우리가 열왕기서를 읽을 때 실망하고 절망했지만 그 가운데에서도 신실하게 약속을 기억하시고 역사하시는 하나님의 일하심을 발견할 때 놀라운 감동과 은혜가 있을 것이라 확신합니다.

한 가지만 열왕기의 내용 중에서 소개하면, 열왕기서에 가장 많이 언급된 왕이 아합이라는 왕이었습니다. 어떤 왕들은 정치적, 군사적, 외교적, 경제적으로 막강한 왕이었지만 단 몇 줄로 기록된 왕들도 있었는데, 아합은 열왕기의 중간 부위를 거의 다 점유하고 있습니다. 이 당시에 활동했던 선지자가 엘리야입니다. 아합 하면 떠오르는 여자가 있는데, 이세벨이라는 여자입니다. 이 여자는 시돈(페니키아) 여인인데, 아합의 아버지 오므리가 시돈(페니키아)과 동맹을 맺고 무역하는 것이 계기가 되어서 아합과 결혼하게 되었습니다. 이세벨은 지독한 바알 숭배자였습니다. 옛바알의 딸이라고 별칭을 갖고 있었습니다. 아합과 결혼하면서 바알종교가 이스라엘 궁궐까지 들어오게 된 것입니다.

이후에 아합과 이세벨 사이에 태어난 딸 '아달랴'가 남 유다 여호람의 아내가 됩니다. 이때도 평화적인 관계를 유지하기 위한 정책이었다고 말하지만, 결국 이세벨의 피를 받아들였다는 것입니다. 남왕국 왕이 여호람이었고 아달랴 사이에서 태어난 아들 아하시야가 전쟁 중에 살해되자 이때다 싶어 아달랴가 다윗 혈통을 없애버리려고 쿠데타를 일으킵니다. 엘리야를 죽이려 했던 이세벨의 피가 그 딸 아달랴를 타고 흘러서 이번에는 다윗 왕조의 씨를 다 말리려 했던 것입니다. 그런데 그 가운데 요아스가 간신히 구출되어 유모와 함께 여호와의 전에서 숨어 6년을 숨어 지내다가 극적으로 왕위에 올라 다윗이 혈통을 이어가는 사건이 나타납니다. 위태로운 역사 속에서 다윗에게 하셨던 약속, 다윗의 위가 영원하리라는 말씀을 이루신 것입니다.

그리고 또 한 가지, 소망의 불씨, 소망의 움직임이라 할 수 있는 말씀을 본문, 열왕기하의 마지막 장면에서 발견할 수 있습니다.

완전한 멸망으로 마친 것 같은 유대의 역사에 열왕기하 기자는 하나의 사건을 덧붙입니다. 남 왕국 유대의 19대 왕 야호야긴이 바벨론으로 끌려가 감옥에 갇힌 지 37년 만에 풀려나는 이야기입니다. 그리고 여호야긴에게 특권을 주는 내용입니다. 옥에서 내놓아, 머리를 들게 하고, 좋게 말하고, 지위를 높이고, 죄수복을 벗게 하고, 왕 앞에서 양식을 먹게 하고, 그의 연금이 종신 끊이지 않게 했다는 말씀입니다.

왜 하나님은 다른 사건도 아닌 여호야긴이 옥에서 나온 사건을 열왕기하 마지막에 기록 하셨을까요? 그것은 다윗 왕조가 끊어지지 않았음을 보여주는 것입니다. 남 유다 백성들은 다윗의 왕가가 끊어졌다고 생각했습니다. 그래서 그들의 마음이 더욱더 절망적이었습니다. 완전한 회복은 아니지만, 열왕기하 기자는 여호야긴 왕의 회복 사건(작은 사건이지만)을 통해 유다에 다시 한번 회복의 기회가 시작되고 있다는 믿음을 가졌던 것이고 그것을 전해주고 싶었던 것처럼 보입니다. 그리고 바로 이 당시에 하나님께서 에스겔, 다니엘, 예레미야와 같은 선지자들이 나와 절망에 빠진 백성들에게 하나님의 말씀을 증거했던 것입니다.

우리에게 '여호야긴'이란 이 이름은 잘 알려져 있지 않습니다. 사실 성경에서 그렇게 비중이 큰 인물도 아닙니다. 이 여호야긴의 다른 이름이 '여고냐' 입니다. 그런데 이 왕이 하나님의 구원의 역사에 중요한 역할을 한 인물이 되었습니다. 여고냐가 마태복음 1장에 나오는 예수 그리스도의 족보에 기록되기 때문입니다. 사람들은 더 이상 이스라엘이 회복될 수 없다는 절망 가운데 살아갔지만 하나님은 여호야긴을 남겨두셨고, 그를 통해 이스라엘을 다시 회복하셨습니다. 그리고 여고냐를 통해 계속해서 이어진 다윗의 왕가는 신약시대에 와서 우리 구주 예수 그리스도로 이어져 오게 됩니다. 다윗의 자손 예수 그리스도로 말미암아 하나님께서 다윗에게 약속하신 언약 "네 집과 네 나라가 내 앞에서 영원히 보전되고 네 위가 영원히 견고하리라"(삼하

7:16)가 문자 그대로 성취되었다는 것입니다.

구약 메시지의 중심은 약속하시고 그 약속을 이루시는 신실하신 하나님이십니다. 아브라함에게 약속하신 말씀을 수 백 년이 지난 후 애굽에서 고통받고 있는 자기 백성을 이끌어 내어 마침내 가나안 땅으로 인도하신 하나님이십니다. 가나안 땅에 들어온 백성들이 가나안의 문화와 종교에 흡수되어 여호와 하나님을 버리고 우상을 섬기며 자기 소견대로 살았던 어두운 시대, 그래도 한 줄기 소망의 사건, 룻기에 나타난 아름다운 이야기를 통해서 소망의 움직임을 말씀하신 하나님이십니다. 왕을 요구하는 백성들에게 다윗 같은 왕을 세워주셨는데, 사무엘서 마지막 장에서 하나님이 기름 부어 세운 다윗도 교만으로 인해 인구조사를 무리하게 진행한 결과 하나님의 심판으로 칠만 명이 죽었던 상황 속에서 하나님은 아라우나 타작마장에 번제의 제사를 드릴 수 있도록 사죄와 회복의 길을 열어 주시면서 소망의 불씨를 남겨 두셨던 하나님이십니다. 열왕기서에서 하나님의 약속이 끊어진 것 같은 절망과 불안함이 있음에도 불구하고, 여전히 소망의 끊을 놓지 않고 강조하고 있는 것은 그럼에도 불구하고 하나님은 다윗에게 언약한 약속을 이루시기 위해 일하시고 역사하시는 신실하신 분이심을 증거 해주고 있다는 것입니다.

사랑하는 성도 여러분, 우리는 당장 힘들고 어려우면 하나님의 약속이 깨진 것처럼 생각하기 쉽습니다. 하나님이 나와 함께 하시겠다고 약속하셨는데 아무래도 그렇지 않은가 보다, 하나님이 나를 도와주시겠다고 말씀하셨는데 다 끝났나보다 절망하며 우리들도 바벨론 포로로 끌려가는 이스라엘 백성들처럼 절망에 빠질 때가 자주 있습니다. 나라를 잃어버린 남 유다 백성들처럼 우리 인생에도 잊을 수 없는 고통과 슬픔과 절망의 순간이 찾아올 수 있습니다. 그러나 우리가 보지 못해도, 듣지 못해도, 느끼지 못해도 여전히 하나님께서는 당신의 약속을 신실하게 이루어 나가고 계신다는 것을 우리가 알 수 있다면 우리는 아무리 다 끝난 것 같은 상황 속에서도 소망의 삶을 살아갈 수 있을 것입니다. 절망의 이야기로 가득한 열왕기서를 통해서도 우리는 신실하신 하나님의 일하심을 바라볼 수 있어야 하겠습니다.

믿음의 사람들은 절망의 이유를 찾아 좌절하는 사람들이 아니라 그 어떤 상황 속에서도 소망의 움직임을 믿음의 눈으로 바라볼 수 있는 사람이 되어야 합니다. 이 놀라우신 하나님의 은혜를 통해서 절망 뒤에 다시 나타날 저 찬란한 소망을 바라보며 기쁨과 감사와 찬송으로 살아가실 수 있는 저와 여러분이 되시기를 주님의 이름으로 축복합니다.

다시 이야기를 쓸 수 있는 이유

5 내가 이스라엘을 애굽에서 올라오게 한 날부터 오늘까지 집에 있지 아니하고 오직 이 장막과 저 장막에 있으며 이 성막과 저 성막에 있었나니 6 이스라엘 무리와 더불어 가는 모든 곳에서 내가 내 백성을 먹이라고 명령한 이스라엘 어느 사사에게 내가 말하기를 너희가 어찌하여 내 백향목 집을 건축하지 아니하였느냐고 말하였느냐 하고 7 또한 내 종 다윗에게 이처럼 말하라 만군의 여호와께서 이처럼 말씀하시기를 내가 너를 목장 곧 양 떼를 따라다니던 데에서 데려다가 내 백성 이스라엘의 주권자로 삼고 8 네가 어디로 가든지 내가 너와 함께 있어 네 모든 대적을 네 앞에서 멸하였은즉 세상에서 존귀한 자들의 이름 같은 이름을 네게 만들어 주리라 9 내가 또 내 백성 이스라엘을 위하여 한 곳을 정하여 그들을 심고 그들이 그 곳에 거주하면서 다시는 옮겨가지 아니하게 하며 악한 사람들에게 전과 같이 그들을 해치지 못하게 하여 10   전에 내가 사사에게 명령하여 내 백성 이스라엘을 다스리던 때와 같지 아니하게 하고 또 네 모든 대적으로 네게 복종하게 하리라 또 네게 이르노니 여호와가 너를 위하여 한 왕조를 세울지라 11 네 생명의 연한이 차서 네가 조상들에게로 돌아가면 내가 네 뒤에 네 씨 곧 네 아들 중 하나를 세우고 그 나라를 견고하게 하리니 12 는 나를 위하여 집을 건축할 것이요 나는 그의 왕위를 영원히 견고하게 하리라 13 나는 그의 아버지가 되고 그는 나의 아들이 되리니 나의 인자를 그에게서 빼앗지 아니하기를 내가 네 전에 있던 자에게서 빼앗음과 같이 하지 아니할 것이며 14 내가 영원히 그를 내 집과 내 나라에 세우리니 그의 왕위가 영원히 견고하리라 하셨다 하라 15 나단이 이 모든 말씀과 이 모든 계시대로 다윗에게 전하니라

숲으로 전하는 역대상하

본문 : 대상 17장5-15절

사람은 이야기를 하면서 살아가는 존재입니다. 이야기를 하면서 자신의 문제가 풀리는 것을 경험하기도 합니다. 우리는 이야기를 하지 못하면 병들거나 혼란스러워집니다. 이야기를 하면서 욕구가 충족되기도 하고 감정이 정화되기도 하고 삶의 의미를 발견하고 자신의 정체성을 깨닫게 됩니다. 이야기를 한다는 것은 단순한 사건 기록이 아니라 우리의 경험을 다시 해석하는 것을 의미합니다. 그런데, 이야기를 하고자 할 때, 자신에게 일어났던 모든 사건을 다 기록할 수 없습니다. 우리가 경험했던 여러 가지 사건 중에서 다시 구조화하여 하나의 이야기를 만들어야 합니다.

분명 우리 인생의 연수가 얼마가 되었든 저마다 부끄러운 이야기, 실패한 사건들, 감추고 싶은 이야기, 다시 기억하고 싶지 않은 아프고 슬픈 이야기가 있을 수 있지만, 우리의 많은 사건과 이야기 가운데 소망의 씨앗이 되었던 사건들을 기억하고 그 사건을 가지고 우리의 이야기를 중심 주제와 맥락으로 다시 써나간다면 분명 의미 있는 이야기의 주인공으로 살아갈 수 있게 될 것입니다. 우리는 그 용어를 '재구성'(reconstruct) '재구조화'(reframing)라 말합니다.

내 삶에 결정적 변화가 있었던 순간이 언제일까 생각해보면, 내 경험, 내 느낌, 내 평가에서 나온 왜곡된 이야기가 하나님의 이야기로 새롭게 구성되었을 때였을 것입니다. 나를 이 땅에 보내신 하나님, 나를 향한 놀라운 계획이 있음을 깨닫고, 모든 나의 삶의 사건들이 하나님의 섭리적 사건이었음을 깨닫는 순간, 지금도 힘들고 어려운 시간들 가운데 있지만 버틸 수 있는 흔들리지 않는 영원한 근거가 있다는 것을 깨달았을 때 다시 소망을 말할 수 있었던 것입니다. 성경에 이러한 관점에서 한 나라의 역사를 새롭게 구성한 멋진 책이 있는데 바로 역대기라는 책입니다. 우리말 성경에는 역사서 가운데 있지만, 원래 히브리 성경에는 맨 마지막에 있는 책으로 제목은 '그 때의 사건들'(디브레 하야임)이라 하였고, 헬라어로 번역될 때 두 권으로 나누어지면서 역사서로 분류된 책입니다.

열왕기서는 이스라엘 왕들의 이야기라 하였습니다. 열왕기서 저자의 역대 이스라엘 왕들에 대한 평가는 아주 단호했습니다. 다윗도, 솔로몬에 대한 평가도 긍정적, 부정적 평가를 같이 했고, 북이스라엘의 19명의 모든 왕들은 여로보암의 길을 따라갔던 악한 왕이라 평가하였고, 남유다의 선한 왕들이라 했던 왕들도 부정적인 평가도 있었습니다. 그런데 역대기는 사무엘서와 열왕기서에서 기록한 것과는 사뭇 다른 관점에서 쓰고 있습니다. 역대기는 열왕기가 기록되고 난 후 약 100년 정도 시간이 지난 시대에 기록된 것으로 보고 있습니다. 어떻게 달랐을까요? 이것이 오늘 설교 메시지의 중요한 포인트입니다. 역대기는 왕들의 이야기를 다시 재구성했다는 것입니다. 그것은 분명 당시 백성들에게 전하고자 했던 메시지가 있었다는 것입니다.

역대기가 기록되었던 시기는 포로에서 돌아온 재건시대였습니다. 재건시대라 함은 B.C. 538년 고레스 칙령에 의해 본토로 돌아와 무너진 이스라엘을 세우는 시대를 말합니다. 바벨론에서 돌아온 이스라엘 백성들은 고국에 돌아가면 새로운 시대가 열릴 줄 기대했을 것입니다. 무너진 성전을 지으면 새로운 하나님의 역사가 나타날 줄 알았고, 다윗과 같은 위대한 왕이 나타나 흩어진 백성들을 하나로 모아 다윗과 솔로몬 시대에 누렸던 그 영광을 다시 회복될 것이라는 기대를 했을 것입니다. 그러나 시간이 지나도 그럴 기미는 조금도 보이지 않았습니다. 여전히 바벨론에 이어 페르시아 사람들이 지배하고 있는 세상입니다. 그리고 포로기 전과 비교할 때 초라한 모습이었습니다.

예언자들이 전했던 메시야가 올 것이라는 예언은 마치 요즘말로 희망고문처럼 여겨진 것 같습니다. 하나님이 약속하신 다윗 왕가의 혈통이 이제 완전히 끊어진 것 같은 시점에 살고 있었습니다. 포로 이후에 귀환한 사람들은 이런 상황에서 자신들은 누구인지, 그리고 우리는 무엇을 해야 하는지를 심각하게 고민하며 살게 된 것입니다. 역대기 저자는 이러한 신학적 질문에 대한 대답으로 상황적으로는 희망고문처럼 여겨질지라도 이스라엘 백성들은 여호와 하나님의 거룩한 백성이라는 것! 또 한 가지는 하나님께서 다윗에게 약속하신 다윗의 왕조가 영원히 견고하리라는 말씀을 다시 전하고 싶었던 것입니다.

그래서, 역대기 기자는 역사 기록을 다시 재구성합니다. 이스라엘 백성들의, 여전히 하나님 나라 백성으로서의 정체성을 강조하기 위해, 이스라엘의 족보를 역대기 기자의 관점으로 다시 재구성하였습니다. 역대기 기자는 무려 9장에 걸쳐 족보를 통하여 이스라엘 역사를 축약하였습니다. 역대기 저자는 이스라엘의 기원을 인류의 첫 인간 아담으로 시작하여 포로에서 돌아온 공동체에 이르기까지 전 구약의 역사를 요약해서 정리하였습니다. 이스라엘의 역사는 창조부터 시작되었다는 것입니다. 이렇게 한 이유는 이스라엘 백성의 뿌리가 어디서 왔는지를 밝혀주는 메시지라 할 수 있습니다. "족보가 메시지다"

역대기 저자의 시대는 북왕국은 B.C. 722년 앗수르에 의해 멸망되어 주변의 이방 민족들과 통혼을 하여 이방인의 피가 섞여 있었고, 남왕국 유다는 바벨론에 의해 멸망되어 포로로 끌려갔다가 돌아온 상황에서 피가 섞인 사마리아인들을 순수한 하나님 백성으로 인정하지 않는 서로 반목하는 상황이었지만, 역대기 기자는 아브라함과 이삭과 야곱의 족보를 나열한 후에 이스라엘의 12지파의 족보를 나열하면서 우리는 한 형제에게서 나왔다는 것을 강조한 것입니다. 이러한 기준으로 2장부터 8장까지 이스라엘의 12지파의 족보가 기록되고 있습니다.

그런데, 족보의 내용 중 특별하게 눈에 띄는 것은 12지파 중에 장남은 르우벤이었지만, 유다 지파로부터 시작합니다. 역대기 기자가 (2장부터 4장까지) 유다 지파의 족보를 중점적으로 기록한 이유가 있다는 것이 역대기서를 이해하고 해석하는데 아주 중요한 요소가 됩니다. 그 이유가 무엇이었을까요? 역대기서가 강조하고 있는 다윗의 집안이 유다 지파에 속해 있었기 때문이고, 장차 다윗의 후손 가운데 다윗과 같은 이상적인 통치자가 나올 것이라는 희망을 전하기 위함이었습니다. 유다의 족보를 나열하다가 야베스라는 인물이 등장하는데, 이 이름의 의미를 통해서 여전히 고통 가운데 있는 당시 백성들에게 여호와 하나님을 찾아야 한다는 메시지를 전해 준 것이라 여겨집니다.

여러분, 한번 생각해봅시다. 유다 백성들이 바벨론 포로에서 다시 예루살렘으로 돌아온 상황이라 하였습니다. 고국으로 돌아온 이스라엘 공동체가 가장 먼저 했던 일이 무엇이었을까요? 예루살렘으로 귀환한 공동체의 최고의 관심은 회복된 성전이었습니다. 족보 마지막 9장에 예루살렘으로 귀환한 공동체의 명단을 기록할 때 역대기 기자는 가장 먼저 제사장들과 레위인의 명단을 소개하고 있습니다. 왜냐하면 성전을 섬기는 사람들이었기 때문입니다.

역대기에서 가장 많은 지면은 차지하고 있는 단락은 바로 다윗과 솔로몬 시대를 담고 있습니다. 그 이유가 무엇일까요? 성전의 중요성을 강조하기 위함이었습니다.

특별히, 역대기는 다윗 이야기를 서술할 때에 수많은 이야기 중에 성전을 건축하기 위해 준비하는 이야기를 집중적으로 묘사합니다. 다윗 이야기 중에서 단 두 개의 사건만 기록을 합니다. 첫 번째 이야기는 13장부터 16장까지 하나님의 궤를 예루살렘 성으로 옮긴 일, 두 번째 이야기는 성전에 관한 말씀입니다. 역대기 기자가 다윗의 생애를 보았을 때 하나님 앞에 행했던 두 가지, 언약궤(말씀)와 성전 중심의 이야기가 다윗의 생애에 가장 중요한 것입니다. 그리고 다윗 통치 마지막 시기에(대하 29장) 그가 소유하고 있는 금, 은 등을 성전 봉헌에 바치고 솔로몬이 그가 이루지 못한 성전 건축을 잘 이룰 수 있도록 하나님께 기도하는 장면도 나타납니다.

다윗 왕의 이야기 중에서 다윗왕의 실수한 부분을 과감히 생략합니다. 밧세바와의 간음 이야기, 우리아를 살해한 이야기, 다윗 아들들 사이의 갈등과 반란 이야기는 나타나지 않고, 실수한 이야기 단 하나만 기록합니다. 역대기 기자는 사탄이 다윗을 충동질하여 인구조사라는 죄를 지었는데, 그 여부스 사람 아라우나 타작마당에서 다윗을 사하시고 그곳이 솔로몬의 성전터가 되게 하신 것입니다.

솔로몬도 일천번제 이야기, 지혜를 구하는 이야기, 성전건축에 대한 말씀, 솔로몬의 업적과 솔로몬의 영광을 전하고 있습니다. 솔로몬이 이방 아내를 취하고 우상숭배했던 것에 대해서는 침묵하고 있습니다. 솔로몬의 죄악을 방관한 것이 아니라, 역대기 기자의 관점은 솔로몬은 하나님께서 성전건축을 위해 택하셨다고까지 말하고 있습니다. 그리고 성전에서 그가 드렸던 성전봉헌기도는 솔로몬을 이상적인 왕으로 묘사하기까지 한 것입니다. 역대하 7장에 솔로몬이 성전을 봉헌할 때 하나님의 불이 내려와 번제물을 사르고 하나님의 영광이 가득한 장면을 묘사하고 있습니다. 다윗이 위대한 왕으로 평가받았던 결정적 원인은 성전건축의 준비자로, 솔로몬은 성전건축의 완성자로 평가되었기 때문입니다.

역대기 기자가 다윗과 솔로몬의 약점들을 몰랐을까요? 알았지만, 당시 재건 시대에 희망고문으로 고통 가운데 있는 백성들에게 하나님께서 다윗에게 주신 말씀, 솔로몬에게 주셨던 말씀을 통해서 우선적으로 하나님이 다윗에게 약속하신 것을 반드시 이루실 것이라는 것을 전하고자 했던 것입니다. 아직도 이 백성은 하나님의 언약 백성임을 전하기 위해서 왕들의 이야기를 다시 쓸 수 있었던 것입니다. 다윗 언약은 하나님의 백성인 이스라엘의 삶의 의미를 가장 잘 보여주는 요소라고 할 수 있습니다. 이것은 이스라엘의 존재의 근거였습니다. 다윗 언약의 내용은 다윗에게 영원한 왕조를 하사하실 것이며, 그 후에 그의 후손이 하나님을 위해 성전을 봉헌하게 될 것이라는 약속으로 이루어져 있습니다.

"전에 내가 사사를 명하여 내 백성 이스라엘을 다스리던 때와 같지 아니하게 하고, 또 네 모든 대적으로 네게 복종하게 하리라. 또 네게 이르노니 여호와가 너를 위하여 한 왕조를 세울지라 네 생명의 연한 차서 네가 조상들에게로 돌아가면, 내가 네 뒤에 네 씨 곧 네 아들 중 하나를 세우고 그 나라를 견고하게 하리니, 그는 나를 위하여

집을 건축할 것이요, 나는 그 왕위를 영원히 견고하게 하리라"(대상 17:10-12)

그리고, 하나님이 솔로몬에게 하신 말씀(대하 7:12-14)은 솔로 몬이 성전을 봉헌한 데 대한 응답으로 주어졌습니다.

"밤에 여호와께서 솔로몬에게 나타나사 그에게 이르시되, 내가 이미 네 기도를 듣고 이곳을 택하여 내게 제사하는 성전을 삼았으니... 내 이름으로 일컫는 내 백성이 그 악한 길에서 떠나 스스로 낮추고 기 도하여 내 얼굴을 찾으면, 내가 하늘에서 듣고 그들의 죄를 사하고 그 땅을 고칠찌라"(대하 7:12-14)

이 내용 중에는 비록 이스라엘이 죄를 지어 자기 땅에서 쫓겨나 고 성전이 파괴되는 일이 있더라도 하나님은 이스라엘을 용서하고 회 복하시겠다는 약속을 담고 있습니다. 이런 관점에서 역대기 기자는 왕들의 이야기도 다시 구성했습니다.

예를 들면, 열왕기서에서는 르호보암은 악하게만 평가되었던 왕 이었는데, 역대기에서는 많은 양을 첨가하면서 물론, 역대기 기자도 열왕기 기자처럼 르호보암을 비난하지만(대하 12:1-2,14) 르호보암 이 스스로 낮추었다, 겸비했다고 평가하고 있습니다. 악한 이에게도 하나님께 돌아갈 수 있는 길이 있음을 보여주기 위한 것으로 보입니다. 한편 역대기의 므낫세 스토리는 그를 유다 왕국에서 가장 사악한 왕으로 묘사하는 열왕기와는 다르게 서술합니다. 열왕기서에서는 가장 극악한 왕으로 묘사를 하고 있지만, 므낫세가 환난을 당하여 하나님께 간구하고 그의 조상들이 하나님 앞에 크게 겸손하여 기도하여 하나님께서 그의 기도를 들으시고 다시 왕위에 앉게 하셨을 그제서야 여호와께서 하나님이신 줄 알았더라고 기록합니다.

역대기 기자가 전하고자 했던 메시지는 개인의 실패와 범죄했던 어두운 이야기가 있지만, 언제나 회개를 통한 구원의 가능성을 강조한 것입니다. 열왕기서가 하나님 앞에서 우리의 모습이 어떠한지를 알게 하는 진리의 성격의 책이라 한다면 저는 역대기를 통해서 하나님의 조건 없는 은혜의 성격을 이해하게 됩니다. 복음에는 분명 이 두 가지 은혜와 진리가 역사합니다. 이런 관점에서 역대기서의 핵심 구절이라 할 수 있는 역대하 7장14절의 말씀은 아주 명쾌하게 오늘 우리에게 다시 들려져야 할 말씀인 것입니다.

"내 이름으로 일컫는 내 백성이 그 악한 길에서 떠나 스스로 낮추고 기도하여 내 얼굴을 찾으면, 내가 하늘에서 듣고 그들의 죄를 사하고 그 땅을 고칠찌라"(대하 7:14)

성경은 오늘 우리에게 어떤 책인가?를 묻는다면 한마디로 소망의 책이라 말할 수 있습니다. 성경은 확률에 근거한 상황이 잘 풀리는 낙관론을 말하지 않습니다. 진정한 믿음의 사람들은 상황이 호전되지 않을 것을 알면서도 소망을 선택할 수 있었습니다. 그것은 하나님이 어떤 분이신지 알기 때문입니다. 자기 백성을 수백 년 전에 아브라함에게 약속하신 것을 이루시기 위하여 출애굽의 역사를 이루신 하나님, 하나님이 선택하시고 사랑하신 자기 백성이 그렇게 그렇게 반복하여 우상을 숭배하고 하나님을 반역하여도 다시 낮추고 겸비하여 자기를 찾는 자들에게 사죄의 은총을 베푸시며 언약을 이루어주시는 신실하신 하나님, 때가 되었을 때 당신의 아들 예수 그리스도를 이 땅에 보내셔서 자기 백성을 죄와 사망에서 건져주신 하나님이셨습니다. 성경 기자들이 시대 시대마다 증거했던 메시지는 바로 그 하나님께 소망을 두라, 아브라함과 다윗에게 주신 그 언약의 말씀을 기억하라. 그래서 소망은 그 하나님을 기다리는 것입니다. 시편 기자의 고백이 저와 여러분의 고백이기를 바랍니다. 역대기 기자가 마치 희망고문으로 고통받고 있는 자기 백성들에게 다시 소망을 말할 수 있었던 것은 과거에 행하신 하나님의 역사를 알고 있었기 때문입니다.

"나 곧 내 영혼은 여호와를 기다리며 나는 주의 말씀을 바라는도다 6 파수꾼이 아침을 기다림보다 내 영혼이 주를 더 기다리나니 참으로 파수꾼이 아침을 기다림보다 더하도다"(시 130:5)

하나님께서 저와 여러분 가운데 행하신 놀라운 역사, 우리는 약속대로 오신 예수 그리스도의 구원의 사건으로 인하여, 이 땅에 다시 오실 우리 주 예수 그리스도를 기다릴 수 있는 것입니다. 바로 그분이 부활하셔서 모든 인류와 온 세상을 죄와 사망에서 구원하실 하나님의 나라를 우리가 기다릴 수 있는 것입니다. 소망의 근원이신 하나님과 그의 말씀, 그리고 이 땅에 소망의 주로 오신 예수 그리스도로 말미암아 충만한 은혜를 체험하는 복된 성도들 되시기를 축원합니다.

하나님께 감동함을 입은 자

1 이 일 후에 바사 왕 아닥사스다가 왕위에 있을 때에 에스라라 하는 자가 있으니라 그는 스라야의 아들이요 아사랴의 손자요 힐기야의 증손이요 2 살룸의 현손이요 사독의 오대 손이요 아히둡의 육대 손이요 3 아마랴의 칠대 손이요 아사랴의 팔대 손이요 므라욧의 구대 손이요 4 스라히야의 십대 손이요 웃시엘의 십일대 손이요 북기의 십이대 손이요 5 아비수아의 십삼대 손이요 비느하스의 십사대 손이요 엘르아살의 십오대 손이요 대제사장 아론의 십육대 손이라 6 이 에스라가 바벨론에서 올라왔으니 그는 이스라엘의 하나님 여호와께서 주신 모세의 율법에 익숙한 학자로서 그의 하나님 여호와의 도우심을 입음으로 왕에게 구하는 것은 다 받는 자이더니 7 아닥사스다 왕 제칠년에 이스라엘 자손과 제사장들과 레위 사람들과 노래하는 자들과 문지기들과 느디님 사람들 중에 몇 사람이 예루살렘으로 올라올 때에 8 이 에스라가 올라왔으니 왕의 제칠년 다섯째 달이라 9 첫째 달 초하루에 바벨론에서 길을 떠났고 하나님의 선한 손의 도우심을 입어 다섯째 달 초하루에 예루살렘에 이르니라 10 에스라가 여호와의 율법을 연구하여 준행하며 율례와 규례를 이스라엘에게 가르치기로 결심하였었더라

숲으로 전하는 에스라

본문 : 스 7장1-10절

구약은 장르상 율법서(모세오경)와 역사서와 예언서, 성문서로 구분할 수 있는데 에스라서는 역사서입니다. 역사를 기록할 때 단순히 연대기와 주요 행적을 요약하지만, 중요한 사건은 그 사건을 풀어서 길게 이야기로 서술하는 경향이 있습니다. 에스라서는 그런 의미에서 긴 이야기 형식으로 기록된 자서전적 기록이라 할 수 있습니다. 원래는 에스라와 느헤미야가 한 권의 책이었습니다. 학자들은 에스라서는 에스라의 자서전적 이야기라 할 수 있고, 느헤미야는 느헤미야의 자서전적 이야기인데, 에스라가 최종적으로 정리했다고 말합니다. 전통에 의하면 에스라가 역대기뿐만 아니라, 구약성경을 최종적으로 집대성한 제사장이면서 율법 교사, 학자라고 말하기도 합니다.

7장 본문에 보면 에스라에 대한 소개가 있습니다. 에스라는 아론의 16대손으로서 바벨론에 포로로 잡혀간 스라야의 아들로 바벨론에서 출생한 자였지만 모세율법에 능통한 학자였습니다. 아마도 바벨론에서 가정과 회당을 중심으로 율법을 전수받았던 것 같습니다. 게다가 에스라는 페르시야 왕의 편지와 조서를 열람할 수 있는 위치의 고위 관직을 지냈습니다. 하나님의 위대한 구원의 역사에 선택되었던 아브라함, 모세, 다윗과 견주어 부족하지 않은 준비된 하나님의 사람이라고 말할 수 있습니다.

에스라서는 두 시대를 배경으로 기록되었습니다. 첫 번째 시대는 1장부터 6장까지 이스라엘 백성들이 바사 왕 고레스 칙령에 따라 B.C. 538년 포로에서 돌아와 스룹바벨을 중심으로 성전을 다시 건축하는 이야기와 두 번째 시대는 그로부터 80년이 지난 후, 에스라가 2차로 458년에 바벨론에서 돌아온 후에 성전이 건축되어 있었고, 율법을 가르치고 있었고, 제사를 드리고 있었던 시대를 배경으로 합니다. 그렇다면 이렇게 이해할 수 있습니다. 에스라가 조상들로부터 모세의 율법을 전수받았고, 80년 전에 있었던 이야기를 전해 듣고 자료를 수집하여 자기 시대의 상황을 비교하면서 포로기 이후의 역사를 서술했다고 할 수 있습니다.

먼저, 에스라 1장부터 6장까지의 내용을 살펴보도록 합시다. 에스라는 이야기를 열면서 하나님께서 예레미야를 통해서 예언한 말씀이 이루어졌음을 선포하는 것으로 시작합니다. 일반 역사 기록에 의하면 바사 왕 고레스는 바벨론이 포로로 잡아 온 사람들을 본국으로 돌려보내는 정책을 시행했던 것으로 기록되었습니다. 이렇게 한 이유는 단지 속국에 대한 배려가 아니라, 지방자치를 강화하기 위해 지배했던 나라들에 대해서 자치권을 인정하는 정책을 편 것입니다. 심지어 지배했던 나라들의 종교에 대해서도 인정한 것입니다. 이러한 내용을 조서로 선포한 것입니다. 이러한 기록은 '고레스 실린더'라는 역사적 증빙 자료가 현존하고 있습니다. 성경은 이 사건을 어떻게 해석한 것일까요? 여호와께서 고레스의 마음을 감동시키셨고, 예언의 말씀을 성취한 것으로 증거합니다.

"바사 왕 고레스 원년에 여호와께서 예레미야의 입을 통하여 하신 말씀을 이루게 하시려고 바사 왕 고레스의 마음을 감동시키시매 그가 온 나라에 공포도 하고 조서도 내려 이르되"(스 1:1)

에스라는 포로에서 돌아온 사건이 분명 페르시아 왕의 정치적 의도에서 비롯된 칙령에 의해 이루어진 사건이지만, 이 모든 역사적인 사건들 가운데 하나님의 일하심, 하나님의 도우심의 손길을 말하고 있습니다. 이 첫 구절의 말씀이 들려지는 순간 너무나 감동이 되지 않습니까? "하나님이 일하시는구나, 하나님이 우리 인생에 큰 그림으로 역사하시는구나" 때로 하나님이 우리 인생 가운데 행하시는 일이 답답할 때가 있습니다. 분명 우리가 미래를 볼 수는 없지만 하나님은 이제까지 우리를 인도하신 것처럼 가장 선한 길로 인도해주실 것이라 믿습니다. 저와 여러분이 하나님이 그림을 그리시는 그 손길 안에 있음을 확신하고 믿음의 여정을 걸어갈 수 있기를 바랍니다.

고레스는 이렇게 공포합니다. '하늘의 하나님 여호와께서 유다 예루살렘 성전을 건축하라 하셨다.' 심지어 이전 바벨론 왕 느부갓네살이 빼앗아왔던 성전에 있는 그릇들을 내어주면서까지 성전건축을 지지해주었던 것입니다. 그러나 이렇게 외적인 조건이 되었다하더라도 바벨론을 떠나 다시 예루살렘으로 돌아가는 것, 성전을 건축하기 위해 떠난다는 것은 쉬운 일이 아니었습니다. 이 때 유대인들은 몇 명이나 돌아왔을까요? 고레스 칙령 후에 예루살렘으로 돌아온 사람들이 많았을까요? 아니면 바벨론에서 정착한 사람들이 많았을까요?

생각해보세요. 바벨론에 포로로 잡혀 간 이후 70년이 흘렀기 때문에 어느 정도 그곳에서 그들은 기반을 잡고 여유롭게 살고 있었습니다. 어렵게 정착한 바벨론이라는 나라와 도시를 떠나 이스라엘이라는 황폐한 곳에 돌아가는 것은 쉬운 선택이 아니었을 것입니다. 돌아온 사람들의 숫자가 5만 명이 안되었다는 것은 익숙한 바벨론을 떠나지 않았던 사람들도 많았다는 것입니다. 아무리 꿈에 그리던 예루살렘으로 돌아가라는 허락과 성전건축을 허락받았지만 그 위대한 일에 동참하는 것은 결단이 요구되는 일이었습니다.

성경은 고국으로 돌아가 성전건축을 위해 결단한 사람들을 마음이 하나님께 감동된 사람들이었다고 기록을 해주고 있습니다.

"이에 유다와 베냐민 족장들과 제사장들과 레위 사람들과 그 마음이 하나님께 감동을 받고 올라가서 예루살렘에 여호와의 성전을 건축하고자 하는 자가 다 일어나니"(스 1:5)

성경은 이스라엘 모든 백성들이 다 성전건축에 참여하였다고 하지 않았습니다. 열두 지파 중에서 두 개의 지파 '유다와 베냐민 지파 사람들' 그리고 그중에 '마음이 하나님께 감동을 받은 사람들'이라 하였습니다. 성경은 다양한 사람들의 반응을 모두 열거하지 않고 하나님의 뜻대로 행한 하나님의 사람들의 반응을 기록해주고 있습니다. 하나님의 선한 역사는 언제나 마음이 하나님께 감동을 받은 자들을 통하여 이루어졌습니다. 하나님의 말씀에 민감한 사람들이었습니다. 이들은 하나님께서 예레미야를 통해서 주셨던 말씀을 마음에 새겼던 사람들이었을 것입니다.

에스라 2장에 예루살렘 성읍으로 돌아간 자의 명단을 혈통에 따라, 출신 지역에 따라, 제사장들과 레위 사람들, 그리고 느디님 사람들의 명단, 솔로몬의 신하들, 거기에 종족 계보가 불확실한 사람들의 명단이 기록되었습니다. 그중에 대표 지도자가 총독 스룹바벨과 제사장 예수아(여호수아)였습니다. 64절에서 온 회중의 합계가 사만 이천 삼백 육십 명이라 기록하였습니다. 놀라운 것은 이들이 마음의 감동을 받아 성전을 건축하고자 하였을 때 예루살렘으로 돌아가지 않았던 사람들이 자신이 가진 것을 기쁨으로 성전건축을 위해 그릇과 금과 물품들과 짐승과 보물로 돕고 그 외에도 예물을 드렸다고 하였습니다.

이제 성전건축은 순조롭게 진행이 되는 것처럼 보입니다. 3장에서 일곱째 달에 각자의 성읍에 살았던 사람들이 일제히 예루살렘에 모여 성전터 즉 솔로몬이 지은 바로 그 성전터에서 건축하기 전에 하나님의 제단을 만들고 율법에 기록된 대로 번제를 드릴 수 있었습니다. 그리고 석수와 목수에게 돈을 주고 시돈과 두로 사람에게 먹을 것과 마실 것과 기름을 주고 백향목을 레바논에서 욥바 해변까지 옮겨 놓기도 하였습니다. 당장 거룩한 일이 시작될 것처럼 보였습니다. 그리고 시간이 지난 그 다음 해 둘째 달에 공사를 시작하였습니다(스

3:8). 건축자가 성전의 기초를 놓을 때 나팔을 불고 수금을 타면서 다윗의 규례대로 찬양을 하였습니다. 찬양의 내용은 주는 지극히 선하시므로 그의 인자하심이 이스라엘에 영원하시도다. 백성들은 즐거이 기쁨으로 함성을 질렀다고 기록해주고 있습니다. 성전건축이 은혜롭게 시작이 되고 있는 과정을 여기까지 보여주고 있습니다.

그러나 어떤 일이 일어난 것일까요? 4장에 보면 돌아온 유대인들이 성전을 건축하고자 했을 때 유다와 베냐민의 대적들이 듣고 스룹바벨과 족장들에게 찾아와 우리도 너희와 함께 건축하고 싶다고 제안을 하였습니다. 이들이 누구였을까요? 앗수르에 의해 이스라엘 땅에 살게 된 이방민족들과 결혼한 혼혈 족속이었습니다. 후에 사마리아인이라 부르는 사람들입니다. 그런데 스룹바벨과 예수아와 족장들이 너희는 우리와 상관이 없다고 하면서 거절을 한 것입니다. 왜 거절했을까요? 아마도 여호와 하나님의 순수한 신앙을 유지하고 싶어 했던 것처럼 보입니다. 부정한 이방 종교와 혼합되는 것을 방지하기 위함이었을 것입니다.

여러분, 거절당한 사람들이 가만히 있었을까요? 이때부터 성전건축을 방해했던 것입니다. 4장4절에 보면 그 땅 백성이 유다 백성의 손을 약하게 하여 그 건축을 방해했다고 표현하고 있습니다. 손을 약하게 했다는 것은 힘 빠지게 했다는 말입니다. 우리가 거룩한 하나님의 일을 하고자 할 때, 선한 일을 하다가 이런 걸림돌이 생겨 힘이 빠질 때가 있지요? 이들은 왜 방해했을까요? 유다 백성들이 돌아와 성전을 건축하면 자신들의 세력이 약해지거나 쫓겨날 것이라고 생각했을 것입니다. 그래서 바사 왕에게 충성하는 것처럼 위장해서 성전 짓는 유다 백성들을 거짓 고소했고, 그 결과 16년 동안이나 성전 짓는 것을 멈추고 있었습니다.

이렇게 반대자들의 방해로 인해 16년 동안 성전건축이 중지되었을 때 지도자들과 백성들의 마음이 어떠했을까요? 스룹바벨을 포함하여 지도자들과 백성들은 실의에 빠지고 사기를 잃게 되었던 것입니다. 이 때 학개와 스가랴가 나타나 이스라엘 백성들을 향해서 격려의 메시지를 전해 주었는데, 그 내용을 간단하게 말하면, 외부의 방해도 있었지만 무엇보다 귀환한 공동체가 내부적으로 성전건축에 열망이 식어진 것으로 이해를 한 것 같습니다.

학개의 메시지를 요약할 수 있는 학개서의 말씀입니다.

"나 만군의 여호와가 말하노라 너희는 자기의 소위를 살펴볼지니라 너희는 산에 올라가서 나무를 가져다가 전을 건축하라 그리면 내가 그로 인하여 기뻐하고 또 영광을 얻으리라 나 여호와가 말하였느니라"(학 1:5,7)

하나님께서 스가랴를 통해서도 말씀하셨습니다.

"여호와께서 스룹바벨에게 하신 말씀이 이러하니라 만군의 여호와께서 말씀하시되 이는 힘으로 되지 아니하며 능력으로 되지 아니하고 오직 나의 영으로 되느니라"(슥 4:6)

이에 유대 사람들이 학개와 스가랴의 말씀에 순종하여 다시 건축을 시작하였을 때 또다시 방해가 있었지만, 결국 다리오 왕의 허락을 받고 축복을 받으며 성전을 건축하기에 이르렀습니다. 516년에 드디어 완성했습니다. 에스라 5장의 내용입니다. 그리고 에스라 6장에서 다리오 왕 제 육 년 아달월 삼일에 성전 일을 끝냈다고 기록해주고 있습니다. 에스라 6장 이야기는 두 번째 성전을 완성하고 성전을 봉헌하는 장면입니다. 참 감격스러운 장면입니다. 유대 백성이 성전 봉헌식을 하였습니다. 본문에 눈에 띄는 의미 있는 단어가 나옵니다. 즐거이 봉헌했다는 것입니다.

여기까지 내용이 에스라가 80년 전에 예루살렘에 돌아와 성전을 건축했던 사건을 중심으로 기록한 내용입니다. 7장부터 에스라 자기 시대의 상황을 전개합니다.

7장에 율법학자이면서 페르시아 왕의 자문 학사인 에스라가 458년 1745명을 이끌고 예루살렘으로 귀환하는 과정을 비교적 자세하게 기록해주고 있습니다. 에스라가 예루살렘으로 돌아가고자 할 때, 이미 성전은 우여곡절 끝에 완성이 되어 있는 상태였습니다. 그런데 7장은 아직 에스라가 바사에 있었던 상황부터 말해주고 있습니다. 눈에 띄는 말씀이 있는데, 하나님께서 페르시아에 있던 에스라를 도우셨다는 말씀입니다. 하나님이 도우셨다는 것은 하나님이 에스라의 마음을 감동하셨다고 이해해도 좋을 것 같습니다. 에스라의 이름의 뜻이기도 합니다. 아마도 이방 땅에 태어나 율법을 연구하면서 하나님의 백성의 정체성에 대해 많은 생각을 했을 것입니다. 앞으로 어떤 일이 일어날지 모르지만 에스라를 감동하사 그가 결심하게 합니다. 어떤 결심이었을까요? 에스라는 보장된 자리를 내려놓고 예루살렘으로 돌아가기로 결심했을 것입니다. 에스라의 핵심구절은 7장10절 말씀이라 할 수 있습니다.

"에스라가 여호와의 율법을 연구하여 준행하며 율례와 규례를 이스라엘에게 가르치기로 결심하였더라"(스 7:10)

드디어 바사 왕 아닥사스다의 권한을 위탁받아 부푼 꿈을 안고 예루살렘에 도착하였습니다. 8장에 에스라와 함께 예루살렘에 돌아온 사람들의 명단을 기록하고 있습니다. 에스라는 먼저 자신이 바벨론을 떠날 때 예루살렘에 돌아온 여정부터 우여곡절이 또 있었지만, 하나님의 선한 손길이었음을 고백하고 있습니다. 그런데, 그가 예루살렘에 대한 상황은 어느 정도 인식했겠지만, 에스라가 바벨론에서 예루살렘에 돌아와 보니 상황은 어떠했을까요? 그가 들었던 보고는 자신의 생각 이상이었습니다.

에스라 9장에 보면, 에스라가 예루살렘에 돌아와 번제를 드리고 얼마 후에 방백들로부터 소식을 듣게 되었습니다. 자기 백성들이 이방 사람들이 행했던 가증한 일 우상숭배의 일을 행하고, 그들의 딸을 맞이하여 아내와 며느리로 삼았는데 오히려 지도자들과 고관들이 이 죄에 으뜸이 되었다는 소식을 듣게 된 것입니다. 이 소식을 들은 에스라는 속옷과 겉옷을 찢고 머리털과 수염을 뜯으며 기가 막혀 앉아 있었다고 하였습니다. 그런데, 이 상황 속에서 반복된 죄악으로 하나님 말씀으로 말미암아 떠는 자 곧 하나님을 경외하는 자, 에스라와 동일한 마음을 가진 자들이 함께 모이게 되었다는 것입니다. 이들이 함께 모여 하나님께 부르짖습니다. 이렇게 자백하고 회개합니다. 우리 죄악이 많아 정수리에 넘치고 우리 허물이 커서 하늘에 마친다 백성들의 죄로 말미암아 부끄럽고 낯이 뜨거워서 하나님을 향해 얼굴을 들지 못할 정도였던 것입니다.

에스라는 이들과 함께 귀환한 포로들과 남아 있었던 유대 백성들을 모아 신앙 회복 운동, 신앙개혁운동을 전개합니다.

에스라는 모든 백성들을 수문 앞 광장에 모아놓고 율법을 낭독하고 백성들에게 그 뜻을 해석하여 깨닫게 하였습니다. 이 사건은 느헤미야서에 기록이 되었습니다. 백성들이 율법의 말씀을 듣고 다 울었다 하였는데 에스라는 울지 말라 오늘은 너희 하나님 여호와의 성일이다! 여호와로 인하여 기뻐하는 것이 너희의 힘이니라! 말씀으로 위로와 소망의 메시지를 전해준 것입니다.

에스라는 페르시아 아닥사스다 왕이 에스라에게 준 사법권의 권한을 가지고 개혁을 실행에 옮깁니다. 에스라는 3일 내에 포로에서 귀환한 공동체 모두가 예루살렘으로 나오라 명령합니다. 3일 안에 모이지 않으면 누구든지 추방하겠다고 명령합니다. 마침 그 때에 큰 비로 인해 크게 떨며 두려워하였다고 하였습니다. 에스라는 거기에서 이방여인을 예루살렘에서 쫓아낼 것을 명령한 것입니다. 에스라 10장 후반부에는 이방여인을 아내로 맞이한 유대인들의 명단을 기록하면서 에스라서는 마치고 있습니다.

이미 결혼한 이방 여인을 버리라고 하는 것은 너무나 가혹한 처사인 것처럼 보입니다. 그리고 이들의 명단을 거룩한 성경책에 굳이 기록을 해야만 했을까? 질문도 생깁니다. 무엇보다 에스라에게는 이것이 죄라는 것을 깨닫게 한 것이 중요했던 것 같습니다. 죄를 깨닫는 것이 은혜이고, 우리의 영혼이 사는 길입니다. 죄를 죄로 여기지 않는 것이 교만입니다. 하나님의 말씀이 들려질 때 깨달아지고 그 말씀에 반응하며 살아갈 때 분명 우리의 삶에 놀라운 역사가 나타날 것입니다. 말씀으로 늘 새롭게, 날마다 새로워지는 진정한 회복의 은혜가 깃들기를 간절히 소망합니다.

에스라는 이미 준비된 하나님의 사람이었습니다. 하나님께서 이스라엘 백성들의 영적 부흥을 위해 오랜 시간 준비해 놓은 말씀의 사람이 바로 에스라였습니다. 에스라는 하나님의 말씀을 연구하고, 준행하고, 가르치는 일에 자신의 삶을 드렸습니다. 하나님의 말씀을 연구하고 준행하고 가르치는 일에 헌신하겠다는 분명한 결심이 섰기 때문에 4개월이나 걸리는 그 먼 길을 그것도 포로들을 이끌고 돌아올 수 있었던 것입니다. 그리고 담대하게 이방여인들을 쫓아내는 일도 감행할 수 있었다는 것입니다. 위대한 하나님의 일은 말씀으로 시작하는 것입니다. 여호와의 말씀을 기뻐하고 즐거워할 때 결심이 생기는 것이고 부르심에 응답할 수 있게 되는 것입니다. 마음에 감동을 입은 자되어 여러분의 삶의 자리에 거룩한 성전이 세워지고 말씀으로 날마다 새로운 날을 맞이하는 복된 성도님들이 다 되시기를 축원합니다.

주여!
나를 기억하사 복을 주옵소서

28 대제사장 엘리아십의 손자 요야다의 아
들 하나가 호론 사람 산발랏의 사위가 되었
으므로 내가 쫓아내어 나를 떠나게 하였느
니라 29 내 하나님이여 그들이 제사장의 직
분을 더럽히고 제사장의 직분과 레위 사람
에 대한 언약을 어겼사오니 그들을 기억하
옵소서 30 내가 이와 같이 그들에게 이방 사
람을 떠나게 하여 그들을 깨끗하게 하고 또
제사장과 레위 사람의 반열을 세워 각각 자
기의 일을 맡게 하고 31 또 정한 기한에 나
무와 처음 익은 것을 드리게 하였사오니 내
하나님이여 나를 기억하사 복을 주옵소서

숲으로 전하는 느헤미야

본문 : 느 13장28-31절

성경책 제목은 성경이 기록될 때 붙여진 것이 아니라, 훗날 성경의 내용을 보고 정해진 것이라 할 수 있습니다. 에스라- 느헤미야가 한 권의 책이라는 것이 정설인데, 훗날 제1 에스라, 제2 에스라로 불리다가 어느 때에 분리되어 에스라, 느헤미야로 정해진 것입니다. '에스라' 뜻은 '하나님은 도움이시다', 느헤미야는 '하나님은 위로자시다' 라는 뜻입니다. 2500년 전, 포로귀환 후, 하나님의 위로가 절실히 요구되었던 시대, 에스라와 느헤미야라는 인물을 통해서 도우시고 위로하시는 하나님을 전하고자 했던 성경 저자의 의도가 있었을 것입니다.

느헤미야 시대의 배경은 예루살렘 성벽이 B.C. 586년 바벨론에 의해 허물어진 이후 방치되어 있었던 상황입니다. 고대사회에서 성벽과 성문이 없다는 것은 도시가 거의 무방비상태에 있었다는 것을 의미합니다. 그 암울한 상황을 3절에서 거기에서 큰 환난을 당하고 능욕을 받으며 예루살렘 성은 허물어지고 성문들은 불타 있었다고 묘사하였습니다.

이 책의 주인공 '느헤미야'라는 인물에 대해서 알 수 있는 몇 가지의 정보가 나옵니다. 느헤미야는 유다의 멸망과 함께 바벨론에 포로로 끌려온 포로민의 후예였습니다. 느헤미야는 유다인 하가랴의 아들로 왕의 술 맡은 관원이었습니다. 페르시아 입장에서 포로로 끌고 온 민족의 사람을 가장 가까운 자리에 두었다는 것은 그만큼 느헤미야가 인정받는 자였다는 것입니다.

느헤미야의 전반부의 내용은 느헤미야를 중심으로 성벽을 재건하는 내용이 나타나고, 후반부에는 에스라와 함께 수문 앞에서 율법책이 낭독되고 그 말씀을 듣는 백성들이 함께 회개하며 반응하는 내용으로 구성되어 있습니다. 당시, 종교적인 건물인 성전은 페르시아 왕의 허락을 받아 지을 수 있었지만, 정치적인 의미를 담고 있는 성벽은 감히 재건의 꿈을 꾸지 못했습니다. 느헤미야가 절대 권력을 갖고 있었던 왕의 허락을 받아내야 성벽을 건축할 수 있는 상황이었습니다.

1장은 아직 느헤미야가 술관원이 되기 전의 상황인 것 같습니다. 느헤미야가 수산 궁에 있을 때 수일 동안 유대와 예루살렘의 소식을 듣고 슬퍼하며 금식하고 기도하고 자기 조상들의 죄를 회개하는 장면이 나타납니다. 느헤미야 1장에서 그의 기도의 내용을 살필 수 있는데, 먼저 느헤미야는 언약을 지키시며 사랑과 긍휼을 베푸시는 하나님을 찬양하는 것으로 시작합니다. 그리고 조상들의 죄로 인해 포로로 끌려왔기 때문에 조상들을 원망할 수 있었을 텐데, 오히려 자기의 죄, 조상들의 죄, 민족의 죄를 자백하고 회개하는 기도를 드렸다는 것입니다. 이어서 하나님의 약속의 말씀을 기억하고 말씀을 붙잡고 하나님께 중보의 기도를 드립니다. "그런데 하나님, 잘못한 건 맞는데요. 우리가 다시 주의 계명을 지키면 용서해주신다고 약속하셨잖아요? 하늘 끝에 있을지라도 우리를 부르실 것이고 모으실 것이고 회복시키신다고 약속하셨지 않습니까?" 그의 기도의 핵심은 하나님의 신실하신 성품과 언약에 근거하여 하나님! 우리를 기억해달라는 간구였습니다(느 1:9). 그리고 아주 구체적인 기도를 드립니다. 예루살렘에 가기 위해서는 절대적인 왕의 허락을 받아야 하기 때문에 이 사람 즉 아닥사스다 왕에게 나갈 수 있는 은혜를 입게 해 달라는 기도였습니다. 예레미야가 얼마나 기도했을까요? 1장에 나타나는 기슬르월과 2장에 나오는 니산월 사이가 4개월이었습니다. 이 기도의 결과 느헤미야가 왕의 술 관원의 자리에 오르게 된 것입니다(느 1:11).

드디어, 때가 되었습니다. 2장에 아닥사스다 왕과 느헤미야와 만남과 대화가 시작됩니다. 아닥사스다 왕은 느헤미야의 얼굴에 수심이 있는 모습을 보게 됩니다. 왕이 먼저 묻습니다. 네가 병이 없는데 어찌하여 얼굴에 근심이 있느냐? 이 말을 했을 때에 느헤미야는 두려워했다 하였습니다. 그러나 기도로 준비했던 느헤미야는 지혜롭게 형편을 말합니다. "왕은 만수무강하시기를 바랍니다. 그런데 내 조상들의 묘실이 있는 성읍이 이제까지 황폐하고 성문이 불타버렸습니다"라고 대답을 합니다. 이 말을 들은 왕은 얼마나 걸릴 것 같은지, 언제 돌아올 수 있을지를 물으며 허락을 하였습니다. 느헤미야는 몇 가지를 더 요구합니다. 왕의 친서도 필요하고, 성문과 성곽을 쌓을 때 필요한 물자도 필요하고, 군대 장관과 호위병도 필요합니다, 느헤미야가 기도하면서 구체적인 필요한 계획을 수립해 놓았던 것 같습니다. 왕은 허락합니다. 느헤미야는 이 모든 것이 은혜임을 깨닫고 하나님의 선한 손이 나를 도우심으로 허락하셨다고 고백합니다.

2장9절 이하부터 무대가 예루살렘으로 바뀝니다. 성벽 건축을 방해하는 사람들이 느헤미야가 왔다는 소식을 듣고 심히 근심했다는 반응이 나타납니다. 그런데, 느헤미야는 예루살렘에 도착한 후 3일 동안 하나님께 질문하고 묵상하는 시간을 갖고 있습니다. 그리고 조용히 밤에 몇 사람과 함께 예루살렘 거리에 나가보니 말로만 들었던 성벽은 다 무너져 있고, 성문이 불타있고, 심지어 느헤미야가 탄 짐승이 지나갈 곳도 없을 만큼 황폐화되어 있는 모습을 본 것입니다. 후에, 느헤미야는 유대 지도자들을 모아 하나님께서 주신 마음을 전해주고 있습니다. "예루살렘 성을 건축하여 다시 수치를 당하지 말자"고 하면서 하나님의 선한 손이 나를 도우신 것과 페르시아 왕이 느헤미야에게 이른 말을 전하였을 때 유대 지도자들과 백성들이 "일어나 건축하자!" 반응을 보였던 것입니다. 그 때, 느헤미야의 지도하에 유대인들이 성벽을 쌓기 시작했을 때 주변의 이방 민족들의 반대와 방해 공작이 본격적으로 시작이 되었습니다. 그러나 느헤미야는 하늘의 하나님이 우리를 형통하게 하시리니 하나님의 종인 우리가 일어나 건축하고자 하는데 너희는 예루살렘과 아무 상관없는 자다 말하고 성벽 건축을 시작하였습니다.

느헤미야 3장은 성벽과 성문 재건 사업에 참여했던 사람 75명의 명단과 재건되는 과정을 기록을 해주고 있습니다. 자세히 살펴보면 이 거룩한 사업에 어느 누구도 제외시키지 않고 제사장으로부터 가난한 사람들까지 모두가 참여하도록 하였습니다. 북쪽으로부터 시작하여 서쪽, 남쪽, 동쪽으로 진행되었고, 전체 성벽을 42구역으로 나누어서 10개의 성문과 4개의 망대를 중심으로 나열하고 있습니다. 성벽과 성문, 골짜기 문, 성문 빗장과 자물쇠 등이 누구의 손을 거쳐 완성되었는지 자세하게 나타납니다. 탁월한 리더십을 발휘합니다.

그럼에도 느헤미야의 예루살렘 도착을 비웃고 업신여겼던 사람들의 반응이 더 거세지기 시작했습니다. 4장1절에 보니, 반대하는 사람의 대표자인 산발랏이 우리가 성을 건축한다 함을 듣고 크게 분노하였다 하였습니다. 4장7절에서는 산발랏뿐만 아니라 도비야와 아라비아 사람들과 암몬 사람들과 아스돗 사람들이 예루살렘 성이 중수되어 그 허물어진 틈이 메꾸어져 간다 함을 듣고 심히 분노하였다 하였습니다. 그리고 그들은 예루살렘으로 가서 치고 그곳을 요란하게 하자 모의하고, 그들을 살육하여 그 일을 멈추게 하자, 그리고 근처에 있는 유다 사람들에게 "너희가 우리에게로 와야 한다" 회유하고 협박합니다.

이 때가 성벽이 절반쯤 쌓아졌을 때였던 것 같습니다. 이 때 원수들의 비판과 공격 앞에서 느헤미야의 반응이 아주 선명합니다. 두 가지를 동시에 하였습니다. 하나는, "우리 하나님이여 들으시옵소서 우리가 업신여김을 당하나이다 원하건대 그들이 욕하는 것을 자기들의 머리에 돌리사 노략거리가 되어 이방에 사로잡히게 하시옵소서"(느 4:4)라고 하나님 앞에 자신의 심정을 쏟아 놓았습니다. 또 하나는 그들의 공격에 대비하여 무장 경비원을 세우고 공사를 더욱 독려하였습니다. 그리고 느헤미야는 백성들을 향해서 권면합니다. 4장14절에 너희는 저들을 두려워하지 말고 지극히 크시고 두려운 주를 기억하라고 한 것입니다. 성경은 4장16절에서 '그 때로부터' 즉 느헤미야의 말을 듣고 다시 백성들은 일하고, 절반은 갑옷을 입고 창과 방패와 활을 가지고 원수들의 공격을 막아내었습니다.

그런데, 느헤미야서는 외적인 반대 공작이 있었지만, 5장에 보면, 백성 사이에도 불화가 있었다는 것을 알 수 있습니다. 공사에 참여한 사람들 중에 가난한 사람들은 먹을 것이 없어서 공사 현장을 떠나 어딘가에서 먹을 것을 구해야만 했고, 토지가 없었기 때문에 땅을 저당 잡히고 양식을 빌릴 수도 없는 상황이었습니다. 느헤미야는 이 소식을 듣고 크게 노하였습니다. 하나님의 백성들의 삶의 모습이 고난의 시기를 틈타서 오히려 동족과 동족이 착취하고 인간을 노예화하는 비극을 보고 느헤미야는 견딜 수가 없었습니다.

이 때 느헤미야는 "중심에 계획을 했다" 하였습니다. 이 말은 곰곰이 생각했다는 의미입니다. 느헤미야는 문제의 원인을 발견했습니다. 이유는 당시 유다 지도자들이 부당하게 백성을 착취했기 때문이었다는 것을 알게 되었습니다. 그리고 단호하게 가르칩니다. 귀족들을 향해서 호되게 꾸짖으면서 "이자 받는 것을 그치라, 오늘이라도 당장 밭과 포도원과 감람원과 집이며 꾸어준 돈이나 양식이나 포도주나 기름의 백분의 일을 돌려보내라" 권면한 것입니다. 백성들은 그대로 행하겠다고 맹세하였습니다.

뿐만 아니라, 느헤미야 자신도 총독으로 받을 수 있는 당연한 권리도 포기하고 자신의 재산으로 백성들에게 먹을 것을 제공했던 것입니다. 이런 상황 속에서 반대하는 사람들의 공작은 결국 느헤미야를 죽이고자 계획합니다. 6장에서 성벽 건축이 완성되기 바로 직전 느헤미야와 성벽을 짓는 자기 백성들에게 닥쳐온 시련을 보여 주고 있습니다. 산발랏을 비롯한 성벽 건축 방해자들은 더 교활하면서도 악랄하게, 이들은 화해하는 척하면서 예루살렘과 사마리아 중간쯤에 있는 오노 평야에서 만나자고 제안을 합니다.

영적 분별력이 있던 느헤미야는 몇 번이나 편지를 보내서 만나자고 제안했지만 거절했습니다. 거절당한 이들은 느헤미야가 사람들을 선동하여 자기가 왕이 되고자 한다는 거짓 소문을 퍼뜨립니다. 그리고 여기에 유대인 중에서 산발랏에 동조하는 사람도 있었고, 심지어 제사장 스마야라는 인물도 있었는데, 스마야가 저들이 당신을 해하고자 하니 성전에 가서 숨자는 제안을 하였습니다. 이 때 느헤미야는 자신이 총독으로서 백성을 보호할 책임이 있는데, 어떻게 그럴 수 있겠느냐 하면서 거절합니다. 느헤미야는 소문이 사실이 아니라고 부인하면서도 느헤미야는 이 상황 속에서 하나님께 기도하는 모습이 나타납니다. 느헤미야의 기도는 아주 진솔하고 솔직합니다.

"내 하나님이여 도비야와 산발랏과 여선지 노아댜와 그 남은 선지자들 곧 나를 두렵게 하고자 한 자들의 소행을 기억하옵소서 하였노라"(느 6:14)

느헤미야는 하나님의 명령을 따라 꾸준하게 일해 왔기 때문에 마침내 끊임없는 모함과 협박과 반대에도 불구하고 성벽을 쌓기 시작한 지 52일 만에 공사가 완성되었습니다. 느헤미야는 "이 모든 역사를 하나님이 이루신 것을 알았다"고 고백하게 됩니다. 그러나 느헤미야는 이렇게 하나님께서 함께 하셔서 성벽을 완성했음에도 불구하고 백성들의 심령이 하나님의 말씀으로 세워지지 않으면 안된다는 것을 깨닫고 당시 영적 지도자 에스라에게 영적 부흥을 위한 역사를 위임하고 그의 사명을 감당한 것입니다.

8장에서 10장의 내용을 요약하면, 예루살렘 성의 수문 앞 광장에 모여 백성들이 에스라에게 율법책을 읽어달라고 요청합니다. 에스라가 새벽 일찍부터 한 나절 동안 율법을 읽어주었지만 백성들은 이해할 수 없었기 때문에 반응이 없었습니다. 하지만 율법책의 핵심을 백성들의 언어로 깨닫게 해 주었을 때 변화가 일어났던 것입니다. 백성들의 반응이 놀랍습니다. 말씀의 뜻이 깨달아지자 백성들이 눈물을 흘립니다. 백성들이 스스로 모였다는 것입니다. 그리고 율법책에 귀를 기울이고, 율법책 앞에서 일어서고, 아멘으로 응답하고, 경배하며 말씀을 듣기도 하고 울기도 하고 가르침대로 가서 먹고 마시고 나누어주고 즐거워하였다는 것입니다.

9장에서 하나님께서 자기 백성들에게 행하신 사건들을 나열하면서 찬양하는 장면은 감동입니다. 초막절이 끝나고 이틀 후에 다시 모여 엎드려 크게 부르짖으며 회개하고, 하나님 앞에 바르게 살 것을 서약하는 인을 칩니다(느 9:38).

10장 앞부분은 서약한 사람들의 명단이 나옵니다. 이들이 함께 모여 하나님 앞에 서약한 것이 무엇이었습니까? "이방인과 결혼하지 않겠다, 안식일과 안식년을 지킬 것이다, 성전을 방치하지 않겠다, 성전세를 내고 성전직무를 맡은 제사장들과 레위인들을 돌볼 것입니다"라는 약속이었습니다. 이 때 회복된 이스라엘의 상황을 잘 묘사한 구절입니다.

"이 날에 무리가 큰 제사를 드리고 심히 즐거워하였으니 이는 하나님이 크게 즐거워하게 하셨음이라 부녀와 어린 아이도 즐거워하였으므로 예루살렘이 즐거워하는 소리가 멀리 들렸느니라"(느 12:43)

그런데, 느헤미야 13장의 결론을 보면 우울해집니다. 13장 4절에 보면, 느헤미야가 성벽 재건과 영적 부흥과 이스라엘 사회 개혁을 마치고 페르시아로 돌아간 것으로 보입니다. 그 사이에 어떠한 일이 일어난 것일까요? 하나님 앞에 서약하면서 거룩한 백성의 정체성을 회복하는 개혁의 역사가 있었음에도 불구하고, 유대인들은 또다시 죄악 속으로 빠져 들었습니다. 도비야라는 인물이 또 등장합니다. 이러한 모습을 보면서 알 수 있는 것은 제사장들이 자기 책임을 소홀히 한 것 같습니다. 하나님의 일을 방해했던 그 장본인 도비야를 성전 안에 초청해서 가장 중요한 자리를 도비야에게 주었습니다. 또한, 레위인들과 노래하는 자들이 받을 몫을 주지 아니하여 각자 자기 밭으로 도망갔다고 하였습니다. 그리고 십일조와 예물 드리는 것도 소홀히 하고 있습니다. 느헤미야 시대와 같은 시대 선지자가 말라기입니다. 우리가 알고 있는 말라기서가 강조하고 있는 십일조는 바로 이런 상황에서 예언된 말씀입니다. 심지어 백성들은 안식일을 지키지 아니하였고, 또다시 이방인들과 이혼하고 나서 또다시 재혼하는 일들이 많아졌습니다. 그러나 12년의 사명을 마치고 돌아갔다가 다시 귀국한 느헤미야는 도비야를 성전에서 내쫓고, 레위인을 복귀시키고, 안식일을 지킬 것을 다시 명령하고, 이방인을 다시 쫓아냅니다.

포로기 이후의 백성들이 성전도 짓고, 성벽도 짓고, 영적 각성을 통하여 회개의 역사가 나타나기도 했지만, 다시 이전의 상태로 회귀하는 본성, 왜 이런 이야기로 느헤미야가 마무리되었을까요? 이왕이면, 놀라운 회복과 부흥이 이 시대에 있었다는 해피앤딩으로 끝나면 좋을 텐데 말입니다. 인간의 뿌리 깊은 죄악의 독성은 잠깐 부흥을 경험했다고 하지만 여전히 살아 있어 자기 백성을 죄 가운데 가두어 버립니다. 이 말은 날마다 말씀으로 새로워지지 않으면 무너질 수밖에 없는 연약함이 있다는 것입니다. 말씀으로 날마다 새로워지지 않으면, 나를 그대로 방치하면 또 다시 우리는 죄악의 자리에 서 있게 됩니다. 그래서 말씀 안에 있는 자는 복되다는 시편기자의 고백이 격하게 공감됩니다.

"복 있는 사람은 악인들의 꾀를 따르지 아니하며 죄인들의 길에 서지 아니하며 오만한 자들의 자리에 앉지 아니하고 오직 여호와의 율법을 즐거워하여 그의 율법을 주야로 묵상하는도다"(시 1:1-2)

그래서 느헤미야의 기도처럼 "하나님이여 나를 기억하사 복을 주옵소서" 나를 복의 자리에 있게 해 달라는 기도를 해야 합니다. 하나님은 자기 백성을 사랑하셨기에 시대 시대마다 하나님의 사람들을 준비시켜 감동하셔서 그 크신 구원의 드라마를 이루어 나가고 계시는 분이십니다. 느헤미야는 구약 역사가 끝나는 마지막 시점에 소망을 던져 준 개혁적 인물입니다. 어려운 환경 속에서도 하나님의 언약의 말씀에 붙잡힌 사람이었습니다. 그의 소명을 다한 사람이었습니다. 한 주간 느헤미야를 읽으실 때 성령께서 저와 여러분을 강하게 붙드셔서 이 시대 맡겨주신 소명과 사명을 충성되이 감당하는 신실한 주의 백성 되시기를 간절히 축원합니다.

우연이란 없다!

1 그 날 밤에 왕이 잠이 오지 아니하므로 명령하여 역대 일기를 가져다가 자기 앞에서 읽히더니 2 그 속에 기록하기를 문을 지키던 왕의 두 내시 빅다나와 데레스가 아하수에로 왕을 암살하려는 음모를 모르드개가 고발하였다 하였는지라 3 왕이 이르되 이 일에 대하여 무슨 존귀와 관작을 모르드개에게 베풀었느냐 하니 측근 신하들이 대답하되 아무것도 베풀지 아니하였나이다 하니라 4 왕이 이르되 누가 뜰에 있느냐 하매 마침 하만이 자기가 세운 나무에 모르드개 달기를 왕께 구하고자 하여 왕궁 바깥뜰에 이른지라 5 측근 신하들이 아뢰되 하만이 뜰에 섰나이다 하니 왕이 이르되 들어오게 하라 하니 6 하만이 들어오거늘 왕이 묻되 왕이 존귀하게 하기를 원하는 사람에게 어떻게 하여야 하겠느냐 하만이 심중에 이르되 왕이 존귀하게 하기를 원하시는 자는 나 외에 누구리요 하고 7 왕께 아뢰되 왕께서 사람을 존귀하게 하시려면 8 왕께서 입으시는 왕복과 왕께서 타시는 말과 머리에 쓰시는 왕관을 가져다가 9 그 왕복과 말을 왕의 신하 중 가장 존귀한 자의 손에 맡겨서 왕이 존귀하게 하시기를 원하시는 사람에게 옷을 입히고 말을 태워서 성 중 거리로 다니며 그 앞에서 반포하여 이르기를 왕이 존귀하게 하기를 원하시는 사람에게는 이같이 할 것이라 하게 하소서 하니라

숲으로 전하는 에스더

본문 : 에 6장1-9절

여러분, 지난 한 주간 일어난 사건들 가운데 우리가 계획한 대로 실천하고 사람을 만날 수 있었나요? 1년 365일 우리의 계획대로 살았던 날이 얼마나 될까요? 더 나아가 지금까지의 우리 인생의 여정 가운데 초지일관하며 살았던 날들이 얼마나 될까요? 예상치 못한 뜻밖의 일들이 우리 일상에서 일어나는 것이 다반사입니다. 우연이란 어떤 행동이나 상황이 예상했던 결과와는 전혀 반대되는 방향으로 전개되는 것을 의미합니다. 이 우연의 일들을 받아들이고 해석하면서 살아가게 됩니다. 이렇게 말하면 어떨까요? 우리의 삶은 우연을 가장한 필연의 연속이었다고 말입니다. 지금의 저와 여러분, 지금 이곳에 있기까지... 모두 우연 같지만 보이지 않는 손길이 있었다는 것입니다. 우리가 세상에 던져진 존재가 되었다는 것은 내 존재 방식이 내 의지를 벗어난 보이지 않는 질서가 있다는 의미라 할 수 있습니다.

여러분, 세상 속에서 일어나는 모든 일들도 하나님이 통치하시는 영역이라 생각하십니까? 우리 일상의 대부분의 시간을 하나님이 없는 것처럼 느껴지는 세상 속에서 살아가고 있습니다. 그러나 우리의 신앙은 우리의 모든 일상에서 발생하는 우연과도 같은 사건 속에서도 하나님의 손길이 나를 주장하신다고 믿는 것입니다. 더 나아가 한 민족과 역사의 배후에도 하나님이 다스리시고 주관하신다는 것을 믿는 것이 섭리 신앙입니다.

에스더 이야기는 바로 하나님에 대한 한 번의 언급도 없는 일련의 사건들 속에서 그것도 우연한 사건을 가장한 하나님의 다스리심을 아주 드라마틱하게 묘사한 성경 책 중의 한 권입니다. 에스라- 느헤미야서는 고레스에 의해 바벨론 포로 귀한 명령 이후 고향 땅으로 돌아가 성전을 재건하고 율법을 다시 가르치면서 하나님이 선택한 백성들을 도우시고 위로하시는 하나님을 증거한 책이라 할 수 있고, 에스더서는 본국으로 돌아가지 않고 페르시아에 남아 있는 유다인의 삶에 대한 이야기라 할 수 있습니다. 하나님의 언약 백성도 세상 권력의 한복판에서 살아남기 위해 거짓말도 하고, 술도 마시고, 음모와 술수, 탐욕과 복수로 점철된 사건들을 그대로 보여주고 있습니다.

에스더서의 주요 무대는 페르시아 대제국의 왕궁을 배경으로 합니다. 페르시아 왕은 아하수에로 왕이었습니다. 시대적 배경으로 영화 300에 나오는 헬라와의 전쟁, 살라미 해전에서 패배한 왕이기도 합니다. 그리스어로 크세르크세스 왕이라 합니다. 아하수에로 왕의 아버지는 다리오 왕이었는데 에스라에게 성전건축 조서를 내린 왕이기도 하고, 일반 역사에는 B.C. 490년 마라톤 전투에서 패한 왕이었습니다.

에스더 이야기의 중요한 배경은 페르시아 왕궁에서 벌어지는 잔치가 주무대입니다. 에스라서 읽기의 포인트는 언제, 누가, 어떻게 잔치를 열었는지를 보는 것입니다.

고대 왕궁에서의 잔치는 신과 같은 절대 권력자의 특별 권한이 없습니다. 1장에 나오는 잔치의 배경은 아하수에로 왕이 아버지 다리오 왕의 원수를 갚기 위해 지방의 장군들을 모아 싸움을 독려하기 위해 궁으로 불러 어마어마한 잔치를 벌이게 된 것입니다. 그런데 이 잔치에서 술에 만취한 왕은 왕비의 아름다운 모습을 사람들에게 보여주고 싶어서 왕궁으로 부르지만, 왕비는 왕명을 거역하여 오지 않았습니다. 대제국의 왕으로서 왕후를 자랑하고 과시하기 위해 내린 명령이 무시되자 체면을 구기는 결과가 되었습니다. 화가 난 왕은 신하들과 의논하여 왕비 와스디를 폐하고, 온 나라에 남편이 자기의 집을 주관하게 하라는 조금은 이상한 조서를 내립니다.

그 후에, 신하들은 새로운 왕후 간택을 위해 페르시아 전역에서 아리따운 처녀들을 불러 모으게 됩니다. 성경 기자는 에스더를 2장7절에서 "부모가 없었으나 용모가 곱고 아리따운 처녀라" 하였습니다. 이 구절이 앞으로 어떠한 사건이 일어날 것임을 암시해 주는 말씀입니다. 결국, 수많은 처녀들 중에서 에스더가 선택이 된 것입니다. 히브리어 이름은 하닷사였고, 페르시아 말로 에스더는 '별'이라는 의미의 이름입니다. 왕은 또다시 에스더를 왕비로 책봉한 다음 축하 잔치를 베풉니다. 이 사건 이후, 갑작스럽게 2장19절 이하에 모르드개가 왕에 대한 암살 음모를 알게 되어 그것을 에스더에 말해줍니다. 그래서 먼저 음모를 막게 되었던 것입니다. 이것이 궁중 일기에 기록이 된 것입니다. 사실 이 사건은 나중에 일어날 대반전에 대한 복선의 역할을 하게 됩니다.

그리고 에스더서 저자는 모르드개와 대립되었던 하만이라는 인물을 등장시킵니다. 이 사람은 아말렉의 후손, 아각 사람이라 하였습니다. 왕의 최측근이었습니다. 얼마나 기세 등등했는지, 왕도 아닌데, '자기에게 꿇어 절하라' 하는 명령을 왕의 명령으로 허락받아 시행하게 됩니다. 그런데, 유다 사람 모르드개가 이 명령을 거역합니다.

사건은 빠르게 전개됩니다. 자신에게 절하지 않는 모르드개의 행동을 빌미 삼아 이 기회를 타서 유다 민족 말살을 위한 계략을 진행합니다. 하만은 이 일을 합법적으로 왕의 명령에 의해 진행하기 위해 은 1만 달란트를 왕에게 상납하여 왕의 허락을 받았습니다. 3장에 하만은 제비뽑기를 뜻하는 '부르'를 뽑아 진멸하고자 하는 날짜를 정합니다. 열두째 달, 곧 아달월의 한 날을 정하여 모든 유다인을 젊은이, 늙은이, 어린이, 여인들을 막론하고 죽이고 도륙하고 진멸하고 재산까지 탈취하라는 강력한 조서의 내용으로 페르시아 전역에 반포합니다. 이 때도 왕은 하만과 술을 마시는 장면으로 3장이 끝나고 있습니다.

위기에 처한 유다인들은 이 유다인 말살에 대한 소식을 듣고 어떠한 반응을 보였을까요? 조서가 공포되자 바사 전역의 유다인들은 큰 두려움에 휩싸이게 됩니다. 이 소식을 들었던 모르드개가 옷을 찢고 굵은 베옷을 입고 재를 뒤집어쓰고 대성통곡하면서 대궐 문 앞에 이르렀고, 대궐 앞에 누운 자가 무수히 많았다고 하였습니다. 이 소식을 들은 에스더가 울며 부르짖는 이유를 알기 위해 모르드개에게 사람을 보냈을 때, 모르드개는 에스더에게 설명을 하면서 유다인들을 위해 왕에게 말해줄 것을 부탁합니다. 그러나 왕을 독대하는 일은 쉬운 일이 아니었습니다. 에스더가 왕후였다고 하나, 왕이 부르지 않았는데 왕이 있는 곳에 들어가면 그대로 죽임을 당할 수 있는 것이 당시의 법이라고 말했던 것을 보면, 에스더는 모르드개의 말을 듣고 처음에는 난색을 표할 수밖에 없었던 것입니다. 이 말을 들은 모르드개는 에스더에게 비장한 말을 합니다. 4장13-14절에서 이렇게 말합니다.

"너는 왕궁에 있으니 모든 유다인 중에 홀로 목숨을 건지리라 생각하지 말라 이 때에 네가 만일 잠잠하여 말이 없으면 유다인은 다른 데로 말미암아 놓임과 구원을 얻으려니와 너와 네 아버지 집은 멸망하리라 네가 왕후의 자리를 얻은 것이 이 때를 위함이 아닌지 누가 알겠느냐 하니"(에 4:13-14)

이 말은 우리가 잠잠하여 말이 없어도 하나님은 다른 방법으로 다른 사람을 통해서 일하신다는 의미입니다. 하나님의 백성이 일을 감당하지 않을 때 하나님은 다른 역사를 통하여서 일하신다는 의미입니다. 그러면서 모르드개는 네가 왕후의 자리를 얻은 것이 "이 때를 위함이 아닌지 누가 알겠느냐"고 권면한 것입니다. 이 말을 듣고 에스더는 모든 유다인들에게 3일 동안 금식해 줄 것을 부탁합니다. 그리고 그 유명한 에스더의 고백 "죽으면 죽으리이다" 말한 것입니다. 그리고 에스더 자신도 금식하고 왕에게 나아갔던 것입니다. 위기에 처한 하나님의 백성이 취한 유일한 책임적인 선택, 행동이 금식이었습니다.

에스더 5장에서 에스더는 왕후였지만 자신도 금식하고 그로부터 3일이 되는 날에 '죽으면 죽으리이다' 하는 각오로 왕에게 나아갔습니다. 그런데 왕의 반응이 왕후를 보니 대단히 사랑스러웠다고 말하고 금 규를 내밀었습니다. 이것은 허락 없이 들어왔지만 용서한다는 표시였습니다. 만약, 왕이 규를 내밀지 않았다면 이후의 모든 사건은 일어나지 않았을 것입니다. 왕은 마음이 매우 흡족하여 왕국의 반이라도 주겠다고 말합니다. 그러나 에스더는 바로 그 자리에서 원하는 것을 말하지 않고 왕과 총리를 위해 잔치를 베풀테니 참석해 달라고 요청만 하고 있습니다. 그리고 하만도 함께 참석해줄 것을 부탁하고 있습니다. 흥미진진하게 스토리가 전개되고 있습니다. 왕비가 특별히 왕과 자기만 초청을 받았다는 말을 듣고 의기양양해서 집으로 돌아온 하만은 아내와 친구들에게 알립니다. 그리고 그들의 조언에 따라 모르드개를 매달아 죽일 나무를 준비합니다. 동상이몽이라 말하지요. 아마도 에스더 이야기 중에 가장 긴장된 스토리가 전개되고 있는 상황입니다. 유다인을 살리려는 에스더의 의지와 모르드개를 죽이려는 하만의 계획이 날카롭게 대립되고 있습니다.

드디어, 에스더의 한가운데 6장에 들어서면서 반전이 일어나고 맙니다. 그런데, 그 반전도 아주 우연한 일이었습니다. 그 날 밤 왕이 잠이 오지 않아 궁중 일기를 신하에게 읽게 하였습니다. 가장 평범하고 사소한 듯한 이 사건이 에스더서에서 가장 중요한 반전의 사건이 되고 있습니다. 그 일기 중에 모르드개가 암살 계획을 미리 알려 자기의 목숨을 건져준 사건이었습니다. 그 일로 아무런 포상이 수여되지 않았음을 알았던 왕은 우연히 왕궁 뜰에 있었던 하만을 들어오라고 부릅니다. 하만에게 "내가 존귀하게 하기를 원하는 자를 어떻게 해주면 좋겠는가"를 물었습니다. 하만은 속으로 왕이 존귀하게 여길 사람은 자기 외에는 아무도 없으리라는 착각을 하고 그에게 왕복을 입히고 왕께서 타시는 말과 머리에 쓰는 왕관을 가져다가 성 중 거리에 다니게 하자 하였습니다. 그런데, 어떤 일이 일어난 것일까요? 네가 한 말대로 대궐 문 앞에 앉아 있는 "유다 사람 모르드개에게 이렇게 행하라" 명령한 것입니다. 얼마나 당황했을까요? 괴로움 속에 급하게 집에 돌아온 하만, 마음이 어떠했을까요? 성경은 번뇌하며 머리를 싸고 급히 집으로 돌아갔다 하였습니다. 방금 에스더가 초대한 잔치에서 있었던 일을 아내와 친구들에게 말하면서 어떻게 할 것인가 모의하다가 "당장 그 앞에 가서 엎드려 비는 수밖에 없다"고 말합니다. 이 말이 끝나기 전에 왕의 내시들이 하만을 데리고 에스더가 베푼 잔치로 데리고 갑니다.

7장에서 드디어 에스더가 초대한 둘째 날 잔치에 왕과 하만이 참여합니다. 왕은 에스더에게 청을 말하라고 합니다. 드디어 에스더가 왕에게 그동안 준비해두었던 말을 꺼냅니다. 그 말은 하만이 계획한 유다 민족 말살 계획에 대한 것이었습니다. 이 말을 하만 앞에서 밝힌

217

것입니다. 에스더는 자기 민족이 진멸 직전에 있다는 사실과 이 일을 도모한 자가 바로 하만이라는 사실을 폭로한 것입니다. 이 말을 들은 하만은 당황한 것을 넘어서 두려워하였다 하였습니다. 이 때 왕이 화가 나서 왕궁 후원으로 잠시 나간 사이, 하만은 에스더에게 제발 살려주십시오 라고 간청하였습니다. 그런데, 간청하는 모습이 마치 왕비를 겁탈하는 모습처럼 보였던 것입니다. 이 모습을 본 왕은 분노합니다. 이 때 신하들이 하만의 얼굴을 싸고 하만을 모르드개를 달아 죽이고자 했던 나무에 달아서 죽이게 되는 사건이 7장에 기록된 것입니다.

우리가 이제까지 에스더서의 내용을 살펴보는 동안 한 가지 발견되는 문학적인 기법이 나타납니다. 우연을 가장한 필연 기법을 능숙하게 사용하고 있다는 것입니다.

1. 포로민에 불과한 유다인 소녀 에스더가 바사 왕국의 왕후가 된 사건, 왕후 와스디가 거절하지 않았더라면 이런 일은 일어나지 않았을 것입니다. 2. 대궐 문에 앉았던 모르드개가 때마침 왕의 살해 음모를 엿듣게 된 일, 우연히 모르드개가 그들이 한 말을 듣지 못했다면 왕궁 일기에 기록되지 않았을 것입니다. 3. 한 달 동안 에스더를 찾지 않던 왕이 에스더가 허락 없이 나아갔을 때 에스더를 반기지 않았더라면 에스더는 죽을 수도 있었을 것입니다. 4. 그 날 밤, 왕이 잠들지 못하고 있던 아하수에로 읽어준 내용이 다른 내용이었다면 왕은 모르드개가 한 일을 기억도 못했을 것입니다.

게다가, 에스더서는 희한하게도 '하나님'이라는 단어가 단 한 번도 나오지 않는 책입니다. 하나님의 말씀이나 계시 같은 내용도 없고 오직 이방인 독재자, 왕의 도움으로 이스라엘 백성들이 위기를 모면하게 된 것을 기록하고 있습니다. 하나님의 이름이나 예배나 기도와 같은 종교적 표현들이 나오지 않는다는 것입니다. 그러나 유대인들은 에스더의 이야기를 통해서 "기가 막힌 우연의 일치들"은 하나님이 하신 일, 하나님이 유대 민족에게 허락하신 특별한 은총이라는 것을 깨달았던 것입니다.

우리가 살아가는 세상의 사건들은 원래 의도하지 않았던 다른 방향으로 진행되는 것 같습니다. 모든 것이 우연의 사건으로 보입니다. 사실, 우리가 오늘 하루를 살아갈 때에는 예상하지 못한 일, 우리 손 밖에서 일어나는 일들, 우리가 통제할 수 없는 수많은 사건의 연속이라 할 수 있습니다. 그런데, 제비뽑기처럼 지극히 우연히 보이는 세상이지만 그러나 그 우연 속에는 하나님의 통치가 있다는 것입니다. 그래서 '부림'이라는 것은 제비뽑기가 사람들이 보기에는 우연이지만 그 안에는 하나님의 통치가 있다는 고백입니다. 그런데 우리가 반드시 기억해야 할 중요한 사실이 있습니다. 하나님의 반전 드라마는 하나님이 일방적으로 일으키시는 것이 아니라는 것입니다. 에스더서에 나오는 모든 일들과 우리 삶의 모든 일들이 우연처럼 보이지만 결코 우연히 일어나는 게 아니라는 것입니다. 믿음의 사람들의 기도가 있기에 놀라운 역사가 일어나는 것입니다. 에스더서에 '하나님'이나 '기도'라는 말은 한마디도 나오지 않지만, 성경의 다른 어떤 책 보다 강력한 기도의 이야기가 바로 에스더서라는 사실을 우리는 알 수 있습니다. 뿐만 아니라, 하나님의 선하신 통치, 기뻐하시는 통치는 그 백성의 순종에 의해서 이루어집니다. 만약에 에스더가 순종하지 않았다면 그 부림절은 이스라엘 백성이 살육당한 가장 치욕스러운 날이 될 것입니다. 그러나 에스더의 순종이 있었기 때문에 하나님의 선하신 뜻이 이루어질 수 있습니다.

에스더서는 희망적인 모습을 마지막 만찬의 모습을 보여주면서 드라마의 결론을 말하고자 합니다. 유대인들을 모두 죽이겠다고 제비를 뽑은 그날이 오히려 유대인들의 축제의 절기가 된 그 날, 바로 그 날을 '제비 뽑은 날'이라는 의미의 '부림절'이라고 부르게 된 것입니다.

"이 달 이 날에 유다인들이 대적에게서 벗어나서 평안함을 얻어 슬픔이 변하여 기쁨이 되고 애통이 변하여 길한 날이 되었으니 이 두 날을 지켜 잔치를 베풀고 즐기며 서로 예물을 주며 가난한 자를 구제하라 하매"(에 9:22)

잔치는 성경에서 하나님의 완전한 구원을 표현하는 하나님 나라의 충만한 상태, 천국을 상징합니다. 예수님께서 이 땅에 가지고 오신 하나님의 나라가 이 땅에 임한 현실을 잔치를 벌이는 것처럼 설명하셨습니다. 뿐만 아니라, 말로만이 아니라 세리와 병든 자와 가난한 자들과 죄인들과 함께 잔치를 베푸셨습니다. 잔치는 한마디로 하나님의 충만한 상태를 말하는 것입니다.

성경의 마지막 요한계시록에서 하나님의 나라 잔치의 충만함에 대해서 묘사합니다. 계시록의 언어는 인간의 언어로 표현할 수 있는 최고의 가치를 표현한 것입니다. 그 나라의 잔치는 싸움과 증오와 배신이 없는 사랑이 지배하는 충만한 나라, 지혜가 충만하여 하나님이 나를 아는 것처럼 나도 하나님의 얼굴을 가까이에서 볼 수 있는 나라, 슬픔과 고통이 없어 눈물을 그 눈에서 씻기시고 다시는 사망이 없고 애통하는 것이나 곡하는 것이나 아픈 것이 다시 있지 아니하는 나라입니다.

에스더서는 하나님은 하나님의 백성들이 어디에 있든지 함께 하시고, 이들을 보호하시고, 이들을 통해서 당신의 역사를 이루어 나가시는 분이심을 알 수 있습니다. 성경 전체의 내용의 배열을 살펴보았을 때, 에스더 다음에 나오는 책들이 지혜서가 나옵니다. 아마도 일반적인 세상 질서 가운데 하나님의 뜻과 섭리를 말하고자 하는 지혜자들의 교훈을 잘 드러나게 하는 말씀들입니다. 우연은 없다는 말씀을 지혜서들이 가르치고 있다는 것입니다. 지혜서의 말씀으로 초대합니다.

하나님을 눈으로 볼 때 까지

1 욥이 여호와께 대답하여 이르되 2 주께서는 못 하실 일이 없사오며 무슨 계획이든지 못 이루실 것이 없는 줄 아오니 3 무지한 말로 이치를 가리는 자가 누구니이까 나는 깨닫지도 못한 일을 말하였고 스스로 알 수도 없고 헤아리기도 어려운 일을 말하였나이다 4 내가 말하겠사오니 주는 들으시고 내가 주께 묻겠사오니 주여 내게 알게 하옵소서 5 내가 주께 대하여 귀로 듣기만 하였사오나 이제는 눈으로 주를 뵈옵나이다 6 그러므로 내가 스스로 거두어들이고 티끌과 재 가운데에서 회개하나이다

숲으로 전하는 욥기

본문 : 욥 42장 1-6절

욥기는 쉬운 책 같으면서도 읽기가 매우 어려운 책 중의 한 권입니다. 욥기는 전체가 42장으로 비교적 양이 많지만 줄거리는 간단합니다. 1장과 2장에서 욥기의 주인공 욥이 어느 날 갑자기 쫄딱 망했다가 42장에서 다시 축복을 받아 잘 살게 되었다는 이야기입니다. 욥의 줄거리만 알고 싶다면 이 세 장만 읽으면 됩니다. 그러나 욥기가 전하고자 하는 중심 메시지는 욥과 친구들과의 대화, 논쟁 그리고 욥과 하나님 사이에 벌어지는 논쟁이라 할 수 있습니다. 3장부터 41장까지의 내용에 나타납니다. 특히 중간중간에 논쟁하다가 욥이 하나님께 불평을 쏟아놓고, 자기의 생일을 저주하기까지 하면서 욥의 독백과 함께 탄식하는 내용이 나타나고 있습니다.

욥기를 읽다 보면, 욥의 말보다도 욥의 친구들이 한 말에 더 큰 은혜를 받기도 합니다. 그 중에 우리가 알고 있는 "네 시작은 미약하였으나 네 나중은 창대하리라" 하는 말씀이 있습니다. 이 말씀은 욥의 두 번째 친구로 나오는 빌닷이 "욥이 이제라도 회개하면 하나님께서 다시 시작하게 하셔서"라는 전제가 붙는 말씀입니다. 이 말씀은 100% 진리입니다. 이 말씀은 신명기에 나타난 하나님과 자기 백성 사이에 맺어진 언약의 말씀으로 성경이 강조하고 있는 중요한 메시지입니다. 또한, 어느 순간 흐름을 놓치는 경우가 있습니다. 어? 이 말이 친구들의 말인지? 욥의 말인지? 욥의 전체적인 구조를 알면 욥기를 읽는데 조금은 편해질 것입니다. 그리고, 솔직히 말하면 논쟁이 너무 지루합니다. 친구들의 입장을 단어로 '인과응보'라 할 수 있는데, 이 주장을 반복해서 말하고 있습니다.

욥기는 지혜서로 분류된 책입니다. 지혜는 우주의 비밀과 이치, 삼라만상을 꿰뚫어 볼 수 있는 통찰력, 정신적 힘이라 할 수 있습니다. 이러한 지혜에 대한 탐구는 성경 외에도 동서고금 수많은 지혜자들의 가르침들이 있었습니다. 그러나 성경이 말하는 지혜는 수많은 철학과 사상, 고전, 일상의 삶 속에서도 창조주 하나님의 숨결과 흔적과 손길을 아는 것을 말합니다. 특히 욥기는 인생이 겪는 비극적 실존, 죄와 죽음과 고난, 그 중에서 고난의 문제, 즉 무고한 자의 고난이라는 풀기 어려운 문제에 대한 지혜의 답변을 욥이라는 한 개인의 적나라한 실존을 보여주면서 찾아가고 있습니다.

지금 삶의 현실이 살만하다고 말하는 사람들에게는 가까이하고 싶지 않은 책일 수 있습니다. 그러나 일상 가운데 갑작스럽게 죽음의 그늘이 드리워질 때, 오랜 시절 풀리지 않는 문제를 안고 살아가는 분들, 특히 육체와 영혼의 깊은 어두운 밤을 보내고 있는 성도님들에게는 가장 깊은 공감이 되는 책으로 들려질 것입니다. 우리가 힘들 때 듣는 말 중에 듣기 싫은 말이 있다면 누군가 나에게 설교한다고 느껴질 때입니다. 욥의 친구들이 욥에게 한 말은 듣기 싫으면서도 맞는 말이었습니다. 욥도 그들의 설교 같은 말에 노골적으로 듣기 싫다고 거절하기도 하였습니다.

욥기의 말씀을 전하면서 설교가 너무나 당연한 말로, "다 알고 있어요, 설교 그만하시지요"라는 말로 들리지 않기를 기대합니다. 설교를 들을 때 경험하셨을 것입니다. 설교자가 죄를 말하는데 은혜로 깨달아지는 경우가 있고, 은혜를 말하는데 죄책감을 주는 메시지가 있듯이, 욥기를 통해서 주시는 말씀이 욥의 고백처럼 나에게 '어설픈 위로', '윤리적 책망', '종교적 압박'으로 다가오지 않고, 수많은 질문과 탄식 속에서, 하나님과의 씨름을 통해서 깨달았던 지혜를 열린 마음으로 듣고 욥의 고백처럼 "이제 눈으로 하나님을 뵈옵습니다" 고백할 수 있기를 바랍니다.

욥기를 누가 기록했는지, 언제 기록했는지 많은 주장이 있지만 결론은 아무도 모른다는 것입니다. 그러나 욥이 살았던 시대는 아브라함이 살았던 족장 시대와 비슷했을 것이라고 말합니다. 왜냐하면 집안의 가장이 제사를 드리는 것과 욥기에 나오는 화폐의 단위가 족장 시대의 것이라 할 수 있기 때문입니다. 욥기의 저자는 시작하면서 "그 사람은 온전하고 정직하여 하나님을 경외하며 악에서 떠난 사람이었다"고 진술합니다. 그리고 욥은 그의 재산과 소유를 보았을 때 상당히 큰 부자였습니다. 그러나 사실, 성경이 욥을 관대하게 평가했지만, 욥기서에 나오는 욥의 행실과 고백을 볼 때, 그렇게 의롭다 할 수 있는 사람은 아니었습니다. 욥기 저자가 말한 의로움이란 욥의 고백 내용으로 보아 내가 다른 사람들보다는 조금 더 낫다라는 자기 의라 할 수 있습니다. 욥의 변명과 항변은 하나님을 대면하기 전까지 굽히지 않고 주장합니다.

욥은 먼저 재산과 소유를 잃어버리게 됩니다. 어느 날 갑자기 인근에 사는 스바인들이 기습하여 소와 나귀를 빼앗아 가고 많은 종들을 죽였습니다. 동시에 하늘에서 불이 떨어져 양 떼와 종들을 모조리 태워 죽였습니다. 이런 와중에 예기치 않게 갈대아인들이 나타나 남은 종들을 죽이고 낙타들을 약탈해갔습니다. 더 비참한 것은 갑자기 사막에서 태풍이 불어와 집 네 모퉁이가 무너져 내리면서 모든 자녀들이 함께 죽는 참사가 일어나기도 했습니다. 그런데, 욥기 저자는 "이 모든 일에 욥이 범죄하지 아니하고 원망하지 아니하니라" 말하고 있습니다. 설상가상으로 욥의 발바닥에서부터 머리끝까지 악성 종기가 생겼는데 성경학자들은 나병이라 추측하기도 합니다. 이 정도면 하나님의 저주를 받는 사람들이 받는 천벌이라 여겼던 것입니다. 이로 인해 욥 자신이 겪는 영적 고통은 더 클 수밖에 없었을 것입니다. 욥이 재 가운데 앉아 기와 조각을 가지고 자기 몸을 긁고 있는데, 이런 고통을 이해해 주어야 할 아내가 욥에게 하나님을 저주하고 죽어라고 말하기까지 합니다. 자녀와 육체의 질병을 얻었을 때에도 모든 일에 입술로 범죄하지 아니하였다고 하였습니다. 이때까지만 해도 욥의 신실한 믿음에 대해서 의심하지 않았습니다.

성경은 '그 때에' 욥의 친구 세 사람이 각 지역으로부터 욥을 위문하며 위로하기 위해 약속을 하고 찾아왔습니다. 데만 사람 엘리바스, 스아 사람 빌닷, 나아마 사람 소발이라는 세 친구가 욥을 찾아옵니다. 그들은 멀리서 욥을 바라보고 알아볼 수 없을 만큼 변한 그를 보자

소리 높여 울었습니다. 또한 그 슬픔을 이기지 못해 자기들의 옷을 찢고 하늘을 향해 티끌을 날리며 자기들의 머리에 뿌리면서 밤낮 7일 동안 그와 함께 있었습니다. 여기까지 친구들은 너무나 멋진 친구의 모습입니다.

그런데 욥은 친구들과의 대화를 통해서 마음에 품어 두었던 너무나 솔직하고 고통스러운 내면을 그대로 드러냅니다. 독자들로 하여금 당황스럽게 합니다.

이제 욥이 입을 열기 시작합니다. 3장에서 욥은 친구들 앞에서 자기의 생일을 저주하면서 탄식하기 시작했습니다. 입술로 범죄하지 않았다 하였지만, 하나님께 향한 탄식이 조건 없이 허용하시는 것을 보면 탄식은 신앙의 사람들이 고난의 상황 속에서 취할 수 있는 정당한 행동 방식임에는 틀림없는 것 같습니다. 지금부터 욥기 읽기에 있어서 흐름을 인식할 수 있어야 합니다. 욥기의 핵심 줄거리인데, 이 본론에서는 세 명의 친구와 지혜 논쟁이 나타납니다. 논쟁 주제가 무엇이었을까요? 고난의 문제였습니다. 그것도 저주받을 죄를 짓지 않은 사람이 너무 비참하게 고난을 당하는 문제인 것입니다. 이 문제를 어떻게 풀어 갈까요? 욥기의 저자는 욥과 친구들과의 대화의 과정을 보여주고 있습니다.

엘리바스가 말하고 욥이 대답하고, 빌닷이 말하고 욥이 말하고,

소발이 말하고 욥이 말하는데, 이러한 구조가 세 번 나타납니다. 욥기를 읽을 때, 이 부분은 친구들의 말이구나, 욥의 말이구나를 숲을 보듯이 읽으면 읽기가 편합니다. 그런데, 한가지 알고 읽어야 할 것은 세 번째 소발이 말하는 것 대신에 엘리후가 등장하고, 욥의 대답 대신에 여호와 하나님의 말씀(38-41장)이 나타난다는 것입니다. 그리고 28장에 지혜에 대하여 정리하여 말씀해주고 있습니다.

드디어 4장에서부터 욥의 탄식 소리를 듣고 세 친구의 대답이 시작됩니다. 그들의 대답은 욥의 고통에 대해 그들이 알고 있는 지혜를 가지고 자기 나름대로의 해석을 해주고 있습니다. 세 친구의 대답을 한마디로 정의하면 인과응보의 입장입니다. 다시 말하면 욥의 고통은 죄의 대가라는 것입니다. 조금 유하게 말하면 "고통은 사람의 삶을 바꾸어내려는 하나님의 경고다, 사람의 경건을 점검하기 위한 시험이다"라는 지혜의 가르침입니다. 이러한 친구들의 말을 읽어보면 100% 진리입니다. 순종하면 복 받고 불순종하면 저주받는다는 말씀은 레위기, 신명기에서 강조한 하나님 백성이 반드시 지켜야 할 율법입니다. 이것은 하나님과 자기 백성 사이에 맺은 계약이었습니다. 생각해 보십시오. 지혜자라 말하는 사람들이 고난이라는 문제를 '인과응보'의 관점으로 고집하고 여러분들을 가르치라 한다면 여러분들은 받아들일 수 있겠습니까?

욥기는 욥의 입을 통해서 계속해서 고난의 문제를 해결해 줄 수 있을 것 같은 하나님에게 묻고 있는 것입니다.

"당신은 전능하신 분이 아니십니까? 당신이 통치하는 세상에 왜 악과 고난이 있는 것입니까? 당신은 선한 분이 아니십니까? 왜 무고하게 고난당하는 자를 그대로 내버려 두십니까? 하나님! 당신은 고난을 없앨 의지가 없어 보입니다. 당신은 선하신 것 같은데 전능한 분 같지는 않습니다." 무엇보다 욥을 더 힘들게 했던 것은 하나님께서 아무 말도 하지 않고 침묵하고 계시다는 사실이었습니다. 이제까지 버텨왔던 신앙의 기초가 흔들리게 되면서, 절대적인 것은 없다. 선은 없다. 하나님은 공평하지 않다. 심지어 하나님이 나를 치시고 다시 치며 용사같이 내게 달려들어 핍박하는 자로 여기게 됩니다.

욥과 세 친구의 치열한 논쟁이 끝날 무렵, 엘리후라는 젊은 지혜자가 등장합니다.

32장부터 37장까지 비교적 길게 권면합니다. 엘리후는 이 사람들보다는 나이가 어렸고, 이들이 이야기가 끝날 때까지 기다렸다가 이야기를 시작합니다. 엘리후는 다른 친구들과는 달리 욥을 정죄하지 않고, 욥과 자신은 동일한 사람이며 그가 욥보다 더 나은 사람이 아니라고 말하고 있습니다. 엘리후는 욥의 고통과 상처를 세 명의 친구들처럼 징벌적이고 심판적인 관점에서 본 것이 아니라, 욥의 고통에 대하여 반드시 욥의 잘못 때문만은 아닐 수 있다는 가능성을 말해줍니다. 고난이 예방과 치료의 수단 즉 작은 고통을 주심으로 더 큰 화를 막을 수 있다는 교훈적인 관점, 더 나아가 하나님이 사람에게 고난과 고통을 허용하실 때는 그에 합당한 이유가 있다, 즉 '고통에는 뜻이 있다'는 것입니다.

여러분, 이런 메시지 많이 들어보셨지요? 지금 당장 이해할 수는 없지만 인과응보의 사상을 넘어서는 해석임에는 틀림없습니다. 그러나 이러한 엘리후의 대답도 욥에게는 납득이 안되었습니다. 엘리후도 고통과 불행에 대해 지혜를 말해주었지만 엘리후의 지혜도 바닥을 드러내었을 뿐입니다. 엘리후의 주장도 결국 "고난은 징벌의 결과다" 하는 인과응보를 넘어설 수 없었습니다. 그런데 욥도 마찬가지입니다. 욥이 친구들과 지혜 논쟁을 하면서 포기하지 못했던 한 가지가 있었습니다.

욥이 처음부터 끝까지 붙들고 있었던 질문이 무엇입니까? 잘못한 것이 없는데 왜 이러한 고난을 당해야 합니까? 하는 것이었습니다. 나에게 이러한 일이 일어나서는 안된다는 주장이었습니다. 욥도 친구들처럼 인과응보, 권선징악의 틀을 만들어 놓고 '나는 다른 사람들보다 더 낫다'라고 하는 교만이었습니다. 피조물의 지식과 경험으로 우리를 만드시고 보내신 창조주 하나님의 세계에 대한 불신과 도전이었던 것입니다. 하나님의 하나님 되심, 하나님의 주권을 내 신앙의 상자 안에 넣어 놓고 하나님을 조종하려는 교만이었습니다.

드디어, 오랜 하나님의 침묵 끝에 욥기 38장부터 마침내 고통당하고 있는 욥에게 하나님이 나타나십니다. 그런데, 하나님은 욥이 당한 고통에 대하여 일절 한 마디도 안하셨다는 것입니다. 폭풍 속에서 하나님은 죄와 고통에 대한 이전의 모든 토론을 무시하십니다. 하나님은 한 번도 욥이 받은 고통의 이유와 목적에 대해서 말씀하시 않으십니다. 단지, 하나님은 욥에게 당신이 창조한 세계의 질서를 보여줄 뿐입니다. 그리고 하나님은 70가지 폭풍 같은 질문을 쏟아 내십니다. 하나님은 욥에게 "누가 사람이 살지 않는 곳에 비를 내리며 메마른 땅을 축축하게 하여 풀이 나게 하는가? 비에게도 아비가 있느냐? 이슬 방울은 누가 낳았느냐? 얼음과 서리의 어미는 누구냐? 라고 질문하시며 당신 자신이 창조주 하나님임을 역설하십니다. 그다음 사자와 까마귀, 산 염소와 암사슴, 들나귀와 들소, 타조와 말, 매와 독수리와 같은 동물의 세계를 언급하십니다. 특별히 하마와 악어의 생활에 대해 상세하게 설명하면서 자연을 통해 하마를 먹이고 돌보는 분이 하나님 자신임을 밝히고 있는 것입니다.

여러분, 욥이 하나님의 70가지 질문에 대해 몇 가지를 대답할 수 있었습니까? 한 마디도 못했습니다. 피조세계에 대해서도 모르는 주제에 창조주에 대해 묻는다고? 따진다고? 한마디로 입 다물라! 욥기는 고난의 문제 앞에서도 침묵하라! 우리가 당하고 있는 고난 중에 어떤 고난은 그 이유를 알 수 있고 해법도 있는 것이 있지만, 대부분 고난은 우리의 인식과 경험 밖에서 있는 것이기 때문에 모른다! 그것은 하나님의 신비한 주권에 맡겨 놓아라 하는 것을 가르쳐 준 것입니다. 참 지혜는 그럼에도 불구하고 하나님을 경외하는 것이다, 그리고 악에서 떠나는 것입니다(욥 28:28) 지금까지 하나님과 그를 정죄하는 친구들에게 항변했던 욥은 하나님을 대면하고 그분이 창조한 우주와 자연세계를 보면서 하나님의 절대 주권을 침묵 속에서 묵상합니다. 비로소 욥은 자신의 무지로 인해 고통 속에서 하나님의 섭리를 바로 이해하지 못했던 자신을 한탄합니다. 42장3절의 말씀을 살펴보십시오.

"무지한 말로 이치를 가리는 자가 누구이니까 나는 깨닫지도 못한 일을 말하였고 스스로 알 수도 없고 헤아리기도 어려운 일을 말하였나이다"(욥 42:3)

이 고백은 욥이 하나님 앞에서 자기 의가 깨지는 진정한 믿음의 세계를 경험한 것입니다. 이것은 욥으로 하여금 진정한 회개로 나아가게 합니다.

"그러므로 내가 스스로 거두어들이고 티끌과 재 가운데에서 회개하나이다"(욥 42:6)

깊은 회개는 그의 영혼을 정화시킵니다. 자기 의로 가득차 있던 자신의 진짜 모습을 욥은 본 것입니다. 그리고 순결하게 합니다. 이제까지 하나님 앞에서의 질문과 탄식과 고통스러운 상처의 여정을 통해

하나님을 눈으로 뵈옵는 은총을 입은 것입니다.

"내가 주께 대하여 귀로 듣기만 하였사오나 이제는 눈으로 주를 뵈옵나이다"(욥 42:5)

믿음은 무엇일까요? 까닭 없는 고난을 수용하는 것입니다. 인간이 하나님은 믿는 것은 세상의 이해관계를 떠나서 생명의 주되신 하나님께 경배하는 것이 신앙입니다. 그리고 스스로 악에서 떠나겠다는 결단입니다. 마치 예수님께서 십자가에서 아버지, 당신의 손에 내 영혼을 맡깁니다! 부르짖으셨던 것처럼 우리 삶의 생사화복을 하나님의 주권에 맡겨드리고 하나님을 온전히 신뢰하고 찬양할 수 있다면 참 지혜로운 자가 된 것입니다. 욥은 이런 의미에서 지혜를 소유한 자가 된 것입니다.

한 주간 욥기를 읽는 동안 책 한 권을 함께 읽었습니다. 제가 2007년도에 병원에서 환자들을 돌보는 목회 임상교육 과정을 하는 동안 강의실에서 만난 안석모 교수님이 쓴 욥을 위한 변명이란 책입니다. 평생 담배 한 번 태우신 적이 없는 분이 폐암 판정을 받고 마지막 6개월의 시간을 페이스북을 통해서 세상과 가까운 사람들과 소통하면서 업로드한 글을 출판한 책입니다. 죽음을 앞둔 사람들을 돌보았던 교수이면서 목사이셨던 분이 자신이 암 선고를 받으시고 육체의 고통스러운 통증과 내면의 슬픔을 솔직하게 표현하시면서 하나님 품으로 돌아가셨습니다. 안 교수님은 믿음을 이렇게 표현하셨습니다.

"내게 믿음이란 '어김없이 내일도 해가 뜰 것을 알고, 수긍하고, 수용하고, 감사하는 것이다. 그리고 나 없이도 해는 계속 뜰 것이라는 사실을 알고 수용하고 감사하는 것이다. 적어도 내게 믿음이란 나를 포함한 만물의 운행이 그분과 함께, 그분을 통해서 이뤄지고 있다는 것의 긍정을 말한다."

하나님을 눈으로 뵐 때까지 질문하고 탄식하며 하나님의 응답을 기다리며 피조세계 너머에서도 보이는 세계와 보이지 않는 세계, 우리가 이해할 수 있는 인식의 세계와 우리 인간으로는 근접할 수도 이해할 수도 없는 모든 세계를 주관하시는 하나님을 볼 수 있었던 것입니다. 이것이 지혜입니다. 욥이라는 한 인물이 찾아낸 하늘의 지혜를 이번 한 주간 욥기를 읽어나가시면서 묵상하면서 깨닫고 기뻐하는 복된 한 주가 되시기를 바랍니다.

시편으로 기도하고 찬양할 때

1 왕이신 나의 하나님이여 내가 주를 높이고 영원히 주의 이름을 송축하리이다 2 내가 날마다 주를 송축하며 영원히 주의 이름을 송축하리이다 3 여호와는 위대하시니 크게 찬양할 것이라 그의 위대하심을 측량하지 못하리로다 4 대대로 주께서 행하시는 일을 크게 찬양하며 주의 능한 일을 선포하리로다 5 주의 존귀하고 영광스러운 위엄과 주의 기이한 일들을 나는 작은 소리로 읊조리리이다 6 사람들은 주의 두려운 일의 권능을 말할 것이요 나도 주의 위대하심을 선포하리이다 7 그들이 주의 크신 은혜를 기념하여 말하며 주의 의를 노래하리이다 8 여호와는 은혜로우시며 긍휼이 많으시며 노하기를 더디 하시며 인자하심이 크시도다 9 여호와께서는 모든 것을 선대하시며 그 지으신 모든 것에 긍휼을 베푸시는도다 10 여호와여 주께서 지으신 모든 것들이 주께 감사하며 주의 성도들이 주를 송축하리이다

숲으로 전하는 시편

본문 : 시 145편1-10절

신앙생활 하면서 '시편'을 많이 묵상하고, 시편으로 기도하고, 시편으로 찬양하고, 시편으로 하나님과 교제할 때 분명 우리 삶에 놀라운 일들이 일어날 것입니다. 유대인들이 처음에 시편을 부른 이름은 '기도(트필롯)'라 불렸다고 하고, 후대에 가서는 '찬양(트힐림)' 또는 '찬양의 책'이라 불렸다고 합니다. 기도와 찬양은 시편의 두 측면입니다. 헬라어 성경에서 시편을 '프살모이(psalmoi, 찬미가)'라 하였는데 "현악기의 반주에 맞추어 노래하는 것" 이란 뜻입니다. 시편의 영어 이름(psalms)도 여기서 나왔습니다. 우리말 성경 이름 '시편'은 시 모음집이라는 뜻의 중국어 성경 '시편(詩篇)'을 그대로 사용한 것입니다.

시편이 다른 구약성경과 차별되는 한 가지 특징이 있습니다. 구약의 다른 책들은 인간을 향한 하나님의 말씀이지만, 시편은 하나님을 향한 인간의 목소리라 할 수 있습니다. 시편은 하나님이 행하신 구원의 큰 일과 말씀에 대한 하나님 백성의 응답이 담겨 있다고 볼 수 있습니다. 그러나 시편에는 감사와 찬양만 있는 것이 아닙니다. 거기에는 개인적인 것이든, 공동체적인 것이든 삶이라는 전쟁터에서 죽음과 질병과 고독과 사회 경제적 억압과 신앙적인 회의와 갈등, 소송사건에서의 승소, 더 나아가 공동체적으로 외적의 침입, 흉년, 천재지변, 전염병 등 비통한 슬픔과 끔찍한 세상에 대한 고통과 혼란과 분노의 탄식도 그대로 드러내고 있습니다. 그래서 시편의 내용을 한 구절로 말한다면 '탄식(슬픈노래)에서 찬양(감사)으로' 라는 말로 요약할 수 있을 것입니다.

시편이 우리에게 주는 영적 유익은 하나님을 확신하는 한, 고통 속에서도 하나님을 찬송할 수 있는 신앙의 최고의 경지를 우리에게 증거로 보여주고 있다는 것입니다. 시편은 장례식에서도 어울리며 슬플 때, 기쁠 때, 억울할 때, 두려울 때, 도움이 필요할 때 등 상황에 관계없이 우리의 찬양과 기도와 예배에 대해 항상 위로와 힘을 주는 책으로 영원히 남을 것입니다. 탄식에서 찬양으로 나아가는 구조는 한 편의 시에서 나타나기도 하지만, 시편 150편의 전체 구조에도 나타나는 것을 발견할 수가 있습니다. 이 말은 누군가가 마지막으로 시편을 편집하고 정리하였다는 것을 알 수가 있다는 것이지요.

시편 150편이 마지막 시편 편집자들에 의해 5권으로 구분이 되었는데, 전체적으로 구조와 내용을 분석해보니, 탄식의 내용은 시편의 1권부터 3권까지 대부분의 시의 내용이라는 것을 확인하게 되었고, 반면, 4권과 5권에는 찬양시가 애가보다 더 많다는 것을 볼 수 있습니다. 그리고 시편 1편과 2편은 시편의 서론이고, 그리고 마침내 할렐루야 5권의 시를 시편의 결론이라 말할 수 있습니다.

그렇다면, 최근 시편 150편 중에 가장 생각이 나는 시편은 몇 편인가요? 저의 실존적 자리를 인식하고 하나님과 교제할 수 있는 시편의 구절들이 있었습니다.

저는 지난 몇 년 동안 저의 목회 여정 가운데 르호봇(공유교회)으로 이전하기 전에 교회 갈등이라는 어려운 상황을 겪게 되고, 작년부터 코로나 상황까지 함께 경험했을 때, 가장 먼저 떠오르는 시편의 말씀이 시편 42편의 말씀이었습니다. 이 본문으로 강단에서 홀로 설교하면서 설교제목을 '설교자가 낙심되었을 때'로 정하고 시편의 말씀을 저 자신에게 선포하기도 하였습니다. "내 영혼아 네가 어찌하여 낙심하며 어찌하여 내 속에서 불안해 하는가 너는 하나님께 소망을 두라! 그리고 이어서 그가 나타나 도우심으로 말미암아 내가 여전히 찬송하리로다" 르호봇 코워십 공동체에 참여하게 되어 시간이 지나 연합으로 수요예배를 드리면서 한 해 동안 목회와 삶 속에 경험된 기쁨을 시편 133편 "보라 형제가 연합하여 동거함이 어찌 그리 선하고 아름다운고"의 말씀으로 메시지를 선포하기도 했습니다. 목회자로서 세상의 가치관이 나를 사로잡으려 할 때 시편 131편 "여호와여 내 마음이 교만하지 아니하고 내 눈이 오만하지 아니하오며 내가 큰 일과 감당하지 못할 놀라운 일을 하려고 힘쓰지 아니하나이다"의 말씀으로 겸손한 인생의 노래라는 제목으로 주일 말씀을 전할 수 있었습니다.

우리가 매주일 예배시에 함께 교독하는 성시가 대부분 시편에서 나온 것 아시지요?

성시 교독이라 말합니다. 이 의식은 구약에서 시편으로 서로 화답하며 찬양했던 전통에서 나온 것 같습니다. 시편 95편 "오라 우리가 여호와께 노래하며 우리의 구원의 반석을 향하여 즐거이 외치자" 하는 예배 인도자의 부름 앞에 여호와는 크신 하나님이시오 모든 신들보다 크신 왕이십니다! 하고 회중들이 화답하는 모습을 연상하게 하는 구절입니다. 이 시편은 아마도 솔로몬 성전에서 제사장과 레위인을 중심으로 한 찬양대와 회중들이 하나님께 예배할 때 사용이 되었을 것입니다.

그런데 유다가 멸망하고 바벨론에 포로로 잡혀 와 있는 상황 속에서 유대인들은 이방 땅으로 흩어지면서 성전이 아니라, 회당에서 예배를 드리기 시작했는데, 이 때는 제사를 드릴 수 없어서 주로 모여서 율법을 읽고 시편으로 노래하며 예배를 드리게 된 것입니다. 이 때 고백된 시편의 말씀이 "이스라엘의 찬송 중에 거하시는 자여, 당신은 거룩하시니이다" 라 할 수 있습니다. 예루살렘 성전이 파괴되어 순례할 수 없는 상황에서 하나님은 찬송 중에 거하신다고 하는 임재의 신학이 형성되었던 것입니다. 이러한 전통이 초대교회를 거쳐, 종교개혁자들까지 내려왔습니다.

시편이 왜 우리에게 잘 들릴까요? 시편을 읽을 때 공감이 되는 이유가 무엇일까요?

첫째, 왜냐하면, 하나님에 대해 묘사할 때 비유적이고 상징적인 묘사를 해주고 있습니다. 예를 들면, 창조주 하나님을 표현할 때 전지 전능하신 하나님보다는 해와 달과 별을 만드신 하나님으로, 하나님께서 그 백성들의 삶을 인도하시는 자를 소개할 때는 목자로, 하나님의 편재성을 소개할 때는 하늘에 올라갈지라도 거기 계시며, 내가 새벽 날개를 치며 바다 끝에 거할지라도 곧 거기서도 주의 손이 나를 인도하시는 하나님으로, 악의 세력에서부터 보호해주심을 강조할 때 반석, 요새, 방패, 산성 등의 상징적이고 비유적인 언어를 사용했다는 것입니다. 그래서 예배드리는 자들이 보이지 아니하시는 하나님을 마치 직접 보듯이, 듣듯이, 일상에서 친근하게 다가오는 이미지 언어로 가슴으로 느끼도록 사람의 언어로 기록을 했다는 것입니다.

둘째, 시편은 사람들이 하나님께 마음을 표현한 것이기 때문에 더 친근하게 다가올 수 있다는 것입니다. 마음의 표현은 솔직해야 잘 들립니다. 시편에서 사람이 느끼고 갈등하는 감정적인 부분들을 여과 없이 드러낸 구절들이 많기 때문에 공감하기 쉽다는 것입니다. 때로는 악한 자들, 자신을 괴롭힌 자들을 향해서 심판과 저주를 퍼붓습니다. 솔직히 이 내용이 정의에 대한 갈망인지, 복수에 대한 갈망인지 혼동스러운 표현들이 많지만, 그만큼 분노의 감정이 너무 원색적이고, 과격하게 표현되었다는 것입니다. 이런 구절들이 공감이 되는 것은 사람이 곤경에 빠질 때 느낄 수 있는 아주 보편적인 감정이기 때문입니다.

그런데, 한 가지 더 시편을 가깝게 읽고 묵상하고 싶다면 한 편한 편의 상황적 배경을 이해하고 연구하는 것도 중요하고 필요하지만, 우선적으로 모세의 시대로부터 유다의 멸망 이후 포로기 이후의 1000년의 시대적 배경이 있는 150편의 시들이 언제 마지막으로 모아져서 정리되고 편집되었을까?를 이해하면 시인의 심정과 기도, 그리고 시인의 믿음, 궁극적으로 시인이 소망했던 것이 무엇인지를 느낄 수 있고, 오늘 시편을 함께 읽는 독자들도 시인의 마음으로 읽을 수 있을 것입니다.

시편은 오랜 기간 동안 형성되었는데, 아마도 최종적으로 포로기 이후에 에스라와 같은 율법학자들을 중심으로 150편의 시편이 수집되고 선별되고 정리되었을 것이라고 주장됩니다. 열왕기서의 메시지를 전하면서 강조했던 것과 같은 심정의 상황이었을 것으로 판단이 됩니다. 열왕기서는 열왕기 기자가 하나님의 마음, 하나님의 일하심, 반드시 약속을 이루시는 하나님에 대하여 소망의 말씀을 역사적이고 신학적인 관점으로 왕들의 이야기를 전하였다면, 시편은 포로기 이후 흩어진 백성, 나라가 망한 원인에 대한 깨달은 죄들을 용서해 달라는 참회의 기도, 현재의 고난과 어려움을 극복해 달라는 탄원의 기도, 더 나아가 다윗과 같은 왕이 나타나 우리를 구원해 주실 것을 확신하며 소망하며 그로 인하여 왕 되신 하나님을 찬양하는 책이라는 것입니다. 이런 관점에서 보면, 시편의 키워드 두 단어가 보입니다. 시편을 분석한 학자들의 연구에 의하면 율법과 왕이신 하나님이라 말하고 있습니다. 그 근거가 시편의 서론이라 할 수 있는 1편과 2편의 핵심 주제와 단어이기 때문입니다. 시편을 통으로 보면 1편과 2편은 시 앞에 표제어가 나오지 않습니다. 1편은 율법 묵상의 중요성 2편은 하나님은 시온의 한 왕에게 기름 부어 하나님의 통치를 대행하겠다라는 왕과 관련되어 있습니다.

여러분, 이 주제는 시편뿐만 아니라, 구약 성경의 전체 주제라 할 수 있다고 보입니다. 모세 오경뿐만 아니라, 사사기, 사무엘서, 열왕기서로부터 흘러 왔던 하나님의 언약의 말씀을 지키는 것과 다윗 시대 이후로 기름 부음 받은 왕의 역할을 하지 못했을 때 하나님은 진노 중에 심판하셨습니다. 하나님이 약속하셨던 영원히 견고할 것 같은 다윗 왕권이 붕괴가 된 것입니다. 바로 이 때 시편은 시대를 향해서 백성들을 향해서 두 가지의 중요한 메시지를 담고 있었다는 것입니다.

하나는, 왕들이 하나님의 율법을 지키지 아니하여 망하게 되었는데 다시 율법을 강조하면서 복 있는 사람은 율법을 지키는 자임을 강조한 것입니다.

시편 1편 복 있는 사람, 시편 한가운데 있는 119편을 펼쳐보세요. 복 있는 자는 이스라엘 왕들처럼 하나님의 율법을 무시하고 폐기하는 악한 자들이 아니라 율법을 주야로 묵상하고 말씀대로 살아가는 인생을 복 된 자라고 강조한 것입니다.

또 하나는 다윗 같은 왕을 구하는 간절한 기도가 나타나는데, 바로 그 왕은 장차 오실 왕, 메시야를 기다리고 사모하는 왕을 노래하는 시로 나타났다는 것입니다.

이스라엘 백성들에게 있어서 왕의 모델은 다윗이었습니다. 포로기 이후 왕이 없었던 시대, 다윗과 같은 왕이 나타나서 이제까지 부르짖었던 탄식과 고통과 슬픔에서 구원해 주실 것을 기대했던 것입니다. 바로 그 왕이 누구입니까? 공평과 정의의 왕, 샬롬의 왕, 영원한 왕, 시편은 그 메시야를 기다리고 사모하고 구하는 염원을 실존의 현장에서 부르짖는 기도로 나타났다는 것입니다. 그리고 우리가 기다리고 구하는 그 왕은 일반적인 왕이 아니라 바로 "그 왕"이신 여호와 하나님만이 유일한 왕이심을 나타내고 있습니다. 세상의 왕 가운데 아무리 많은 부, 명예, 권력을 지닌 왕이 있다 하더라도 결국 그 사람은 코끝의 호흡이 멈추는 날이 있는 유한한 존재에 불과합니다. 다윗은 이스라엘 역사상 가장 훌륭한 왕으로 평가되는 왕이었지만 그는 자신을 높이지 않고 유일하신 왕 여호와 하나님을 나의 왕으로 고백하고 있습니다.

자신이 일국의 왕인 다윗은, "왕이신 나의 하나님"을 고백하였습니다(1). '영원히'(1), '날마다', '영영히'(2), 그리고 '대대로'(4)와 같은 시간 부사들은 그의 찬송의 태도를 보여주고 있습니다. 하나님은 자기가 이 땅에 사는 동안만이 아니라, 영원히 찬양을 받으시기 합당하신 분임을 안 것입니다. 시편을 통해서 시편 기자들의 믿음을 엿볼 수 있습니다. 그들은 믿음은 미래를 내다보는 것이며 미래에 메시야에 대한 하나님의 약속을 기대하는 것이라 말할 수 있습니다.

여러분, 이 시편을 읽으면서 우리는 예견이 되는 메시야, 이 땅에 오실 예수 그리스도가 떠오르신다면 여러분은 시편이 강조하고 있는 진정한 복 있는 사람이라 말할 수 있는 것입니다. 시인들에게는 하나님을 사랑할 이유가 우리보다 적은 사람들이었습니다. 그들에게는 왕이 있었지만 그들은 왕들의 실패만 보았습니다. 결국 하나님의 진노의 심판을 목도해야만 했습니다. 그러나 그들은 그 가운데에서도 하나님께 탄식하며 하나님의 구원을 요청했습니다. 그럼에도 시편의 시에서 영원한 왕을 간절히 사모하는 마음이 표현되었습니다.

여호와의 아름다움을 바라보며 살고 싶어 했고, 예루살렘에 올라가 하나님의 얼굴을 뵈옵기 갈망했고, 그분을 만나지 못했을 때 영혼이 마치 물 없이 바싹 마른 황폐한 땅과 같다고 고백했고, 온전히 하나님 중심적이며 그 어떤 선물보다도, 찬양의 이유나 감사의 조건보다도 하나님 자체를 더욱 갈망하는, 하나님을 경험하는 진짜 기쁨을 노래하고 있습니다. 얼마나 뛰어난 영성입니까?

우리가 시편 기자들보다 더 복 있는 사람이라는 것을 아십니까? 그들은 영원한 왕이 되신 그분이 우리에게 오셨고, 그분이 죽음을 감수하실 것이라는 사실도 더욱 몰랐습니다. 그러나 우리는 영원한 왕으로 오신 예수 그리스도를 보았습니다. 그분이 출애굽의 역사보다 더 위대함은 우리는 모든 백성의 죄를 사하시사 십자가와 부활을 통해서 완성된 구원의 역사를 경험한 사람들입니다. 그럼에도 시편 기자들이 영성은 너무나 놀랍습니다. 그 침울한 역사의 현장에서, 그 개인적인 고통과 비통하고 끔찍한 상황 속에서도 메시야를 기다리고 바라보며 여호와 바라기로 갈망했던 사람들이었다는 것입니다. 시편 기자들의 간절한 탄식과 기도와 기다림의 결과 이 땅에 만왕의 왕, 만주의 주되신 메시야 예수 그리스도가 이 땅에 오셨습니다.

우리가 시편으로 기도하고 시편으로 찬양할 때 메시야 되신 그리스도를 만나게 될 것입니다.

예수님께서 십자가에서 죽으시고 부활하시고 승천하시면서 친히 말씀해주셨습니다. "너희에게 말한 바 곧 모세의 율법과 선지자의 글과 시편에 나를 가리켜 기록된 모든 것이 이루어져야 하리라 한 말이 이것이라"(눅 24:44) 그 왕은 예언자들의 메시지 가운데에도 간절한 염원으로 나타났고, 먼저, 이사야의 예언의 메시지를 들어봅시다.

"이는 한 아기가 우리에게 났고 한 아들을 우리에게 주신 바 되었는데 그의 어깨에는 정사를 메었고 그의 이름은 기묘자라 모사라 전능하신 하나님이라 영존하시는 아버지라 평강의 왕이라 할 것임이라 그 정사와 평강의 더함이 무궁하며 또 다윗의 왕좌와 그의 나라에 군림하여 그 나라를 굳게 세우고 지금 이후로 영원히 정의와 공의로 그것을 보존하실 것이라 만군의 여호와의 열심이 이를 이루시리라"(사 9:6-7)

이 땅의 평강의 왕으로, 사랑의 왕으로, 기쁨의 왕으로 공평과 정의의 왕으로 오신 예수 그리스도를 기다리고 바라보고 사모하시기를 바랍니다. 한 주간 시편을 가까이 하면서 메시야 그리스도를 대망하며 그의 오실 길을 예비하고 사모하면서 그리스도와의 만남이 이루어지는 놀라운 은혜가 있기를 소망합니다.

소망의 질서

22 여호와께서 그 조화의 시작 곧 태초에 일하시기 전에 나를 가지셨으며 23 만세 전부터, 태초부터, 땅이 생기기 전부터 내가 세움을 받았나니 24 아직 바다가 생기지 아니하였고 큰 샘들이 있기 전에 내가 이미 났으며 25 산이 세워지기 전에, 언덕이 생기기 전에 내가 이미 났으니 26 하나님이 아직 땅도, 들도, 세상 진토의 근원도 짓지 아니하셨을 때에라 27 그가 하늘을 지으시며 궁창을 해면에 두르실 때에 내가 거기 있었고 28 그가 위로 구름 하늘을 견고하게 하시며 바다의 샘들을 힘 있게 하시며 29 바다의 한계를 정하여 물이 명령을 거스르지 못하게 하시며 또 땅의 기초를 정하실 때에 30 내가 그 곁에 있어서 창조자가 되어 날마다 그의 기뻐하신 바가 되었으며 항상 그 앞에서 즐거워하였으며 31 사람이 거처할 땅에서 즐거워하며 인자들을 기뻐하였느니라

숲으로 전하는 잠언

본문 : 잠 8장22-31절

'지혜롭다' 하는 것은 사물의 이치나 상황을 제대로 깨닫고 그것에 현명하게 대처할 수 있는 정신적 능력을 의미합니다. 때로는 더 많이 소유할 수 있는 방법, 다른 사람들보다 앞서 나가는 방법, 위기에 처했을 때 재빠르게 대처할 수 있는 방법, 그래서 흔히 처세술을 갖고 있을 때 '지혜롭다'라고 말하기도 합니다. 그러나 그리스도인들에게 있어서 지혜롭다 말할 때는 하나님이 주신 지혜를 말해야 내 마음이 편안해집니다.

구약성경에 '잠언'이라는 책이 있습니다. 이 책은 성문서, 지혜서 중의 한 권입니다. 지혜서는 잠언, 욥기, 전도서입니다. 이 책들은 세상 사는 사람들의 이야기입니다. 사람이 살아가는데 교훈이 되거나 잘못을 저지르지 않도록 미리 타일러 조심스럽게 하는 말입니다. 구약성경 모세오경, 역사서, 선지서를 보면 하나님께서 "여호와께서 선택한 자기 백성에게 말씀하시되"라는 표현들이 대부분입니다. 그러나 지혜의 책들은 선택된 백성이 아닌 그 어떤 사람이 들어도 이치에 맞는 가르침이라 할 수 있습니다.

잠언에는 사회적 관계에서 많은 통찰을 얻게 합니다. 우선, 왕이나 지도자들에게 주는 교훈이 있습니다. 왕은 노하기를 더디 하고, 공의로 나라를 다스려야 하고, 가난한 자의 구제를 위해 애써야 나라가 바로 설 수 있음을 가르치고 있습니다. 그리고 이웃, 친구라는 단어가 많이 등장합니다. 이웃과의 관계가 중요하고 어떻게 처신해야 하는지 충고하기도 합니다. 예를 들면 담보나 보증, 속임, 거짓 증거, 아첨, 등을 경계하라고 가르칩니다. 친구에 대해서는 양면성이 있음을 가르칩니다. 친구의 중요성을 말하지만, 친구를 너무 많이 두면 해가 되기도 하고, 어떻게 친구를 만들어야 하는지도 알려주기도 합니다. 잠언에는 가족의 중요성을 강조합니다. 왜냐하면 가족은 지혜를 배우고 가르치는 가장 중요한 집단입니다. 그래서 대부분 잠언에는 아버지가 자녀에게 가르치는 형식으로 되어 있습니다. '내 아들아'라는 호칭이 많이 나타납니다. 그리고 형제 사이의 중요성도 잠언만큼 더 잘 표현된 곳이 없습니다. 잠언은 많은 부분 한 개인의 성공, 인격에 관련된 가르침이 많습니다. 예를 들면 말과 혀의 중요성, 마음의 중요성, 성적 순결, 부지런한 생활을 위한 권면, 그리고 부모의 훈계를 들어라는 내용이 많습니다. 그래서 자식에게 바르게 사는 인생을 가르쳐주고, 혼자서 저만치 앞서 가는 인생이 아닌 함께 더불어 사는 인생을 가르치고, 많이 가져야 성공한 인생이 아니라 올바르게 살아야 보람 있는 인생임을 가르쳐주고 있습니다.

이러한 내용을 종합하면서 살펴볼 때, 잠언에 흐르고 있는 한 가지 맥락이 있다면, 지혜롭고 의롭고 공평하게 정직하게 행하며 사는 사람을 하나님이 형통케 하신다는 것입니다. 즉 모든 삶의 기본이 되는 질서가 있다는 것입니다. 그래서 이러한 질서를 선한 질서, 도덕 질서라 말합니다. 따라서 어릴 적부터 잠언을 많이 읽고 묵상하면 바른 인격과 덕목이 발달하게 될 것입니다. 성인들도 31장으로 되어 있기 때문에 하루에 한 장씩 읽기를 권장하고 있습니다.

그런데, 같은 지혜서이지만, 욥기와 전도서는 인생의 여정 속에서 '보응의 원리'를 획일적, 낙관적으로 적용하는 것에 회의를 보이면서 한 걸음 물러 앉아 인생의 문제를 사색하고 질문하고 있습니다.

예를 들면 권선징악, 인과응보의 보편적 경험이 모든 사람에게 적용되지 않는다는 것입니다. 온전하고 정직하여 하나님을 경외하고 악에서 떠난 선한 질서를 따라 지혜롭게 살고 있는 욥에게 감당하기 어려운 혹독한 고난이 찾아온 것입니다. 무고한 자의 고난이라는 풀기 어려운 문제에 대하여 지혜의 답을 찾아가고 있는 여정이 욥기에 나타나고 있습니다. 하나님의 공의와 정의에 대해 문제를 제기한 것입니다.

욥기는 이렇게 하나님께 항의합니다. "어찌하여 악인이 생존하고 장수하며 세력이 강하냐 그들의 후손이 앞에서 그들과 함께 굳게 서고 자손이 그들의 목전에서 그러하구나" (욥 21:7-8) 인생의 지혜를 가르치는 전도자가 "헛되고 헛되며 헛되고 헛되니 모든 것이 헛되도다" 하는 말, 한 세대가 가고 한 세대가 오는 세상에서 세상의 모든 일을 바람을 잡는 것과 같다고 한숨 지며 고백한 것은 자신이 사라진다는 죽음의 실존 앞에서 고민한 것입니다. 여호와를 경외하고 악을 떠난 삶을 사는 것이 문제없는 번영과 축복을 가져오는 것이 아니었습니다. 하나님이 원하시는 선한 질서의 삶을 살아도 우리가 이해할 수 없는 문제와 시련을 만나게 되었습니다. 질서가 있는 것처럼 보이지만 혼돈과 무질서가 더 힘이 세서 판을 치고 있는 것처럼 보이기도 합니다. 진리보다는 거짓이 승리하는 것처럼 보이기도 합니다. 욥이 긴 고난의 여정을 통과하면서 질문하고 질문하여 얻은 깨달음이 무엇이었나요? 그리고 더 나아가 욥은 하나님을 원망하고, 자신의 생일을 저주하면서까지 너무나 솔직하게 자신의 심정을 하소연합니다.

그런데, 욥은 단지 질문과 탄식뿐만 아니라, 자신을 둘러싼 세상을 구원할 새로운 질서를 갈망한 것입니다.

욥기는 어찌하여 의인이 고난을 받는 것입니까? 인생의 지혜와 경험과 처세술과 노력으로 해결되지 않는 선한 질서에 대한 질문, 죄와 죽음과 고통과 상처와 인간의 상식으로 이해하기 힘든 문제, 이 질문의 해결자로 이 땅에 오실 구속자를 기다리고 증거하고 있다는 것입니다. 욥기의 핵심 구절을 19장 25절이라 할 수 있을 것입니다.

"내가 알기에는 나의 대속자가 살아 계시니 마침내 그가 이 땅 위에 서실 것이라"(욥 19:25)

욥은 사람은 한계가 있다는 것을 깨닫게 되었습니다. 그리고 세상은 보이는 것만으로는 이해하기 힘든 곳임을 깨닫습니다. 그러나 욥기의 마지막 결론이자 대답은 인간의 한계를 넘어서는 하나님의 지혜의 신비와 놀라움을 경험하게 되는 것입니다. 우리는 이것을 역질서라 말합니다. 욥이 깨달은 보이지 않는 역질서의 세계에 대해서 마지막 장에서 고백합니다.

"무지한 말로 이치를 가리는 자가 누구니이까 나는 깨닫지도 못한 일을 말하였고 스스로 알 수 없고 헤아리기도 어려운 일을 말하였나이다... 내가 주께 대하여 귀로 듣기만 하였사오나 이제는 눈으로 주를 뵈옵나이다"(욥 42:3,5)

성경 66권이 죄와 죽음과 고통의 실존 가운데 있는 유한한 우리 인생들에게 증거하는 것이 무엇입니까?

성경은 모든 인생의 고난의 문제에 대한 궁극적 해답으로서의 지혜, 소망의 질서 되신 한 구속자를 증거하고 있는 것입니다. 구약성경의 '지혜서'도 묻고 대답하면서 이 땅에 오실 한 구속자를 증거하고 있다는 것입니다. 본문은 지혜를 한 인격적인 존재로 말씀하고 그 지혜자가 인생의 모든 궁극적 문제들을 해결해주실 분으로 예표하고 있습니다. 잠언 8장이 말하고 있는 '나'는 무엇을 의미할까요?

"여호와께서 그 조화의 시작 곧 태초에 일하시기 전에 나를 가지셨으며 만세 전부터, 태초부터, 땅이 생기기 전부터 내가 세움을 받았나니 아직 바다가 생기지 아니하였고 큰 샘들이 있기 전에 언덕이 생기기 전에 내가 이미 났으니 하나님이 아직 땅도 들도 세상 진토의 근

원도 짓지 아니하셨을 때에라"(잠 8:22-25)

여기서 나는 바로 지혜를 의미하는 대명사로 기록되었습니다. 지혜는 하나님의 말씀과 더불어 창조에 참여하셨다고 하였습니다. 27절 이하에서는 그분으로 묘사하고 그가 창조자가 되기도 하였음을 증거합니다.

"그가 하늘을 지으시며 궁창을 해면에 두르실 때에 내가 거기 있었고 그가 위로 구름 하늘을 견고하게 하시며 바다의 샘들을 힘 있게 하시며 바다의 한계를 정하여 물이 명령을 거스르지 못하게 하시며 또 땅의 기초를 정하실 때에 내가 그 곁에 있어서 창조자가 되어 날마다 그의 기뻐하신 바가 되었으며 항상 그 앞에서 즐거워하였으며"(잠 8:27-30)

여기서 지혜는 한 역할을 보여줍니다. 지혜는 창조주와 같은 격이지만 창조주와 인간 사이에 중재자 역할을 하는 것을 보여줍니다. 지혜가 어떤 역할을 하였습니까? 창조주 옆에서 여호와의 나타나심을 기뻐하며 즐거워하고 있습니다. 사람이 땅에 거하는 것을 기뻐하였습니다. 본문에서 지혜가 예수님이시다 말하고 있지는 않지만, 장차 이 땅에 오실 우리의 구속자, 인생들과 모든 피조물들이 겪는 실존적인 문제라 할 수 있는 죄와 죽음과 고통의 문제를 해결해 주실 분이 이 땅에 오실 것을 예표하는 말씀이라는 것입니다.

성경은 우리에게 어떻게 말씀하십니까? 때가 되었을 때 바로 그 지혜되신 그분이 이 땅에 오셨다, 오셔서 모든 구속의 사역을 이루셨다는 것을 증거하고 있습니다.

구약의 믿음의 사람들은 이 땅에 오실 메시야를 바라보는 믿음으로 구원을 얻은 것입니다. 선지자들은 메시야가 고난의 종으로 오셔서 인생의 모든 문제들을 해결해주실 분으로 예언하였습니다. 복음서는 그가 태초부터 하나님과 함께 계신 분이 어떻게 오셨는지, 왜 오셨는지, 어떻게 구속의 사역을 이루셨는지, 그를 믿는 자는 죄와 죽음과 고통의 문제를 어떻게 해결해주셨는지를 증거한 책입니다. 예수님께서 우리가 짊어지고 가야 할 인생의 무거운 짐을 대신 지심으로 우리를 죄와 죽음과 사단의 권세에서 구원해 주셨습니다.

성경은 우리에게 소망의 질서 되신 예수 그리스도를 증거합니다. 예수님의 삶과 인격 말씀 자체가 하나님의 지혜로 나타난 것입니다. 예수 그리스도의 십자가와 부활하신 예수 그리스도를 만난 증인들은 예수 그리스도 안에 모든 지혜와 지식의 보화가 감추어져 있다고 증언하고 있습니다. 십자가에서 하나님의 지혜가 나타났다고 증거한 것입니다. 예수님은 율법보다, 지혜보다, 세상 어떤 것보다 더 크고 높으신 분이라 가르쳐 주십니다. 그러므로 예수 그리스도는 지혜의 근본이요, 지혜의 완성자이십니다. 따라서 우리가 예수님을 묵상하는 것이 지혜를 배우는 것이고, 예수님의 말씀을 순종하는 것이 지혜로운 삶을 살아가는 것이 됩니다.

예수님의 삶은 어떠했습니까? 하나님을 경외하며 사랑했습니다. 사람들을 사랑하며 섬겼습니다. 이것이 지혜자의 모습입니다.

우리는 모든 지혜와 지식이 예수 그리스도 안에 있음을 알고 믿고 모든 우리의 일상 가운데 예수 그리스도를 묵상하고 바라보고 따라가고 사랑하면서 살아가게 될 때 잠언이 강조하는 일상에서의 성실함, 부지런함, 정직함, 인내, 순종의 질서를 살아가는 자가 될 것입니다. 뿐만 아니라, 때로 이해할 수 없는 고난의 사건들과 내 생각으로 풀 수 없는 인생의 수수께끼와 같은 어려운 문제들을 만날 때, 하나님의 영역이 있음을 확신하고, 모든 상황과 문제들을 하나님께 맡겨 드리는 지혜자로 살아가게 될 것입니다. 그리고 궁극적으로 소망의 질서가 되시는 예수 그리스도의 십자가 승리와 부활의 영광을 아는 자, 평안과 담대함과 영혼의 고요한 안식 안에서 믿음의 삶을 살아가게 될 것입니다. '지혜롭다' 말하면서 평안하지 못하고, 두려움에 사로잡혀 있고, 마음이 늘 심란하고 불안한 상태라 한다면 정말 지혜로운 사람이라 말할 수 있을까요?

소망의 질서를 확신하고 살아가는 자, 참 지혜로운 자는 참된 평안과 용기의 삶을 살아가게 될 것입니다. 죽음 앞에서 평안하게 되고, 배고픔 앞에서 자족하게 되고, 죄 앞에 굴복하지 않고 마지막까지 순결한 삶을 살아가게 될 것입니다. 그래서 주님의 부르심을 받을 때 참 지혜롭게 사신 분이라는 아름다운 영예를 얻게 될 것입니다. 영원한 소망의 질서 되시는 예수 그리스도를 믿는 자, 십자가와 부활의 능력을 확신하고 살아가는 자 오늘도 믿음 안에서 승리하게 될 것입니다.

일의 결국을 다 들었으니

9 전도자는 지혜자이어서 여전히 백성에게 지식을 가르쳤고 또 깊이 생각하고 연구하여 잠언을 많이 지었으며 10 전도자는 힘써 아름다운 말들을 구하였나니 진리의 말씀들을 정직하게 기록하였느니라 11 지혜자들의 말씀들은 찌르는 채찍들 같고 회중의 스승들의 말씀들은 잘 박힌 못 같으니 다 한 목자가 주신 바이니라 12 내 아들아 또 이것들로부터 경계를 받으라 많은 책들을 짓는 것은 끝이 없고 많이 공부하는 것은 몸을 피곤하게 하느니라 13 일의 결국을 다 들었으니 하나님을 경외하고 그의 명령들을 지킬지어다 이것이 모든 사람의 본분이니라 14 하나님은 모든 행위와 모든 은밀한 일을 선악 간에 심판하시리라

숲으로 전하는 전도서

본문 : 전 12장9-14절

전도서는 목사가 되기 전에 전도사님들이 하시는 말씀인가? 하는 생각도 할 수 있겠지만 어떤 한 지혜자가 인생의 마지막이 가까워 온 어느 날 사람들을 불러 놓고 자신의 삶에서 깊이 체험한 것을 고백한 책입니다. 히브리어 '코헬렛'은 회중 앞에서 말하는 사람, 그리스어 '에클레시아스테스'는 선생으로 번역할 수 있는 단어입니다. 우리 개역 성경에는 전도자로 번역을 했습니다. 루터는 설교자로 번역을 했습니다. 어떤 이는 탐구자로 번역하기도 했습니다. 전도서는 구약시대가 끝날 무렵 유대교 내에서 이 책을 경전에 포함되는 것에 대해 격렬한 논쟁이 있었습니다. 그러나 66권 중에 한 권이 되었습니다. 메시지 성경에서는 전도서가 성경으로 들어 있는 이유는 자신의 힘으로 뭔가를 이루어 보려는 사람들의 갖가지 헛된 시도를 멈추게 하려는 데 있다고 해석을 하였습니다.

전도서의 저자가 솔로몬이라는 것이 정설이지만, 전도서에 솔로몬이라는 이름이 나올까요? 힌트는 있습니다. 다윗의 아들 그리고 예루살렘 왕이라는 표현이 나올 뿐입니다. 그러나 이 표현은 예수님도 다윗의 아들이라 불렸고, 예루살렘 왕은 솔로몬 이외에 수많은 왕들이 있었습니다. 전도서의 저자에 대하여 외적이고 내적인 자료들을 살펴볼 때 후대에 이름을 밝히지 않은 익명의 지혜자가 이스라엘에서 지혜와 부와 권력과 쾌락을 모두 누렸다고 생각되는 솔로몬 왕의 이름을 사용해 자신이 하고자 하는 이야기를 더 실감 있게 들리도록 했을 것이라고 주장하기도 합니다.

여러분은 어느 입장인가요? 솔로몬을 저자로 보는 많은 사람들은 흔히 그가 산전수전 다 겪은 노년에 이르러 전도서를 저술했을 것이라고 추정합니다. 그러나 솔로몬은 아닐 것이다 주장하는 사람들은 '이름 없는 전도서 저자'라고 말합니다. 솔로몬이라 해도, 익명의 지혜자라 해도 우리의 믿음이 흔들릴까요? 성경의 권위를 부정하는 것일까요? 중요한 것은 전도서가 성경 66권 안에 있다는 것이고, 전도서를 통해서 주시는 메시지가 있다는 것입니다.

　　전도서는 지혜서로 분류된 책입니다. 구약성경에서 지혜서가 잠언, 욥기, 전도서입니다. 이 책들은 모두 '사람 사는 이야기'를 통해서 하나님을 찾아가는 성경입니다. 잠언서가 강조하고 있는 지혜는 부지런하고 의롭고 정직하게 행하며 사는 사람을 형통케 하신다는 메시지입니다. 이것을 선한 질서라 말하였습니다. 이러한 질서가 적용되는 가정과 공동체는 건강하고 행복한 공동체가 된다는 분명한 메시지가 있는 책입니다. 그러나 같은 지혜서이지만 욥기와 전도서는 인생의 여정 속에 선한 질서에 대한 회의를 보이면서 한 걸음 물러 앉아 인생의 문제를 사색하고 질문합니다. 욥기는 욥이라고 하는 한 인간의 비극적 실존의 문제 중에 무고한 자가 당하는 고난의 문제에 대한 답을 찾아가는 책이라 한다면, 전도서는 인간의 비극적 실존인 죽음의 문제에 대해서 사색적이고 철학적인 질문과 통찰을 통하여 지혜가 무엇인지를 찾아가는 책이라 할 수 있습니다.

그런데, 전도서는 도대체 저자가 어떤 말을 하고자 했는가를 찾아내기가 쉽지 않은 책입니다. 전도서에 흐르고 있는 명확한 가르침을 찾기가 어렵다는 말입니다. 오죽하면 전도서를 정경 안에 들어오는 문제를 가지고 논의를 아주 격렬하게 논쟁했을 정도였습니다. 왜냐하면, 전도서의 내용을 단편적으로 보면, 한 책 안에 말씀이 일관성이 없어 보이고 서로 모순되는 내용들이 함께 언급되고 있기 때문입니다.

전도서에서 가장 많이 나오는 단어는 '헛됨'입니다. 메시지의 성격이 회의적이고 냉소적이고 염세주의적 성격의 메시지가 대부분이기 때문입니다. 반면, 그러나 전도서에 두 번째로 많이 나오는 단어가 있습니다. 그것은 '즐거움'이라는 단어입니다. 지극히 인본주의적이고 실존적 향락주의 성격의 메시지가 짙게 나타나고 있기 때문입니다. 그래서 전도서가 강조하는 것을 분명히 깨닫지 못하면 한편으로 허무주의로 치우치거나 다른 한편으로 쾌락주의로 빠질 수 있기 때문입니다. 전도서의 말씀을 읽고 듣고 묵상하는 동안 "우리가 진리처럼 믿고 있는 거짓말들이 무엇일까?" 곰곰이 생각해보고 생각과 관점이 새로운 전환점이 되는 시간이 되기를 기대합니다.

전도서 읽기의 진입로는 먼저 전도서의 큰 그림을 볼 수 있어야 합니다. 전도서의 메시지는 두 명의 코헬렛이 말하고 있다는 것을 이해하면 전도서 메시지를 찾는데 매우 유익할 것입니다. 전도서는 이야기 구성상 서론과 본론과 결론이 뚜렷하게 분류되는 책입니다. 서론과 결론의 내용은 '전도자의 말씀이니라'로 말하는 자가 전도자 3인칭으로 사용하고 있습니다. 그런데, 본론에 나오는 이름을 밝히지 않은 지혜자 전도자는 '나 전도자는...' 1인칭으로 말하고 있다는 것입니다. 마치 액자와 같은 구조라 말하기도 합니다. 그래서 이 두 목소리가 어떤 연관이 있는지, 어떻게 연결이 되는지를 숲을 보는 차원에서 살펴보면 전도서가 전하고자 하는 핵심 메시지를 잡을 수 있을 것이라 생각됩니다.

먼저, 액자 안에 있는 1인칭 전도자의 메시지를 들어봅시다.

전도자는 해 아래에서 이루어지는 모든 일을 살펴서 알아내려고 지혜를 짜며 심혈을 기울여 찾아낸 깨달음을 전해줍니다. 마치 숙어와 가까운 문구입니다. 헛되고 헛되다는 메시지입니다. 전도서가 '지혜의 책'임에도 불구하고 먼저 지혜를 얻는 것(1:12-18)을 헛되다 하였습니다. 물론 전도자는 지혜란 미련한 것보다 좋은 것이라 하였습니다. 그러나 해 아래 새로운 지혜가 있을까를 물으면서 이 지혜는 옛사람이 다 발견한 것이고, 지혜가 많으면 근심도 많다고 하였고, 지혜자도 우매자도 영원히 기억되는 것은 아니다 하였습니다. 1장15절에서는 "그 지혜가 구부르진 것을 곧게 할 수 없고 모자란 것도 셀 수 없다" 이 말씀은 최고의 지성도 부패한 인간을 변화시킬 수 없다는 의미입니다. 그래서 전도자는 이것을 바람을 잡으려는 것인줄 깨달았다

하면서 헛되다는 것을 증명합니다. 또한 전도자는 즐거움도 사업(전 2:1-11)에 대해서도 회의적으로 말합니다. 전도자는 낙을 누리는 것 (쾌락), 즉 술을 마셔 보았는데, 수고하여 사업을 크게 해서 포도원과 노비도 사기도 했고, 집에서 종들을 낳아 보기도 했고, 왕들이 소유하는 보배와 사람들이 기뻐하는 처첩도 두어보았는데, 이것도 내 마음에 기쁨이 없더라, 이것도 바람을 잡는 것이었다고 말하였습니다.

왜 허무하다 말했던 것일까요?

돈이 많은 것은 하나님의 선물입니다. 그러나 돈이 많으면 근심이 많아지고, 지출도 많아지고, 만족하지 못합니다. 왜냐하면 죽음 앞에서는 다 빈손이기 때문입니다. 즐겁게 사는 것, 쾌락은 하나님이 주신 선물입니다. 그러나 돈과 마찬가지로 아무리 즐거움을 맛보았다 할지라도 본질적으로 사람은 만족하지 못합니다. 우리가 수고하여 얻은 열매, 업적, 성취, 좋은 일도 결국 죽으면 다른 사람이 가지고 가게 됩니다. 성공한 것 때문에 시기하고 질투하는 사람도 많아집니다. 많은 것을 손에 쥐고 있었지만 이것을 더 이상 내 손으로 붙들 수 없는 마지막 순간이 있다는 것입니다. 한 마디로 죽음 때문입니다. 마치 쓰나미와 같다고 비유할 수 있겠습니다. 해변가에 아무리 아름다운 것을 지어놓아도 죽음 앞에 노출되어 있는 한 헛되고 헛된 것이 된다는 것입니다.

페이스북에 올라온 글이 있어서 소개해 드리겠습니다. 세계적으로 유명한 모델이자 패션 디자이너이며 작가인 인도의 '크리시다 로드리게스'라는 여성이 암에 걸리게 되었습니다. 그녀가 임종 직전에 사람들이 읽기를 바라는 글을 올렸습니다.

3. 은행에 아주 많은 돈을 모아 놓았다. 그러나 지금 내 병은 많은 돈으로도 고칠 수 없다. 4. 나의 집은 왕궁처럼 크고 대단한 집이다. 그러나 나는 병원 침대 하나만 의지해 누워 있다. 5. 나는 별 5개 짜리 호텔을 바꿔가며 머물렀다. 그러나 지금 나는 병원의 검사소를 옮겨 다니며 머물고 있다. 7. 나는 보석으로 장식된 머리 장식품이 많이 있다. 그러나 지금 비싼 보석을 장식할 머리카락이 없다. 9. 나에겐 먹고 마시는 비싼 식품들이 많이 있다. 그러나 지금은 병원에서 약 먹을 물만 있다.

비행기, 보석, 장식품, 비싼 옷, 많은 돈, 비싼 차 다 있지만 지금 나를 보호해줄 수 있는 것은 무엇도 없다. 오직 드리고 싶은 말은 사람이 살아갈 때 다른 사람들에게 이익이 되게 기원하고 타인을 돕는 것, 이것이 가장 중요하다. 우리 생은 너무나 짧다. 이 한 생애에 비싼 물건들은 중요하지 않다. 가장 중요한 것은 타인의 행복을 위해 도움을 주는 것이다. 함께 나누지 못했던 것이 가장 후회된다고 메시지를 남긴 이틀 후에 그녀는 운명했습니다.....

전도자의 가르침을 듣는 동안 독자들은 죽음에 대해서 생각하게 되고 왜 죽는 것일까? 하는 근원적인 질문을 하게 됩니다. 전도서 기자는 신학적으로 죄에 대한 언급은 자제하는 것 같아도 중간중간에 창세기 3장의 말씀이 생각나게 하는 말씀을 기록하고 있습니다. 7장에서 "선을 행하고 전혀 죄를 범하지 아니하는 의인은 세상에 없구나, 너도 가끔 사람을 저주하였다는 것을 네 마음이 알고 있지 않느냐" 모든 사람이 다 죄인이라는 것을 간접적으로 말하고 있습니다. 7장29절에서는 "하나님은 사람을 정직하게 지으셨으나 사람이 많은 꾀들을 낸 존재"라는 것을 말합니다.

그래서 전도자는 죽음 앞에서 지혜로운 삶을 제시합니다.

지혜자의 대답은 "지금- 여기에서 삶을 즐기고 누려라" 하는 대안입니다. 죽음의 위협, 죽음의 세력 앞에 삶의 의미와 가치를 포기하지 말고, 삶이 허무하고 무상하고 죄악이 난무하고 모순성이 있음에도 불구하고 세상에서의 삶을 하나님의 선물로 인식하고 단 한번뿐인 인생을 즐겁고 기쁘게 살아갈 것을 말하고 있습니다. 전도서에서 일곱 번씩이나 강조하지만 제가 몇 구절만 읽어드리겠습니다.

전 2:24 사람이 먹고 마시며 수고하는 것보다 그의 마음을 더 기쁘게 하는 것은 없나니 내가 이것도 본즉 하나님의 손에서 나오는 것이로다 3:12 사람들이 사는 동안에 기뻐하며 선을 행하는 것보다 더

나은 것이 없는 줄을 내가 알았고 3:22 그러므로 나는 사람이 자기 일
에 즐거워하는 것보다 더 나은 것이 없음을 보았나니 이는 그것이 그
의 몫이기 때문이라

계속해서 지혜로운 삶에 이르는 길들을 제시합니다(5:1-11:6).
전도자는 죽음의 필연성을 아는 지혜가 필요하다 가르친 것입니다.
이런 관점에서 전도서는 때에 대한 말씀을 강조합니다. 전도서의 백
미와 같은 말씀, 전도서 3장에 나오는 때에 대한 이해입니다. 지혜로
운 사람은 시간과 공간에 한계가 있음을 알고 수용하고 활용할 수 있
어야 한다고 말합니다. 사람은 하나님이 정해 주신 시간 안에 살아가
는 존재입니다. 그리고 공간의 한계가 있습니다. 전도자는 지혜자의
마음은 초상집에 있으되 우매한 자의 마음은 혼인집에 있느니라 하면
서 종말을 생각하는 삶이 지혜로운 인생이라 말합니다.

여기까지가 해 아래서 발견한 전도자의 지혜입니다. 이 정도의
지혜는 세상의 지혜자들이 충분히 경험하고 다음 세대를 향해서 가르
칠 수 있는 지혜의 유산입니다. 지금 우리 시대의 지혜자들이 전해 주
는 동일한 메시지입니다.

1. 영화 죽은 시인의 사회에 나오는 '카르페 디엠'이란 용어는 영
원을 가진 사람으로 오늘이라는 시간을 주신 하나님께 순간순간 감사
하고 각 사람마다 주신 소명과 사명을 따라 오늘이 마지막이라는 마

음을 품고 살아가라는 의미라 할 수 있습니다.

2. 20세기 최고의 정신의학자이면서 호스피스 운동의 선구자로 불리는 퀴블러 로스, '인생수업'의 저자는 "생애 마지막 순간에 간절히 원하게 될 것, 그것을 지금 하라' 가르쳤습니다.

3. 우리 시대의 지성이라 불리는 이어령 박사가 '삶과 죽음에 대한 마지막 수업'이란 책에서 스승은 죽음이 무엇인지 알려주기 위해 생사를 건네주는 사람이라 정의하였습니다. 이 교수님은 전도자가 액자 안에서 깨달았던 세상의 지혜를 수 십 년 동안 가르치고 전하였다면, 그도 창조주 하나님을 만나고 영원의 시간을 깨달은 후에 해 위의 세상, 그리스도가 영원히 다스리는 하나님의 나라를 기다리고 소망하는 믿음의 사람이 되었습니다.

액자 밖에 있는 전도서는 이 지혜자의 말씀들은 찌르는 채찍과 같고 회중의 스승들의 말씀들은 잘 박힌 못 같은 것이다. 아들아! 이들로부터 경계를 받으라 말씀해준 것입니다.

그러나 전도서 기자가 정말 하고 싶은 가르침은 마지막에 나타납니다.

"일의 결국을 다 들었으니…" 이 말은 이제까지 해 아래에서 발견한 지혜자의 말을 들었으니 라는 의미입니다. 전도자는 두 가지의 궁극적 메시지를 전해줍니다.

첫째, 하나님을 경외하라

전도자는 마지막으로 '해 위의 세계가 있을 뿐 아니라 해 위의 세계를 바라보아라'라고 말합니다. 그리스도인으로 살아간다는 것은 유한하고 제한된 시간과 공간 안에서 살아가지만 인생은 해 아래에서의 삶이 끝나면 해 위의 세계, 영원한 삶이 주어질 것이라는 기대와 소망을 갖고 살아가는 존재라는 의미입니다. 전도자는 어제나 오늘이나 영원히 동일하신 하나님, 영원 전부터 영원까지 계시는 하나님, 그 하나님을 경외하는 것이 지혜의 근본임을 말합니다. 전도자는 하나님이 인생에게 주신 한 가지를 깨달았습니다. 그것은 누구에게나 영원을 사모하는 마음을 주셨다는 것입니다. 이 말은 돌아갈 수 있는 방향이 있다는 것을 의미합니다. 예수님께서 영원하신 하나님으로부터 나와서 영원한 하나님께로 돌아가신 것처럼 십자가의 죽음과 부활로 죽음을 극복하고 이기신 예수 그리스도를 믿는 자에게 영원한 생명을 주신 것입니다. 그것도, 힘주어 강조하고 있는 것은 '청년의 때에'라는 말을 합니다. 한 살이라도 젊었을 때부터 인생을 허비하지 말고 하나님과 올바른 관계 속에서 사는 지혜를 말해주고 있습니다. 이것이 노년에 이른 지혜자가 깨달은 하늘의 지혜라 할 수 있습니다.

"너는 청년의 때 너의 창조주를 기억하라 곧 곤고한 날이 이르기 전에 나는 아무 낙이 없다고 할 해들이 가깝기 전에 해와 빛과 달과 별들이 어둡기 전에, 비 뒤에 구름이 다시 일어나기 전에 그리하라"(전 12:1-2)

둘째, 한 사람 한 사람에 대한 하나님의 평가가 있을 것임을 기억하라

"하나님은 모든 행위와 모든 은밀한 일을 선악 간에 심판하시리라"(전 12:14)

하나님을 경외하는 삶은 하나님을 맹목적으로 두려워하면서 아무것도 하지 않는 삶이 아니라 매사에 하나님의 뜻을 알고 그 뜻대로 행하겠다는 결단의 삶입니다. 그리고 심판이 있다는 것을 아는 인생은 한 번 주어진 우리의 삶을 헛되이 살 수 없다는 것입니다. 우리는 몸적 존재로 살아왔던 한평생, 우리 인생의 모든 이력이 평가받을 것입니다. 젊었을 때부터 하나님과의 올바른 관계 속에서 살아가며, 자기를 쳐 복종하여 하나님의 뜻 안에서 자기 삶을 경영하고 아름답게 살아드린 인생들에게 영원히 거하는 약속의 말씀을 주셨습니다. 요한일서 2장17절의 말씀은 우리에게 그의 명령을 지키며 살아야 할 확실한 이유를 말씀하십니다.

"이 세상도 그 정욕도 지나가되 오직 하나님의 뜻을 행하는 자는 영원히 거하느니라"(요일 2:17)

이러한 확신을 갖고 살아가는 지혜자들은 피조물의 허무한 데에 굴복할까요? 승리한 성도들의 노래를 들려드리겠습니다.

"생각하건대 현재의 고난은 장차 우리에게 나타날 영광과 비교할 수 없도다 피조물이 고대하는 바는 하나님의 아들들이 나타나는 것이니 피조물이 허무한 데 굴복하는 것은 자기 뜻이 아니요 오직 굴복하게 하시는 이로 말미암음이라 그 바라는 것은 피조물도 썩어짐의 종노릇 한 데서 해방되어 하나님의 자녀들의 영광의 자유에 이르는 것이니라"(롬 8:18-21)

예수 그리스도의 십자가의 죽음과 부활로 인해 전도자가 말하는 허무의 가장 큰 요인, 죽음을 극복하고 이기시고 해결한 것입니다. 그리스도 안에 있는 자, 그리스도를 믿는 자에게는 오늘이 바로 그 영생의 날을 살아가는 축복된 선물을 얻게 되는 날입니다. 한 주간 전도서를 읽는 동안 인생의 허무를 극복하게 해 주신 하나님의 은혜를 기억하고 즐겁고 행복한 은혜의 시간이 되시기를 간절히 바랍니다.

당신을 사랑합니다

6 너는 나를 도장 같이 마음에 품고 도장 같
이 팔에 두라 사랑은 죽음 같이 강하고 질투
는 스올 같이 잔인하며 불길 같이 일어나니
그 기세가 여호와의 불과 같으니라 7 많은
물도 이 사랑을 끄지 못하겠고 홍수라도 삼
키지 못하나니 사람이 그의 온 가산을 다 주
고 사랑과 바꾸려 할지라도 오히려 멸시를
받으리라

숲으로 전하는 아가

본문 : 아 8장6-7절

시대를 초월해서 인간의 실존을 보여주는 세 가지의 주제가 있다면, 고난과 죽음과 그리고 사랑일 것입니다. 이 문제를 해결하는 과정에서 지혜가 무엇인가를 보여주고 가르쳐 준 책이 욥기, 전도서, 그리고 아가서입니다. 욥기는 때로는 이해할 수도, 해석할 수도 없는 인생의 비극적 실존인 고난의 문제에 대하여 욥이라고 한 사람의 이야기를 통해 지혜의 답을 찾아가는 성경이라 할 수 있습니다. 전도서는 죽음 앞에 놓인 인생에 대해 사색하고 질문하면서 해 아래에 있는 세상의 지혜도 부도 즐거움도 수고도 다 헛된 것을 깨닫고, 해 위의 세상을 바라보며 이 모든 세계를 지으시고 주관하시는 하나님을 경외하는 것이 지혜의 근본임을 교훈한 책입니다.

아가서는 사랑의 주제를 가지고 창조주 하나님의 성품을 교훈하는 책입니다. 그것도 남녀 간의 사랑을 다룹니다. 먹고살기도 어려운 인생이었는데 사랑할 틈도 없었다 말하는 사람들에게는 사랑하는 것도 사치다 말할 수 있겠지만, 아무리 부인하고 부정해도 인생의 궁극적 문제 해결은 사랑이라 말할 수 있습니다. 이 사랑 속에 모든 것이 살아 움직이고 이 사랑은 죽음조차도 멈출 수 없다고 말합니다. 인간의 모든 허무를 꿰뚫는 것은 이 사랑 속에서 나온다는 것을 아가서가 가르쳐주고 있습니다.

아가서 첫 구절에서 쉬르 하쉬림 '노래 중의 노래' 라 칭합니다. 한자로 맑을 아, 우리말로 아름다운 노래, 아가라 번역을 하였습니다. 아가서 읽기의 진입로는 어떤 안경을 가지고 아가서를 읽을 것인가

하는 것입니다. 아가서를 연구한 학자들은 형식과 내용상 다양하게 분류하였습니다. 고대 드라마의 연극 대본이다, 비유를 사용한 성교육 책이다, 고대 중동지역의 농경신에게 제사를 드릴 때 바치는 제의 시다, 결혼의 아름다움을 담은 연애시이다, 그리고 의미를 확장하여 남녀 간의 사랑을 넘어서 이스라엘과 하나님과의 관계를 기록한 것이다. 기독교에서는 그리스도와 교회와의 관계로 해석하는 영적인 책으로 읽어야 한다고도 말합니다. 그리고 아가서를 지혜서로 읽어야 합니다. 왜냐하면, 우리 삶에 있어서 가장 지혜가 필요한 영역은 사랑과 결혼의 영역이기 때문입니다.

그러나 아가서는 숲으로 볼 때 순수한 인간적인 남녀 간의 사랑의 노래라는 것입니다.

아가서를 사랑의 연가가 말할 수 있는 이유는 고고학 연구에 의하면 아가서와 유사한 내용들이 당시 이스라엘 밖의 나라에서도 발견되었는데, 그중에 몇 가지만 소개하면 애인을 오빠와 누이로 부른 기록이 나오기도 했고, 남자가 여자의 매혹스러운 모습을 묘사할 때 머리끝부터 발끝까지 신체와 연관되는 표현도 나오고, 사랑하는 사람의 아름다움을 묘사할 때 동식물, 꽃을 사용했다는 기록이 나왔다는 것입니다. 그래서 이스라엘의 전통 가운데 일반적으로 솔로몬 시대부터 포로기 이후 아가서가 최종적으로 정리될 때까지 사용되었던 수많은 사랑의 노래들을 심도 있게 수집해서 이야기 형식으로 엮은 책이 아닐까? 하는 입장을 받아들일 수가 있다는 것입니다.

여러분. 이해가 되고 동의가 되나요? 시편도 이스라엘의 많은 시들을 수집하여 최종적으로 150편을 선정하여 하나님을 향한 사랑과 신실함을 노래하였고, 전도서도 지혜의 대명사인 솔로몬의 이름을 빌려 하늘의 지혜를 가르쳤듯이, 아가서도 연인의 사랑이라는 주제로 한 곳에 모아 진정한 사랑을 전하고 싶어 했던 것이라 할 수 있습니다. 그러나, 빛이 '프리즘'을 통해서 여러 가지 색으로 나타나듯이 아가서의 말씀을 읽고 듣는 동안 한 사람 한 사람에게 색다르게 다가오는 깨달음과 감동이 있을 것이라 생각됩니다. 텍스트는 텍스트가 말하고자 하는 메시지가 분명히 있다는 것입니다.

아가서를 읽기에는 매우 불편하고 어려운 요소가 있습니다. 한 가지는 아가서의 나오는 사랑의 표현들이 매우 선정적이고 노골적이고 비유적인 표현들이 많습니다. 아가서는 첫 구절이 연인의 입맞춤에 대한 간절한 바람으로 시작됩니다. 1장2절, "내게 입맞추기를 원하니 네 사랑이 포도주보다 나음이로구나"로 시작하고, 마지막 구절도 "사랑하는 이여 나에게 달려와주세요 노루처럼 야생 수사슴처럼 뛰어오세요"(아 8:14)라고 사랑을 초청하고 있는 구절로 마무리가 되었습니다. 어떻게 이러한 내용의 책이 성경에 있을까 놀라게 됩니다. 그래서 아가서를 유대인들은 30세 이전에 읽지 말라고까지 정해 놓았습니다. 또 한 가지는 스토리를 구분하기가 쉽지 않다는 것입니다. 읽다 보면 누가 누구에게 한 말인지도 파악하기가 어렵습니다. 아가서의 아름다운 노래는 일방적인 사랑의 노래가 아니라는 것입니다. 아가서는 총 117절로 구성되어 있는데, 70절이 젊은 여성의 목소리이고, 40절이 젊은 남성의 목소리, 7절이 여인의 친구들의 목소리라 분석하고 있습니다.

그런데, 왜 이러한 내용의 책인 아가서를 이스라엘 사람들은 애굽 땅에서 탈출시켰던 것을 기념하는 유월절 절기에 읽었을까요?

분명 의미가 있었을 것입니다. 왜 읽었을까를 오늘 설교의 결론 부분에서 답을 찾을 수 있기를 기대합니다. 아가서의 내용을 단순하게 구분해보면 연인이 서로 사랑에 빠져 연애하다가 결혼을 합니다. 그리고 서로에게 실망하여 결혼 관계에 위기가 찾아옵니다. 그리고 갈등을 해결하면서 이전보다 더 깊은 사랑에 들어간다는 스토리입니다.

아가서 1장의 시작은 여인의 노래로 시작하는데 왕으로부터 일방적인 사랑을 받은 황홀한 심정을 노래하고 있습니다. 자신은 포도원을 지키는 게달의 장막과 같이 검게 탄 보잘것없는 존재일 뿐인데 왕이 나를 그의 방으로 이끌어 들이시니 나는 달려가고 나는 당신 때문에 기쁘고 즐겁습니다라고 고백합니다. 여기서 게달은 사막에서 다니는 유목민을 말하고 장막을 만들 때 염소의 껍질을 벗겨서 만드는데 염소의 색깔이 검다는 의미입니다. 남자는 8절에서 이 여인을 "여인 중에 너는 가장 어여쁜 자다 너는 마치 애굽에 갓 들여온 잘 빠진 준마보다 더 아름답다"고 노래하고 있습니다.

서로 화답하는 사랑의 노래는 2장에서도 계속됩니다. 여인이 왕에게 고백합니다. 2장1절 "나는 사론의 수선화요 골짜기의 백합화로다" 사론은 들판을 의미합니다. 들판에 널려 있는 꽃이 수선화라는 말이고 골짜기의 백합꽃도 특별한 꽃이 아니라 지천에 널려 있는 꽃이라는 말입니다. 여인은 보잘 것 없는 수많은 여인 중에 한 명일 뿐인데 어찌 저를 사랑하십니까? 하는 고백입니다. 이 고백을 들은 남자는 어떻게 고백합니까? "여자들 중에 내 사랑은 가시나무 가운데 백합화 같다"고 고백합니다. 아무리 아름다운 여인이 많이 있어도 그들은 모두 가시나무 같고 오직 내 눈에는 당신 밖에 안보입니다. 당신은 나에게 특별한 여인입니다. 꽃 중의 꽃입니다. 서로에 대한 사랑의 고백은 사랑의 결실을 맺었고, 이제는 같은 방향으로 함께 달려가자고 노래합니다.

"나의 사랑하는 자가 내게 말하여 이르기를 나의 사랑, 내 어여쁜 자야 일어나서 함께 가자"(아 2:10)

여기까지 읽다 보면 창세기 1장과 2장에 나오는 에덴동산에서 아담과 하와가 벌거벗었으나 부끄러워 하지 않았다는 말씀이 연상이 됩니다. 아가서에는 동산이라는 장소가 주요 무대이고, 숲과 나무와 시냇물이 이야기의 배경이 되고, 서로를 향해서 축복했던 말, 이는 내 뼈 중에 뼈요 살 중의 살이로다 하는 대화의 내용이 소환이 됩니다.

드디어 3장에서 이스라엘의 최고의 권력자가 한낱 포도원지기에 불과한 술람미 여인을 만나 결혼을 하게 됩니다. 신랑이 가마 타고 오시는 분으로 묘사되어 있고 여인의 친구들이 축복해주는 축복의 노래가 나타납니다. 4장에서 신혼 첫날밤을 맞이한 신랑의 노래와 신부의 화답의 노래로 구성되어 있습니다. 신분을 초월한 사랑을 보여줍니다.

4;1 "내 사랑 너는 어여쁘고도 어여쁘다 너울 속에 있는 네 눈이 비둘기 같고 네 머리털은 길르앗 산 기슭에 누운 염소 떼 같구나 10 내 누이, 내 신부야 네 사랑이 어찌 그리 아름다운지 네 사랑은 포도주보다 진하고 네 기름의 향기는 각양 향품보다 향기롭구나

진정한 사랑이란 서로를 소유하는 것입니다. 서로에게 속해 있는 것입니다. 남녀 간에 사랑에 빠지면 가장 깊은 것을 함께 하는데 바로 성이라는 선물입니다. 이 성은 결혼 관계에서 누리고 즐거워해야 하는 창조질서입니다. 성적인 연합은 인격의 하나됨이고 더 나아가 영적인 것입니다. 벌거벗었으나 부끄러워하지 않았다는 것은 온전히 하나됨을 의미하는 것입니다. 이것은 하나님의 창조의 하이라이트입니다. 하나님이 맨 처음 만드신 아름답고 복된 부부, 가정의 모습이라 할 수 있습니다.

그런데 5장에서는 이 뜨거웠던 사랑의 관계가 차갑게 식어진 모습을 보여주고 있습니다. 결혼한 신랑이 먼 곳에서부터 와서 문을 열어달라고 소리치며 노래를 부르고 있습니다. 기다리는 동안 신랑의 머리에 이슬이 맺힐 정도였습니다. 그런데 여인은 이 핑계 저 핑계 대면서 미적 미적대고 있습니다. 나는 옷도 벗었고 발도 다 씻었다 말합니다(귀찮다는 말처럼 들립니다). 그래서 신랑은 문틈으로 손을 내밀어 문을 열려고 합니다. 그 모습을 보자 신부가 문을 열려고 나갔습니다. 그런데 그 사이에 신랑이 떠나버렸습니다. 떠나 버린 신랑을 보고 신부는 자책을 하면서 이렇게 말합니다.

"내 혼이 나갔구나 내가 그를 찾아도 못 만났고 불러도 응답이 없었구나"(아 5:6)

신랑이 사라지니까 상황이 어떻게 되었을까요? 성 안을 순찰하는 자들이 나를 쳐서 상하게 하였고 성벽을 파수하는 자들이 나의 겉옷을 벗겨 가지고 갔습니다. 뿐만 아니라 "길에서 만나는 사람들에게 내 신랑을 보거든 나에게 알려달라"고 부탁합니다. 그러자, 주위 사람들이 당신이 찾는 그 신랑이 "여기 있는 남자들보다 나은 게 무엇이냐? 왜 그렇게 떠난 신랑을 찾느냐?" 비난하고 조롱합니다.

여러분, 이 부분에서 떠오르는 한 장면이 생각 나시지요? 바로 창세기 3장에 선악과 사건 이후 부부관계에 위기가 찾아온 장면입니다.

이 순간에 예수님께서 문을 두드리셨을 때 여러 가지 핑계로 문을 열지 않았던 지난날 자신의 모습이 연상되는 사람이 있을 것입니다. 어떤 분들은 현재 자신의 모습이 거울처럼 보이는 분들도 있을 것입니다. 그러나 아가서는 비 온 뒤에 땅이 더 굳어지는 것처럼 이 위기와 갈등을 극복한 후에 진정한 사랑을 다시 발견하고 처음 사랑보다 더 깊어지고 진정한 사랑이 이루어졌음을 강조합니다. 신랑을 찾아 나선 여인이 신랑을 발견하였습니다. 그 신랑이 어디에 있었을까요? 동산에 내려가 향기로운 꽃밭에 이르러 동산 가운데에서 양 떼를 먹이며 백합화를 꺾는 것을 보았습니다. 이 장면은 신랑과 결혼하기 전에 신랑이 있었던 곳이었습니다. 2장14절에도 신랑은 이곳에 있었습니다. 신랑은 이러한 신부를 기다리고 있었던 것입니다. 이 장면을 본 신부는 이 사람을 다시 놓치지 않겠다고 고백합니다.

"나는 내 사랑하는 자에게 속하였고 내 사랑하는 자는 내게 속하였으며 그가 백합화 가운데에서 그 양 떼를 먹이는도다"(아 6:3)

이 여인의 고백을 남편은 그대로 받아줍니다. 여인의 변덕 때문에 문 밖에 서 있었고 여전히 동산에서 양 떼를 치고 있었지만, 다시 돌아온 여인의 사랑의 고백을 그대로 받습니다. 게다가 신부의 고백 그 이상으로 사랑을 표현합니다. 머리끝부터 발끝까지 사랑스럽다는 고백을 한 것입니다. 한 사람, 더 나아가 이스라엘 백성, 더 나아가 지금 우리 시대의 교회를 향해 그토록 보여주고 들려주고 싶어 하시는 말씀을 한 사람의 애절한 사랑의 노래를 통해서 "내가 너를 이렇게 사랑한다"고 말씀해 주시고 있다는 것입니다. "나의 비둘기 나의 완전한 자는 하나뿐이로구나"(아 6:9)

따라서 우리가 아가서를 읽을 때는 세상에서 유일하게 나에게만 주시는 하나님의 사랑의 메시지라는 것을 알고 읽어야 합니다.

솔로몬에게 왕후가 육십, 비빈이 팔십, 시녀가 무수하지만 나의 완전한 사랑은 바로 너뿐이다라고 하는 강렬한 사랑의 음성처럼 들어야 한다는 것입니다. 신랑의 변하지 않는 사랑에 감동을 받은 신부는 신랑을 향해서 다시 한번 고백합니다.

"나는 내 사랑하는 자에게 속하였도다 그가 나를 사모하는구나"(아 7:10)

여러분, 사랑이 깊어지면 2장에서는 신부가 내 사랑하는 자가 나에게 속하였다고 하였습니다. 그때까지 신부는 신랑을 자기가 소유할 수 있는 것으로 여겼습니다. 신랑을 소유물로 여긴 것입니다. 그래서 합법적으로 결혼해서 한 몸이 되었습니다. 그러나 어느 순간부터 열정이 식어집니다. 관계가 소원해지면서 서로에 대하여 사랑의 교제가 끊어지게 된 것입니다. 그러나 신랑을 다시 찾은 신부는 고백이 달라집니다. '나는 내 사랑하는 자에게 속하였도다' 다시 말하면 나는 당신의 소유입니다. 나는 당신에게 매인 존재입니다. 이제 신부는 신랑에게 말합니다.

"내 사랑하는 자야 우리가 함께 들로 가서 동네에서 유숙하자 우리가 일찍 일어나서 포도원으로 가서 포도 움이 돋았는지, 꽃술이 퍼졌는지, 석류꽃이 피었는지 보자 거기에서 내가 내 사랑을 네게 주리라"(아 7:11-12)

신부는 신랑과 단 둘이 있고 싶어 합니다. 둘만의 사랑을 나눌 수 있는 은밀한 곳에 가서 교제를 나누자 하면서 신랑의 손을 잡아 이끌고 갑니다. 사랑하는 사람들의 당연한 심정일 것입니다. 다른 사람들의 시선에 방해받고 싶지 않다는 것입니다. 단 둘이만 있고 싶어 하는 감정입니다.

드디어 아가서는 마지막 장에서 이 사랑의 노래가 자기 백성을 향하신 하나님의 사랑이라는 것을 알게 하는 결정적 힌트를 노래하고 있습니다.

7장까지 한 번도 나타나지 않았던 여호와 하나님이라는 단어가 6절에서 나타납니다. 하나님을 어떤 분으로 묘사했습니까? 하나님을 불처럼 사랑하시는 분이라 선언한 것입니다.

"너는 나를 도장 같이 마음에 품고 도장 같이 팔에 두라 사랑은 죽음 같이 강하고 질투는 스올 같이 잔인하며 불길 같이 일어나 그 기세가 여호와의 불과 같으니라 많은 물도 이 사랑을 끄지 못하겠고 홍수라고 삼키지 못하나니 사람이 그의 온 가산을 다 주고 사랑을 바꾸려 할지라도 오히려 멸시를 받으리라"(아 8:6-7)

신부는 남편의 사랑을 깨달은 것입니다. 여인의 사랑은 흔들릴 때도 있었습니다. 처음에 자신을 선택해준 조건 없는 사랑에 감격하여 사랑의 노래를 부를 수 있었습니다. 그러나 첫사랑에는 내가 한 남자를 소유하려고 했고 사랑이 식어버려 신랑을 놓치기도 하였습니다. 그러나 다시 사랑을 다시 찾았을 때 그분은 언제나 그 자리에 계셨고 자신을 위해 죽을 수도 있는 불 같은 사랑이었음을 깨닫게 된 것입니다.

아가서에 기록된 사랑의 노래를 읽다 보면 성경 전체에 흐르는 하나님의 사랑과도 같다는 것을 느끼게 됩니다.

"네가 내 눈에 보배롭고 존귀하며 내가 너를 사랑하였은즉 내가 네 대신 사람들을 내어주며 백성들이 네 생명을 대신하리니"(사 43:4)

역사의 먼 훗날 이러한 사랑을 온전히 우리에게 보여주신 분이 떠오릅니다. 하나님의 아들 예수님께서 자기의 사람을 사랑하시되 끝까지 온 몸으로 십자가에서 보여주신 그 사랑이었습니다. 사도 바울이 십자가에서 보여 주신 사랑을 깨닫고 고백한 말씀입니다.

"우리가 아직 죄인되었을 때에 그리스도께서 우리를 위하여 죽으심으로 하나님께서 우리에게 대한 자기의 사랑을 확증하셨느니라"(롬 5:8)

이 아가서를 통해 사랑을 배우게 됩니다. 그러니 이 글을 읽으시는 모든 형제자매들에게 권합니다. 이 사랑의 노래를 하나님께서 나에게만 보내시는 사랑의 편지로 읽어보시기 바랍니다. 그 크신 분이 나에게만 눈빛을 보내시고, 나의 머리끝부터 발끝까지 아름답고 존귀하게 바라보시고 말씀하시는 음성으로 들으시기 바랍니다. 우리는 정말 사랑할 줄 모르는 사람들이지만, 아가가 노래하는 황홀감과 충만함을 보면서 사랑하는 사람 사이에 친밀한 사랑이 회복되기를 바랍니다. 비록 사랑의 실패를 하였지만, 아가서를 통해서 하나님의 진짜 사랑의 음성을 들을 수 있다면 우리는 어떤 상황 가운데에서도 사랑의 사람으로 아름답고 멋지게 세워질 것입니다. 더 나아가 주님의 신부된 교회를 향한 사랑, 더 나아가 하나님이 지으신 자연과 이웃을 향한 사랑으로 그 빛이 환하게 비추어 나가는 놀라운 은혜가 있기를 간절히 바랍니다.

구원의 교향곡

1 그 날에 네가 말하기를 여호와여 주께서 전에는 내게 노하셨사오나 이제는 주의 진노가 돌아섰고 또 주께서 나를 안위하시오니 내가 주께 감사하겠나이다 할 것이니라 2 보라 하나님은 나의 구원이시라 내가 신뢰하고 두려움이 없으리니 주 여호와는 나의 힘이시며 나의 노래시며 나의 구원이심이라 3 그러므로 너희가 기쁨으로 구원의 우물들에서 물을 길으리로다 4 그 날에 너희가 또 말하기를 여호와께 감사하라 그의 이름을 부르며 그의 행하심을 만국 중에 선포하며 그의 이름이 높다 하라 5 여호와를 찬송할 것은 극히 아름다운 일을 하셨음이니 이를 온 땅에 알게 할지어다 6 시온의 주민아 소리 높여 부르라 이스라엘의 거룩하신 이가 너희 중에서 크심이니라 할 것이니라

숲으로 전하는 이사야

본문 : 사 12장1-6절

교회 다니는 사람들 중에 이사야의 말씀을 좋아하는 분들이 많은 것 같습니다. 예수님도 이사야의 말씀을 참 많이 인용하셨습니다. 이사야의 말씀으로 만들어진 찬양들이 많습니다. 뿐만 아니라, 이사야서는 성경 중에서 신학적으로 가장 깊고도 가장 넓은 책이라는 평가를 받고 있습니다. 특별히 이사야는 8세기의 예언자였지만 창조주 하나님에 대한 묘사, 모세의 율법에 대한 지식, 당시 국제정세를 바라볼 수 있었던 안목, 이 땅에 오실 메시야 그리스도에 대한 소망, 하나님이 마침내 이루실 마지막 종말에 대한 환상까지 이 모든 것들이 거의 완벽하게 묘사된 책이라 할 수 있습니다. 그래서 이사야서를 '성경의 축소판'이라 말하기도 하고, 이사야가 보이면 신약과 구약을 관통하는 신비한 문이 열린다는 말도 있습니다.

여러분 아시지요? 예언자는 미래에 일어날 사건에 대해 마치 점치듯이 미리 말하는 사람이 아니라, 그 시대 특정한 상황에 처한 사람들에게 그들의 언어로 하나님께 어떻게 반응해야 하는가를 전한 대언자 즉 말씀을 맡은 사람이라는 의미입니다. 그런데, 사실 이사야 읽기가 쉽지 않습니다. 첫째, 이사야서가 너무 길다는 것입니다. 66장으로 되어 있습니다. 둘째, 이사야서를 읽다 보면 이사야가 주전 8세기에 전한 말씀으로 알고 있는데, 40장 이후로 이사야가 죽은 지 160여 년이 지난 후에 이사야가 말하는 것처럼 내용이 전개된다는 것입니다. 이러한 차이에 대하여 이사야가 하나님께 받은 특별한 영감이 있었기 때문에 8세기의 이사야가 모두 기록한 것이라 주장하기도 하고, 어떤 이는 아무리 봐도 내용적으로 시대가 다르고 메시지의 성격이 다른데

제1 이사야, 제2 이사야, 제3 이사야라는 말로 저자들이 다르다고 주장하기도 합니다. 여러분의 입장은 무엇입니까?

이 주장에 대해서 이사야서 안에서 이해할 수 있는 힌트가 있습니다. 8장과 29장 30장에 보면 이사야가 전한 말씀이 이스라엘 지도자들에 의해 거절당하고 너는 증거의 말씀을 싸매며 율법을 내 제자들 가운데에서 봉함하라는 말씀이 있는데, 이 말은 두루마리를 봉함하여 보관하고 있다가 이사야의 전통을 이은 제자들이 이사야가 선포한 말씀을 유효한 하나님의 말씀으로 받아들였고, 어느 한 시점에 이책이 합쳐져서 '이사야'의 이름으로 정리되었던 것입니다. 이러한 관점이 보수주의 신학이든, 비평학을 사용하는 성경 해석이든 이해할수 있는 입장이라 할 수 있습니다.

그렇다면, 이사야서 읽기의 진입로는 무엇일까요? 키워드를 알고읽으면 이해가 편해질 것 같습니다. 세 개의 단어입니다. 심판과 회복과 소망입니다.

먼저, 이 단어로 이사야의 전체 구조를 구분할 수 있다는 것입니다. 1장에서 39장까지 주변의 앗수르를 배경으로 심판의 메시지라 할수 있고, 40장에서 55장까지 바벨론 포로시대를 배경으로 회복의 메시지라 할 수 있고, 56장에서 66장까지 포로귀환시대를 배경에서 전한 소망의 메시지로 구분할 수 있습니다.

그런데, 주제로 크게 세 부분으로 구분하여 읽을 수 있지만, 각 장 안에서도 이 세 가지의 주제는 반복적으로 발견되고 있습니다. 그래서 혹자는 이사야서를 구원 교향곡이라 말하기도 합니다. 교향곡은 '소리의 일치와 조화' 그리스어 '심포니아'에서 기원합니다. '다양한 음들이 함께 울린다'라는 뜻이라 할 수 있습니다. 이사야는 심판과 회복과 소망의 음들이 함께 소리를 내면서 이사야의 이름 자체가 하나님이 구원하신다는 의미인 것처럼 결국 구원하시는 하나님을 증거해 준 책이라 말할 수 있습니다. 먼저, 이사야서에 나오는 심판의 소리를 살펴보도록 하겠습니다. 1장부터 12장까지는 무엇보다 유다와 이스라엘에 대한 심판의 말씀을 전해줍니다. 물론 구원의 말씀도 들어 있다 하였습니다. 본문이 바로 그 말씀입니다.

이사야는 하나님께서 자기 백성을 심판하셔야 했던 이유를 하나님이 거룩한 분이시기 때문이라 하였습니다.

거룩하신 하나님의 심판의 목적은 자기 백성으로 하여금 불의를 깨닫게 하여 죄악에서 벗어나 다시 거룩한 족속, 새 예루살렘, 의의 성읍으로 회복시키는 것이었습니다. 1장에서 이사야는 하늘 성전에서 이스라엘 백성들을 피고로 선정하고 몇 가지 죄를 고발하는 것으로 증언합니다. 그들의 심판의 이유를 세 가지로 구분할 수 있는데 첫째는 안식일을 지키고, 제사를 드리고, 성전세를 내고 있지만 마음이 떠난 백성들의 종교적 위선의 모습을 고발합니다. 두 번째로 고아와 과

부들, 약자에 대하여 도와주지 않고 오히려 위기에 빠뜨린 사회적 불의를 고발합니다. 이사야가 특히 강조한 것은 부동산 문제를 다루고 있습니다. 세 번째, 극심한 우상숭배의 죄를 드러냅니다.

어느 정도였냐면 이사야서에 아하스 왕의 불신앙이 나타나는데 아하스가 시리아-에브라임 전쟁이 일어나기 전에 앗수르 디글랏빌레셀 왕을 만나기 위해 다메섹에 갔다가 거기에 있는 제단을 보고 제사장 우리야에게 시켜 성전 안에 앗수르의 제단을 만들고 거기에서 왕이 제사를 드리기까지 했던 것입니다. 그래서 예루살렘을 소돔과 고모라와 같다, 심지어 창기와 같다고까지 표현합니다. 그런데, 1장에서 이렇게 심판을 할 수밖에 없는 이유를 말씀하셨지만, 자기 백성을 향한 구원의 약속을 말씀하셨습니다.

"여호와께서 말씀하시되 오라 우리가 서로 변론하자 너희의 죄가 주홍 같을지라도 눈과 같이 희게 될 것이요 진홍같이 붉을지라도 양털같이 희게 되리라"(사 1:18)

구원의 교향곡 가운데 심판의 메시지는 유다와 이스라엘 심판을 넘어서 열방을 향한 심판으로 확장되어 나갑니다(음악 용어로 크레셴도).

열방 심판에 대해 13장부터 23장까지 나타납니다. 그 나라들의 이름은 바벨론, 모압, 다메섹(아람의 수도), 구스, 애굽, 앗수르, 두마와 아라비아, 두로에 대한 심판을 말씀하셨습니다. 이 말씀들은 세상 어느 누구나 어느 민족이나 예외 없이 하나님의 심판 앞에 서게 될 것이라는 것을 의미합니다. 이제 심판의 소리는 이방 민족들뿐만 아니라 우주적으로 확장되었습니다. 땅과 하늘에 대한 심판도 묘사되고 있습니다. 24장부터 27장까지 소묵시록이라 말하는데 24장1절에 보면 하나님께서 땅을 심판하시겠다는 말씀을 하십니다. 땅을 공허하게 하시며 황폐하게 하시며 지면을 뒤집어 엎으시고 그 주민을 흩으신다 하셨습니다. 그리고 24장23절에서는 그 때에 달이 수치를 당하고 해가 부끄러워할 수 있음을 말씀하셨습니다. 이제 그 심판의 소리는 악에 대한 심판의 결정적 메시지까지 확대되어 나타납니다. 27장1절, 악의 근원, 리워야단 즉 사단을 향하여 심판을 선언합니다.

"그 날에 여호와께서 그의 견고하고 크고 강한 칼로 날랜 뱀 리워야단 곧 꼬불꼬불한 뱀 리워야단을 벌하시며 바다에 있는 용을 죽이시리라"(사 27:1)

그런데 이사야서의 놀라운 것은 이런 상황 가운데에서도 놀라지 말라 두려워하지 말라 말씀하신다는 것입니다. 왜냐하면 여호와 하나님은 자기를 의지하는 자를 붙드시고 보호하시고 구원하시기 때문입니다. 이사야는 영원한 반석되시는 하나님을 신뢰하라는 메시지, 심판과 구원의 메시지를 선포한 다음에 하나님은 어떤 분이신지, 그 하나님을 신뢰하라는 강력한 설교를 하고 있습니다.

"보라 하나님은 나의 구원이시라 내가 의뢰하고 두려움 없으리 니 주 여호와는 나의 힘이시며 나의 노래시며 나의 구원이심이라"(사 12:2)

"주께서 심지가 견고한 자를 평강하고 평강하도록 지키시리니 이 는 그가 주를 신뢰함이니이다 너희는 여호와를 영원히 신뢰하라 주 여호와는 영원한 반석이심이로다"(사 26:3)

이사야는 하나님이 자기 백성을 어떻게 구원하실 것이라 증거하 고 있을까요? 누구를 통해서 그 구원을 이루실 것인가? 구속함을 받아 회복된 이스라엘의 모습은 어떠한 모습일까? 구원에 관한 내용이 40 장부터 펼쳐집니다.

이사야가 말하는 구원은 당시대 사람들에게 포로기간이 끝났다, 이스라엘은 본향으로 돌아갈 수 있다. 메시야가 다스리는 나라가 임 할 것이다. 즉 자기 백성을 바벨론에서 시온으로 돌아오게 하신다는 약속이었습니다.

이것을 이사야는 옛적에 하나님이 출애굽의 구원을 이루셨던 것 처럼 이전의 모든 것보다 더 위대한 새로운 구원의 역사를 창조해주실 것을 말씀해 주신 것입니다. 포로로 잡혀갔던 백성들을 구속하셔서 다시 돌아오게 하실 때에 광야에 물길을 내고 사막에 강을 내면서까지 너희들을 인도할 것이다는 약속이었습니다. 이사야 40장부터 읽을 때는 확신과 소망을 갖고 큰 소리로 읽어보시기 바랍니다.

43:3 대저 나는 여호와 네 하나님이요 이스라엘의 거룩한 이요 네 구원자임이라 19 보라 내가 새 일을 행하리니 이제 나타낼 것이라 너희가 그것을 알지 못하겠느냐 반드시 내가 광야에 길을 사막에 강을 내리니 44:22 내가 네 허물을 빽빽한 구름 같이, 네 죄를 안개 같이 없이하였으니 너는 내게로 돌아오라 내가 너를 구속하였음이라

그렇다면 이러한 구원의 역사는 누구를 통하여 이루게 하신 것일까요? 이사야는 구원자에 대해서 증거합니다.

이사야서는 그 구원자를 종으로 묘사하고 있습니다. 이 종이 누구일까요? 자기 백성을 구속할 자인 것입니다. 이사야에서 고레스를 여호와의 종이라고도 말했고, 이스라엘 민족을 종이라 말했는데, 궁극적으로 이사야는 이 종을 메시야라 증거해 준 것입니다. 이사야서는 네 번의 종의 노래가 나오는데, 이 노래를 살펴보면 종의 사명과 운명을 알 수가 있습니다.

첫 번째 종의 노래에서는(42:1-6) 이 종이 하나님의 영을 받아

그가 이방에 정의를 베풀 것이라 말씀해 주셨습니다. 그가 상한 갈대를 꺾지 아니하며 꺼져가는 등불도 끄지 아니하고 진실로 정의를 행하시는 분이라 하였습니다.

두 번째 종의 노래에서는(49:1-6) 이 종을 하나님께서 태에서부터 부르셨고 내 어머니의 복중에서부터 내 이름을 기억하신 이스라엘이라 하였습니다. 그러나 이들이 범죄하여 심판받아 버린 바 된 것 같으나 나는 내 백성을 결코 버리지 않고 잊지 않을 것을 말씀해주셨습니다. 이들의 사명은 내가 너를 이방의 빛으로 삼아 나의 구원을 베풀어서 땅 끝까지 이르게 하리라는 사명을 받은 종이었습니다. 이 종들을 통하여 하늘이 노래하고 땅이 기뻐하고 고난당한 자들을 긍휼히 여김 받는 우주적인 구원의 역사에 쓰임 받게 될 것임을 말씀해주고 있습니다.

세 번째 종의 노래에서는(50:4-9) 원래 종의 사역은 학자의 혀를 받아 곤핍한 자를 도와야 하는 역할을 해야 합니다. 그래서 하나님께서 깨우쳐 주시고 귀를 열어주셔야 합니다. 그러나 종이 소명을 감당하면서 당할 혹독한 고통이 있음을 말씀해 주고 있습니다. 하나님의 종이 맡은 일을 할 때에 나를 때리는 자에게 등을 맡기기도 하고 수염을 뽑는 자들에게 나의 뺨을 맡기기도 하고 모욕과 침 뱉음을 당하여도 내 얼굴을 가리지 아니한다 하였습니다. 이러한 종들의 위로가 무엇이었을까요? 나를 의롭다 하신 이가 가까이 계시기 때문이라 하였습니다. 주 여호와께서 도우신다 하였습니다. 사람들의 비난과 정죄를 받는 종은 묵묵히 하늘의 하나님을 바라보는 사람입니다.

그리고 마지막 네 번째 종의 노래에서 그 종의 운명을 말해줍니다.

"그는 실로 우리의 질고를 지고 우리의 슬픔을 당하였거늘 우리는 생각하기를 그는 징벌을 받아 하나님께 맞으며 고난을 당한다 하였노라 그가 찔림은 우리의 허물 때문이요 그가 상함은 우리의 죄악 때문이라 그가 징계를 받으므로 우리는 평화를 누리고 그가 채찍에 맞음으로 우리는 나음을 받았도다"(사 53:4-5)

여러분, 여기서 질고를 지고 징벌을 받아 고난을 당하되 찔리시고 상하시고 징계를 받으시고 채찍에 맞은 그 고난의 종이 누구라 생각되십니까?

이사야의 탁월하고도 깊이 있는 영감은 당시 자기 백성을 향한 하나님의 구원의 소식을 전했지만 궁극적인 죄와 죽음과 고통의 비극적 실존을 겪고 있는 오는 모든 세대를 향한 영원한 메시야 구속자, 예수 그리스도를 바라보고 소망할 수 있었던 것입니다. 하나님은 그 놀라운 구속을 예수 그리스도의 십자가에서 온전히 이루신 것입니다. 그러나, 이러한 구원을 허락하셔서 그토록 그리던 시온, 약속의 땅에 돌아왔지만 현실은 어떠했습니까? 에스라-느헤미야를 통해서 살펴보았던 대로 그들의 땅은 폐허가 되어 있었고, 성전도 파괴되었고, 성벽도 무너져 있었고, 여전히 그들은 페르시아 압제의 상황 속에서 백성들의 곤핍과 무기력한 상태에 좌절하고 있었습니다. 이사야 56장부터 66장까지는 이런 상황 가운데 있는 백성들에게 소망의 말씀, 복음의 말씀을 선포한 것입니다. 물론 말씀 가운데 백성들의 죄를 다시 꾸짖고 회개를 요청하는 메시지가 나오지만 그 가운데에서도 이사야는 소망의 메시지들이 넘쳐 납니다.

메시야가 오시면, 고통과 흑암과 멸시와 사망의 장소가 영화로운 빛의 장소로 바뀔 것이고 네 하나님이 네 영광이 될 것을 말씀해 주셨습니다. 작은 자가 천명을 이루겠고 약한 자가 강국을 이룰 것임을 말씀해 주었습니다. 메시야가 도래하면 에덴이 회복될 것입니다. 메시야가 오셔서 이루실 새 하늘과 새 땅은 이리가 어린 양과 함께 먹을 것이고 사자가 소처럼 짚을 먹을 것이고 뱀은 흙을 영식으로 삼을 것이고 어린 아이가 독사의 굴에 손을 넣어도 상하지 않는 참 사랑의 나라가 될 것입니다. 메시야가 오시면 가난한 자들에게 아름다운 소식이 전해지게 될 것이고 마음이 상한 자를 고치시고 포로 된 자를 자유하게 하고 갇힌 자들을 놓아주는 역사가 있을 것이다. 메시야가 오면 온 땅에 여호와를 아는 지식이 충만해질 것이다. 그리고 궁극적으로 메시야는 인간의 죄를 대속하기 위해 오시는 분이신데, 그 메시야로 말미암아 죄로 인하여 깨어진 하나님과의 관계가 회복되는 것입니다.

복음이 무엇입니까? 바로 그 메시야가 오셨다. 그분이 오셔서 우리를 죄와 죽음과 어둠과 질병과 고통의 모든 것을 십자가에서 다 짊어지시고 우리에게 참 자유를 주셨다는 것입니다. 우리가 거룩한 하나님의 백성으로 당당하게 살아갈 수 있게 되었다는 것입니다.

이사야는 메시야가 오셔서 이루어질 그 새 예루살렘을 잔치를 베푸는 이미지로 묘사를 해주고 있습니다. 그리고 이사야는 열방에 대한 비전을 계시하면서 말씀을 마무리하고 있습니다. 하나님이 이사야에게 보여주신 마지막 비전은 새 하늘과 새 땅에서 모든 열방과 혈육이 나와 하나님을 예배하는 것이었습니다. 이사야는 하나님께서 준비하신 영광과 기쁨의 잔치에 모든 하나님의 자녀들을 초대한 것입니다.

"오호라 너희 모든 목마른 자들아 물로 나아오라 돈 없는 자도 오라 너희는 와서 사 먹되 돈 없이 값없이 와서 포도주와 젖을 사라"(사 55:1)

이사야는 우리에게 심판과 회복과 소망을 통해 구원을 베푸시기를 원하시는 하나님을 너무나 강렬하게 묘사해주고 있습니다.

"나는 시온의 의가 빛 같이 예루살렘의 구원이 횃불 같이 나타나도록 시온을 위하여 잠잠하지 아니하며 예루살렘을 위하여 쉬지 아니

할 것인즉"(사 62:1)

　　이사야서는 심판과 회복과 소망의 메시지를 통하여 구원 교향곡을 완벽하게 연주하였습니다. 참으로 이사야가 증거한 하나님은 너무나 멋진 하나님이십니다. 이스라엘의 거룩하신 분, 온 열방과 우주까지 다스리시는 분, 영원하시고 전능하신 하나님이 사람의 몸을 입고 오셔서 구속의 사역을 성취하신 신실하신 하나님을 발견할 수 있습니다. 그러나 우리가 이사야의 말씀을 다시 읽을 때는 왜 하나님이 그렇게 사랑하는 자기 백성을 심판하셔야만 했는가? 심판하시면서까지 자기 백성을 거룩한 백성으로 다시 회복시켜 구원하시고자 하시는 하나님을 발견할 수 있기를 바랍니다. 특별히 현재 물 가운데 지나고 불 가운데로 지나가고 있는 것 같은 인생의 광야 끝자락에 버림받은 것 같은 상황과 어려운 문제 앞에 놓여 있다면 이사야가 들려주었던 하나님의 구원의 메시지를 듣고 아멘으로 반응할 수 있는 성도들이 되어야 할 것입니다.

깨뜨리시고 세우시는 하나님

1 베냐민 땅 아나돗의 제사장들 중 힐기야의 아들 예레미야의 말이라 2 아몬의 아들 유다 왕 요시야가 다스린 지 십삼 년에 여호와의 말씀이 예레미야에게 임하였고 3 요시야의 아들 유다의 왕 여호야김 시대부터 요시야의 아들 유다의 왕 시드기야의 십일년 말까지 곧 오월에 예루살렘이 사로잡혀 가기까지 임하니라 4 여호와의 말씀이 내게 임하니라 이르시되 5 내가 너를 모태에 짓기 전에 너를 알았고 네가 배에서 나오기 전에 너를 성별하였고 너를 여러 나라의 선지자로 세웠노라 하시기로 6 내가 이르되 슬프도소이다 주 여호와여 보소서 나는 아이라 말할 줄을 알지 못하나이다 하니 7 여호와께서 내게 이르시되 너는 아이라 말하지 말고 내가 너를 누구에게 보내든지 너는 가며 내가 네게 무엇을 명령하든지 너는 말할지니라 8 너는 그들 때문에 두려워하지 말라 내가 너와 함께 하여 너를 구원하리라 나 여호와의 말이니라 하시고 9 여호와께서 그의 손을 내밀어 내 입에 대시며 여호와께서 내게 이르시되 보라 내가 내 말을 네 입에 두었노라 10 보라 내가 오늘 너를 여러 나라와 여러 왕국 위에 세워 네가 그것들을 뽑고 파괴하며 파멸하고 넘어뜨리며 건설하고 심게 하였느니라 하시니라

숲으로 전하는 예레미야

본문 : 렘 1장1-10절

여러분, 우리가 왜 성경을 읽어야 하고, 왜 설교를 들어야 합니까? 성경을 성령의 감동으로 기록된 하나님의 말씀으로 믿지 못하면, 설교자의 인격과 삶에 대한 의심과 반감이 있다면 아무리 하나님의 뜻이 명확하게 전달되어도 하나님 말씀을 말씀으로 듣기가 쉽지 않을 것입니다. 특별히 예언서 읽기는 독자들과 청중들로 하여금 불편하게 하는 메시지가 대부분입니다. 아무리 하나님의 말씀이라 할지라도 심판과 회개의 메시지는 편하게 듣기가 어렵다는 것입니다. 성경은 앞날에 일어날 미래에 대한 이야기가 아닙니다. 그렇다고 지나간 사건에 대한 역사이야기도 아닙니다. 우리가 성경을 읽어야 하는 이유는 시대를 초월하여 하나님 입장에서 우리에게 자신의 뜻과 마음을 전해주셨다는 의미에서 우리는 성경을 읽고 설교를 들어야 합니다.

예레미야서 전체 내용의 구조는 나누기가 쉽지 않은 책이라 할 수 있습니다. 이렇게 표현할 수 있습니다. 중구난방, 두서없는 이란 말로 표현할 수 있습니다. 왜냐하면 글의 양식이 역사적 상황 없이 선포된 설교 양식의 글도 있고, 갑자기 예레미야의 독백, 탄식 장면이 나타나고, 논쟁도 나오고(28장), 편지도 나오고(29장) 환상 장면도 나오고, 이방 민족에 대한 심판의 메시지도 나오고, (어려운 용어이지만), 선지자의 상징적인 행동으로 심판의 메시지를 전하기도 하고, 서기관 바룩에 의해 기록되었다고 하는 예레미야의 자서전적인 이야기 등 다양한 문학적 형식으로 기록되어 있습니다. 그럼에도 예레미야를 통해서 시대를 초월한 하나님의 뜻이 분명히 드러나고 있습니다.

그런데 예레미야서의 특징이 있는데 유난히 예레미야서는 선지자의 감정의 폭이 크게 나타납니다. 창조에 대한 이야기부터 앞날에 대한 희망에 이르기까지, 당시 유다를 중심으로 한 이방 열방들에 대한 국제 정세를 포함하여, 고난 받는 사람의 깊은 속마음에 이르기까지 헤아리지 않는 것이 없는 책이기도 합니다. 그래서 논리적인 접근보다는 하나님의 마음, 선지자의 마음을 따라 읽으면 좋을 것 같습니다. 예레미야 읽기의 포인트는 하나님의 마음, 예레미야의 마음을 느끼면서 읽는 것이라 할 수 있습니다.

예레미야를 숲으로 4부분으로 구분하면, 1장부터 25장까지 예레미야의 소명 이야기로부터 유다를 심판 하시겠다고 선포하시고 그 이유를 말씀하셨고, 26장부터 45장까지 예레미야의 자서전적 이야기라 말할 수 있고, 46장부터 51장까지 유다 주변의 9개 나라에 대한 심판을 선언하심으로 하나님이 온 세상의 주가 되심을 선포하셨고, 52장에서 부록으로 예루살렘이 멸망함으로 예언이 성취되었다는 것을 말해줍니다.

예레미야는 요시야 왕 13년째인 627년부터 예루살렘이 망해 바벨론으로 포로로 잡혀가기까지 586년까지 40여 년 선지자의 사명을 감당합니다. 이스라엘 역사상 예루살렘 멸망 직전과 직후 가장 어두운 시대에 사역을 한 선지자입니다. 예레미야서는 특별히 하나님께서 나를 감동시키셔서 사역자로 부르셨는데 사역 현장이 너무나도 풀리지 않는 상황 가운데 있는 사역자들에게는 가장 공감되는 책이라 할 수 있을 것 같습니다. 특별히, 우선적으로 저를 포함해서 어려운 사역 환경에서 하나님의 사명을 감당하는 사역자들에게는 위로와 소망의 메시지로 들려지기를 소망합니다.

예레미야는 하나님이 선지자로 부르실 때 나는 이 사명을 감당하지 못하겠습니다 하면서 거절했던 사람이었습니다. 그런데 하나님께서 꼬드기시면까지 설득하여 선지자의 사명을 감당하게 하셨습니다. 그리고 선지자의 사역을 여러 번 그만두고자 했지만 그때마다 예레미야를 붙드시면서 하나님의 말씀을 전하게 하시는 하나님의 고집스러움도 보입니다. 그러면 하나님이 예레미야를 책임져주셔야 하는 것 아닙니까? 하나님께서 예레미야에게 어떤 말씀을 맡기셨을까요? 하나님께서 예레미야의 입에다 말씀을 넣어 주시면서 전해야 할 말씀을 맡겨 주셨습니다.

"여호와께서 그의 손을 내밀어 내 입에 대시며 여호와께서 내게 이르시되 보라 내가 내 말을 네 입에 두었노라 보라 내가 오늘 너를 여러 나라와 여러 왕국 위에 세워 네가 그것들을 뽑고 파괴하며 파멸하며 넘어뜨리며 건설하고 심게 하였느니라"(렘 1:9-10)

한마디로, 내가 이 백성을 깨뜨리고 난 후에 다시 세우시겠다는 말씀을 주신 것입니다. 이 말씀은 다윗에게 주신 약속을 굳게 믿고 있었던 백성들에게 나라의 멸망은 듣기 힘든 메시지였습니다. 성전이 무너질 것이라는 것은 더더욱 듣기 싫은 메시지였습니다.

하나님은 예레미야에게 남유다가 망하게 되는 결정적 이유를 말씀하셨습니다. 예레미야가 전한 메시지는 하나님 입장에서 너희들이 이 언약을 파기했다는 것입니다.

이 말씀대로 예레미야는 1장부터 25장까지 이스라엘이 하나님과 맺은 언약을 어겼고 율법에 기록된 하나님과의 합의 사항을 위반했다는 내용이라 할 수 있습니다. 이스라엘 백성들이 하나님의 절대적인 사랑과 자비를 받아 하나님의 거룩한 선택된 백성이 되었음에도 불구하고, 광야 곧 사막과 구덩이 땅, 건조하고 사망의 그늘진 땅, 사람이 그곳으로 다니지 아니하던 땅을 건너게 하신 하나님, 기름진 땅으로 인도하여 그것의 열매와 아름다운 것을 먹게 하였거늘 이 땅에 들어와 하나님의 거룩한 땅을 더럽혔고 내 기업을 역겨운 것으로 만들었다고 하면서 악을 고발하였습니다.

특별히 7장에서 예레미야는 성전에서 아주 강력하게 죄를 지적합니다. 이스라엘 백성들은 하나님을 예배하러 성전에 나오지만 실상 성전 밖에서는 이방신을 예배하고 있습니다. 심지어 가나안 풍습을 따라 자녀를 희생제물로 태워 바치는 일도 고발합니다. 예레미야는 북쪽으로부터 적을 보내 성전을 허물고 이스라엘을 벌하실 것이라는 심판 메시지를 전합니다. 이러한 예레미야의 말씀 때문에 예레미야는 가까운 사람들로부터 함께 일하는 동역자들과 갈등을 넘어서 비난과 조롱과 죽음의 위협을 당하기까지 하였습니다. 유다의 멸망 직전 당시 청중들이 듣고 싶어 했던 말이 무엇이었을까요? 당연히 주변 강대국의 침입 앞에서 하나님이 우리를 도와주실 것이다, 우리는 하나님의 선택된 백성이기 때문에 결코 망하지 않을 것이다 하는 메시지였을 것입니다. 그런데 예레미야가 하나님께 받은 메시지는 너희들이 망하게 될 것이다! 그러니 싸우지 말고 바벨론에 항복하라! 는 말씀이었습니다. 이 정도면 당연히 비난받아도 마땅할 것 같습니다.

가족과 고향 사람들, 같은 선지자들, 종교 지도자들, 그 누구도 자기편이 없다고 여겨지는 환경이었습니다. 그의 고향 사람들은 자기 고장의 명예를 더럽힌다며 그를 암살하려는 음모까지 꾸밉니다. 권력자들은 그에게 반역죄를 적용하여 감옥에 가두기까지 합니다. 제사장들도 예루살렘 성전이 망할 것이라고 선언한 예레미야를 잡아 가두고 고문을 가하기까지 합니다. 요즈음 말로 세상과 맞장떴다가 비참하게 일방적으로 당하기만 한 것입니다.

여러분, 생각해봅시다. 이러한 메시지를 받은 예레미야 말씀을 전하고 싶어 했을까요? 전하고 싶지 않다고 하나님 앞에 거절하고 변명하면서 그만두겠다고 말했다니까요. 예레미야서에는 이 말씀을 주신 하나님과의 갈등이 나타납니다.

그래서 예레미야서에는 욥기와 같은 하나님 앞에 질문하고 부르 짖는 탄식하는 말씀들이 많이 나타나고 있습니다.

탄식하는 부르짖음이 다섯 번 나타나고 있습니다. 예레미야의 갈 등과 고난과 아픔과 배신감을 생생하게 날 것으로 하나님 앞에 자신 의 심정을 토해내고 있습니다. 예레미야서는 이러한 비난과 갈등의 상황 속에서 눈물 흘리며 상처받아 괴로워하는 선지자의 심정을 많이 고백했다고 해서 예레미야를 눈물의 선지자라 부르는 것입니다. 대표 적인 한 구절만 소개하면

"어찌하면 내 머리는 물이 되고 내 눈은 눈물 근원이 될꼬 죽임을 당한 딸 내 백성을 위하여 주야로 울리로다"(렘 9:1)

예레미야는 하나님께 강력하게 항의하기도 하였습니다. 심지어 는 하나님께 할 말, 못할 말을 가리지 않고 표현하기도 합니다. 하나님 께 이렇게 따집니다. 주께서 내게 대하여 물이 말라서 속이는 시내 같 다고 항변합니다. 이 말은 하나님은 신실한 분이라기보다 흐르다가도 마르고 마르다 가도 흐르는 여름철의 시냇물처럼 도무지 믿을 수 없 는 분이다라는 말입니다. 예레미야의 이 모든 고난과 고통이 선지자 가 하나님께 드리는 기도 안에서 발견됩니다. 자기를 못살게 구는 동 족들에게 원수를 갚아 달라는 예레미야의 기도 속에는 어두운 마음이

숨어 있습니다. 하나님이 자신을 버렸다는 생각으로 괴로워한 것입니다. 더 나아가 예레미야는 자신의 사역이 너무 고달프고 힘들어 자기 어머니마저도 원망합니다. 왜 자신을 낳아 이렇게 고생하게 하느냐고 울부짖습니다. 그래서 결국 예레미야는 결심을 하는데 내가 하나님이 이름으로 예언을 하지 않겠다고 하였습니다.

그런데, 예레미야가 탄식 중에도 사역을 감당할 수 있었던 이유, 예레미야의 마음을 지켜줄 수 있었던 이유가 무엇이었습니까?

예레미야는 15장16절에서 "만군의 하나님 여호와시여 나는 주의 이름으로 일컬음을 받는 자라 내가 주의 말씀을 얻어 먹었사오니 주의 말씀은 내게 기쁨과 내 마음의 즐거움이오나" 이어서 17절에서 주의 손에 붙들려 홀로 앉아있다고 한 고백을 보면 예레미야에게 임한 강력한 말씀이 그를 붙들어 놓은 것 같습니다. 예레미야가 죽을 것 같은 고통 가운데에서도 고백한 말씀이 있습니다.

"내가 다시는 여호와를 선포하지 아니하며 그의 이름을 말하지 아니하리라 하면 나의 마음이 불붙는 것 같아서 골수에 사무치니 답답하여 견딜 수 없나이다"(렘 20:9)

이 시대의 사역자들이 힘들고 외롭고 때로는 비난과 조롱을 받아도, 이 사명을 감당하는 이유가 무엇이겠습니까? 마음이 아프기 때문입니다. 마음이 고통스럽기 때문입니다. 하나님의 마음을 느끼기 때문입니다. 그러나 하나님의 말씀 안에 원천적인 기쁨이 있기 때문입니다. 마음이 아프지 않고 말씀 안에서 위로와 기쁨과 확신이 없다면 이 시대 사명을 감당하기 어려울 것입니다.

예레미야가 시대와 사람들을 겪어 내면서 깨달은 것이 무엇이었습니까?

인간의 깊은 죄성을 발견한 것이었습니다. 예레미야는 4장에서 인간은 지각이 없고 있어도 악을 행하는 지각뿐이고 선을 행하기에는 무지하다고 말하고 있습니다. 인간의 죄악의 속성이 어느 정도 무지한지 자기 백성이 하나님으로부터 그렇게 맞고 혼났음에도 불구하고 뉘우치기는 커녕 도리어 얼굴을 바위처럼 굳게 하였다고 말합니다. 우리가 잘 알고 있는 만물보다 거짓되고 심히 부패한 것은 마음이라 깨닫게 되었습니다. 예레미야는 그 표현을 구스인이 그 피부를 바꿀 수 없다는 비유를 들어 인간의 본성은 구제불능이다 말한 것입니다. 예레미야는 하나님 때문에 자기 마음대로 살지 못했던 사람이었습니다. 인간적으로는 너무나 불쌍한 사람이었습니다. 그것도 가장 비극적인 시대에 부름 받은 사람이었습니다. 그러나 놀랍게도 하나님은 이러한 예레미야의 입을 통해서 가장 많은 하나님의 말씀을 남기셨습니다. 그중에서도 성경의 분기점이라 할 수 있는 결정적 말씀을 주신 것입니다.

예레미야가 전한 소망의 메시지 세 가지를 찾을 수 있습니다.

첫째는 25장에서 하나님은 바벨론이 예루살렘을 파괴하고 이스라엘을 70년간 포로 삼을 것이다. 바벨론을 이스라엘의 불의와 우상숭배에 대한 하나님의 진노의 잔이 가득찬 포도주 잔에 비유를 합니다. 하나님은 이스라엘과 모든 민족이 이 잔을 마시게 할 것이라 합니다.

"여호와의 말씀이니라 칠십 년이 끝나면 내가 바벨론의 왕과 그의 나라와 갈대아인의 땅을 죄악으로 말미암아 벌하여 영원히 폐허가 되게 하되 내가 그 땅을 향하여 선언한 바 예레미야가 모든 민족을 향하여 예언하고 이 책에 기록한 나의 모든 말을 그 땅에 임하게 하리라"(렘 25:12-13)

두 번째, 예레미야는 메시야에 대한 약속을 받아 전하였습니다. 이사야에게만 메시야의 약속을 주신 것이 아니라, 가장 어두운 시대를 살아갔던 유다 멸망 직전과 직후에 이 새언약의 말씀을 주셨다는 것입니다.

"여호와의 말씀이니라 보라 때가 이르리니 내가 다윗에게 한 의로운 가지를 일으킬 것이라 그가 왕이 되어 지혜롭게 다스리며 세상에서 정의와 공의를 행할 것이며"(렘 23:5)

세 번째, 예레미야는 인간의 힘과 노력이 아닌 전적인 하나님의 역사와 은혜로, 하나님이 인간에게 새로운 마음을 불어넣어 주셔야만 비로소 하나님의 백성으로 살아갈 수 있음을 말씀해 주셨습니다.

"그러나 그 날 후에 내가 이스라엘 집과 맺은 언약은 이러하니 곧 내가 나의 법을 그들의 속에 두며 그들의 마음에 기록하여 나는 그들의 하나님이 되고 그들은 내 백성이 될 것이라 여호와의 말씀이니라"(렘 31:33)

이 말씀은 시내산에서 모세를 통해서 주셨던 돌판에 새긴 그 옛날 법을 뛰어넘는 새로운 약속이었습니다. 이제 그의 백성에게 마음에 새긴 새로운 법을 주시겠다는 새 언약의 말씀이었습니다. 예레미야는 사람의 마음이 얼마나 부패했는지를 알았습니다. 그러나 마음에 새겨진 새로운 법, 영원한 속죄 제물 되시는 예수 그리스도께서 자신의 피를 흘리심으로 우리의 죄를 사하시고, 그리스도 예수 안에 있는 생명의 성령의 법으로 우리를 새로운 피조물로 우리를 거듭나게 하셨습니다. 우리는 새 언약으로 말미암아 택하신 족속, 왕 같은 제사장, 거룩한 나라 그의 소유가 된 백성이 되어 더 이상 강요나 억지가 아니라 우리가 자원함으로 기쁨과 감격 속에 하나님을 섬길 수 있게 된 것입니다. 예레미야가 시위대에게 잡혔을 때에 그를 회복시키시는 하나님의 말씀을 듣습니다. 아주 강력한 말씀을 선포하였습니다.

"일을 행하시는 여호와 그것을 만들며 성취하시는 여호와 그의 이름을 여호와라 하는 이가 이같이 이르시도다 3 너는 내게 부르짖으라 내가 네게 응답하겠고 네가 알지 못하는 크로 은밀한 일을 네게 보이시리라"(렘 33:2-3)

여기서 크고 은밀한 일이란 자기 백성을 향한 영원한 약속과 이 백성을 향한 하나님의 크신 계획입니다. 70년이 되면 이 백성을 다시 포로에서 돌아오게 할 것이고, 메시야를 보내셔서 이루어질 영원한 하나님의 나라, 그리스도의 나라에 대한 비전입니다. 사람들의 눈으로 보면 앞으로 멸망과 포로로 끌려가는 비참한 사건이 전개될 것이지만 마침내 하나님의 구원의 역사를 이루신다는 하늘에서 하나님이 계획하신 일들을 보게 될 것이라는 말씀입니다. 깨뜨리시지만, 다시 세우시는 하나님, 그가 약속한 것을 반드시 성취하시는 신실하신 하나님이심을 증거해 준 것입니다.

하나님은 시대마다 그리고 각 하나님의 종들에게 사명을 맡기셨습니다. 예레미야의 이름의 뜻은 "하나님께서 존귀하게 여기신다"라는 의미입니다. 그러나 인간적인 관점에서 예레미야는 고난과 역경 속에서 비참하고 불행하게 살았던 인물이었습니다. 하나님 때문에 억울하게 살았던 인물입니다. 마지막 그의 운명도 애굽으로 끌려가 죽었습니다. 가장 비극적인 시대에 부름 받은 사람입니다. 그러나 하나님 편에서 죽기까지 사명을 감당한 사람이었습니다. 이런 의미에서 예레미야는 예수님을 가장 닮은 인물로 평가되기도 합니다. 하나님의 종들과 사명자들의 위로가 무엇입니까? 하나님입니다. 하나님의 말씀입니다. 그러기에 이 사명을 감당하는 것입니다.

여러분, 예레미야의 말씀을 내 삶에 적용해봅시다. 깨어짐을 당한 적이 있습니까? 그때 그 깨어짐은 나에게 어떤 의미를 가졌습니까?

여호와께서 깨트리시는 이유는 먼저는 그들의 죄 때문입니다. 그리고 더 나아가서는 항상 그들을 세우기 위함입니다. 모든 깨트림은 세우기 위함입니다. 우리 안에 깊숙이 있는 그 죄가 깨트려지는 것이 그렇게 쉽게 되는 것이 아닙니다. 그 깨트러짐은 겉보기에는 우리의 자존심이 깨어지는 것이고, 우리의 재산이 손해 보는 것이고, 우리의 삶의 흔적과 업적이 무너지는 것입니다. 그러나 그 깨트러짐은 나의 자존심이 무너지고 나의 업적이 무너지는 것 같으나 실상은 나의 거짓과 불신앙이 무너지는 것입니다. 진짜 억울하십니까? 그렇게 깨어질 이유가 없는데 그렇게 깨어지니까 억울합니까? 여러분 더 깨어져야 한다는 생각은 안해보셨습니까? 그러니 우리는 더욱더 깨어져야 합니다. 모든 사람에게는 깨어지는 귀한 시간이 필요합니다.

예레미야는 하나님 앞에 사명을 받은 사람이었습니다. 예레미야는 자신의 죄 때문이 아니라 이스라엘 민족의 죄 때문에 깨트림을 당하였어도 그 깨트림을 당하면서 자기 자신을 보았을 것입니다. 예레미야 15장에 보면 하나님 앞에 자신의 마음을 토해내는 기도 가운데 하나님의 음성을 듣는데 하나님은 네가 만일 돌아오면, 네가 만일 헛된 것을 버리고 귀한 것을 말한다면 너는 나의 입이 될 것이라 하면서 회개하라 말씀하셨습니다. 그러면서 철저히 자기 자신의 죄를 더 씻었을 것입니다. 얼마나 깨져 있습니까? 깨져 있는 것이 복입니다. 깨진 만큼 우리 안에 세워짐이 있기 때문입니다. 한 주간 예레미야를 읽어 나가시면서 깨트리시지만 다시 세우신 하나님, 우리를 새롭게 하실 기대하시면서 우리의 믿음이 견고하게 세워지는 은혜가 있기를 간절히 바랍니다.

슬프지만, 슬프지 않은 노래

17 주께서 내 심령이 평강에서 멀리 떠나게 하시니 내가 복을 내어버렸음이여 18 스스로 이르기를 나의 힘과 여호와께 대한 내 소망이 끊어졌다 하였도다 19 내 고초와 재난 곧 쑥과 담즙을 기억하소서 20 내 마음이 그것을 기억하고 내가 낙심이 되오나 21 이것을 내가 내 마음에 담아 두었더니 그것이 오히려 나의 소망이 되었사옴은 22 여호와의 인자와 긍휼이 무궁하시므로 우리가 진멸되지 아니함이니이다 23 이것들이 아침마다 새로우니 주의 성실하심이 크시도소이다 24 내 심령에 이르기를 여호와는 나의 기업이시니 그러므로 내가 그를 바라리라 하도다 25 기다리는 자들에게나 구하는 영혼들에게 여호와는 선하시도다 26 사람이 여호와의 구원을 바라고 잠잠히 기다림이 좋도다

숲으로 전하는 예레미야애가

본문 : 애 3장17-26절

여러분은 최근 언제 울어본 경험이 있습니까? 인생을 살아가면서 때때로 불가피하게 깊은 슬픔에 잠길 때가 있습니다. 사랑하는 사람이 떠났을 때, 인간의 비참한 광경을 목격했을 때, 사람의 힘으로 어찌할 수 없는 질병과 곤경을 만났을 때, 그 누구도 예외일 수 없는 슬픔의 감정들을 맞이하게 됩니다. 저의 어머니가 5년 전에 하늘나라로 돌아가셨는데 어머니의 기도하는 사진을 보면 내 어머니가 저렇게 하셨는데 하는 마음에 슬프지만 슬프지 않은 마음으로 채워지는 것을 느낍니다. 김진호의 '가족사진'이라는 노래가 있습니다. 진호가 중학교 2학년 때 아버지를 잃고 어머니를 지켜주겠다고 당시의 약속을 묵묵히 지키고 있는 모습을 오래전에 방송에서 시청한 기억이 있습니다. 아마도 그의 노래가 가슴 아픈 사연들을 가슴에 담아 노래하였기 때문에 더 사람들의 마음에 깊은 울림을 주는 노래라고 느껴집니다.

여러분, '아리랑'이란 노래 아시죠? 아리라는 단어는 '곱다'라는 뜻이고, 랑은 '님'이라는 의미의 단어입니다. 쓰리라는 뜻은 '쓰다'라는 의미의 단어입니다. 대한민국이 일제 강점기 나라와 주권을 빼앗겼던 36년의 시절을 보내면서 한과 슬픔이 담긴 '아리랑'을 부르면서 나라 잃은 서러움의 시간들을 스스로 위로하고 보냈던 것입니다. 해외로 강제이주 당한 동포들이 얼마나 많이 불렀으면 주변의 외국인들도 아리랑의 노래를 부를 수 있었겠습니까?

교회는 하나님 앞에서 마음껏 애통하고 하소연할 수 있는 곳이 되어야 한다고 확신합니다. 때로는 개인적인 응어리를 가지고, 때로는 내 부모와 자녀, 형제, 성도들의 아픔의 문제를 끊어 안고, 때로는 우리의 이웃과 민족의 문제들을 가지고 하나님께 부르짖는 장소가 되어야 한다고 믿습니다.

성경에도 하나님 앞에서 참 많이 울었던 사람들이 나타납니다. 히스기야가 병들어 죽게 되었을 때 히스기야가 얼굴을 벽으로 향하고 "내가 주 앞에서 진실과 전심으로 행하며 선하게 행한 것을 기억하옵소서" 심히 통곡하였을 때 하나님께서 내가 네 기도를 들었고 네 눈물을 보았노라 하는 음성과 함께 수명을 15년 연장시켜 주셨다는 말씀이 있습니다. 너무 비참하고 서러웠던 지난날의 모든 상처를 씻어 내리는 용서와 화해의 눈물의 사건도 나타납니다. 꿈꾸는 사람이라는 별칭을 가진 요셉이 22년 만에 아버지와 형제들을 만나면서 일어난 장면입니다. 요셉이 아버지의 품에 안기는 순간 입었던 채색 옷을 빼앗기고 구렁이에 던져진 채 하염없이 흘렸던 눈물의 추억, 보디발의 집에서 종살이하던 날들, 감옥에 던져진 채 햇볕을 보지 못했던 칠흑 같은 시절들을 생각하며 아버지를 만나 하염없이 울었던 사람이었습니다. 요셉과 아버지 야곱은 목을 어긋 맞춰 울었습니다. 네 얼굴을 보았으니 지금 죽어도 족하다 고백하기도 하였습니다(창 46:29). 1983년에 방영된 이산가족 상봉 장면이 연상이 됩니다. 욥의 탄식을 아시죠? 욥이 고난 가운데에서 "내가 주께 대하여 귀로 듣기만 하였사오나 이제는 눈으로 주를 뵈옵나이다"의 고백이 나오기까지 정말 하나님은 의로운가? 하는 질문, 자신의 생일을 저주할 정도의 강도 높은 탄식이었습니다.

본문은 나라 잃은 슬픔을 개인과 공동체가 불렀던 슬픈 노래 중의 한 부분입니다. 애가는 그 나라 잃은 슬픔의 노래를 모아 놓은 5개의 시라 말할 수 있습니다. 성경은 애가를 예레미야의 애가(슬픈 노래)라고 했던 것은 예레미야의 메시지를 살펴보았던 것처럼 '눈물의 선지자'로 불릴 만큼 하나님 앞에서 심한 슬픔을 하소연한 선지자입니다. 그리고 역대하 35장25절에 보면 예레미야는 요시야를 위하여 애가를 지었다는 말씀에 근거하여 5개 슬픈 노래 모음집을 예레미야 애가로 부르고 있는 것입니다. 그래서 이스라엘 백성들은 아브월 9일에 성전파괴를 애도하면서 금식하기도 합니다.

예레미야 애가는 1장과 2장과 4장에서 '슬프다'라고 하는 단어로 시작되었다 해서 '애가' 슬픈 노래라고 부릅니다. 그리고 특이한 것은 히브리어 자음이 알렙이라는 단어부터 타브라는 단어까지 총 22개인데(우리 나라 한글은 자음이 14개) 각 시들이 22절로 되어 있고, 각 시마다 처음으로 시작하는 절들이 22개 자음의 순서대로 되어 있다는 것입니다. 그 중에 3장은 66절로 되어 있고, 5장은 알파벳 순서는 아닙니다. 아마도 시편처럼 시가 최종적으로 배열되었던 것처럼, 애가도 마지막 정경으로 확정할 때에는 편집한 사람의 의도가 있었던 것으로 보입니다. 1장에서 5장까지 탄식이 주된 내용이지만, 각장마다 강조하고 있는 주제가 나타나고 있습니다.

1장에서는 함락된 예루살렘의 상황을 한 때는 많은 자녀를 둔 공주였지만 이제는 아무에게도 위로받지 못하는 과부가 슬퍼하는 비유로 그려지고 있습니다.

예레미야는 하나님의 백성 유다가 결국 바벨론에 멸망하자 '어찌하여...'라는 탄식과 비통의 감정을 시로 기록한 슬픔의 노래, 통곡의 노래를 하고 있습니다. 안타까운 심정을 '전에는' 이라는 단어가 세 번씩이나 나옵니다. 지난날 평화로웠던 날들을 그리워하며 나라가 망한 후에 절망적인 상황을 표현하고 있습니다.

"슬프다 이 성이여 전에는 사람들이 많더니 이제는 어찌 그리 적막하게 앉았는고 전에는 열국 중에 크던 자가 이제는 과부 같이 되었고 전에는 열방 중에 공주였던 자가 이제는 강제 노동을 하는 자가 되었도다"(애 1:1)

2절을 더 보시면, 친구들도 배반했습니다. 전에는 유다와 동맹을 맺고 생사고락을 같이 했던 열방들이 배신했고, 함께 했던 백성들 중에서는 애굽으로 도망친 사람들도 있었습니다. '위로하는 자가 없고'라는 표현은 무려 1장에 다섯 번이나 등장하고 있습니다.

"밤새도록 슬피 우니 눈물이 뺨에 흐름이여 사랑하던 자들 중에 그에게 위로하는 자가 없고 친구들도 다 배반하여 원수가 되었도다"(애 1:2)

남 유다의 마지막 왕은 아들들을 그의 눈앞에서 죽이고 두 눈이 뽑히고 온 몸에 쇠사슬에 묶여 바벨론 포로로 잡혀갔습니다. 왕과 함께 수 천 명의 사람들이 바벨론으로 끌려갔고 예루살렘 성은 사라졌고, 성 안에 뛰어노는 아이들도 자취를 감추었고, 많은 사람들이 절기를 지키러 성전에 올라왔는데 사람의 흔적을 찾을 수가 없습니다. 성전 안에 있는 성물들은 도둑을 맞았고, 성전은 불타고 성벽은 무너졌습니다. 처참함 그 자체입니다.

2장은 유다가 멸망하고 예루살렘 성이 파괴된 것, 성전을 낯선 약탈자들에게 넘겨준 것, 즉 하나님의 심판은 죄악 때문이고, 이로 말미암아 하나님이 행하신 일이었음을 자백하고 해석한 것입니다.

해석된 고난이라 말할 수 있을 것입니다. 하나님이 맹렬한 불로 진노하셨고, 하나님이 긍휼히 여기지 아니하셨고, 하나님이 오른손을 들고 서서 무기로 사람을 죽이듯 하셨다고 묘사하고 있습니다. 특별히 나라가 멸망한 것은 거짓 선지자들의 헛되고 어리석은 묵시라고 지적한 것입니다. 그들은 하나님의 말씀을 전하지 않았습니다. 한마디로 이러한 슬픔은 하나님 앞에서 자신과 백성들의 죄악의 결과였다고 고백했다는 것입니다. 2장에서도 그 극심한 슬픔을 1절에서 드러냅니다.

"슬프다 주께서 어찌 그리 진노하사 딸 시온을 구름으로 덮으셨는가 이스라엘의 아름다움을 하늘에서 땅에 던지셨음이여 그의 진노의 날에 그의 발판을 기억하지 아니하셨도다"(애 2:1)

얼마나 울었던지 내 눈이 눈물에 상하며 내 창자가 끊어지며 내 간이 땅에 쏟아지기까지 하였다고 고백하고 있습니다. 2장 마지막 부분에서는 하나님을 향해 아주 강하게 항의합니다. "여호와여 보시옵소서 주께서 누구에게 이같이 행하셨는지요?" 어떻게 어린아이들, 노인들, 처녀들과 청년들을 구별하지 않고 죽이실 수 있단 말입니까?

슬픈 노래의 절정은 3장 전반부의 말씀이라 할 수 있습니다. 특별한 것은 3장에서는 하나님 앞에 탄식하는 사람을 공동체가 아니라 한 사람의 목소리로 나타냅니다.

오늘 본문의 목소리를 현대어로 번역된 표현을 읽어드리겠습니다.

그분이 나를 진창에 처박으셨다. 나는 나의 삶을 아주 포기해 버렸다. 희망을 영영 잊고 말았다. 나는 속으로 중얼거렸다. "그래, 이제 모든 게 끝이다. 하나님을 믿어 봐야 헛일이다"

아마도 고난 받는 사람을 대표하는 표현이라 할 수 있습니다. 이 한 사람의 탄식은 이제 불평을 넘어서 절망의 늪에 빠져 있는 심정을 나타내 주고 있습니다. 절망에 찌든 상태라 할 수 있습니다. 고통당하는 사람에게 가장 고통스러운 대답이 있다면 무엇일까요? 소망이 없다는 말일 것입니다.

"스스로 이르기를 나의 힘과 여호와께 대한 내 소망이 끊어졌다 하였도다"(애 3:18)

그런데 본문의 말씀 총 5장으로 구성된 한가운데 3장 중심부에 절망의 상황에서 갑자기 한 가닥의 빛처럼 새롭게 다가오는 소망스러운 생각이 떠오르고 있습니다.

"내 마음이 그것을 기억하고 내가 낙심이 되오나 21 이것을 내가 내 마음에 담아 두었더니 그것이 오히려 나의 소망이 되었사옴은"(애 3:20-21)

마주치는 고통의 현실과는 전혀 다른 깨달음이 마음 깊은 곳에서부터 움터 오르는 것을 느낀 것입니다. 자신의 고초와 재난 곧 쑥과 담즙 같이 쓴 고통의 시간들을 기억하면 낙심이 되고 절망할 수밖에 없지만, 예레미야는 울고, 울고 또 울다가 마음에 하나의 깨달음을 얻게 된 것입니다. 21절에 이 노래를 지은 사람이 발견한 '내 마음에 담아 두었던 것' 이란 무엇일까요? 예레미야가 깊은 좌절과 슬픔 속에 몸부림치고 있을 때 떠오른 "A -HA" 했던 중심의 생각이 무엇이었을까요? 예레미야는 그 절망과 어두운 상황 속에서 마음 깊은 곳에서 한 가지 기억한 것이 있습니다. 저자가 발견한 이것, 그리고 그것이 나의 소망이 되었다는 그것이 무엇일까요? 그것은 심판 중에서도 자비와 긍휼을 베푸시는 하나님의 빛을 본 것입니다.

"여호와의 인자와 긍휼이 무궁하시므로 우리가 진멸되지 아니함이니이다"(애 3:22)

70년이 지나면 하나님께서 다시 우리 민족을 고국으로 돌아오게 하시고 불타버린 저 예루살렘 성을 재건하고 다시 회복시키신다는 약속의 말씀들을 마음에 담고 있었습니다. 뿐만 아니라, 울다 지친 예레미야는 진멸되지 아니한다는 소망, 즉 남은 자들과 그의 후손들, 다니엘, 에스겔, 스룹바벨, 에스더, 에스라, 느헤미야 같은 극상품 무화과 열매들이 있을 것을 보았던 것입니다. 하나님의 선택된 백성으로 자부심과 긍지를 가지고 살았던 백성들이 이방인의 포로가 되어 이국 땅에서 살 수밖에 없는 상황 속에서 심정이 어떠했을까요?

우리가 현재 맞이하고 있는 이 문제와 고통의 시간에 대하여 여러 가지 생각이 날 것입니다. 하나는 하나님에 대한 섭섭함이 있을 것입니다. 하나님이 나를 버린 것 아닙니까? 하나님이 나를 버리셨다는 생각은 하나님을 아는 인생이 가장 고통스러울 때 할 수 있는 말입니다. 얼마나 슬프고 억울하고 아프면 그럴까요? 그러나 하나님은 예레미야를 통해서 너희를 향한 당신의 생각을 전하셨습니다.

"여호와의 말씀이니라 너희를 향한 나의 생각을 내가 아나니 평안이요 재앙이 아니니라 너희에게 미래와 희망을 주는 것이니라"(렘 29:11)

이런 신앙의 깊은 어두운 눈물의 골짜기를 지나 아침에 눈을 떴을 때 새롭게 경험된 하나님을 찬양하는 고백이 나옵니다.

"이것들이 아침마다 새로우니 주의 성실하심이 크시도소이다"(애 3:23)

하루하루를 어쩔 수 없이 견뎌야 하는 어두운 절망의 하루가 아니라, 아침마다 새로운 소망과 기대를 가지고 하나님을 바라보고 찬양하는 사람으로 변하게 된 것입니다. 이제 하나님의 말씀과 약속을 의지하며 자기 자신을 향하여 담대하게 선포하고 있습니다.

"내 심령에 이르기를 여호와는 나의 기업이시니 그러므로 내가

그를 바라리라"(애 3:24)

　　기업이란 하나님이 자기 백성에게 나누어주신 땅을 의미합니다.
즉 이러한 고백은 주님은 내가 가진 모든 것, 주님이 나의 희망임을 고
백하며 선포한 것입니다.

　　이러한 찬양 후에 다시 예레미야는 4장에서 탄식을 이어가고 있
습니다.

　　4장에서도 종교지도자들의 잘못과 이방 민족을 의지했기 때문이
었음을 자백하고 탄식합니다. 3장에서는 1절부터 39절까지 개인적인
탄식이었다면, 3장40절부터 이어지는 4장에서의 탄식은 우리라는 공
동체의 탄식이라 할 수 있습니다.

　　마지막 5장의 탄식에서 예레미야는 모든 사람을 대표하여 죄를
고백하고 하나님의 구원을 간구하고 있습니다.

　　"여호와여 우리가 당한 것을 기억하시고 우리가 받은 치욕을 살
펴보옵소서"(애 5:1)

　　기도할 수 있다고 하는 것은, 기도의 자리에 있다고 하는 것은 소
망을 잃지 않았다는 것입니다. 사람이 고난과 어려운 일을 만나면 선

지자를 찾아가고 점쟁이를 찾아가는 사람이 있습니다. 그리고 예레미야가 바벨론 포로로 잡혀가 있는 사람들을 향해 편지를 하면서 자기 꿈을 의지한다 하였습니다. 예레미야는 하나님 앞에 간절히 기도하라고 권면합니다.

"너는 내게 부르짖으라 내가 네게 응답하겠고 네가 알지 못하는 크고 은밀한 일을 네게 보이리라"(렘 33:3)

애가의 하이라이트는 역시 마지막 부분에 나타납니다. 예루살렘 성이 불탔다고 해서 희망이 사라진 것이 아니었습니다. 성전이 불탔다고 해서 미래까지 불타 없어진 것이 아닙니다. 예레미야가 기도하면서 보았던 것이 무엇이었습니까?

"여호와여 주는 영원히 계시오며 주의 보좌는 대대에 이르나이다"(애 5:19)

하나님의 보좌는 성전이 사라졌다고 해서 사라지는 것이 아니고, 성전이 없는 바벨론 포로로 잡혀갔다고 해서 사라지는 것이 아니었습니다. 하나님의 보좌는 더 높은 곳에 계시고 하나님은 인간이 지은 성전에 계신 분이 아니시고 하늘이 하나님의 보좌가 되시고 땅이 하나님의 발등상이 되심을 안 것입니다. 하나님은 거기에서도 함께 계셨고, 남은 자들을 통하여 당신의 놀라운 섭리를 이루어 나가셨습니다.

그런데, 마지막 절에는 또다시 절망과 탄식 소리가 나타납니다. 이러한 소망이 주는 확신이 있지만 여전히 현실은 "너무 가혹합니다" 하는 탄식으로 끝납니다.

"주께서 우리를 아주 버리셨사오며 우리에게 진노하심이 참으로 크시나이다"(애 5:22)

사랑하는 여러분, 예레미야처럼 얼마든지 하나님 앞에서 원망하고 탄식해도 괜찮다는 말입니다. 예수님 역시 깊은 절망과 슬픔 속에 하나님을 향해 부르짖었습니다. 하지만 그 피맺힌 십자가가 부활로 꽃 피웠듯이 고통 가운데 외치는 우리의 깊은 신음 소리와 부르짖는 애통함이 하나님의 끝없는 사랑과 긍휼을 깨닫는 은혜의 통로가 될 것입니다. 슬픈 노래를 부르면 부를수록 희망을 갖게 합니다. 이스라엘 백성들이 매년 통곡의 벽에서 이 노래를 부르며 죄악을 회개하고 패망과 멸망을 탄식하고 눈물 흘리며 다시는 망하지 않는 신앙의 길을 생각하는 것처럼, 한 주간 동안 예레미야애가와 함께 슬프지만 슬프지 않은 노래 가운데 큰 위로와 소망을 얻는 복된 성도님들이 되시기를 축원합니다.

절망의 밤에 본 찬란한 희망

1 서른째 해 넷째 달 초닷새에 내가 그발 강가 사로잡힌 자 중에 있을 때에 하늘이 열리며 하나님의 모습이 내게 보이니 2 여호야긴 왕이 사로잡힌 지 오 년 그 달 초닷새라 3 갈대아 땅 그발 강 가에서 여호와의 말씀이 부시의 아들 제사장 나 에스겔에게 특별히 임하고 여호와의 권능이 내 위에 있으니라

숲으로 전하는 에스겔

본문 : 겔 1장1-3절

에스겔은 유다의 제사장 가문에서 태어난 '예비 제사장'이었습니다. 당시 제사장의 공식 직무의 시작은 30세였습니다. 성경은 남유다왕 여호야긴과 함께 에스겔이 25세 때에 바벨론에 포로로 끌려왔던 것으로 기록하고 있습니다. 에스겔이 머물렀던 곳은 '그발' 강 가 라고 말해줍니다. 바벨론에서는 당연히 성전도 없고, 제사도 할 수 없었기 때문에 제사장의 직분을 감당할 수 없었습니다. 아마도 백성들보다도 상대적인 박탈감이 더 컸을 것으로 생각이 됩니다. 당시의 상황을 폭풍과 큰 구름이 오는 것으로 표현을 합니다.

에스겔서는 에스겔이 포로로 끌려온 지 오 년째 되던 어느 날 에스겔에게 여호와의 말씀이 임하는 사건으로 시작합니다. 그 순간의 장면을 환상적으로 표현합니다. 하늘이 열리며 하나님의 모습이 보였다 하였습니다. 그리고 그 사이로 음성이 들렸습니다. 성경은 특별히 여호와의 권능이 그 위에 임하였다고 말씀해주고 있습니다.

이어서 1장에서 북쪽에서부터 오는 큰 구름과 네 생물의 형상과 수레바퀴의 모습을 묘사하였고, 네 생물이 하늘과 그 위에 있는 보좌를 떠받치고 있는데 그 궁창 위에 앉아계시는 분을 묘사해주고 있습니다. 이러한 표현은 성전은 불탔고 하나님이 선택한 나라는 더 이상 존재하지 않지만 여전히 하나님의 보좌를 보여줌으로 희망이신 하나님을 증거한 것입니다. 사람이 표현해 낼 수 없는 지극히 거룩한 분을 가장 장엄하고 영광스럽게 표현해 낸 것입니다. 이 보좌 높은 곳에 계신 그분 앞에 에스겔은 엎드러질 수밖에 없었습니다. 이렇게 환상적으로 표현하는 기법이 에스겔서의 특징 중에 하나입니다.

바로 그 하나님이 에스겔을 부르시면서 말씀을 하십니다. "인자야 네 발로 일어서라 내가 네게 말하리라" 이 말씀을 하신 후에 2장3절에서 '인자야 내가 너를 이스라엘 자손 곧 패역한 백성, 나를 배반하는 자에게 보내노라 그들과 그 조상들이 내게 범죄하여 오늘까지 이르렀다' 4절에서 '이 자손은 얼굴이 뻔뻔하고 마음이 굳은 자니라 내가 너를 그들에게 보낸다 그리고 하나님은 에스겔에게 입을 벌리고 내가 주는 것을 먹으라' 하시며 하나님의 말씀을 입에 먹여주시는 것으로 말씀을 맡기셨습니다.

하나님께서 에스겔에게 맡겨주신 말씀은 한마디로 말하면 너희들이 왜 잡혀왔는지 그 이유를 말하라는 것입니다. 심판의 메시지였습니다. 2장10절에서는 두루마리에 적힌 글이 있었는데 애가와 애곡과 재앙의 말이라 하였습니다. 그런데 그들은 이마가 마치 화석보다 굳은 금강석과 같고 마음은 쇠가죽처럼 굳어서 결코 네 말을 듣지 않을 것이다. 그러니 너는 그들을 두려워하지 말고 그들의 얼굴을 무서워하지 말라 하셨습니다.

하늘이 열리는 광경을 보고 하나님의 음성을 듣고 여호와의 권능이 에스겔을 힘있게 감동시키셨음에도 불구하고 7일 동안 두려워 떨며 보냈다고 하였습니다. 칠일 후에 하나님은 다시 에스겔에게 찾아오셔서 내가 너를 파수꾼으로 세웠으니 너는 내 입의 말을 듣고 나를 대신하여 그들을 깨우치라, 그러니 너는 나의 말을 전하려면 그들보다 더 강해야 한다. 에스겔 이름의 뜻이 하나님이 강하게 하신다는 뜻입니다. 에스겔 성경에서 중요한 키워드는 '하나님의 권능'으로 역사하신다는 입니다.

3장이 시작되면서 에스겔이 입을 벌려 그 두루마리를 먹여 주셨다고 하였고, 에스겔의 배에 넣으며 창자에 채웠는데 '그것이 달기가 꿀과 같았다'라고 표현하고 있습니다. 두루마리에 적힌 말씀을 배에 넣고 창자에 채웠다고 하는 것은 하나님의 말씀이 완전히 자신의 마음 속 깊이 자리 잡히게 되었다는 것을 의미합니다. 이 말씀이 슬픈 애가와 재앙의 슬픈 노래지만, 꿀같이 달았다고 하는 것은 하나님의 본심을 알았기 때문이 아니었을까? 생각이 됩니다.

에스겔서의 메시지는 이사야, 예레미야처럼 예루살렘에 대한 심판과 회복이라 할 수 있습니다. 특히, 에스겔서는 이 심판과 회복의 주제를 성전에서 하나님의 영광이 떠나고 다시 돌아오시는 환상, 이미지 언어로 전해주고 있습니다.

이런 관점에서 에스겔서를 3부분으로 나눌 수 있는데 1장부터 24장까지 하나님의 영광이 떠나는 모습, 왜 하나님의 영광이 성전을 떠나야만 했는가? 25장부터 32장까지는 열방에 대한 심판, 33장부터

48장까지 그 땅과 예루살렘에 하나님의 영광이 돌아와 회복하시겠다는 말씀으로 나눌 수 있습니다. 다른 예언서보다도 에스겔서는 전체적인 구조가 선명하게 드러나는 책이라 할 수 있습니다.

저는 에스겔의 핵심 메시지를 하나님의 말씀을 맡은 에스겔서의 구조보다는 에스겔이 어떤 사람이었는가? 그는 어떻게 메시지를 전하였는가? 의 관점으로 말씀을 전하고자 합니다. 에스겔서는 하나님께 받은 말씀을 다양한 문학적 방식으로 전해주고 있습니다. 탁월한 상상력과 영적 감수성, 뜨거운 가슴과 온몸으로 하나님의 말씀을 대언한 선지자였습니다.

첫째, 에스겔은 다양한 비유의 말씀으로 심판의 메시지를 전하였습니다.

15장에서 하나님께서 남유다라는 포도나무를 심으셨는데 남유다는 들포도나무가 되어 땔감으로밖에 쓸 수밖에 없다는 비유로 남유다에 임할 심판의 말씀을 하신 것입니다. 16장에서 하나님께서 피투성이로 태어나서 죽을 수밖에 없었던 들에 버려진 고아 같은 유다를 친히 살려 길러서 왕후와 같은 존재로 아름답게 자라게 되었는데 이들이 자란 후에 이러한 사실을 잊어버리고 음행과 우상숭배를 일삼고, 심지어 인신 제사를 드렸던 유다를 향해 심판하시고 있습니다. 19장에서 두 마리의 사자 비유를 통해 유다의 왕들이 붙잡힌 불쌍한 신세가 되었음을 비유로 말하고 있습니다. 23장에서는 오홀라와 오홀리바라는 두 자매가 있었는데 오홀라는 북왕국 이스라엘로, 앗수르와 음행하였고 동생 오홀리바는 두배나 바벨론에 음행을 행하여 그 죄를담당하게 될 것이라 말씀하셨습니다. 24장에서는 예루살렘이 도저히구원받을 수 없을 정도로 더러워진 녹슨 가마와 같이 되었다고 말씀하셨습니다. 반면에 하나님의 구원 회복의 말씀을 전하실 때 에스겔34장에서 하나님께서 내가 친히 내 양의 목자가 되어 이스라엘을 친히 먹일 것이다는 그 유명한 목자 비유입니다.

"그 잃어버린 자를 내가 찾으며 쫓기는 자를 내가 돌아오게 하며상한 자를 내가 싸매 주며 병든 자를 내가 강하게 하려니와 살진 자와강한 자는 내가 없애고 정의대로 그것들을 먹이리라"(겔 34:16)

둘째, 퍼포먼스를 통해서 메시지를 전하였습니다. 마치 연극배우같습니다.

예를 들면 4장에서 토판에 예루살렘을 새기고 그 위에 포위된 예루살렘의 모습을 그리기도 합니다. 그리고 왼쪽으로 누워서 390일,오른쪽으로 40일을 누워서 벽돌에 새겨진 예루살렘을 지켜보고 있습니다. 그리고 멸망한 예루살렘의 형편을 먹을 것이 부족한 상황 속에서 소똥을 연료 삼아 요리를 해야 하는 상황까지 보여주고 있습니다.5장에서는 머리털과 수염을 깎는 행동을 하였습니다. 1/3은 성읍 안에서 불사르고, 1/3은 성읍 사방에서 칼로 치고, 1/3은 바람에 흩으라 하였습니다. 이 행동의 의미는 전염병과 칼과 흩어지게 될 것이라는 의미의 행동이었습니다. 12장에서 낮에 포로의 행장을 꾸리고 그들의 목전에서 끌려가는 행동을 하라고 하셨습니다.

셋째, 에스겔은 하나님께 받은 말씀으로 직설적으로 죄를 지적하였습니다.

그들이 듣든지 못 알아듣든지 그들이 있는 쪽을 향하여 말씀을 선포하였습니다. 특별히 에스겔은 거짓 욕심으로 가득 차 있는 제사장들과 백성들의 죄악에 대해 사람의 심장 폐부를 뚫은 정도의 엄중한 죄를 지적하고 있습니다.

"너희가 두어 움큼 보리와 두어 조각 떡을 위하여 나를 내 백성 가운데에서 욕되게 하여 거짓말을 곧이 듣는 내 백성에게 너희가 거짓말을 지어내어 죽지 아니할 영혼을 죽이고 살지 못할 영혼은 살리는도다"(겔 13:19)

이 말씀은 신학교 시절 설교학 시간에 교수님이 출석을 부를 때 이름이 불린 사람은 이 말씀을 암송하라 하셨던 말씀입니다. 유다 백성들이 하나님 앞에서 아주 심각한 범죄를 하였음에도 불구하고 이 백성들은 심판의 탓을 조상들에게 돌리고 있습니다. 18장에서 자신들이 지은 죄로 말미암아 바벨론에 포로로 끌려왔음에도 당시의 고통조차도 자기 조상들에게 죄를 전가하고 있는 모습을 보입니다. 그들의 아버지와 조상들의 죄로 말미암아 심판받고 있다고 하나님께 부당하다고 불평합니다. 이런 속담을 인용합니다. 17장에서는 어머니가 그러하면 딸도 그러하였습니다. 18장2절에서 아버지가 신포도를 먹었으므로 그의 아들의 이가 시다고 함은 어찌 됨이냐 하는 그들의 질문에 하나님은 분명히 말씀하십니다. 누구나 자기 죄 값으로 심판을 받는 것이다.

더 나아가 이들은 하나님은 공의롭지 못하고, 공평하지 아니한 것 아니냐 주장합니다. 고통의 탓을 하나님 탓으로 돌립니다. 그리고 백성들은 지도자 탓으로 돌리기도 하였습니다. 그러나 에스겔은 22장에서 유다의 모든 사람들이 총체적으로 죄를 범하였다고 말씀하셨습니다. 하나님 말씀을 전한다는 구실로 돈벌이를 하고 있는 선지자들의 모습, 율법을 지키고 거룩함을 보여주어야 할 제사장들이 안식일도 제대로 지키지 않는 모습, 고관들은 마치 음식물을 삼키는 이리와 같이 불의한 이익을 얻으려고 피를 흘려 영혼을 죽이는 사람들, 여기에 백성들은 포악하고 강탈을 일삼고 가난하고 궁핍한 자를 압제하고 나그네를 부당하게 학대한 죄악을 들추어 내셨습니다. 결정적으로 유다가 망한 이유를 성 가운데 무너져 있는 곳을 가로 막고 하나님! 안됩니다. 자기 백성을 살려달라고 매달리는 한 사람이 없어서 멸망할 수밖에 없다는 안타까운 메시지를 전하였던 것입니다.

"이 땅을 위하여 성을 쌓으며 성 무너진 데를 막아 서서 나로 하여금 멸하지 못하게 할 사람을 내가 그 가운데에서 찾다가 찾지 못하였으므로"(겔 22:30)

넷째, 시뮬레이션, 실제로 존재하지 않지만 존재하는 것 이상으로 보여줍니다.

에스겔은 고국을 떠나 있었지만, 그는 하나님의 영광이 떠난 예루살렘 성전의 모습을 볼 수 있었습니다. 에스겔은 '왜 하나님의 거룩한 도성 예루살렘이 멸망할 수밖에 없었는가?'를 예루살렘 성전에서 하나님의 영광이 머무르기가 힘든 장소가 되었기 때문이라고 보았습니다. 성전 북쪽에는 질투의 우상, 아세라 목상이 차지하고 있고, 남쪽 문에는 백성의 대표자들이 어두운 곳에 가서 비밀스러운 종교의식을 행하고 있었고, 북쪽 문에는 바벨론의 풍요의 신인 담무스를 위해 애곡하는 여인들이 있었고, 동쪽 문에는 성전을 등지고 떠오르는 태양을 향해 절하는 무리들이 있었습니다. 사방 어디를 둘러보아도 하나님의 성전다운 모습이 다 사라진 것입니다. 에스겔은 우상이 있는 부패한 성전을 보고 하나님의 영광이 떠나는 장면을 비교적 자세하게 묘사하였는데, 본래 성전 지성소에 머물러 계셨던 하나님의 영광은 지성소에서 성전 문지방으로, 성전의 바깥 동문으로, 예루살렘 성읍의 동쪽 산을 거쳐 예루살렘 성읍을 떠나는 모습을 목격하는 것으로 나타나고 있습니다.

반면, 에스겔은 예루살렘 성전이 파괴되고 남왕국 유다가 멸망한 후에 다시 환상을 보게 됩니다. 그것은 미래에 새롭게 세워질 새로운 성전을 보았습니다.

놀라운 것은 새 성전에 대한 묘사가 아주 섬세하게 묘사가 되고 있습니다. 성전 안에 들어가는 장비와 설비 도면이 자세히 나타납니다. 이렇게 성전의 구석구석을 볼 수 있었고 그것을 묘사할 수 있었던 것은 에스겔이 제사장이었기 때문이었을 것입니다. 에스겔에게 하나님께서 다시 이 환상을 전하라고 명령하십니다. 에스겔이 본 성전 환상의 가장 중요한 강조점은 '영광'입니다. 영광이 다시 성전 안으로 돌아온다는 메시지입니다. 그 하나님의 성전은 거룩이 회복된 성전이었습니다.

"그가 내게 이르시되 인자야 이는 내 보좌의 처소, 내 발을 두는 처소, 내가 이스라엘 족속 가운데에 영원히 있을 곳이라 이스라엘 족속 곧 그들과 그들의 왕들이 음행하며 그 죽은 왕들의 시체로 다시는 내 거룩한 이름을 더럽히지 아니하리라"(겔 43:7)

그 영광스러운 하나님의 성전은 생명이 흘러나오는 복된 곳입니다. 이스라엘의 광야 생활 가운데 물은 하나님의 특별한 축복이었습니다. 이 축복은 생명과 치유를 가져오는 생수입니다. 에스겔 47장에서 성전 문지방에서 물이 흘러 발목과 무릎과 허리와 깊은 강물이 되어 강 주변의 많은 나무를 자라게 하고 실과와 치료용 잎사귀를 맺는다는 말씀이 있습니다. 강물이 닿는 곳, 이 비전은 단순히 이스라엘 민족만이 아닌 영적으로 죽은 자들과 다름없는 온 세상 사람들을 살리시는 우주적 구원의 역사를 말씀한 것입니다.

하나님은 그 영광 우리를 향한 놀라운 계획을 그리스도 안에서 행하시고 이루셨습니다. 하나님은 갈보리 십자가에서 흘러나오는 생명수를 공급하여 목마른 자들에게 생수가 되게 하셨습니다. 참 성전 되신 예수 그리스도로 말미암아 그분의 보혈로 말미암아 죄로부터 용서를 받고, 병든 자가 고침을 받았습니다. 이 생명수의 강물은 여전히 어린 양으로부터 계속 흐르고 있는 것입니다. 교회는 예수 그리스도의 보혈이 흐르는 곳입니다. 그래서 교회를 거룩하다 말하는 것입니다. 무엇보다 에스겔의 환상에 나타난 성전은 하나님이 영원히 거하실 처소가 되심을 보여주십니다. 에스겔서가 증거하는 회복이란 하나님의 영광이 떠난 모습에서 결국 하나님의 영광으로 돌아오는 것을 말합니다. 에스겔이 환상 중에 보았던 회복된 예루살렘 성에 하나님께서 충만히 거하실 때 우리는 그 성의 이름을 어떻게 부를까요? 여호와 삼마입니다. 여호와께서 거기에 계시다.

"그 사방의 합계는 만 팔천 척이라 그날 후로는 그 성읍의 이름을 여호와 삼마라 하리라"(겔 48:35)

여러분, 이 말씀이 어떻게 성취되었습니까?

"말씀이 육신이 되어 우리 가운데 거하시매 우리가 그의 영광을 보니 아버지의 독생자의 영광이요 은혜와 진리가 충만하더라"(요 1:14)

여기서 거하신다는 것은 장막에 거하신다, 여호와께서 거기에 계신다는 삼마의 말씀입니다. 예수님의 또 다른 이름 임마누엘, '하나님이 우리와 함께 계시다'입니다. 뿐만 아니라, 하나님과 어린 양의 참된 임재로 말미암아 물질적 구조적인 건물로서의 성전은 사라지고 그리스도가 성전이 되어 영원히 거하게 되는 성전, 성전 되신 그리스도가 성도 안에 거하시는 성령의 전을 우리에게 보여주시고 그 약속을 어린 양 대속의 피로 성취하신 것입니다.

"내가 들으니 보좌에서 큰 음성이 나서 이르되 보라 하나님의 장막이 사람들과 함께 있으매 하나님이 그들과 함께 계시리니 그들은 하나님의 백성이 되고 하나님은 친히 그들과 함께 계셔서"(계 21:3)

에스겔서를 묵상할 때 가장 사모해야 할 것은 하나님의 영, 성령의 감동을 사모하며 말씀을 기대해야 합니다. 에스겔은 메시지를 받을 때나 하나님의 뜻을 깨닫게 될 때 철저하게 하나님의 영에 의존하였습니다. 여호와의 권능이 임했기 때문입니다. 에스겔이 전한 희망의 메시지는 하나님의 영을 너희 속에 두어서 절망하고 조상 탓하고 있는 유다 백성들을 살리는 말씀이었습니다.

"또 새 영을 너희 속에 두고 새 마음을 너희에게 주되 너희 육신에서 굳은 마음을 제거하고 부드러운 마음을 줄 것이며 또 내 영을 너희 속에 두어 너희로 내 율례대로 행하게 하리니 너희가 내 규례를 지켜 행하리라"(겔 36:26-27)

하나님께서 선택한 백성과 메마른 영혼들을 살리시는 것은 먼저 하나님이 찾아오신 것으로 시작되고 있습니다. 하나님이 성령을 보내셔서 죽은 자들을 살리셨습니다. 에스겔은 죽음의 골짜기에서 또다시 여호와의 음성을 듣고 그 말씀을 대언합니다. "생기야 사방에서부터 와서 이 죽음을 당한 자에게 붙어서 살아나게 하라"(겔 37:9) 에스겔이 여호와의 말씀에 따라 외치자 생기가 그들에게 들어갔습니다. 그제야 그들이 일어나 움직이기 시작했는데, 큰 군대를 이룰 정도로 숫자가 많았다고 증거합니다.

사랑하는 여러분, 한 주간 에스겔이 들려준 심판과 회복의 메시지를 다시 듣기를 바랍니다. 그리고 우리 안에 새겨진 말씀에 성령의 감동이 있어 우리의 지친 몸과 상한 마음, 우리의 신음하는 영혼이 살아나는 놀라운 역사가 있기를 바랍니다. 말씀을 경청하는 동안 성령의 거룩한 임재를 누릴 수 있는 축복이 있기를 소망하시기 바랍니다.

이 어두운 시대에 하나님의 영이 그리스도의 몸 된 교회들마다 성령의 바람이 불어오고, 특별히 실제로 믿는 자들의 육체에 들어와 우울하고 두려워하고 염려와 걱정으로 미래에 대한 불안함에 사로잡힌 인생들에게 우리를 강하게 하고 평안하게 하고 자유하게 하는 성령을 사모하시기 바랍니다. 하나님의 영광을 사모하시기 바랍니다. 말씀의 강단에서 나온 생명의 말씀이 내 영혼을 적시고, 내 자녀들에게 흘러가고 내 이웃에게 흘러가고 우리가 있는 자리가 생수의 강이 흘러넘치는 자리가 되기를 원합니다. 여러분의 일상의 자리에서 샘솟는 희망의 싹이 돋아나기를 간절히 바랍니다.

그 크신 일을 이루신 하나님

17 이에 다니엘이 자기 집으로 돌아가서 그 친구 하나냐와 미사엘과 아사랴에게 그 일을 알리고 18 하늘에 계신 하나님이 이 은밀한 일에 대하여 불쌍히 여기사 다니엘과 친구들이 바벨론의 다른 지혜자들과 함께 죽임을 당하지 않게 하시기를 그들로 하여금 구하게 하니라 19 이에 이 은밀한 것이 밤에 환상으로 다니엘에게 나타나 보이매 다니엘이 하늘에 계신 하나님을 찬송하니라 20 다니엘이 말하여 이르되 영원부터 영원까지 하나님의 이름을 찬송할 것은 지혜와 능력이 그에게 있음이로다 21 그는 때와 계절을 바꾸시며 왕들을 폐하시고 왕들을 세우시며 지혜자에게 지혜를 주시고 총명한 자에게 지식을 주시는도다 22 그는 깊고 은밀한 일을 나타내시고 어두운 데에 있는 것을 아시며 또 빛이 그와 함께 있도다 23 나의 조상들의 하나님이여 주께서 이제 내게 지혜와 능력을 주시고 우리가 주께 구한 것을 내게 알게 하셨사오니 내가 주께 감사하고 주를 찬양하나이다 곧 주께서 왕의 그 일을 내게 보이셨나이다 하니라 24 이에 다니엘은 왕이 바벨론 지혜자들을 죽이라 명령한 아리옥에게로 가서 그에게 이같이 이르되 바벨론 지혜자들을 죽이지 말고 나를 왕의 앞으로 인도하라 그리하면 내가 그 해석을 왕께 알려 드리리라 하니

숲으로 전하는 다니엘

본문 : 단 2장17-24절

다니엘서는 친근하면서도 읽기가 매우 부담스러운 책입니다. 주일학교 전도사 시절에는 다니엘서에 나오는 풀무불 속에서 살아나온 이야기, 사자 굴에 들어갔지만 하나님께서 사자들의 입을 막으셔서 건저내 주신 이야기를 통해서 극한 상황 속에서도 함께 하시고 보호하시는 하나님에 대한 설교를 하기도 했습니다. 고등부를 지도하고 군종목사로 사역하면서 세상 한가운데에서 뜻을 정하여 세속에 물들지 않기를 바라는 마음으로 청년들에게 메시지를 전하기도 했습니다. 그리고 신앙생활 하면서 말씀 한 구절 한 구절 묵상하면서 은혜와 감동도 있었을 것입니다.

3장18절에서 하나님께 풀무불 앞에서 "우리를 구원해주시지 않아도 그렇게 하지 아니하실지라도 우리가 왕의 신들을 섬기지 아니할 것입니다" 하는 고백, 주여 3창이라는 기도가 다니엘의 기도에서 나왔다는 것 아시죠? 9장19절 "주여 들으소서, 주여 용서하소서, 주여 귀를 기울이시고 행하소서 지체하지 마옵소서" 우리가 전도할 때 12장3절 "지혜 있는 자는 궁창의 빛과 같이 빛날 것이요 많은 사람을 옳은 데로 돌아오게 하는 자는 별과 같이 영원토록 빛나리라" 이 말씀으로 전도의 동력을 얻으셨을 것입니다. 그러나 우리가 성경을 읽을 때 성경 각 책마다 하나님께서 특별히 그 저자를 통해서 그 시대를 향하여 전하시고자 하셨던 말씀이라는 것을 알아야 그 말씀을 적용하고 순종하며 살아갈 수 있는 것입니다. 그래서 기록되었던 배경이 되는 역사적 정황들을 알아야 하고, 저자가 어떤 사람이었는지, 이 책을 듣고 읽었던 첫 번째 독자가 누구였는지?를 알면 하나님이 어떤 분이신지를 알 수가 있는 것입니다.

다니엘서는 우리 성경에는 예언서로 구분을 했지만, 내용적으로 '묵시문학'으로 분류합니다. 묵시문학이란 초월적인 존재가 특정 인간을 수령자로 하여 전하는 계시를 이야기 형식으로 기록한 것입니다. 구약에서는 에스겔서 일부와 다니엘, 신약에서는 요한계시록이라 할 수 있습니다. 현재의 삶이 고통스럽고 미래가 불확실할 때 이러한 문학 양식이 나타납니다. 이 세상을 살아가는 사람들에게 하늘을 중심으로 전개되는 영적 세계를 보여주는 책입니다. 다니엘서는 바벨론 포로기를 배경으로 합니다. 특별히 포로로 잡혀가 좌절에 빠진 이스라엘 백성들에게 눈에 보이지 않을지라도 하나님이 온 세상의 모든 역사와 사건들을 주관하시는 분이심을 밝히고 있습니다.

다니엘서의 가장 이해하기 어려운 문제가 있습니다. 그것은 분명 다니엘은 기원전 6세기, 바벨론 시대에 살았던 사람인데 다니엘서에 나오는 사건들과 환상과 예언과 해석한 말씀들이 400년 후의 사건까지 나타난다는 것입니다.

역사적으로 바벨론 제국, 페르시아 제국, 그리스 제국, 알렉산더가 죽고 난 후 네 개의 나라로 분열되어 서로 싸웠던 사건까지, 더 나아가 로마 시대를 넘어 세상의 종말의 사건까지 증거해 주고 있습니다. 이러한 시간적 간격을 어떻게 이해해야 할까요? 아마도 바벨론 시대에 기록되어 봉함되었던 다니엘에 관한 이야기들이 페르시아 시대와 그리스 제국 시대를 지나 다니엘서에 등장하는 2세기 상황, 그리스의 알렉산더가 죽은 이후, 안티오커스 에피파네스 시대 유대인들이 불구덩이나 사자 굴처럼 무시무시한 탄압과 죽음의 공포 속에서 신앙을 지켜야 했던 상황, 이러한 상황에서 다니엘이 믿음을 지키고 다니엘이 환상 가운데 보여주고 해석해주었던 이야기들이 사람들의 입에 오르내리며 글로 엮어졌을 것으로 이해할 수 있다는 것입니다. 민족적으로 매우 큰 위기를 맞거나 개인과 공동체가 억울하고 기가 막힌 일을 당하게 될 때, 언젠가는 하나님의 공평하고 정의로운 심판에 의해 판결을 받고 정리될 것을 보여줌으로써 위로와 소망을 갖게 하는 책입니다. 다니엘의 뜻은 '하나님이 심판하신다'는 의미입니다. 이런 의미에서 다니엘서는 어린 시절에는 다니엘과 그 친구들의 개인적인 믿음의 관점으로 읽고 은혜를 받았다면, 이제는 성경시대의 역사뿐만 아니라 지나온 시대와 역사 가운데 더 나아가 오늘 우리 시대에도 역사를 주관하시는 하나님께서 이 세상 나라 제국들을 멸하시고 하나님의 나라를 이루실 것을 알고 읽어야 하는 것입니다.

다니엘서의 첫 번째 구절에서 유다 왕 여호야김 3년 때라는 시점을 말하는데 이때가 주전 605년경이었습니다. 바벨론 왕 느부갓네살이 예루살렘을 포위한 후 유다 왕 여호야김을 비롯해 많은 유대인들을 첫 번째 포로로 끌고 갑니다. 이 때, 느부갓네살이 아무나 다 붙잡아 간 것이 아니라 지적능력이 뛰어난 사람만을 뽑아 잡아가 바벨론의 언어와 각종 학문을 배우게 하였습니다. 왜 그랬을까요? 바벨론을 위한 충복들로 써먹기 위해서였습니다. 그래서 이들의 이름까지 바꾸었던 것입니다. 그런데 이들은 율법에 따라 이방의 음식을 먹지 않고 채식을 하지만 다른 사람들보다 더 얼굴빛이 좋을 정도로 건강하게 살아가는 기적이 나타났습니다. 그리고 다니엘은 하나님께서 지혜와 총명을 주시고 모든 면에서 탁월하여 바벨론의 높은 관직까지 올라간 사람이 되었습니다.

다니엘서는 박해 가운데 있는 믿음의 사람들이 어떻게 처신해야 하는가에 대해 답을 주는 책이라 할 수 있습니다. 특별히 세계 열방으로 흩어져 사는 유대인들에게 본보기가 되기도 했을 것입니다. 세상의 법과 하나님의 법이 서로 어긋날 때 어느 것을 따를 것인가? 다니엘서는 모진 박해 가운데에서 영원할 것 같은 세상 제국이 사라지고 결국 하나님이 이루실 하나님의 마지막 승리를 알고 믿음으로 살아가도록 보여주는 본보기의 책이라 할 수 있습니다. 다니엘서는 바로 이 사람들이 이 세상에서 강하고 용기 있는 사람들이 될 수 있다고 말씀해주고 있습니다.

"그가 또 언약을 배반하고 악행하는 자를 속임수로 타락시킬 것이나 오직 하나님을 아는 백성은 강하여 용맹을 떨치리라"(단 11:32)

다니엘서는 세상 한 복판에서 하늘의 세계를 바라보고 궁극적인 하나님의 승리를 확신하며 살아가는 자들을 지혜 있는 자라 말하며 이들에게 베푸실 놀라운 영광스러운 말씀을 약속하셨습니다.

"지혜 있는 자는 궁창의 빛과 같이 빛날 것이요 많은 사람을 옳은 데로 돌아오게 한 자는 별과 같이 영원토록 빛나리라"(단 12:3)

또 한 가지, 다니엘서에는 꿈과 환상의 내용이 많다는 것이 부담스러운 부분입니다.

다니엘 2장을 보면 바벨론 왕 느부갓네살 왕이 2년째 되는 해에 꿈을 꾸었는데 이 꿈을 해석하기 위해 바벨론의 많은 술사와 박수들을 모아 해석을 했지만 그 어느 누구도 풀지 못해서 이들을 죽이려는 사건이 일어났습니다. 이때, 왕의 장관 아리옥이 다니엘에게 찾아와 사정을 합니다. 이때 다니엘은 왕에게 "시간을 주시면 왕에게 그 해석을 알려 드리이다" 정중하게 말하고 집에 돌아가 친구들에게 이 일을 알리고 기도하고 있습니다. 성경은 밤에 환상으로 다니엘에게 나타나 보여주셨다고 하였습니다. 이때 하나님을 찬양하는 내용이 본문의 말씀입니다.

"다니엘이 말하여 이르되 영원부터 영원까지 하나님의 이름을 찬송할 것은 지혜와 능력이 그에게 있음이로다 그는 때와 계절을 바꾸시며 왕들을 폐하시고 왕들을 세우시며 지혜자에게 지혜를 주시고 총명한 자에게 지식을 주시는도다 그는 깊고 은밀한 일을 나타내시고 어두운 데에 있는 것을 아시며 또 빛이 그와 함께 있도다"(단 2:20-22)

느부갓네살이 꿈을 꾼 내용이 어떤 내용이었을까요?(단 2:31-35) 왕이 큰 신상을 보았는데 그 생김새는 머리는 정금으로 되어 있고, 가슴과 팔들은 은으로 되어 있고, 배와 넓적 다리는 놋으로 되어 있고, 종아리는 철과 얼마는 진흙으로 되어 있습니다. 그런데 그 큰 신상이 사람의 손으로 하지 아니한 뜨인 돌이 날아와 그 신상을 부수었는데 쇠와 진흙과 은과 금이 여름 타작마당의 겨 같이 바람에 불려 간 곳이 없고 우상을 친 돌은 태산을 이루어 온 세계에 가득한 장면이었습니다.

이 꿈에 대해 하나님은 다니엘에게 말씀해 주셨습니다. 금은 바로 느부갓네살이며 바벨론은 금과 같이 위대한 나라임을 말해줍니다. 가슴과 팔은 은이었는데 바벨론 뒤에 오는 나라 페르시아 제국이었습니다. 배와 넓적다리는 놋이었는데 은보다 조금 못한 나라 알렉산더가 지배한 그리스 제국이었습니다. 그 다음 종아리는 철과 진흙은 쇠와 같이 단단하였는데 쇠와 진흙이 섞이지 않는 것처럼 여러 민족이 있는 나라였습니다. 세상 나라들은 금과 은과 놋과 철로 강하고 화려하게 보이지만 세상 나라들이 뜨인 돌 하나에 의해 가루처럼 바스러져 사라지고 오직 하나님의 나라만 태산처럼 영원히 굳게 선다는 것을 증거한 것입니다.

이와 비슷한 환상을 다니엘 7장에서는 하나님께서 왕이 아니라 다니엘에게 한 환상을 보여주십니다. 세상 나라들을 무섭고 놀라운 짐승으로 묘사하고 있습니다. 7장4절 이하에 그 바다에서 짐승들이 나타나는데 첫째 짐승은 사자와 같고, 둘째 짐승은 곰과 같고, 셋째 짐승은 표범 같고, 넷째 짐승은 이름은 나타나지 않고 무섭고 놀랍고 매우 강하고 쇠로 되었고, 다른 짐승들과 다르고 열 뿔이 있는 짐승이었습니다.

다니엘이 이 환상을 보고 근심하며 있을 때에 옛적부터 항상 계신 분 옆에 서 있는 자 중에 하나에게 다니엘이 묻습니다. 이때 그 천사가 해석을 해주었는데 첫 번째 짐승 사자는 사자 등 뒤에 독수리의 날개를 가졌다 하였는데 이것은 대단한 권세와 영광을 가진 바벨론이라 하였습니다. 둘째 짐승은 곰이었는데 바벨론 이후에 나타날 페르시아였습니다. 세 번째 짐승은 표범이었는데 표범의 등 뒤에 네 개의 새의 날개가 있었습니다. 표범은 빠른 동물이라는 이미지로 알렉산더가 점령했던 그리스 제국이었습니다. 그런데 이보다 더 무서운 네 번째 짐승이 나타나는데 어떤 제국을 말하는 것일까요? 이 짐승은 쇠로 된 이를 가지고 있었고, 열 뿔을 가지고 있었습니다.

이 열 뿔 가진 짐승은 알렉산더가 죽은 후에 등장하는 수많은 임

금들을 가리킵니다. 그런데 그 열 개의 뿔 가운데 작은 뿔이 돋아나는데 사람의 말을 하였습니다. 이 작은 뿔은 현상적으로는 안티오커스 에피파네스를 의미하였고, 다니엘서를 읽는 각 시대마다 하나님을 대적하고 성도들을 괴롭히는 적그리스도의 세상 권력입니다. 그러나 다니엘이 네 짐승을 본 환상(비전)은 이 세상 나라들은 짐승 같은 나라들이지만, 또 한 환상을 보았는데 인자 같은 이가 다스리시는 영원한 나라임을 보여주고 있습니다.

"내가 또 밤 환상 중에 보니 인자 같은 이가 하늘 구름을 타고 와서 옛적부터 항상 계신 이에게 나아가 그 앞으로 인도되매 그에게 권세와 영광과 나라를 주고 모든 백성과 나라들과 다른 언어를 말하는 모든 자들이 그를 섬기게 하였으니 그의 권세는 소멸되지 아니하는 영원한 권세요 그의 나라는 멸망하지 아니할 것이니라"(단 7:13-14)

계속해서 다니엘은 8장에서도 환상을 봅니다. 숫양과 숫염소가 나타납니다. 숫양은 페르시아를 상징하고, 숫염소는 그리스 제국을 의미하는 상징입니다. 9장에서는 다니엘이 다리오 왕 원년에 예레미야가 쓴 말씀을 읽다가 문득 하나님이 정하신 70년이 거의 끝나간다는 것을 깨닫고 금식하며 포로를 돌리신다는 약속을 이루어 달라고 기도한 것입니다. 바로 그 기도의 내용이 '주여 3창'이라 불리는 기도입니다.

"주여 들으소서 주여 용서하소서 주여 귀를 기울이시고 행하소서 지체하지 마옵소서"(단 9:19)

그리고 10장에서도 다니엘은 하늘에 전쟁에 관한 환상을 보았습니다. 이 환상을 보았던 다니엘의 나이가 최소한 80이 넘어 보이는 시기였습니다. 다니엘은 엄청난 전쟁의 환상을 보고 세 이레 동안 슬퍼하였습니다. 몸에 힘이 빠졌고 얼굴빛이 썩은 듯이 보였다 하였습니다. 10장에 보면 이렇게 탈진하고 힘이 빠진 다니엘을 만지시고 강건하게 하셔서 마지막까지 사명을 감당하고 있는 감격스러운 장면을 기록해주고 있습니다. 11장에 나타나는 헬라 시대에 이스라엘 백성 가운데 일어날 일을 자세히 알려주고 12장에서는 마지막 환상, 모든 환난과 고난은 끝이 있다는 것, 세상의 권력은 끝이 있다는 것을 말씀하면서 성도의 부활의 소망을 말씀을 남겨주셨습니다.

그리고 다니엘서에서 읽는 독자들로 하여금 영원할 것 같은 세상 제국 바벨론도 결국 무너질 것이라는 강력한 메시지를 다니엘 4장과 5장에서 보여주고 있습니다. 4장에 나타나는 느부갓네살은 자신이 꾼 꿈에 대해서 다니엘의 환상에 대한 해석을 듣고 하나님의 역사하심을 깨닫고 반응하여 7년간 미친 상태가 되었다가 다시 왕좌에 돌아왔지만, 5장에 나타나는 벨사살은 아버지처럼 깨닫지 못하고 결국 교만하여 하나님께 벌을 받아 죽게 됩니다.

다니엘서가 말하는 지혜란 하나님이 꿈이나 이상을 통해 알려주시는 바를 따라 시대를 읽을 수 있는 통찰을 말합니다. 이 지혜는 가시적인 세상 지식이 아니라 하나님이 주관하시고 다스리시는 보이지 않는 영적 세계의 질서를 아는 것이었습니다. 그런데 다니엘서를 읽는 독자들에게 강조하고 있는 것은 이 지혜를 기도하는 다니엘에게 주셨다는 것입니다. 다니엘은 2장에서 느부갓네살이 꾼 꿈과 그 뜻을 하나님께 알게 해달라고 친구들과 함께 기도했고, 6장에서 다른 신들에게 기도하면 죽임을 당한다는 왕의 조서에 왕의 도장이 찍힌 것을 알면서도 늘 하던 대로 집에 들어가 예루살렘으로 향한 창문을 열고 하루 세 번씩 무릎을 꿇고 기도하였고, 9장에서 예루살렘이 황폐한 상태로 있는 기간이 70년이라는 예레미야 예언의 뜻이 무엇인지 깨닫기 위해 기도했고, 10장에서 자기에게 나타난 큰 전쟁에 대한 환상이 어떤 의미가 있는 것인지 알기 위해 세 이레 동안 금식하며 기도했던 것입니다.

다니엘서는 역사의 최종적인 마지막 승리의 날이 이르기 전, 그 어떤 시대이든지 하나님의 백성으로 살아가는 성도들에게 들려주시는 말씀이라는 것입니다. 다니엘서는 그냥 재미있는 옛날이야기가 아니라, 그 크고 크신 하나님을 증거하는 말씀인 것입니다. 다니엘서가 증거하는 하나님은, 하늘의 하나님이시고, 나의 열조의 하나님, 모든 신의 신, 지극히 높으신 하나님, 살아계시는 하나님, 옛적부터 항상 계신 이, 은밀한 것을 나타내시는 분, 심지어 이방의 왕들도 마침내 하나님을 인정하고 찬양하지 않을 수 없는 온 세상의 주가 되시는 하나님, 바로 그 하나님이 다니엘의 하나님, 사드락과 메삭과 아벳느고의 하나님, 우리 하나님이심이심을 증거해 주는 말씀이라는 것입니다.

다니엘서를 읽을 때 주의할 점이 있습니다. 오늘날 하나님이 각 사람에게 꿈과 환상을 통해서 자신의 영적인 성숙을 위해서 깨닫게 하시는 일이 있을 수 있습니다. 그러나 하나님은 자신의 뜻과 계획을 완전하게 다니엘을 통해서 모두 다 계시해주셨다는 것입니다. 계시가 충분하다는 것입니다. 우리가 기록된 말씀으로 받은 다니엘서에서 하나님의 주권과 그 역사하심이 온전히 드러내 보여주셨다는 것입니다. 지혜 있는 자는 강하고 용맹할 수밖에 없습니다. 왜냐하면 모든 역사의 마지막 결론을 알고 있기 때문입니다. 우리가 다니엘서를 성경으로 받았기에 다니엘과 그의 친구들처럼 이 세상 한복판에서 믿음의 정절을 지키며 살아갈 수 있는 것입니다. 세상 제국이 그렇게 강해 보여도 모든 역사의 주관자가 되시는 하나님의 다스리심을 알고 있기 때문에 결코 두려워하지 않는 것입니다.

하나님께서는 한순간이라도 이 세상이 통치권을 그 누구에게도 빼앗기거나 위임한 적이 없으신 분이십니다. 우리는 한 개인으로부터 마지막 종말에 이르기까지 주관하시고 다스리시는 하나님을 다니엘서에서 만날 수 있습니다. 이미 만왕의 왕, 만주의 주가 되시는 예수 그리스도께서 오심으로 다니엘서가 보여준 모든 말씀들이 완전하게

다 이루어졌다는 사실도 알고 있습니다. 그러기에 죽은 자의 부활도 다니엘서 마지막 장에서 예언하신 것처럼 예수 그리스도의 부활하심으로 그리스도 안에서 성취되어 그 크고 놀라운 하나님의 구원의 드라마가 성취될 것을 믿을 수 있는 것입니다.

"그 때에 네 민족을 호위하는 큰 군주 미가엘이 일어날 것이요 또 환난이 있으리니 이는 개국 이래로 그 때까지 없던 환난일 것이며 그 때에 네 백성 중에 책에 기록된 모든 자가 구원을 받을 것이라"(단 12:1)

한 주간 다니엘서에 나타난 크고 은밀한 하나님의 놀라운 하나님의 구원의 대서사시를 읽고 깊은 은혜 가운데 거하시는 주의 거룩한 백성들 되시기를 바랍니다.

제발, 돌아오라!

1 이스라엘아 네 하나님 여호와께로 돌아오라 네가 불의함으로 말미암아 엎드러졌느니라 2 너는 말씀을 가지고 여호와께로 돌아와서 아뢰기를 모든 불의를 제거하시고 선한 바를 받으소서 우리가 수송아지를 대신하여 입술의 열매를 주께 드리리이다 3 우리가 앗수르의 구원을 의지하지 아니하며 말을 타지 아니하며 다시는 우리의 손으로 만든 것을 향하여 너희는 우리의 신이라 하지 아니하오리니 이는 고아가 주로 말미암아 긍휼을 얻음이니이다 할지니라 4 내가 그들의 반역을 고치고 기쁘게 그들을 사랑하리니 나의 진노가 그에게서 떠났음이니라 5 내가 이스라엘에게 이슬과 같으리니 그가 백합화 같이 피겠고 레바논 백향목 같이 뿌리가 박힐 것이라 6 그의 가지는 퍼지며 그의 아름다움은 감람나무와 같고 그의 향기는 레바논 백향목 같으리니 7 그 그늘 아래에 거주하는 자가 돌아올지라 그들은 곡식 같이 풍성할 것이며 포도나무 같이 꽃이 필 것이며 그 향기는 레바논의 포도주 같이 되리라 8 에브라임의 말이 내가 다시 우상과 무슨 상관이 있으리요 할지라 내가 그를 돌아보아 대답하기를 나는 푸른 잣나무 같으니 네가 나로 말미암아 열매를 얻으리라 하리라

숲으로 전하는 호세아

본문 : 호 14장1-8절

‘아름답다’ 라는 말이 있습니다. 한 가지는 우리 고어에 ‘나’를 지칭하는 말로 ‘아름’ 이란 단어가 있었습니다. 그래서 ‘아름답다’ 라는 말은 ‘나 답다’라는 의미가 있습니다. 또 한 가지는 아름을 ‘앓다’ 의 명사형으로 ‘몸이 아픈 상태’를 의미하지만, 조금 더 적극적으로 말하면 아픔을 이겨내기 위해 몸부림치는 모습을 아름다움이라 말할 수 있다는 것입니다. 이런 의미에서 우리 주변에 아름다운 사람들이 많습니다. 오늘 저마다 고통스러운 실존 앞에서 몸부림치는 여러분들을 향해 “여전히 당신의 모습은 지금도 아름답고, 내일도 아름다울 것입니다” 라고 말해줄 수 있기를 바랍니다.

　아름다움의 끝판 왕, 이보다 아름다울 수 없는 사랑... 장이 끊어질 듯한 애끓는 사랑을 소개하고자 합니다. 아무리 생각해봐도 사랑받을 만한 사람이 아닌데, 한 번만 더 사랑하라 하시는 강권적인 말씀 앞에 결국 순종했던 한 사람의 이야기를 통해 진정 아름다운 사랑을 이 시간 호세아서에서 전하고자 합니다. 우리는 이러한 사랑을 ‘헤세드’라 말합니다. 헤세드는 구약 히브리어의 단어인데 긍휼, 인내, 무조건적인 사랑을 말하고 있습니다.

　여러분, 우리 가운데 사랑받지 못한 슬픔을 가장 큰 상처로 여기며 살아가는 사람들이 있습니다. 그런데, 사랑하는 사람도 상처받을 수 있다는 것 생각해보셨습니까? 아무리 사랑하고자 해도 그 호의를 무시하고 반복적으로 약속을 깨뜨리는 행동을 계속해서 하고 있다면... 그 관계가 부부관계라 한다면, 부모와 자녀와의 관계라 한다면 얼마나 상처 받겠습니까? 사랑하다가 지쳐버리면 무의식적으로 하는 말....“이제 그만...여기까지...네 마음대로 해...”

결혼관계는 상대방과의 계약이라 할 수 있습니다. 그런데 호세아서는 이스라엘 백성이 하나님을 버리고 하나님과의 계약을 파기했다는 것을 남편과 아내의 관계로 묘사합니다. 다른 남자에게 미혹되었다고 비유하고 있습니다. 호세아 성경에는 이스라엘 백성 때문에 아파하시는 하나님의 마음이 나옵니다. 하나님도 상처를 받으셨다는 것입니다. 하나님의 쓰리고 아픈 마음을 호세아의 삶과 그의 메시지를 통해 백성들에게 오늘 호세아서를 읽는 우리들에게까지 전해지고 있습니다. 어떻게 자기 백성, 이스라엘에게 전했을까요? 하나님은 호세아에게 창기 고멜과 결혼하게 하시는 사건을 통해서 하나님의 마음이 얼마나 아프고 고통스러운지를 알게 하셨습니다. 그래도 하나님이 참 너무하시다 굳이 이렇게까지 하셔서 당신의 마음을 전하셔야만 했는가? 하는 질문을 하게 됩니다.

1장2절에서 말씀하십니다. 하나님의 말씀을 전했던 선지자 호세아에게 음란한 여자와 결혼을 하고 아이를 낳으라는 명령이었습니다. 이 말씀은 남편인 하나님을 떠나 다른 남자 즉 다른 신들과 바람피우는 아내 이스라엘의 행위를 상징적으로 나타내는 말씀입니다. 호세아는 큰 항의 없이 하나님의 말씀을 받아들인 것 같습니다. 그래서 1장 3절에서 호세아가 가서 디블라의 딸 고멜을 맞이하고 임신하여 자녀를 낳았다는 것으로 호세아서가 시작되었습니다. 이어서 호세아의 세 자녀의 이름이 나타납니다. 이 이름을 통해서 하나님이 이 백성에 대해서 전하고자 했던 메시지가 있었습니다. 이름들의 의미가 불길하고 흉측한 내용의 이름이었습니다. 그것은 내가 이 백성을 약속을 깨뜨린 것에 대하여 책임을 묻겠다는 것이었습니다. 호세아서에는 하나님이 분노하셨다는 표현을 쓰고 있습니다.

호세아의 첫째 아들의 이름이 무엇입니까? '이스르엘'입니다. 그 이름은 이스라엘의 한 지역의 이름입니다. 그 지역은 역사적으로 하나님이 이스라엘을 심판한 장소였습니다. 북이스라엘 역사 중에 이세벨과 결혼하고 나봇의 포도원을 빼앗았던 아합 왕을 예후를 통해 죽였던 장소였습니다. 첫째 아들을 볼 때마다 이스라엘의 큰 죄를 생각나게 하실 것이다는 것입니다. 그 피 값으로 이스라엘이 파괴될 것이라고 말씀하고 계신 것입니다. 하나님이 얼마나 상처를 받으셨으면 이러한 이름을 주셨겠습니까? 둘째는 딸입니다. 딸의 이름이 '로루하마'입니다. 로는 '아니다'의 의미입니다. '루하마'는 아버지가 자녀를 사랑스럽게 부드럽게 쓰다듬는 모습을 말합니다. 레헴이란 단어인데 "여인의 자궁, 태, 창자 즉 생명을 잉태하기 위한 고통을 당하지 않겠다", 하나님은 이스라엘 백성을 더 이상 그렇게 사랑하지 않을 것이라는 말씀을 호세아의 딸 이름을 통해 전하시는 것입니다. 하나님의 절망감과 배신감을 그대로 나타낸 것입니다. 셋째는 아들입니다. 그 아들의 이름은 '로암미'입니다. "내 백성이 아니다"라는 뜻입니다. "이제 더 이상 너희들은 내 백성이 아니다", "이제 너희들과 상관없다"는 말입니다. 이스라엘 백성 때문에 크게 마음이 상한 하나님 아버지의 마음이 보입니다.

이 분노와 심판의 말씀이 하나님의 진심이었을까요? 최종적인 말씀이었을까요?

그런데, 하나님은 갑자기 10절에서 불타는 듯한 분노와 배신감을 추스르시고 하나님이 이스라엘 조상들에게 약속하셨던 옛 언약을 소환하여 말씀하십니다. 이 말씀은 "사랑하는 독자 이삭을 번제로 드리라"는 하나님의 말씀에 순종하며 실천했던 이스라엘의 조상 아브라함에게 주신 하나님의 언약이었습니다(창 22:17). 10절에 이스라엘 자손의 수가 측량할 수도 없고, 셀 수 없이 번창할 것이라는 소망의 말씀입니다. 그러나, 고멜은 남편의 수고와 눈물과 인내와 용서에 아랑곳하지 않고 결국 습관대로 집을 떠납니다. 이스라엘은 과거에도 바람피운 적이 있었습니다. 가나안 땅에 들어가기 전에도 바알브올에서 모압인의 바알 축제에 참여하여 모압 여인들과 음행하였습니다. 그리고 가나안 땅에 들어왔던 사사시대에도 기브아 주민들이 한 레위인의 첩을 윤간하여 죽인 적도 있었습니다(10:9). 고멜에 대한 소문이 들리는데 다시 그녀는 매음굴에 팔려 몸을 팔고 있었습니다. 호세아는 이러한 비유를 들어서 이스라엘 백성들의 영적 간음의 상태를 설명하고 있습니다. 2장에 보면 그 음란을 바알을 숭배하는 것이라 말한 것입니다.

이스라엘 백성들은 가나안 땅에 들어와 정착해 살면서 끊임없는 바알 종교의 유혹을 받았습니다. 바알 종교는 어떠한 종교였기에 그렇게 강력한 힘을 가지고 있었을까요? 가나안 지역은 춘하추동의 4계절이 아니라, 건기와 우기 두 계절로만 나뉩니다. 건기 즉 비가 오지 않는 기간은 보통 4월부터 10월까지 계속되었고, 이 기간에는 비가 오지 않기 때문에 식물이 말라 죽고 땅이 갈라지게 되는 기간입니다. 바알과 아세라가 성적으로 결합한 결과 지상에서는 비가 내리고, 대지의 식물은 생명을 얻어 새싹을 틔우게 되는 것입니다. 이스라엘 백성들은 바람과 비의 신 즉 다산과 번성을 가져다주는 바알 종교를 섬겼습니다. 다산과 풍요를 말하는 바알은 농경사회 속에서 농사에 절대적인 필요한 요소였습니다. 이스라엘 백성들은 2장5절에 이렇게 변명합니다.

"그들이 내 떡과 내 물과 내 양털과 내 삼과 내 기름과 내 술들을 네게 준다 하였음이라"(호 2:5)

뿐만 아니라, 바알을 섬기면 바알 종교의식이 가져다주는 쾌락이 있었습니다. 제사를 지내고 공식적으로 성적인 행위를 할 수 있었다고 하는 것 얼마나 달콤한 유혹이었겠습니까? 호세아는 4장18절에서 이렇게 그들의 실상을 고발합니다.

"그들이 마시기를 다 하고는 이어서 음행하였으며 그들은 부끄러운 일을 좋아하느니라"(호 4:18)

그럼에도 불구하고 2장에서 하나님께서 백성들을 부드럽게 타이르시면서 이스라엘에 대한 희망의 메시지로 하나님의 말씀을 전하게 하십니다.

"그러므로 보라 내가 그를 타일러 거친 들로 데리고 가서 말로 위로하고"(호 2:14)

거친 들은 하나님이 회개를 이끌어내는 장소 즉 광야입니다. 호세아에서는 우상을 사랑하고 정욕을 향해 불타는 이스라엘 백성들에게 그 악한 길을 막기 위하여 거친 들로 데리고 나가서 거기서 위로하시겠다는 말씀을 하셨습니다. 광야는 하나님과 이스라엘이 언약을 맺어 첫사랑을 나누었던 곳입니다. 광야는 척박한 곳이지만 하나님의 말씀을 들을 수 있는 곳입니다. 말로 위로한다는 말은 마음에 닿도록 말씀하신다는 뜻입니다. 뿐만 아니라, 2장에서 하나님은 다시 내가 너에게 장가들어 영원히 너와 함께 살고 싶다 하시며 자신의 심정을 드러내 주셨습니다. 그런데 이스라엘 백성은 이 하나님의 본심을 받아들였을까요? 3장1절을 보면 그러나 이스라엘 자손은 다른 신을 섬기고 건포도 과자를 즐기고 있다고 말하고 있습니다. 건포도 과자라는 것은 가나안 땅에서 누릴 수 있는 문명적인 혜택을 상징하는 것 같습니다. 건포도를 먹기 위해 바알에게 무릎 꿇는다는 것을 의미합니다. 하나님의 사랑을 받아들이지 않는 이유는 바알이 주는 달콤한 맛이 있기 때문입니다.

여러분, 이 정도면 포기할 만하지 않을까요? 그런데 하나님은 다시 그녀를 데리고 와라 명령합니다. 그것도 그냥 데려오라 해도 데려올까 말까 할 텐데 정당한 대가 이상을 주고 사와라 말씀하고 있습니다. 호세아는 그녀를 은 열다섯 개(170그램)와 보리 한 호멜(18말)을 주고 그녀를 다시 사왔습니다. 그리고 다시 한 번 타이릅니다. 많은 날 동안 나와 함께 지내자라는 말씀이 있습니다.

"너는 많은 날 동안 나와 함께 지내고 음행하지 말며 다른 남자를 따르지 말라 나도 네게 그리하리라 하였노라"(호 3:3)

3장까지가 호세아의 삶과 관련된 메시지라 한다면 4장부터 14장까지는 호세아의 선포하는 메시지라 할 수 있습니다. 9개의 설교라 말할 수 있습니다. 4장부터 이스라엘 백성들의 현상을 낱낱이 드러내고 있습니다. 호세아가 전한 메시지의 핵심이 무엇이었을까요? 한마디로 '돌아오라'는 간절한 호소입니다. 돌아오지 않은 이유는 5장4절에, 음란한 마음이 그 속에 있어 여호와를 알지 못하기 때문이라 지적하고 있습니다. 호세아는 바로 그 백성들에게 죄를 법정에서 변론하듯이 판결물을 낭독하고 있습니다. 제사를 드리고 있었지만 내용적으로 바알을 섬기고 있고, 삶 속에 인애가 없는 백성들의 범죄한 모습을 지적하였습니다.

드디어 이러한 호세아의 메시지를 들었던 백성들은 반응을 하였습니다. 그 반응이 호세아 6장1절의 말씀입니다. 선지자의 긴박한 예언 때문에 일부 백성들이 회개하기에 이르렀습니다.

"오라 우리가 여호와께로 돌아가자 여호와께서 우리를 찢으셨으나 도로 낫게 하실 것이요 우리를 치셨으나 싸매어 주실 것임이라"(호 6:1)

이 말씀이 참으로 은혜스러운 말씀이지요? 그러나 이 고백 후의 내용을 보면 이것은 일시적인 부르짖음에 불과했고 이스라엘 백성들은 진실하게 회개하지 않았다는 것을 알게 됩니다. 약속은 했지만 지키지 않는 이스라엘 백성들의 모습을 비유적으로 다양하게 표현하고 있습니다. 호세아의 삶을 통해서 간음한 아내와 같다고 말했다면, 4장부터 직접적인 비유로 말하고 있습니다. 완강한 염소와 같다, 과자 만드는 자에 의해 달궈진 화덕과 같이 발효되기까지만 불을 일으키다가 사라지는 것과 같다, 뒤집지 않은 전병과 같다, 어리석은 비둘기 같다, 속이는 활과 같다, 그래서 결국 이스라엘은 열매 없는 이삭처럼, 홀로 떨어진 들나귀처럼, 굴뚝의 연기처럼, 물 위의 거품처럼, 병든 나무처럼, 광풍 앞의 쭉정이처럼 아침 구름처럼 사라지게 될 것이다 하는 심판의 메시지를 전한 것입니다. 그러면서 호세아의 간절한 호소는 하나님은 "나는 인애를 원하고 제사를 원하지 아니하며 번제보다 하나님을 아는 것을 원하노라" 말씀하셨습니다. 이스라엘 백성들은, 호세아가 자기 백성들에게 전해 준 하나님의 본심을 알아듣지 못하고 결국 듣지 않아 수십 년이 지난 후에 앗수르에 의해 멸망하였습니다.

그럼에도 호세아가 우리에게 전하는 메시지가 있습니다. 호세아를 통해서 보여주신 하나님 아버지의 마음, 진심, 본심은 호세아에게 창기 고멜에게로 가서 아내로 맞이하라는 요구를 하셨습니다. 포기하지 않았다는 말씀이었습니다.

"에브라임이여 내가 어찌 너를 놓겠느냐 이스라엘이여 내가 어찌 너를 버리겠느냐 내가 어찌 너를 아드마같이 놓겠느냐 어찌 너를 스보임같이 두겠느냐 내 마음이 내 속에서 돌이키어 나의 긍휼이 온전히 불붙듯 하도다"(호 11:8)

"내 마음이 내 속에서 돌아서니"(11:8)를 어떤 신학자는 하나님의 회심이라 표현합니다. 어떻게 변하지 않는 하나님이 회심할 수 있는가? 마음을 돌이킬 수 있는가? 이 말은 상처받은 하나님이 이스라엘을 향한 분노를 극복하고 그들을 무한히 긍휼히 여기는 마음 때문에 스스로 돌아서서 그들을 다시 사랑하시겠다는 고백입니다. 하나님은 비록 넘어지고 실패했을지라도 다시금 하나님 품 안으로 돌아오기만

한다면 치유와 회복의 은혜를 베푸실 것과 하나님의 풍성한 사랑 안에서 살도록 해주시겠다고 당신의 진심을 약속하셨습니다. 그 약속을 호세아 마지막 장에서 말씀하셨습니다. 호세아는 하나님의 헤세드를 설명하기 위해 하나님은 이스라엘에게 이슬과 같으신 하나님으로 비유를 하였습니다. 이 말씀은 바알 신을 숭배하며 범죄한 백성들, 고멜과 같은 사람에게도 이슬과 같은 변함없는 사랑을 베풀어주시겠다는 약속입니다. 정말 고집스럽고 끈질긴, 우리를 그냥 내버려두지 않는 사랑, 우리의 악한 죄성과 교만에도 불구하고 돌이킬 수 없는 타락한 백성이라 할지라도 포기하지 않겠다는 창자가 끊어질 것 같은 헤세드의 사랑! 바로 그 사랑이 우리를 치유하게 될 것이라는 말씀입니다.

"내가 이스라엘에게 이슬과 같으리니 그가 백합화 같이 피겠고 레바논 백향목 같이 뿌리가 박힐 것이라 그의 가지는 퍼지며 그의 아름다움은 감람나무와 같고 그의 향기는 레바논 백향목 같으리니"(호 14:5-6)

이 모든 은총의 시작은 무엇입니까? 호세아서의 아주 중요한 말씀을 하십니다. 이슬의 비밀은 하나님의 말씀입니다. 말씀을 통하여 하나님을 아는 것입니다. 그 하나님의 말씀은 우리에게 이슬처럼 임하게 될 것입니다. 그 하나님의 말씀이 매일 아침 임하시기 때문에 우리는 생명을 유지하고 있고 믿음의 뿌리를 내리며 은혜 안에 살아가고 있는 것입니다.

"너는 말씀을 가지고 여호와께로 돌아와서 아뢰기를 모든 불의를 제거하시고 선한 바를 받으소서 우리가 수송아지를 대신하여 입술의 열매를 주께 드리리이다"(호 14:2)

호세아를 읽다 보면 사랑의 선지자 호세아의 상처 입은 마음이 전해지고, 음란한 이스라엘 백성을 향한 신랄한 죄의 지적과 그로 인한 타락한 현상을 보면 슬프고 괴롭고 우울하지만, 그 가운데에서도 회개하고 돌아온 자기 백성을 향한 회복과 축복의 메시지를 읽을 때 하나님의 진심을 깨닫게 됩니다. 자기 백성을 얼마나 존귀하게 여기시고 사랑하시는지 하나님의 진심의 음성을 들어보시기 바랍니다. 호세아를 통해서 주시는 소망의 말씀을 믿고 회개하고 돌아온 자들은 성경이 약속한 모든 복을 받아 누리는 복된 성도가 될 것입니다. 아멘.

이제라도...마음을 찢으라

12 여호와의 말씀에 너희는 이제라도 금식
하고 울며 애통하고 마음을 다하여 내게로
돌아오라 하셨나니 13 너희는 옷을 찢지 말
고 마음을 찢고 너희 하나님 여호와께로 돌
아올지어다 그는 은혜로우시며 자비로우시
며 노하기를 더디하시며 인애가 크시사 뜻
을 돌이켜 재앙을 내리지 아니하시나니 14
주께서 혹시 마음과 뜻을 돌이키시고 그 뒤
에 복을 내리사 너희 하나님 여호와께 소제
와 전제를 드리게 하지 아니하실는지 누가
알겠느냐 15 너희는 시온에서 나팔을 불어
거룩한 금식일을 정하고 성회를 소집하라
16 백성을 모아 그 모임을 거룩하게 하고 장
로들을 모으며 어린이와 젖 먹는 자를 모으
며 신랑을 그 방에서 나오게 하며 신부도 그
신방에서 나오게 하고 17 여호와를 섬기는
제사장들은 낭실과 제단 사이에서 울며 이
르기를 여호와여 주의 백성을 불쌍히 여기
소서 주의 기업을 욕되게 하여 나라들로 그
들을 관할하지 못하게 하옵소서 어찌하여
이방인으로 그들의 하나님이 어디 있느냐
말하게 하겠나이까 할지어다 이방의 조롱
거리가 되지 말게 하옵소서

숲으로 전하는 요엘

본문 : 요엘 2장12-17절

요엘서는 17권의 예언서 중에서 요엘이 어떤 인물인지, 시대적 배경이 어떠한 상황인지를 정확히 알 수 없는 책입니다. 단 한 가지 알 수 있는 것은 '브두엘의 아들'이라는 것 밖에 없습니다. '브두엘'의 뜻이 '하나님의 성실'이며 '요엘' 이름 뜻이 '여호와는 하나님이시다'인 점에서 그가 경건한 가문 출신일 것으로 추측할 수 있습니다. 요엘서는 3장으로 되어 있고 그 어떤 예언서보다 메시지가 분명해서 내용을 이해하는데 어렵지 않을 것입니다. 오늘 말씀을 듣는 동안 요엘서가 증거하는 여호와 하나님이 어떤 분이신지를 알 수 있기를 바랍니다.

요엘서에 아주 익숙한 구절들이 있습니다. 마지막 날에 내가 나의 영으로 모든 백성에게 부어 주리라 자녀들은 예언할 것이요 청년들은 환상을 보며 아비들은 꿈을 꾸리라 그리고 누구든지 여호와의 이름을 부르는 자는 구원을 얻으리니 말씀도 있습니다. 오늘 요엘서의 핵심 구절이라 할 수 있는 옷을 찢지 말고 마음을 찢으라는 말씀도 있습니다. 그런데, 이러한 핵심 구절의 말씀들이 요엘서의 전체 메시지 속에서 이해가 될 때 우리가 알고 있는 말씀들이 더욱 선명하게 들릴 수 있을 것입니다.

우선, 요엘서를 이해하는 데 중요한 하나의 단어가 있습니다. '여호와의 날' 이란 용어입니다. 이 날은 다른 예언서와 마찬가지로 요엘서에도 무서운 심판과 재앙의 날로 묘사되고 있습니다. 성경에 나타나는 대표적인 재앙은 기근과 칼, 전염병입니다. 요엘서는 메뚜기로 말미암은 자연 재앙, 기근으로 시작합니다. 그리고 예언자들은 결국 재앙의 끝은 이스라엘에게는 나라의 멸망입니다.

> 1:15 슬프다 그날이여 여호와의 날이 가까웠나니
> 2:1 이는 여호와의 날이 이르게 됨이니라 이제 임박하였으니
> 2:11 여호와의 날이 크고 심히 두렵도다 당할 자가 누구이랴
> 2:31 여호와의 크고 두려운 날이 이르기 전에 해가 어두워지고
> 달이 핏빛같이 변하려니와
> 3:14 심판의 골짜기에 여호와의 날이 가까움이로다

지금까지 여러분이 경험한 것 중 가장 끔찍한 재난과 재앙은 무엇이었습니까? 질병, 사랑하는 사람의 갑작스러운 죽음, 지긋지긋한 가난, 동업하는 사람의 배신, 부모의 이혼, 아니면 자연재해일 수 있습니다. 지난 수년 동안 전 세계를 강타한 코로나가 재앙 수준으로 현대인들에게는 매우 고통스러운 현상이었습니다. 우리 스스로에게 질문해봅시다. 개인적이든 가정적이든 감당하기 어려운 혹독한 재난이 임할 때 우리는 어떠한 태도를 갖고 있었는지 생각해봅시다. 자기 생존을 위해 살 길을 찾으며 허둥지둥 대는 사람, 기도하는 사람, 함께 극복하기 위해 노력하는 사람, 우리는 어디에 있었습니까? 그러나 요엘서는 재앙이 임할 때 어떠한 자세로 살아야 하는지 너무나 분명한 말씀을 선포하고 있습니다. 하나님께서 요엘을 통해서 재앙에 처한 자기 백성들을 향한 궁극적인 말씀이 무엇인지를 아는 것이 오늘 말씀의 요지라 할 수 있습니다.

요엘서는 1장에서 요엘이 경험한 재앙, 2장에서는 가까운 미래에 찾아올 재앙, 3장에서는 먼 미래에 일어날 재앙, 더 나아가 마지막 재앙의 내용까지 예언하고 있습니다.

이러한 관점에서 요엘서의 내용을 살펴보면, 1장에서 정확한 시대적 배경을 알 수는 없지만 요엘이 선지자로 활동하던 시기에 이스라엘은 생태적인 위기를 맞았습니다. 1장에서 '메뚜기 재앙'으로 모든 농작물이 완전히 초토화된 엄청난 규모의 재난이었습니다. 어느 정도였냐면 먹고 살기가 힘든 상태를 이스라엘의 대표적인 작물인 포도나무와 무화과나무가 말갛게 벗겨져 모든 가지가 하얗게 되었을 정도였습니다. 성전에서 곡식으로 드리는 소제를 드릴 수 없고 포도주를 만들어 부어 드리는 전제를 드릴 수 없었다고 말해주고 있습니다. 심지어 들짐승도 주를 향하여 헐떡거린다 하였습니다. 이로 인하여 너희 입에서 포도주가 끊어졌다, 사람의 즐거움도 말랐다고 묘사하고 있습니다. (현재) 늙은 자들도 자녀들도 경험하게 될 것이고, 술 취한 자들도, 제사장들도 애곡하는 날이라 하였습니다.

그리고 2장에서는 어느 나라인지는 알 수는 없지만 막강한 힘을 가진 다른 나라의 군대가 무기를 들고 쳐들어온 상황을 재앙이라 하였습니다. 이 상황을 메뚜기 재앙의 연장선으로 이해하면서 메뚜기를 대대적인 군대가 쳐들어오는 것을 비유한 것이라 해석하기도 하고, 실제 이방 나라의 침공으로 해석할 수도 있습니다. 요엘은 그 긴박한 상황을 시온에서 나팔 소리가 나고 거룩한 산에서 경고의 소리를 지르게 되어 땅 주민들이 다 떨게 한다고 하였습니다. 2장2절에서는 어둡고 캄캄한 날이고 짙은 구름이 덮인 날, 새벽빛이 산꼭대기에 덮인 것과 같다고 하였고, 이와 같은 날은 옛날에도 없었고 이후에도 없을 정도라고 말합니다. 불꽃이 그들의 뒤를 태우는데 에덴동산과 같은 땅이 황폐한 들 같다고 묘사해주고 있습니다.

3장에서는 심판의 골짜기 여호사밧 골짜기에서 이스라엘 사면의 민족들을 다 심판하시는 장면이 나타납니다. 낫으로 곡식을 베어 추수하고 포도의 즙을 짜서 포도주를 만드는 일로 심판의 모습을 비유적으로 선포하고 있습니다. 그런데 3장에서의 재앙의 날은 한 가지 두드러진 특징이 나타나는데 그 여호와의 날에 이방 민족들을 심판하시고 자기 백성을 구원하시는 날로 선포되고 있다는 것입니다. 3장1절에서 "보라 그 날 곧 내가 유다와 예루살렘 가운데에서 사로잡힌 자를 돌아오게 할 그 때라" 말씀하십니다. 사로잡힌 자를 돌아오게 하신다는 것은 포로에서 돌아오게 하실 것이라는 회복의 말씀입니다. 3장21절은 "내가 전에는 그들의 피 흘림 당한 것을 갚아 주지 아니하였거니와 이제는 갚아 줄 것이다 여호와께서 시온에 거하신다"는 마지막 말씀을 기록해주고 있습니다. 여호와께서 시온에 거하신다는 것은 하나님이 함께 하신다는 임마누엘의 말씀입니다.

그렇다면, 언제 누구에게 쓰였는지를 모르는 요엘서를 우리가 읽을 때 어떻게 읽고 말씀을 전하고 들어야 할까요? 저는 세 가지 관점을 말하고자 합니다.

첫째, 생애 가운데 혹독한 재앙과도 같은 사건들 가운데 하나님이 우리에게 원하시는 것이 무엇인가를 들어야 한다는 것입니다.

둘째, 재앙을 개인적이고 실존적인 사건으로 이해하고 읽어야 한다는 것입니다. 우리는 살아있는 시간이 너무 짧아서 자연적인 재앙, 우주의 크고 두려운 변화를 직접 경험할 수 있을지는 하나님의 주권과 시간표에 맡겨드리지만, 분명한 것은 한 인간의 생애 속에 재앙과 같은 바로 그 날, 즉 여호와의 크고 두려운 날이 찾아온다는 것을 염두해 두고 요엘의 말씀을 들어야 한다는 것입니다. 모든 사람은 더 이상 먹거나 마실 수 없는 순간을 맞이 합니다. 언제일까요? 죽음을 통해서 해가 어두워지고 달이 핏빛으로 변하는 걸 경험합니다. 아무도 피할 수 없는 극단적인 실존입니다. 언젠가 우리가 맞닥뜨려야 할 운명입니다.

여러분, 오래 사는 것이 축복일까요? 만약, 돌보는 사람의 손길에만 의지하며 10년을 생존한다는 것이 축복일까요? 대다수 사람은 마지막 순간에 정신이 오락가락합니다. 헛소리할 수도 있습니다. 가장 행복한 유언은 가족에게 '나 먼저 가니 나중에 천국에서 보자.'라고 말하는 것입니다. 혹시, 여러분 가운데 마지막 사랑하는 유족들에게 남기는 말이 원수를 갚아달라 하시는 분이 있을까요? 죽는게 너무 두려워 천국은 정말 있을까? 하며 두려움 속에 맞이하는 임종이 축복일까요? 요엘서는 죽음 앞에서 구원을 얻는 길이 무엇인지를 분명하게 말씀해주시고 있습니다.

셋째, 인류는 죄 때문에 여호와의 날, 즉 인류의 최후의 심판 날이 도래하고 있음을 알고 읽어야 한다는 것입니다. 요엘서는 이 날은 어둡고 캄캄한 날이고 짙은 구름이 덮인 날이라 표현을 하였는데, 이 날은 요엘서뿐만 아니라, 예수님께서도 마태복음 24장29절, 그 날 환난 후에 즉시 해가 어두워지며 달이 빛을 내지 아니하며 별들이 하늘에서 떨어지며 하늘의 권능들이 흔들리리라 말씀하셨습니다. 요한계시록에서도 6장12절, 여섯째 인을 떼실 때에 큰 지진이 나며 해가 검은 털로 짠 상복 같이 검어지고 달은 온통 피 같이 된다고 말씀하셨습니다.

여러분, 미래를 어떻게 관망하십니까? 현재 인류가 직면하고 있는 질병, 사고, 기후, 태양계의 질서까지 과학기술로 해결하여 지금보다 훨씬 편리하고 풍요롭고 행복한 미래를 만들 수 있을 것이라는 생각을 갖고 계시나요? 아니면, 인류의 탐욕의 결과 전쟁과 기근과 전염병과 천체의 질서가 파괴되면서 마지막 인류의 심판으로 치달을 것이라 생각하십니까? 성경은 그리스도의 재림 때 이루어질 인류 최후의 날을 말씀하고 있습니다. 그런데, 이 모든 말씀 가운데 하나님께서 자기 백성을 향하여 강력하게 하신 말씀이 무엇이었을까요? 요엘서는 죄로 인한 하나님의 심판을 피할 길은 하나밖에 없는 것입니다. 회개에 대한 강력한 메시지라 할 수 있습니다.

"너희는 이제라도 금식하고 울며 애통하고 마음을 다하여 내게로 돌아오라... 너희는 옷을 찢지 말고 마음을 찢고 너희 하나님께로 돌아올지어다..."(욜 2:12-13)

"옷을 찢지 말고 마음을 찢으라"는 것은 위선적이고 외식적이며 종교적인 행위로 다른 사람에게 슬픔과 고통을 보여주기식 회개가 아니라 진정으로 마음을 찢고 통회하고 하나님께 돌아오라는 말씀입니다. 마음을 진심으로 찢었던 겸손한 한 시인의 고백처럼 하나님 앞에 자신의 마음을 찢어야 할 것입니다.

시 51:17 하나님께서 구하시는 제사는 상한 심령이라 하나님이여 상하고 통회하는 마음을 주께서 멸시하지 아니하시리이다 시 34:18 여호와는 마음이 상한 자를 가까이 하시고 충심으로 통회하는 자를 구원하시는도다

진정한 회개를 하지 않으면 영혼의 진정한 구원이 임하지 않습니다. 회개하지 않으면 하나님의 나라가 이루어지지 않습니다. 믿음의 증거는 담대함과 부요함과 고요함이라 할 수 있습니다. 참된 구원은

영혼의 안식입니다. 마지막 임종의 순간에도 보혈을 지나 아버지 품으로 아버지 집으로 돌아간다는 확신 속에 하나님 앞으로 나아갈 수 있을 것입니다. 요엘은 회개하고 하나님께 돌아온 자들을 다르게 묘사한 말씀이 있습니다. 요엘은 2장32절에서 여호와의 이름을 부르는 자는 구원을 얻으리라고 말했습니다.

"누구든지 여호와의 이름을 부르는 자는 구원을 얻으리니 이는 나 여호와의 말대로 시온 산과 예루살렘에서 피할 자가 있을 것임이요 남은 자 중에 나 여호와의 부름을 받을 자가 있을 것임이니라"(욜 2:32)

요엘은 구원을 얻을 자는 시온 산과 예루살렘에서 피할 자이고, 여호와의 부름을 받을 자라고 했습니다. 여기서 그가 말하는 구원은 무엇일까요?

요엘서 안에서 구원은 현실적인 회복의 장면들을 약속하시고 있습니다.

2장23절에서 메뚜기 떼와 오랜 가뭄으로 바짝 말라 황무지가 된 땅에 비를 내려 다시 농작물이 자라게 하신다는 것입니다. 씨를 뿌릴 수 있도록 땅을 부드럽고 촉촉하게 만드는 이른 비를 주시고 곡식이 완전히 여물 수 있도록 늦은 비를 주시겠다는 것입니다. 2장25절에서 하나님은 회개하고 주의 이름을 부르는 자들에게 지금까지 고통당한 횟수, 메뚜기와 같은 곤충들로 인해 피해 입은 햇수만큼 다시 갚아 주시겠다는 것입니다. 뿐만 아니라, 여호와의 이름을 부르는 자에게 하나님께서 함께 하시겠다는 것입니다.

"그런즉 내가 이스라엘 가운데에 있어 너희 하나님이 여호와가 되고 다른 이가 없는 줄을 너희가 알 것이라 내 백성이 영원히 수치를 당하지 아니하리로다"(욜 2:27)

가운데에 있다는 말은 "너희 가까이 있다, 악한 자들에게 고통받지 않도록 보호하시고 지켜주시겠다"는 것입니다. 여호와는 너의 하나님이 되신다는 말씀입니다. 요엘은 하나님의 영을 너희들에게 보내어 영원토록 함께 있을 것을 말씀하였습니다.

"그 후에 내가 내 영을 만민에게 부어 주리니 너희 자녀들이 장래 일을 말할 것이며 늙은이는 꿈을 꾸며 너희 젊은이는 이상을 볼 것이며 29 그 때에 내가 또 내 영을 만종과 여종에게 부어 줄 것이며"(욜 2:28)

요엘서를 통해서 약속하신 축복의 성취가 어떻게 되었습니까?

오순절 마가의 다락방에 모여 기도하다가 성령의 임재를 경험한 베드로가 일어나 전한 복음이 무엇입니까? 바로 요엘이 예언한 복음이 성취되었다는 선포입니다. 성령께서 모든 육체에게 임하셨다는 것입니다. 사도행전 2장에 마침내 요엘이 예언하고 예수 그리스도께서 십자가에서 구속의 사역을 다 이루시고 부활 승천하시고 약속하신 성령님을 오순절 다락방에 모여 있는 자들에게 보내주셨습니다. 젊은 사람이나 나이 든 사람이나 남종이나 여종이나 구별 없이 모든 사람에게 하나님의 영을 부어주셨습니다. 그래서 그들이 예수를 그리스도로 믿고 세례를 받아 그들의 몸이 거룩한 하나님의 성전이 된 것입니다. 크고 두려운 심판 앞에 있는 인생들에게 예수 그리스도를 통한 영원한 구원의 길을 열어주신 것입니다. 사도행전 2장에서 베드로는 성령으로 역사하여 가능하게 한 누구든지 주의 이름을 부르는 자는 구원을 얻는다는 말씀을 인용하면서 복음의 능력을 선포한 것입니다. 그 복음이 죽음 앞에 선 인생들에게 영원한 안식을 얻게 하는 구원을 이루게 한 것입니다. 그 복음이 인류 마지막 심판을 예상하고 있는 사람들에게 영원한 하나님의 나라를 소망 가운데 기다리며 바라보며 살아갈 수 있도록 영원한 구원의 이르는 길을 말씀해 주신 것입니다.

그리고 3장에서 하나님께서 자기 백성에게 궁극적으로 회복될 장면을 시적으로 선포하고 있습니다. 산들이 단 포도주를 떨어뜨릴 것이고 작은 산들이 젖을 흘릴 것이고, 모든 시내가 물을 흘릴 것이고 여호와의 성전에서 샘이 흘러나와 싯딤 골짜기에 이르는 비유적인 모습으로 말씀하고 있습니다. 에덴동산과 같은 회복의 모습입니다. 이는 요한계시록이 보여주는 하나님 나라의 모습이기도 합니다. 베드로는 그날이 두려운 날이 아니라 우리의 몸의 영원한 구속이 이루어지는 날로 믿고 그의 마지막 서신서에서 영원한 위로와 소망의 말씀을 전해주었습니다.

"하나님의 날이 임하기를 바라보고 간절히 사모하라 그날에 하늘이 불에 타서 풀어지고 물질이 뜨거운 불에 녹아지려니와 우리는 그의 약속대로 의가 있는 곳인 새 하늘과 새 땅을 바라보도다"(벧후 2:12-13)

사랑하는 성도 여러분, 오늘 요엘 선지자의 강력한 메시지를 어떻게 들으셨습니까? 해가 어두워지고 달이 핏빛 같이 변하는 여호와의 크고 두려운 날을 오늘 여기서 실감하고 계십니까? 세상을 창조하고 완성하실 여호와의 이름을 영혼의 깊이에서 부르며 갈망하고 있습니까? 그렇다면 여러분은 여호와의 날에 구원받을 것입니다. 요엘은 하나님의 본심, 하나님의 성품을 증거하면서 여호와는 하나님이시다는 메시지를 우리에게 말씀해 주신 것입니다. 다시 한번 경청하십시오.

"너희는 옷을 찢지 말고 마음을 찢고 너희 하나님 여호와께로 돌아올지어다 그는 은혜로우시며 자비로우시며 노하기를 더디하시며 인애가 크시사 뜻을 돌이켜 재앙을 내리지 아니하시나니 주께서 혹시 마음과 뜻을 돌이키시고 그 뒤에 복을 내리사 너희 하나님 여호와께 소제와 전제를 드리게 하지 아니하실는지 누가 알겠느냐"(욜 2:13-14)

요엘서를 통해서 주시는 심판과 회복의 메시지, 이제라도 마음을 찢고 여호와 하나님의 이름을 구하는 자에게 베푸실 영원한 구원의 말씀들을 한 주간 묵상하며 하나님은 은혜로우시고 자비로우시며 노하기를 더디하시고 인애가 크사 그 뜻을 돌이키시면서까지 회복시키시기를 원하시는 하나님의 뜻을 헤아리고 순종하는 신실한 주의 백성들 되시기를 간절히 축원합니다.

사자가 부르짖을 때

11 그 날에 내가 다윗의 무너진 장막을 일으
키고 그것들의 틈을 막으며 그 허물어진 것
을 일으켜서 옛적과 같이 세우고 12 그들이
에돔의 남은 자와 내 이름으로 일컫는 만국
을 기업으로 얻게 하리라 이 일을 행하시는
여호와의 말씀이니라 13 여호와의 말씀이니
라 보라 날이 이를지라 그 때에 파종하는 자
가 곡식 추수하는 자의 뒤를 이으며 포도를
밟는 자가 씨 뿌리는 자의 뒤를 이으며 산들
은 단 포도주를 흘리며 작은 산들은 녹으리
라 14 내가 내 백성 이스라엘이 사로잡힌 것
을 돌이키리니 그들이 황폐한 성읍을 건축
하여 거주하며 포도원들을 가꾸고 그 포도
주를 마시며 과원들을 만들고 그 열매를 먹
으리라 15 내가 그들을 그들의 땅에 심으리
니 그들이 내가 준 땅에서 다시 뽑히지 아니
하리라 네 하나님 여호와의 말씀이니라

숲으로 전하는 아모스

본문 : 아모스 9장11-15절

선지자 아모스는 '무거운 짐을 진 자'라는 뜻의 이름입니다. 아모스는 부름 받기 전의 직업을 밝힌 유일한 예언자입니다. 자신을 목자라 하기도 하고 뽕나무를 재배하는 자라고 밝히고 있습니다. 목자라는 단어의 의미가 작은 규모가 아니라 큰 농장 소유 목자였던 것 같습니다. 그리고 자신을 선지자도 아니고 선지자의 아들도 아니다 하였습니다. 요즈음 말로 의식 있는 평신도 아웃리치 선지자로 기득권층이라 할 수 있는 종교지도자들과 부유한 자들에게 하나님의 말씀을 대언한 선지자라 할 수 있습니다. 그리고 자신의 이름으로 글을 남긴 주전 8세기의 최초의 문서 예언자라 할 수 있습니다. 아모스는 남유다 출신으로 북이스라엘에서 몇 개월 동안 선지자 사역을 하다가 다시 남유다로 귀향하여 고향에서 목자로, 또 농부로 살다가 생을 마감한 것으로 전해지고 있습니다.

하나님께서 이렇게 평범한 사람을 그것도 남유다 사람을 북이스라엘에 보내 말씀을 전하게 하신 데는 그만한 절박한 이유가 있었던 것 같습니다. 아모스는 간담이 서늘해질 정도로 매우 강력한 메시지를 전한 선지자로 유명합니다. 다른 선지자들처럼, 이스라엘과 유다의 우상 숭배와 영적 타락 때문에 심판을 선포하였을 뿐만 아니라, 그는 거기에 더해서 '정의'에 관하여 아주 강력하게 외쳤기 때문입니다. 자신의 소명을 비유적으로 마치 사자가 부르짖는 것으로 묘사하고 있습니다.

"사자가 부르짖은즉 누가 두려워하지 아니하겠느냐 주 여호와께 아모스는 북이스라엘 왕 여로보암 2세 때 활동한 선지자입니다. 사실 그때는 앗수르가 정치적 내분에 의해 외세 확장에 관심을 쓰기 어려운 시대였습니다. 북이스라엘이 정치적으로는 가장 안정적이었고 경제적으로 가장 풍요롭게 살았고 군사적으로는 하맛에서부터 아라바까지 영토를 가장 넓게 확장했던 시기였습니다. 그런데 이상하지요? 이러한 시대에 어두운 부분이 있었다는 것입니다. 가장 풍요로웠던 시대에 빈부의 격차가 심화되어 가진 자들은 겨울궁 여름궁까지 소유할 정도로 사치와 향락이 대단했지만 가난한 자들은 더 착취와 학대를 당했던 시대라는 것입니다.

모든 예언서에 공통적으로 보이는 메시지의 구조를 보면, 심판과 회개, 그리고 회복, 구원의 메시지라는 것을 알 수가 있습니다. 아모스서도 이와 같은 큰 구조를 갖고 있습니다. 8개의 심판선언, 3편의 설교, 5개의 환상으로 구분할 수 있습니다.

아모스는 간단하게 1장1절에서 시대적 배경과 자신에 대해 소개한 다음 바로 이어서 이스라엘 주변 나라들에 대한 심판 예언을 하였습니다. 8개의 나라입니다. 열방에 대한 심판 순서는 다메섹, 블레셋, 두로, 에돔, 암몬, 모압의 심판입니다. 그리고 유다와 이스라엘의 심판이 이어서 나옵니다. 열방의 심판에 대한 예언의 특징은 '서너 가지 죄'라는 구절이 공통적으로 나옵니다. 이러한 표현은 '죄악이 관영'하여 헤아릴 수 없는 죄악으로 가득 차 있다는 뜻입니다. 심판의 방법은 불을 보낸다는 표현을 하고 있습니다. 이 말은 전쟁을 통하여 심판하시겠다는 의미입니다.

아모스는 맨 먼저 아람의 수도 다메섹의 죄를 지적합니다. 제가 간단하게 소개할 때 한 가지 공통점이 무엇인지를 생각해보세요. 먼저 다메섹은 길르앗을 괴롭혔는데 타작기로 탈탈 털 듯이 수탈해갔다는 것입니다. 아모스는 다메섹에 이어 두 번째로 블레셋 지역의 가사를 향해 심판을 선언합니다. 가사 사람들은 사람을 납치하여 에돔에 팔아넘기는 자들이었습니다. 세 번째 심판 선언은 두로였습니다. 두로 역시 에돔에 사람을 파는 일을 했습니다. 네 번째 나라는 에돔이었습니다. 에돔은 칼로 형제들을 쫓아가며 긍휼을 버렸고, 분을 끝없이 품었다 하였습니다. 그리고 다섯 번째는 암몬입니다. 암몬은 자기 나라 땅을 넓히려고 심지어 아이 벤 여인의 배를 가르는 악행을 저질렀습니다. 여섯 번째는 모압입니다. 모압은 에돔 왕의 뼈를 불살라 재를 만들어 버리는 악행을 저질렀습니다.

여러분, 이러한 범죄는 보편적인 인간 역사 안에서 국가 간에 발생한 일반적 범죄였습니다. 한마디로 자비가 없는 인간의 폭력성의 모습이었습니다. 사실, 인간이 에덴의 동쪽에서 살게 되면서 인류는 부정과 부패, 폭력과 압제와 학대와 착취의 악순환이라는 불의의 늪에서 벗어난 적이 없었습니다. 하나님의 정의롭고, 보기 좋은 세계는 죄의 폭력성으로 인해 더러워졌습니다. 최근, 인류 역사상 가장 문명이 발달하고 살기 편리한 시대를 살아가고 있는 이 문화 시대에도 전쟁의 참상을 러시아의 우크라이나 침공에서 확인할 수 있습니다.

여러분, 이 심판의 메시지를 듣고 읽었던 이스라엘 사람들은 남쪽에서 예언자 하나가 올라와 예언하는데 맨 먼저 그토록 밉던 다메섹을 향해 저주를 퍼부으니 얼마나 좋았겠습니까? 아마 북이스라엘 백성들은 적국에게 이처럼 심판이 선포되는 것을 듣고 고소하게 생각하고 아모스의 말에 흥미를 느껴 귀를 기울였을 것입니다. 그런데, 아모스의 심판은 예사롭지 않습니다. 남유다 출신인 아모스가 이번에는 일곱 번째로, 자기 동족 유다의 죄를 지적합니다. 유다의 죄는 여호와의 율법을 멸시하며, 그 율례를 지키지 아니하고, 그 열조가 따라가던 거짓 것에 미혹하는 죄였습니다.

그런데, 아모스는 결정적으로 누구의 죄를 지적합니까? 북이스라엘 사람들이 어떻게 살았는지 2장6절 이하의 말씀을 보면, 정의가 사라진 무자비한 모습이 하나님의 백성 안에서 자행되고 있다는 것입니다.

상류층의 사람들이 은을 받고 의인을 팔고, 신 한 켤레를 받고 가난한 자를 팔고, 힘없는 자의 머리를 티끌 먼지 속에 발로 밟고 연약한 자의 길을 굽게 했다고 지적합니다. 한마디로 사람들을 물건취급 했다는 것입니다. 뿐만 아니라, 백성들 중에 "아비와 아들이 한 젊은 여인에게 다녀서 하나님의 거룩한 이름을 더럽혔다"고 고발합니다. 여기서 멈추지 않습니다. 종교지도자들은 모든 제단 옆에서 이웃의 전당 잡은 옷 위에 눕기도 하였습니다. 가난한 자들은 옷 두 벌 가질 수 없었다고 합니다. 가난한 사람들에게 옷은 밤에 이불을 사용할 정도의 소중한 재산인데 하루가 지나기 전에 돌려주어야 함에도 불구하고 그들의 옷을 전당 잡는 무자비한 일을 자행하고 있습니다. 그리고 벌금으로 얻은 포도주를 신전에서 마시고 있는 모습을 지적하였습니다. 이러한 종교적 사회적 현상을 보았던 아모스는 애굽의 종살이에 있었을 때에 자기 백성을 긍휼히 여기사 처참하게 살던 저들을 살려주셨는데, 하나님의 은혜에 보답하기는 커녕, 하나님께서 가증히 여기시는 일만 자행하고 있으니, 아모스는 안타까워하시는 하나님의 마음을 느낀 것입니다. 이러한 하나님의 심정을 깨닫고 이 하나님의 무거운 심정, 사랑하는 백성들을 징계해야 하는 참으로 무거운 짐을 지고 일어난 선지자가 바로 아모스였습니다.

3장부터 6장까지 구체적인 이스라엘의 죄악상을 지적하는 3편의 설교를 통하여 심판의 당위성을 선포하고 있습니다.

첫 번째 설교에서는 하나님의 선택된 백성으로서 축복과 사명을 망각해버리고 타락한 종교 생활과 방탕한 물질생활에 빠져 있는 모습

413

을 지적하면서 이스라엘에 심판이 있을 것이라고 설교하였습니다.

두 번째 설교에서는 특별히 부유층의 방종한 생활, 그들의 사치, 압제, 학대 등 불의를 행하고 바른 삶이 따르지 않으면서 거짓으로 종교행위를 하고 있는 자들을 폭로하였습니다. 특별히 부유한 여인들의 가증스러운 모습을 고발하였는데 아모스는 이러한 여인들을 가난한 이들에게 비열하고 밑바닥 사람들에게 잔인한 여자들이라 하였습니다. 그래서 4장에서 하나님께서 비를 내리지 않으시고, 지진과 메뚜기를 보내시기도 했고, 전쟁을 통하여 이스라엘에게 돌아올 기회를 한두 번 주신 것이 아니었는데, 결국 너희가 내게로 돌아오지 아니하였기 때문에, 너희가 나를 무시했기 때문에 심판이 불가피하다, 이제 너희들이 나를 만날 때가 되었다고 전한 것입니다.

세 번째 설교에서는 강력한 심판의 이유를 말하면서도 아모스는 회복의 길을 말합니다. 그것은 "여호와를 찾으며 정의를 행하는 길이 살길이다" 그렇게 하지 않으면 '여호와의 날'에 임할 심판이 임할 것을 설교한 것입니다. 5장과 6장의 내용입니다.

하나님께서 이스라엘을 심판하시겠다는 근원적인 이유가 무엇이었을까요?

아모스가 사회적 분배의 정의만을 강조한 것 같지만, 자세히 살펴보면 하나님과 자기 백성 사이에 맺은 계약을 어긴 것입니다. 계약법을 어긴 그대로 너희에게 되갚아주겠다는 것입니다. 아모스는 북이스라엘이 율법을 범했기 때문에 멸망할 수밖에 없다고 선포하고 있습니다. 아모스가 외친 정의는 가난한 사람의 편에서 기득권층을 향한 불만이 아니었습니다. 하나님과의 언약을 어긴 것에 대한 강력한 심판의 메시지였습니다.

"이스라엘 자손들아. 여호와께서 너희에 대하여 이르시는 이 말씀을 들으라. 애굽 땅에서 인도하여 올리신 모든 족속에 대하여 이르시기를 내가 땅의 모든 족속 가운데 너희만을 알았나니 그러므로 내가 너희 모든 죄악을 너희에게 보응하리라 하셨나니"(암 3:1-2)

모든 족속 가운데 너희만 알았다는 말은 나는 너희와 계약을 맺었다, 너희가 받은 특별한 소명 때문이다라는 말입니다. 계약법의 뿌리는 하나님 사랑과 이웃 사랑의 계명이었습니다. 하나님께서 시내산에서 주신 모든 계명, 십계명을 포함하여 안식일, 안식년, 희년의 법을 균형 있게 실천하는 것이었습니다.

하나님께서 선지자들을 통하여 백성들의 죄악을 깨닫게 하실 때에 항상 출애굽 사건을 말씀하십니다. 이스라엘 백성들이 가나안 땅에 들어가는 것은 전적인 은혜였습니다. 그러므로 반드시 면제년을 지켜야 한다고 하신 것입니다. 혼자서만 잘 먹고 잘 살려고 하는 것이 계약위반이라는 것입니다. 은혜로 가나안 땅을 선물로 받았으니 은혜로 나누어야 합니다. 안식일을 지켜야 하는 이유, 안식년을 지키며 가난한 자들에게 6년 치 품삯을 주어 내보내라고 했던 이유, 하나님 사랑과 이웃 사랑에 대한 계약을 깨뜨렸다는 것입니다. 그런데 이러한 안식일. 안식년. 희년을 지키지 않고 건물과 제사로 바꿔놓았습니다. 오히려 이러한 종교 행위가 고위층과 제사장들에게는 어마어마한 이득이 되었고 부귀영화를 누리는 수단이 된 것입니다. 이로 인해 빈부격차가 심화되었습니다. 아모스는 형식만 남아 있고 율법의 참된 정신을 잃어버린 이스라엘을 향해서 심지어 이렇게까지 선포합니다. 핵심 예언의 말씀을 새로운 번역으로 읽어드리겠습니다.

5:21 나는 너희 종교 행사들을 도저히 참을 수 없다. 너희 집회와 성회는 이제 신물이 난다. 너희가 벌이는 종교 프로젝트들, 너희가 내거는 허영에 찬 슬로건과 목표에 진절머리가 난다. 너희가 기금 모금 계획, 홍보 활동과 이미지 연출도 지긋지긋하다. 너희 자아나 만족시키는 시끄러운 음악들은, 나는 이제 들을 만큼 들었다. 너희가 나를 향해 노래한 적이 언제더냐? 내가 바라는 것이 무엇인지 알고 있느냐? 내가 바라는 것은 정의다, 큰 바다 같은 정의! 내가 바라는 것은 공평이다. 강 같은 공평! 이것이 바로 내가 바라는 것, 내가 바라는 전부다.

하지만, 우리가 다 알다시피, 교만하여 귀가 막혀버린 북이스라엘의 지도자들과 어리석은 백성들에게, 선지자의 예언은 들리지 않았습니다.

아모스는 당시 상황을 이해할 수 있는 한 가지의 스토리를 기록해줍니다. 북이스라엘의 성소, 벧엘 성소에서 제사장의 직무를 감당하고 있는 아마샤와의 만남과 대화의 내용입니다.

아모스가 북이스라엘의 신앙 중심지 중의 하나인 벧엘에 가서 북이스라엘의 멸망을 선언합니다. 하나님께서 너희를 다메섹 밖으로 사로잡혀 가게 할 것이다 처녀 이스라엘이 엎드러졌을 때, 자기 땅에 던짐을 받았을 때 일으킬 자가 없을 것이다 하는 무서운 심판과 재앙의 메시지를 전하였습니다. 아마샤는 아모스의 심판의 메시지를 듣고 회개하였겠습니까? 기분 나쁜 정도를 넘어서 이러한 선지자를 조롱하고 제거할 생각을 한 것입니다. 그리고 아마샤는 여로보암 왕에게 찾아가 아모스가 왕을 모함한다고 고하고, 아모스에게 말했습니다. "선견자야 너는 유다 땅으로 도망하여 가서 거기서나 떡을 먹으며 거기서나 예언하고 다시는 벧엘에서 예언하지 말라"(암 7:12-13) 이 말은 너는 상관 말고 고향 땅으로 내려가서 떡이나 먹으며 살아라 하는 조롱이었습니다.

그러나 아모스는 생계유지를 위한 선지자가 아니었습니다. 아모스는 거침없이 즉석에서 대답했습니다. 7장부터 결국 회개하지 않는 이스라엘을 향한 5개의 심판 환상을 말해준 것입니다.

첫 번째 환상은 메뚜기가 땅의 풀을 모두 먹는 모습을 보여주면서 북이스라엘이 망하게 될 것이라는 내용입니다. 두 번째 환상은 불이 바다를 삼키고 육지까지 먹으려 하는 장면입니다. 이것은 전쟁을 의미하는데 앗수르의 침략에 의해 큰 위기를 맞게 될 것이라는 내용입니다. 세 번째 환상은 하나님께서 다림줄을 붙들고 계시는 장면을 보여주고 있습니다. 다림줄은 건물을 세울 때 수평과 수직을 바로잡아주는 기준선입니다. 이 기준에 의하여 백성들을 더 이상 용서하지 않겠다는 말씀을 하셨습니다. 네 번째 환상은 여름 과일 환상입니다. 이스라엘에서 여름 과일은 추수 마지막 때 열리는 과일로 하나님의 심판이 임박했다는 것을 알리는 장면입니다. 다섯 번째 마지막 최고점에 이르는 환상으로 결국 성전이 파괴되는 장면이 나타납니다.

결국 아모스의 이같은 예언에도 불구하고 회개하지 않고 하나님을 배반했던 북이스라엘은 불과 한 세대(40년) 후에 앗수르에 멸망당하고 모든 백성들은 포로로 끌려갔으며, 그 땅에 남아있던 백성들은 이방인들과 피가 섞여 혼혈이 되고 말았습니다. 그 까닭에 나중에 사마리아 사람들은 유대인들에게 개처럼 취급당한 것입니다. 아모스서에는 이스라엘의 범죄에 대한 심판하겠다, 이스라엘은 끝내 돌아오지 않았다 하는 암울한 예언이 거듭 주어지고 있습니다.

그러나 그렇게 사자같이 강하게 포효하는 아모스서이지만, 아모스의 마지막 단락인 9장11-15절에는 비록 짧지만 하나님이 선택한 백성들을 위한 회복의 약속으로 마무리됩니다. 채찍을 들고 계시지만 한 손에는 어루만지시는 하나님의 본심이 드러납니다. 하나님께서는 죄악을 결코 용납하지 않으시는 공의로운 분이실 뿐만 아니라 택한 자는 반드시 구원하시는 신실하시고 자비로우신 분이심을 알게 합니다. 특히 이 부분에서 선포되는 약속은 선민 이스라엘이 당할 심판의 상처를 완전히 회복시키는 것에 머무는 것이 아니라, 과거 선민으로서 누렸던 축복들보다 더욱 큰 축복들이 주어진다는 것입니다. 그래서 아모스의 예언의 결론은 놀랍게도 희망에 차 있습니다.

눈에 번쩍 띄는 구절이 나타납니다. 첫째, 11절에서 무너진 다윗의 장막을 일으켜 세우시겠다는 약속입니다. 이 말씀은 장차 오실 메시야 예수 그리스도이십니다. 둘째, 다윗의 장막 되신 이 메시야가 오시면, 야곱의 후손인 이스라엘에 대대로 원수 노릇을 했던 에돔의 남은 자가 다윗의 장막에 들어온다는 약속을 하십니다. 십자가 아래에 세상 모든 민족과 열방이 구원을 얻게 되는 장면을 바라보게 됩니다. 셋째, 13절에서 땅의 저주가 완전히 없어지고, 땅은 인간에게 좋은 축복을 줄 것이라는 말씀을 주셨습니다. 넷째, 이스라엘 백성이 포로에서 돌아와 그 땅에 거하게 되는데 원수들이 더 이상 공격하지 못하더라는 것입니다. 집에서 편하게 살게 되고, 포도나무를 심으면 그 열매를 따 먹을 수 있게 된다는 것입니다. 다섯째, 이스라엘 백성이 본토 가나안 땅에 심기게 되는데 다시는 거기서 뽑히는 일이 없고, 가나안 땅을 영원한 기업으로 받게 된다는 약속입니다.

이 회복의 말씀은 예수 그리스도께서 오셔서 갈라진 모든 민족을 하나되게 하시고 유대인과 이방인, 남자와 여자, 가진 자나 못 가진 자가, 자유자나 종이나 예수의 이름 앞에 무릎을 꿇고 삼위일체 하나님을 찬양하게 될 것이라는 희망의 메시지입니다. 얼마나 아름답고 복된 소망의 말씀입니까? 아모스가 증거하는 여호와 하나님을 찬양하십시다.

"산들을 지으며 바람을 창조하며 자기 뜻을 사람에게 보이며 아침을 어둡게 하며 땅의 높은 데를 밟는 이는 그의 이름이 만군의 하나님 여호와시니라"(암 4:13)

"묘성과 삼성을 만드시며 사망의 그늘을 아침으로 바꾸시고 낮을 어두운 밤으로 바꾸시며 바닷물을 불러 지면에 쏟으시는 이를 찾으라 그의 이름은 여호와시니라"(암 5:8)

시온산에 올라 선 자

15 여호와께서 만국을 벌할 날이 가까웠나니 네가 행한 대로 너도 받을 것인즉 네가 행한 것이 네 머리로 돌아갈 것이라 16 너희가내 성산에서 마신 것 같이 만국인이 항상 마시리니 곧 마시고 삼켜서 본래 없던 것 같이되리라 17 오직 시온 산에서 피할 자가 있으리니 그 산이 거룩할 것이요 야곱 족속은 자기 기업을 누릴 것이며 18 야곱 족속은 불이될 것이며 요셉 족속은 불꽃이 될 것이요 에서 족속은 지푸라기가 될 것이라 그들이 그들 위에 붙어서 그들을 불사를 것인즉 에서족속에 남은 자가 없으리니 여호와께서 말씀하셨음이라 19 그들이 네겝과 에서의 산과 평지와 블레셋을 얻을 것이요 또 그들이에브라임의 들과 사마리아의 들을 얻을 것이며 베냐민은 길르앗을 얻을 것이며 20 사로잡혔던 이스라엘의 많은 자손은 가나안사람에게 속한 이 땅을 사르밧까지 얻을 것이며 예루살렘에서 사로잡혔던 자들 곧 스바랏에 있는 자들은 네겝의 성읍들을 얻을것이니라 21 구원 받은 자들이 시온 산에 올라와서 에서의 산을 심판하리니 나라가 여호와께 속하리라

숲으로 전하는 오바댜

본문 : 옵 1장15-21절

오바댜는 성경 통독 중에는 건너뛸 수 없는 책이지만 오바댜의 본문으로 설교하고 듣는 기회들이 거의 없었을 것으로 생각됩니다. 오바댜는 짧지만 굵은 메시지라 말할 수 있습니다. 왜냐하면 구약성경에서 유일하게 한 장으로 구성된 책입니다. 하지만, 예언서가 전하고자 하는 모든 주제들을 21절 안에 모두 담고 있기 때문입니다. 예를 들면 심판의 메시지, 여호와의 날, 회복과 구원의 주제들이 모두 나타나고 있습니다.

오바댜서는 에돔을 향한 하나님의 공의로운 심판이 핵심 메시지입니다. 오바댜를 통해 성경 66권 안에 어떤 위치에 있는지 살펴보고 성경이 전하고자 하나님의 놀라운 구원의 청사진을 오바댜서에서도 발견할 수 있기를 바랍니다. 여기서 한 가지 질문이 생깁니다. 왜 하필이면 에돔의 심판 스토리가 39권의 구약성경 중 한 권으로 쓰일 정도로 중요했던 것일까요? 이 당시 이스라엘 주변 나라들 중에 제국을 이루었을 만큼 큰 애굽, 앗수르, 바벨론도 있고, 오랜 시간 동안 이스라엘을 괴롭혔던 블레셋, 아람, 모압, 암몬이 있었는데 왜 하필 에돔이었을까요? 에돔은 성경에 하나님께서 이방 민족을 심판하신다는 선포에 단골처럼 나오는 민족입니다. 오바댜 바로 전에 있는 아모스에서 말씀드린 것처럼 8개 나라의 심판에 대해서 선포하실 때 에돔의 죄악도 심판하셨습니다. 그런데 아모스 마지막 단락, 회복의 메시지 중에 많은 민족들 중에 에돔의 남은 자가 다윗의 장막에 들어온다는 약속을 하십니다. 에돔의 남은 자를 이방민족을 대표하는 민족이라고 신약성경은 해석하고 있다는 것을 말씀드렸습니다.

그리고 구약의 마지막 책인 말라기서에서도 이스라엘 백성이 하나님께 우리를 정말 사랑하신 것 맞습니까? 하는 불평 섞인 질문에 하나님이 특별히 선택한 백성 이스라엘을 사랑하였노라 말씀하시면서 에서는 미워하였다는 극단적으로 표현으로 이스라엘 백성들에 대한 특별한 선택, 사랑, 특별한 계약을 강조하기 위함이었습니다. 오바댜서에서도 대부분 심판의 메시지이지만 마지막 단락에 나오는 미미하지만 서광이 선포되었습니다. 에돔은 땅도 작았고, 작은 소수 민족이었지만, 이스라엘 민족과 갖고 있는 독특한 관계성 때문입니다. 에돔 민족의 기원이 이스라엘과 형제였던 에서였습니다.

에서는 어떤 인물이었습니까? 에서는 창세기에 나오는 야곱의 형입니다. 민족이 나누어진 발단은 '팥죽으로 에서가 장자권을 판 이야기'입니다. 이로 인해서 야곱과 에서 사이에 분쟁이 시작됩니다. 그 때부터 에서의 별명이 '붉다'라는 뜻을 가진 '에돔'이 되었습니다. 야곱이 형 에서로부터 장자권을 빼앗을 때 준 음식이 바로 '붉은 죽'입니다. 또한 에돔 족속이 살고 있던 세일산은 '붉은색 바위들로 이루어진 바위산 지역이었기에 에돔이란 이름이 붙여졌다는 주장도 있습니다.

야곱과 에서 이야기 마지막에 야곱과 에서가 만나서 화해를 하고 야곱은 세겜에 머물고, 에서는 세일 산이 있는 에돔에 머무르게 되면서 후에 민족이 되었습니다. 창세기 36장에 에서의 자손과 에돔 왕들의 명단이 한 장을 차지하고 있습니다. 이스라엘은 요단강과 사해의 서쪽에 자리를 잡았고 에돔은 남동쪽에 자리를 잡았습니다. 야곱과 에서는 모태에서 나올 때부터 서로 다투었습니다. 야곱은 에서의 발 꿈치를 잡고 나왔습니다. 그리고 하나님께서는 쌍둥이 형제가 어머니 태중에 있을 때부터 이미 이 두 사람으로부터 두 민족을 세우실 계획 을 가지고 계셨습니다. 큰 자가 작은 자를 섬길 것을 말씀해 주셨습니다.

"여호와께서 그에게 이르시되 두 국민이 네 태중에 있구나 두 민 족이 네 복중에서부터 나누이리라 이 족속이 저 족속보다 강하겠고 큰 자가 어린 자를 섬기리라 하셨더라"(창 25:23)

그리고 시간이 지나 야곱의 아들 요셉 이야기가 창세기 37장부 터 전개되고 있습니다. 그 후로부터 요셉이 죽은 후 400년이 지난 출 애굽 이야기가 나타납니다. 출애굽기가 시작되면서 야곱의 아들들의 이름이 나오는데 이스라엘 자손이 생육하고 번성하여 온 땅에 가득 하게 되었다고 하였습니다. 이 때에 에서의 후손도 민족을 이루어 '에 돔' 으로 성경 역사 무대에 등장합니다. 출애굽기에 에돔은 어떤 모습 으로 나타날까요? 하나님께서 모세를 통하여 출애굽의 역사를 이루실 때 하나님이 약속하신 가나안에 들어가기 위해 광야로 들어가게 됩니 다. 이 때 가나안 땅에 들어가려면 에돔 사람들의 땅을 통과해야 했습 니다. 이스라엘은 에돔에게 형제 민족임을 강조하며 화친을 요청하며 길을 열어달라고 부탁합니다.

그런데, 에돔 족속은 어떻게 했을까요? 민수기 20장14-21절에 기록되어 있습니다. 이스라엘 백성이 에돔과 싸우자는 것도 아니고 지나가도록 길만 열어 달라는 것인데 에돔 사람들은 병사들을 총동원하여 전쟁을 하려고 했습니다. 어쩔 수 없이 이스라엘이 그들에게서 돌이켰다 하였습니다. 이스라엘 백성들 입장에서는 형제 민족이라 믿던 자들에게 문전박대를 당했으니 얼마나 화가 났겠습니까? 이스라엘과 에돔 사이의 골이 깊어집니다. 그리고, 이스라엘 백성들이 마침내 가나안 땅에 들어간 이후에도 이스라엘과 에돔은 서로 앙숙처럼 지냈습니다. 두 국가 간의 전쟁은 빈번히 일어났습니다. 그리고 시간이 지났습니다. 이 후에 이스라엘 역사의 황금기라 할 수 있는 다윗 시대에는 에돔이 이스라엘의 속국이 되었습니다(대상 18:13). 그러나 다윗의 죽음 이후 에돔은 또다시 반역을 일으켰습니다. 이스라엘과 에돔은 형제 나라였지만 해결되지 않은 증오와 반목의 관계였습니다.

오바댜는 저자 자신에 대한 소개가 하나도 없습니다. 그리고 시대적 배경에 대한 언급이 없습니다. 그러나 내용상 남왕국 유다가 멸망할 때 에돔이 취한 태도가 주요 심판의 내용인 것을 보면 오바댜의 저작 시기에 대해 추론을 할 수 있습니다. 남왕국 유다가 586년에 멸망하고 에돔이 533년에 바벨론에 의해 멸망했기 때문에 이 기간에 오바댜가 쓰였을 것으로 보고 있습니다. 오바댜는 에돔 족속이 행한 몇 가지의 죄악을 지적하면서 심판하시는 이유를 선포하고 있습니다. 오바댜는 남유다가 바벨론에 포로로 붙잡혀 가자, 피를 나눈 형제 나라 이스라엘이 당하는 참사에 대한 에돔의 태도에 하나님이 심판하시겠다는 말씀입니다.

에돔의 죄악이 무엇이었을까요?

첫째, 오바댜는 에돔 족속의 교만의 실체를 드러냅니다.

"바위 틈에 거하며 높은 곳에 사는 자여 네가 중심에 이르기를 누가 능히 나를 땅에 끌어내리겠느냐 하니 너의 중심의 교만이 너를 속였도다"(옵 1:3)

에돔은 바위가 많은 지역이라 하였습니다. 에돔은 바로 유명한 '페트라'에 위치하고 있는 지역이었습니다. 그래서 그 나라를 '바위 틈에 거하는 자'라고 불렀습니다. 그곳의 지대가 높았기 때문에 '높은 곳에 사는 자'라고 말할 수 있습니다. 아주 좁은 바위 협곡으로 되어 있는 그 나라의 입구는 적은 병사로도 많은 군대를 막을 수 있는 천연의 요새였습니다. 그런데, 이러한 에돔을 향해 하나님께서 어떻게 말씀하십니까? 그러나 하나님께서는 에돔이 이런 바위로 만들어진 천연 요새에 거한다 할지라도 반드시 그를 끌어내리시겠다고 말씀하셨습니다. 4절에 보면 에돔이 아무리 높은 산에 있어도, 하늘을 날아가는 독수리처럼 높이 있을지라도, 하늘 별 사이에 있다 할지라도 하나님께서 그를 끌어내리셔서 멸망시키시겠다는 말씀입니다.

둘째, 오바댜는 교만함에 이어서 에돔의 포악한 모습도 지적하면서 심판을 선언합니다.

여러분, 생각해보면 바위가 많다는 것이 교만의 이유가 될까요? 사실 그곳은 아주 척박한 땅입니다. 농사를 지을 수 없는 지역입니다. 그래서 그들은 약탈을 일삼는 민족이 될 수밖에 없었습니다. 5절을 보면, 도적이나 강도가 밤에 도적질하러 왔을 때 어느 정도 만족하면 이제 되었다 하면서 돌아가는데 에돔은 수사하듯이 욕심을 내며 하나도 남김 없이 약탈해갔다고 하였습니다. 심지어 바벨론 군사들을 피해 도망치고 있는 이스라엘의 난민들을 붙잡아 돈을 받고 팔아 넘기기도 하고, 칼로 죽이기도 했습니다. 그들의 그러한 행동은 그대로 그들에게 돌아올 것입니다. 그들은 이제 완전히 약탈당할 것입니다. 10절에서 형제 야곱에게 행한 포악을 인하여 수욕을 입고 영원히 멸절되리라는 심판을 선언하였습니다.

셋째, 오바댜는 계속해서 에돔의 죄악을 묘사하는데 에돔의 형제 나라로서의 배신을 지적하였습니다.

에돔은 본래 남유다와 반바벨론 동맹을 맺고 있었습니다. 그러나 에돔은 동맹을 배신하고 바벨론 편에 붙어 남유다를 함께 쳤습니다. 쉽게 말하면 배신자입니다. 오바댜는 바벨론이 유다를 쳐들어 온 그날 너는 팔짱을 끼고 그저 보고만 있었고, 사악한 외적들이 예루살렘을 공습하여 약탈하는데도 그저 수수방관했다. 너도 그들 못지 않게 악질이다 지적하고 있습니다. 오바댜는 12절-14절에는 에돔 사람들의 '하지 말았어야 했던 행동'이 나옵니다. "네 형제의 날, 그가 재앙을 받던 날에, 너는 방관하지 않았어야 했다. 유다 자손이 몰락하던 그날, 너는 그들을 보면서 기뻐하지 않았어야 했다. 그가 고난 받던 그날, 너는 입을 크게 벌리고 웃지 않았어야 했다."

시편 137편은 바벨론 포로로 끌려간 이스라엘 백성이 부르는 노래입니다. 이 때 그들이 에돔에 대해서 어떻게 회상하는지 들어봅시다. 137편7절입니다. "여호와여 예루살렘이 멸망하던 날을 기억하시고 에돔 자손을 치소서 그들의 말이 헐어 버리라 헐어 버리라 그 기초까지 헐어 버리라 하였나이다" 동맹국이었던 에돔이 자기들을 도와주기는 커녕 남유다가 바벨론에게 공격당하고 있을 때 "무너져라! 무너져라! 그 기초까지 무너져라!"하고 덩실덩실 춤추고 노래를 부르며 기뻐했다는 것입니다. 여기에 대하여 에돔이 배신한 결과 너희들도 자신들이 믿었던 동맹국에게 배신당하게 될 것을 말씀한 것입니다. 7절에서 말씀하십니다. "에돔아! 너와 동맹을 맺은 모든 사람들이 너를 국경으로 몰아내고 너와 화평한 사람들이 너를 속이고 너를 제압할 것이다. 너와 함께 식사하던 사람들이 네게 덫을 놓았지만 너는 이를 알지 못하는구나?" 실제로 에돔은 결국 남유다가 멸망한 이후 주전 533년도에 바벨론에 의해 멸망당하게 됩니다.

칼 바르트라는 신학자가 있습니다. 스위스의 개혁 교회 목사이자 20세기의 대표적인 신학자로 꼽힙니다. 예수를 도덕적으로 모범을 보인 인간으로, 성서를 인간의 종교적인 경험의 기록으로, 윤리적인 지침서로 이해하던 자유주의 신학에 반대하여, "하나님의 말씀이 인간으로 되신 예수 그리스도"를 강조한 신정통주의 신학자라 할 수 있습니다. 칼 바르트는 세계 1,2차 세계대전을 겪으면서 인간의 죄의 참된 참상을 처절하게 경험하였습니다. 바르트는 죄의 세 가지 형태를 교만, 태만, 기만으로 보았습니다. 칼 바르트가 오바댜 말씀을 보고 한 것처럼 에돔의 죄악의 모습을 이 세 가지로 분류할 수 있습니다.

첫 번째, 교만으로서의 죄는 하나님은 낮아지셔서 인간을 섬기는 종이 되셨는데 인간은 하나님처럼 높여지려고 하는 것입니다. 성경은 교만이 죄의 근본적인 원인이라 말합니다. 두 번째 죄는 기만으로서의 죄입니다. 기만은 인간의 속임수와 거짓말, 더 나아가 노략질하고 갈취하는 것입니다. 세 번째 죄는 태만으로서의 죄입니다. 태만은 남의 일에 관여하지 않는 것입니다. 다른 사람이 어려운 일 당할 때 모른 척 하는 것입니다. 성격이 내성적이기 때문이라 변명할 수 있습니다. 사람들과 관계 맺는 것을 힘들어하는 취향일 수 있습니다. 그러나 태만으로서의 죄는 거룩한 삶에 대한 거절입니다. 교만과 태만은 눈에 보이는 죄가 아니기 때문에 자기가 인식하기도 어려울 수 있습니다. 그러나 성경은 이 죄들에 대해서 엄중히 묻습니다.

그런데, 오바댜는 갑자기 15절부터 마지막 절까지 에돔 심판에서 모든 민족에 대한 심판의 메시지를 전합니다. 여호와의 날에 모든 사람에게 임하는 심판에 대해 명확하게 보여주고 있습니다. 오바댜는 그 누구도 엄중한 심판의 메시지 앞에 벗어나거나 예외일 수 없음을 말씀하십니다.

"여호와께서 만국을 벌할 날이 가까웠나니 네가 행한 대로 너도 받을 것인즉 네가 행한 것이 네 머리로 돌아갈 것이라"(옵 1:15)

16절에서 에돔이 하나님의 거룩한 산을 점령하여 축하주를 드는 모습을 묘사한 후에 곧바로 에돔이 심판의 잔을 마시게 되는 것처럼 모든 민족과 열방이 네가 행한 대로 네 머리로 돌아갈 것을 선언한 것입니다. 오바댜는 하나님께서 에돔을 심판하신다고 하시는 것을 보았습니다. 그들이 행한 것을 하나님께서 다 기억하고 계셨다고 심판하십니다. 그러나 그 심판은 에돔의 심판만이 아닙니다. 에돔의 심판에 이어 모든 민족과 열방을 에돔처럼 심판하실 것이라는 궁극적 심판이 있음을 말씀하신 것입니다.

그러나, 오바댜는 놀라운 구원의 약속을 말씀하십니다. 이 간단한 말씀은 인류 역사를 향한 하나님의 위대한 계획을 보여주고 있습니다

"오직 시온 산에서 피할 자가 있으리니 그 산이 거룩할 것이요 야곱 족속은 자기 기업을 누릴 것이며"(옵 1:17)

여기에서 시온 산이란 하나님께서 거주하시는 곳을 말합니다. 시온 산에서 피할 자는 "남은 자"들을 말하는 것입니다. 남은 자들은 하나님께서 영원 전부터 구원을 주시기로 택하신 자들을 의미합니다. 오바댜는 남은 자 하나님의 백성을 야곱 족속이라 하였고 심판받을 자를 에서의 산이라 말하고 있습니다.

"구원받은 자들이 시온 산에 올라와서 에서의 산을 심판하리니 나라가 여호와께 속하리라"(옵 1:21)

그렇다면, 시온 산을 어떻게 해석할 수 있을까요? 성경은 성경으로 풀어야 합니다. 히브리서에서 믿음의 사람들이 이를 곳을 '시온 산'이라 말하고 있습니다.

"그러나 너희가 이른 곳은 시온 산과 살아계신 하나님의 도성인 하늘의 예루살렘과 천만 천사와 하늘에 기록한 장자들의 총회와 교회와"(히 12:22-23)

요한계시록에서는 그 시온 산을 새 예루살렘이라 증거해 주고 있습니다.

"또 내가 보매 거룩한 성 새 예루살렘이 하나님께로부터 하늘에서 내려오니 그 준비한 것이 신부가 남편을 위하여 단장한 것 같더라 내가 들으니 보좌에서 큰 음성이 나서 이르되 보라 하나님의 장막이 사람들과 함께 있으매 하나님이 그들과 함께 계시리니 그들은 하나님의 백성이 되고 하나님은 친히 그들과 함께 계셔서 모든 눈물을 그 눈에서 닦아 주시니 다시는 사망이 없고 애통하는 것이나 곡하는 것이나 아픈 것이 다시 있지 아니하리니 처음 것들이 다 지나갔음이러라"(계 21:2-4)

에서와 야곱 즉 에돔과 이스라엘의 전쟁은 성경 전체를 관통합니다.

신약 성경에서 예수님이 탄생할 때 유대의 왕은 에돔 사람 헤롯이었습니다. 신약성경에서는 이두매 사람이라 하였는데 이두매는 바벨론에 의해 멸망당할 때 에돔 사람들이 피해서 정착했던 곳이었습니다. 헤롯 대왕은 예수님의 탄생 소식을 듣자마자 베들레헴과 그 부근의 2살 아래 아이들을 모두 죽였습니다. 그리고 헤롯의 아들 헤롯 아그립바는 세례 요한의 목을 베었습니다. 또 다른 헤롯은 야고보의 목을 베었습니다(행 12장). 에돔이 이스라엘을 죽이고 괴롭히는 역사는 계속되어 왔습니다. 하나님의 백성들을 괴롭히는 에돔 같은 세상의 역사는 지금도 일어나고 있다는 것입니다.

오바댜를 읽을 때 에돔은 하나님을 거역하고 하나님의 백성을 괴롭히면서 이 땅에 거룩한 하나님의 백성들을 괴롭히는 모든 이방 세력을 의미한다고 할 수 있습니다. 그리고 이들을 최종적으로 심판하실 것이다는 것을 이해할 수 있습니다. 그리스도인들은 에돔의 죄악과 그들의 운명을 보면서 교만과 기만과 태만으로 가득 차 있는 인간 현실과 각 개인의 본성과 행실을 깨닫고 모든 인생들에게 심판이 있을 것임을 알아야 합니다. 오바댜서는 오늘 우리에게 말합니다. 그러나 시온 산에 올라설 자 여호와께 속한 나라에 들어선 자에게 구원이 있음을 선포한 책입니다. 하나님의 언약 안에 있는 하나님의 백성들에게 주신 회복의 말씀입니다. 하나님의 계획과 하나님의 말씀은 모든 시공간을 넘어선 영원한 복음이 되기에 오바댜서의 말씀을 묵상하고 참된 소망을 얻는 복된 성도들이 되시기를 간절히 바랍니다.

어찌하여 화를 내느냐?

1 요나가 매우 싫어하고 성내며 2 여호와께 기도하여 이르되 여호와여 내가 고국에 있을 때에 이러하겠다고 말씀하지 아니하였나이까 그러므로 내가 빨리 다시스로 도망하였사오니 주께서는 은혜로우시며 자비로우시며 노하기를 더디하시며 인애가 크시사 뜻을 돌이켜 재앙을 내리지 아니하시는 하나님이신 줄을 내가 알았음이니이다 3 여호와여 원하건대 이제 내 생명을 거두어 가소서 사는 것보다 죽는 것이 내게 나음이니이다 하니 4 여호와께서 이르시되 네가 성내는 것이 옳으냐 하시니라 5 요나가 성읍에서 나가서 그 성읍 동쪽에 앉아 거기서 자기를 위하여 초막을 짓고 그 성읍에 무슨 일이 일어나는가를 보려고 그 그늘 아래에 앉았더라 6 하나님 여호와께서 박넝쿨을 예비하사 요나를 가리게 하셨으니 이는 그의 머리를 위하여 그늘이 지게 하며 그의 괴로움을 면하게 하려 하심이었더라 요나가 박넝쿨로 말미암아 크게 기뻐하였더니 7 하나님이 벌레를 예비하사 이튿날 새벽에 그 박넝쿨을 갉아먹게 하시매 시드니라 8 해가 뜰 때에 하나님이 뜨거운 동풍을 예비하셨고 해는 요나의 머리에 쪼이매 요나가 혼미하여 스스로 죽기를 구하여 이르되 사는 것보다 죽는 것이 내게 나으니이다 하니라 9 하나님이 요나에게 이르시되 네가 이 박넝쿨로 말미암아 성내는 것이 어찌 옳으냐 하시니 그가 대답하되 내가 성내어 죽기까지 할지라도 옳으니이다 하니라 10 여호와께서 이르시되 네가 수고도 아니하였고 재배도 아니하였고 하룻밤에 났다가 하룻밤에 말라 버린 이 박넝쿨을 아꼈거든 11 하물며 이 큰 성읍 니느웨에는 좌우를 분변하지 못하는 자가 십이만여 명이요 가축도 많이 있나니 내가 어찌 아끼지 아니하겠느냐 하시니

숲으로 전하는 요나

본문 : 욘 4장1-11절

요나서는 예언서 중에 가장 많이 읽히고 들려진 책 중의 한 권일 것입니다. 이야기가 재미가 있습니다. 물고기 속에 있던 요나 이야기는 단편 소설 같은 짧은 이야기입니다. 요나서의 이야기가 픽션인가? 논픽션인가? 하는 질문을 갖게 합니다. 그리고 풍자적인 성격도 있는 책입니다. 열린 결론이기 때문에 요나서가 전하고자 하는 메시지가 무엇일까? 생각하게 합니다. 특별히, 이 시대의 사역자들이 읽으면 요나의 태도, 요나의 기도, 요나와 하나님 사이에 대화하시는 구절들 가운데 공감이 되는 요소가 많습니다.

대부분의 예언서는 북이스라엘과 남유다의 죄악과 심판, 회개와 회복, 이제라도 돌아오면 회복시키신다는 메시지 중심이라 한다면, 요나서는 요나라고 하는 한 인물 이야기라 할 수 있습니다. 요나는 아모스, 호세아 시대 여로보암 2세가 다스렸던 시대의 동시대 선지자였습니다. 아모스는 왕과 종교지도자들, 사회 기득권층들을 향해 타락한 통치를 지적하고 비난한 선지자였지만, 요나는 왕의 잘못을 알고도 여로보암 왕에게 아모스와 달리 잃었던 영토를 되찾을 것을 선포하였습니다. 민족주의적이고, 국수주의적인 성향의 선지자였다는 것입니다. 요나에 대한 정보가 나오는 성경이 있는데 열왕기하 14장25절에 나타납니다.

"이스라엘의 하나님 여호와께서 선지자 요나를 통하여 아밋대의 아들 선지자 요나를 통하여 하신 말씀과 같이 여로보암이 이스라엘 영토를 회복하되 하맛 어귀에서부터 아라바 바다까지 하였으니"(왕하

441

　이러한 민족주의적 성향의 요나에게 당시 이스라엘을 위협하였던 앗수르 니느웨 가서 하나님의 자비의 말씀을 전하라 하였으니 요나는 깜짝 놀랐을 것입니다.

　요나서 읽기는 하나님과 요나 사이에 몇 차례의 대화 가운데 하나님이 자신을 어떻게 드러내 주시는지 아는 것이 핵심 포인트라 할 수 있습니다. 오늘 메시지는 이런 구조에서 말씀의 흐름을 이해하고 전하고자 합니다. 요나를 부르시고 보내시고 품으시고 용납하시고 다독거리시고 설득하시는 하나님의 파토스(열심)와 하나님께 부름 받은 선지자였지만 자기 생각에 붙잡혀 있어 고집부리며 바꾸려 하지 않는 요나와의 논쟁과 갈등 구조가 있습니다. 한 문장으로 요약하면, 하나님이 악한 백성을 사랑하고 돌보신다는 사실을 받아들이지 않았던 한 선지자에 대한 이야기입니다.

　요나서의 시작은 어느 날 여호와의 말씀이 요나에게 임했다고 하면서 시작합니다. 그 말씀이란 하나님께서 니느웨라는 큰 성에 가서 그 성의 악독이 여호와 앞에 상달되었다는 사실을 전하라는 메시지였습니다. 그런데 요나는 이상한 행동을 합니다. 요나 1장3절에 요나가 여호와의 얼굴을 피하려고 일어나 다시스로 도망하여 욥바로 내려갔다고 말합니다. 요나는 하나님이 말씀하신 니느웨에 가고 싶지 않아서 일단 어디론가 숨어버리려고 했던 것 같습니다. 왜 그랬을까요? 요나서에는 그 이유에 대해서 언급을 안했지만, 함께 말씀을 나누는 동안 요나의 속마음을 알 수 있을 것이라 생각이 됩니다. 요나가 피해서 도망간 곳은 다시스로 스페인 남단의 항구도시, 당시 세계관으로 유대 땅에서 가장 거리가 먼 곳이라 할 수 있는 곳입니다. 당시 유행하던 아득한 낙원이 되어 있었던 곳이라고 합니다.

1장에는 다시스를 향한 배 안에서 발생한 사건이 나타납니다. 그 배는 지중해를 도는 무역선이었습니다. 풍랑이 크게 일었습니다. 배가 거의 깨지게 되었습니다. 사공들은 침몰될지 모른다는 두려움에 각각 자기의 신을 부르고, 배를 가볍게 하기 위해서 배 안의 물건들을 바다에 던졌습니다. 그것으로 해결되지 않았습니다. 배에 탄 사람들이 모두 살아남기 위하여 안간힘을 쓰는 동안 선장은 배 아래에서 잠을 자고 있는 요나를 깨워 하나님께 기도하라고 요청합니다. 뭔가 이상합니다. 이방 사람들이 선지자에게 기도하라고 요청합니다. 풍자적인 내용이라 할 수 있습니다. 결국 어떻게 되었지요? 제비뽑기식으로 사람을 택해서 바다에 던지기로 결정했습니다. 그리고 요나가 당첨되었습니다. 사람들은 요나를 바다에 던졌고, 풍랑은 그쳤으며, 큰 물고기가 요나를 통째로 집어삼켰습니다.

2장은 물고기 뱃속에서 삼일을 버티면서 요나가 하나님께 기도를 드린 내용입니다. 요나의 기도는 시편 기자들이나 욥기에 나오는 기도문처럼 아주 깊은 탄식에서 터져 나온 기도입니다. 요나는 자신이 이 고난이 하나님이 원하시는 길로 가지 않고 자기 마음대로 갔다는 불순종하였음을 깨닫고, 주의 성전을 바라보겠나이다 하고 하나님의 얼굴을 구한 것입니다. 얼마나 간절했는지 기도의 내용을 들어보세요.

　　"내가 말하기를 내가 주의 목전에서 쫓겨났을지라도 다시 주의 성전을 바라보겠다 하였나이다 물이 나를 영혼까지 둘렀사오며 깊음이 나를 에워싸고 바다풀이 내 머리를 감쌌나이다"(욘 2:4-5)

　　하나님이 요나의 기도를 들으셨습니다. 7절의 말씀처럼 내 기도가 주께 이르렀사오며 주의 성전에 미쳤나이다 하고 고백하고 있습니다. 그리고 요나는 죽음 직전에서 구원해 주신 은혜를 감사하고 있습니다.

　　"나는 감사하는 목소리로 주께 제사를 드리며 나의 서원을 주께 갚겠나이다 구원은 여호와께 속하였나이다"(욘 2:9)

　　여러분, 이런 경험이 있으신가요? 만신창이가 되고 초라한 모습이 되고 나서야 하나님의 은혜를 깊이 깨달았던 경험들, 불순종에서 고난이 야기되었음을 느끼는 자가 드릴 수 있는 기도였습니다.

2장 마지막 절에서 요나가 또 한 번 기회를 얻게 된 장면을 "여호와께서 그 물고기에게 말씀하시매 요나를 육지에 토하니라"고 묘사해 주고 있습니다. 요나서는 하나님께서 물고기에게 말씀하셨다 하시면서 하나님은 모든 창조 세계를 다스리시고 명령하실 수 있는 분임을 강조한 것입니다. 풍랑과 물고기와 박넝쿨과 벌레까지...

하나님은 겨우 목숨을 건진 요나, 다시 기회를 얻은 요나에게 3장1절에서 다시 여호와의 말씀을 전하라 하셨습니다. 내용은 첫 번째 말씀과 똑같이 니느웨로 가서 여호와의 말씀을 선포하라는 것입니다. 1장에서 일어나, 가서, 선포하라는 똑같은 말로 요나에게 사명을 주셨습니다. 그러나 요나가 두 번째 말씀을 받아서 니느웨로 오긴 했으나 말씀을 선포하고 싶은 마음이 전혀 없었던 것 같습니다. 그래서, 요나는 니느웨 사람들의 죄를 지적하지도 않습니다. 회개하면 여호와가 구원해 주실 거라는 말도 하지 않았습니다. 그리고 요나가 3일을 걸어야 성의 이쪽 끝에서 저쪽 끝에 도달할 수 있는 큰 도시에서 단 하루만 메시지를 전합니다.[2] 그것도 단 한 문장이었습니다.

"요나가 그 성읍에 들어가서 하루 동안 다니며 외쳐 이르되 사십

---

[2] 여기서 3일이란 숫자의 의미는 이방 사람이 도시에 정착하려면 3일 정도의 시간이 필요하다고 해석을 하면 좋을 것 같습니다.

일이 지나면 니느웨가 무너지리라 하였더니"(욘 3:4)

그런데 어떤 일이 일어났습니까? 3장 이하에 보면, 요나의 마음 없이 선포한 한 마디의 심판의 메시지에 니느웨 사람들이 반응을 보인 것입니다. 그들이 악한 길에서 돌아선 것입니다. 나쁜 길에서 돌아선 것을 보시고 하나님께서 그들에게 내리시겠다고 하셨던 재앙을 내리지 않으셨다는 것입니다. 하나님께서 자비를 베푸신 것입니다.

"하나님이 그들이 행한 것 곧 그 악한 길에서 돌이켜 떠난 것을 보시고 하나님이 뜻을 돌이키사 그들에게 내리리라고 말씀하신 재앙을 내리지 아니하시니라"(욘 3:10)

이러한 하나님의 자비와 구원하심에 대해 요나가 어떻게 반응했을까요?

드디어 요나서가 전하고자 하는 중심으로 들어가는 사건이 나타납니다. 물고기에서 토한 이야기까지 알고 있었다면 요나서의 반쪽 이야기일 뿐입니다. 니느웨 사람들이 악한 길에서 돌아섰기에 하나님이 니느웨에 내리려고 했던 재앙을 내리지 않게 되었다면 니느웨에 가서 하나님의 말씀을 전한 선지자로서 당연히 기뻐해야만 한 것 아닐까요? 그런데 요나는 4장 1절에서 오히려 매우 싫어했다고 하였습니다.

니느웨라고 하는 현장으로 가고 싶지 않았던 요나, 물고기 뱃속에서 살려주셔서 다시 말씀을 전하도록 부름 받은 요나였지만, 자신이 붙들었던 종교적 신념을 포기하고 싶지 않았던 요나의 숨어 있는 마음의 동기가 여과 없이 드러나고 있습니다. 바꿀 생각이 없는 한 가지 요나의 자기만의 생각, 그것을 우상이라 말할 수 있습니다. 구원은 하나님께서 주시는 것이지만, 저 사람들은 구원받으면 안돼! 하나님의 은혜는 우리에게만! 나와 다른 사람들은 사랑받아도 안되고, 구원받아도 안된다는 자기만의 오만한 우상....이었습니다.

하나님에 대해서 노골적으로 신경질적인 감정적 반응도 그대로 표현하고 있습니다. 4장2절에서 기도하면서도 자신의 솔직한 감정을 드러냅니다.

하나님, 내가 이럴 줄 알았습니다. 내가 이렇게 될 줄 알고 내가 다시스로 도망가고자 했던 것입니다. 하나님! 정말 당신은 은혜로우시고 노하기를 더디하시고 사랑이 넘치고 벌을 내리려 했다가도 툭하면 용서해주시는군요....

이 고백은 하나님께 빈정대며 하나님의 성품에 대한 원망과 도전이었습니다. 더 나아가서 하나님께 다시 한번 사는 것보다 죽는 것이 나음이라고 말합니다.

1장에서 요나는 하나님의 말씀이 부담스러워 하나님의 얼굴을 피해서 도망갔던 인물이었습니다. 요나는 2장에서 물고기 뱃속에서도 '여호와여 원하건대 이제 내 생명을 거두어 가소서 사는 것보다 죽는 것이 내게 나음이니이다.' 하였습니다. 첫 번째 죽겠다고 하는 것은 자신의 고난에 대한 하소연이었다면, 두 번째 죽겠다고 하는 것은 하나님의 뜻을 이해할 수 없어서 죽을 지경이라는 뜻입니다. 하나님의 뜻을 돌이키겠다는 하나님의 마음에 정면 도전한 것입니다. 하나님에 대한 협박 수준입니다. 이러한 고집불통, 안하무인과 같은, 교만하여 남을 업신 여기는, 심지어 하나님을 가르치려 하는 요나에게 하나님은 참으시고 요나에게 '네가 성내는 것이 옳으냐' 묻습니다.

이 대화가 끝나고 요나는 체념한 듯, 하나님이 정말 그렇게 하실까? 하는 마음으로 성 밖으로 나가 초목을 짓고, 거기에 앉아 어떤 일이 일어나는가를 보고자 했습니다.

그런데, 태양이 내리쬐는 대낮이었던 것 같습니다. 하나님은 그곳에서 박넝쿨을 자라게 해서 그늘을 만들어 주셨습니다. 요나는 이 순간 크게 기뻐했다고 하였습니다.

"하나님 여호와께서 박넝쿨을 예비하사 요나를 가리게 하셨으니 이는 그의 머리를 위하여 그늘이 지게 하며 그의 괴로움을 면하게 하려 하심이었더라 요나가 박넝쿨로 말미암아 크게 기뻐하였더니"(욘

4:6)

그런데 하나님은 벌레를 통하여 그 박넝쿨을 갉아먹게 하여 시들게 하시고 뜨거운 동풍을 예비하시고 다시 해가 요나의 머리에 쪼이게 하시니까 요나는 또다시 습관처럼 죽는 것이 사는 것보다 낫다고 하소연하고 있습니다. 이 말씀을 들으시고 하나님은 네가 이 박넝쿨로 말미암아 성내는 것이 어찌 옳으냐 또 물으십니다. 그런데 요나는 끝까지 대답합니다. 내가 성내어 죽어도 내가 옳은 것 같습니다라고 하였습니다. 참 고집스럽습니다. 바꿀 생각을 하지 않았습니다. 그리고 요나에게 하나님이 마지막으로 주신 말씀이 11절에 나옵니다. 여기에 하나님의 마음이 오롯이 담겨 있습니다.

"이 큰 성읍 니느웨에는 좌우를 분별하지 못하는 자가 십이만여 명이요 가축도 많이 있나니 내가 어찌 아끼지 아니하겠느냐?"(욘 4:11)

니느웨에 살고 있는 수많은 이방인들의 숫자를 거론합니다. 더군다나 가축까지 거론합니다. 이 말에는 하나님이 그들을 창조하신 분이라는 사실이 포함됩니다. 유대인들은 이방인들을 거부했지만 하나님은 그들을 내버려 둘 수 없었습니다. 그들을 구원하시려고 합니다.

요나가 붙들고 있었던 신념이 무엇이었을까요? 이것은 훗날 예수님을 십자가에 못 박았던 유대인들이 포기하지 못했던 그릇된 구원관이었습니다. 이것은 사도 바울도 온 백성의 죄를 구속하신 예수 그리스도를 만나기 전까지 붙들고 있었던 것이었습니다. 저는 21세기 대한민국 교회에서도 요나와 비슷한 태도를 취하는 이들을 흔히 봅니다. 독선적인 구원관을 주장하는 이들입니다. 여호와 하나님은 이스라엘과 특별한 관계를 맺었던 것은 사실이지만, 하나님은 결코 이스라엘이 독점할 수 있는 분이 아니라는 것을 몰랐던 것입니다. 하나님께 아브라함을 부르신 참된 목적은 천하 모든 민족이 아브라함을 통하여 복을 주시겠다는 것입니다. 하나님이 이스라엘 백성을 택한 것은 제사장 나라로서 하나님을 사랑하고 이웃을 사랑함으로 이방의 빛이 되어 열방이 그 빛을 보고 구원에 이르도록 하기 위함이었습니다.

사랑하는 여러분, 구원은 요나가 풍랑 가운데 기도했을 때 고백했던 것처럼 오직 하나님께 있는 것입니다. 따라서 그분의 의지에 따라서 주어지는 것뿐이지 우리의 노력으로 손에 넣을 수 있는 게 아닙니다. 우리가 틀을 만들어 놓고 이 틀 안에 들어오지 않으면 이방인 취급하는 것은 인간이 하나님의 구원의 영역을 침범하는 종교적인 교만입니다. 우리가 할 수 있는 일은 모두가 구원받도록 최선을 다하는 겁니다. 복음의 왜곡, 변질은 당신의 모습을 보니 '당신은 구원에서 제외되었다'는 방식으로 작동됩니다. 배제시키는 문화입니다. 그러나 요나서는 하나님도 뜻을 돌이키시면서까지 사랑의 대상에서 배제하지 않고 당신을 내 백성 삼으시겠다는 것입니다. 얼마나 놀라운 메시지입니까? 요나서 안에서 복음의 빛을 볼 수 있습니다.

　　우리는 조금만 생각이 달라도, 조금만 교리가 이상하다고, 사람들을 이방인 취급합니다. 그리고 자기 자신을 향해서도 적용합니다. 자기 인생에서 일어나는 이방인의 삶을 부정하는 방식에 길들여졌습니다. 나는 이것이 부족하기 때문에, 나는 이것도 못하기 때문에, 나는 다른 사람이 알지 못하는 약점이 있기 때문에, 다른 사람들이 나를 싫어하기 때문에 부끄러운 변명을 합니다. 그러나 하나님은 파렴치한 저와 여러분을 예수 그리스도의 보배롭고 정결한 피로 구속하셨습니다. 감히 우리가 거룩하신 하나님 앞에 나아갈 수 있는 하나님의 백성 삼으셨습니다. 하나님의 구원의 대상에서 우리를 제외하지 않으셨습니다. 그리고 우리들을 풍랑에서도 구원해 주셨습니다. 우리는 그 크신 하나님을 예수 그리스도를 통해서 경험했습니다. 예수 그리스도야말로 멸망할 수밖에 없는 우리를 구원하기 위해서 자신의 뜻을 바꾸신 하나님께서 우리에게 보내주신 하나님의 아들입니다.

　　요나서는 독자들에게 은근히 질문합니다. 우리는 요나와 같지 않은가? 우리는 자기에 대해서는 한없이 용서와 은혜로 받아들이지만, 원수에 대해서 미워하면서 그들이 회개하는 것을 원하지 않고 벌을 받기를 원하는 것은 아닌가? 예수님이 원수를 사랑하라 하신 말씀은 나와는 상관없는 말씀, 내 믿음은 그것을 감당할 수 없기 때문에 난 이렇게 살아야 하고 고집부리고 있지는 않은지? 요나서를 통해서 우리는 하나님은 어떤 분이신가를 알았습니다. 하나님은 결코 이스라엘이 독점할 수 있는 분이 아니라는 것을 전해준 책입니다. 요나서는 좌우를 분별하지 못하는 자들과 가축들을 향한 하나님의 긍휼, 그들을 위해서 자신의 뜻을 바꾸는 크신 하나님을 증거해 준 책, 요나서를 읽고 묵상하면서 내 생각과 내 경험과 내 지식보다 크신 하나님을 만날 수 있게 되기를 간절히 바랍니다.

주와 같은 분이 어디 있나?

18 주와 같은 신이 어디 있으리이까 주께서
는 죄악과 그 기업에 남은 자의 허물을 사유
하시며 인애를 기뻐하시므로 진노를 오래
품지 아니하시나이다 19 다시 우리를 불쌍
히 여기셔서 우리의 죄악을 발로 밟으시고
우리의 모든 죄를 깊은 바다에 던지시리이
다 20 주께서 옛적에 우리 조상들에게 맹세
하신 대로 야곱에게 성실을 베푸시며 아브
라함에게 인애를 더하시리이다

숲으로 전하는 미가

본문 : 미 7장18-20절

소선지서 6번째 책이 미가서입니다. 미가는 유일한 창조주요 구속자이신 여호와 하나님, 바로 그분은 이스라엘의 죄 때문에 가슴 아파하며 그들에게 심판을 선포하시지만, 그럼에도 불구하고 그들을 사랑하셔서 용서하실 수밖에 없는 하나님을 증거해 주고 있습니다. 미가는 "세상에 이런 분이 없다" 라는 메시지를 담고 있습니다. '미가' 라는 이름의 뜻은 "여호와 같은 분이 어디 있나?"입니다. 미가의 이름과 미가서의 메시지가 같습니다. 미가서 역시 BC 8세기 남쪽 유다 작은 농촌마을 '모레셋' 출신의 선지자입니다. 같은 시대 이사야는 왕족 출신으로 주로 왕궁에서 국제 외교문제에 대한 메시지를 선포했다면, 미가서는 북왕국 이스라엘이 멸망할 즈음 주로 자기 백성의 내부적인 문제를 다루며 예언의 메시지를 전한 선지자입니다.

미가서는 읽기가 어려운 요소가 있습니다. 미가서의 메시지가 과거, 현재, 미래 시제를 왔다 갔다 하고 있기 때문입니다. 그리고 메시지의 성격이 심판의 메시지를 전하다가도 갑자기 회복과 구원의 메시지가 나타납니다. 이러한 구조는 이사야서와 비슷합니다. 이사야서는 66장인데 반해 미가서는 7장으로 기록된 '작은 이사야서'라 말하기도 합니다. 그리고, 주전 8세기 선지자로 북쪽에서 예언한 선지자가 아모스, 호세아입니다. 동시대 사람으로 아모스가 정의의 관점으로 메시지를 전하였는데 미가의 메시지도 정의에 대한 메시지가 핵심 메시지이기 때문에 '유다의 아모스'라 부르기도 합니다. 또 하나의 별명이 있습니다. 하나님 백성의 의로움은 오직 자기 백성을 구원할 자 하나님께 있다는 메시지가 확실하기 때문에 '구약의 로마서'라고 부르기도

합니다.

미가서 읽기는 신구약 성경 66권이 숲으로 보여 주는 복음의 빛 안에서 읽으면 미가서의 말씀들이 한 장 한 장 구절구절들이 더 선명하게 들릴 것 같습니다. 미가가 지적하는 허물과 죄악들이 드러날 때 우리를 죄에서 구속해주신 그리스도 앞으로 나아갈 수 있는 은혜임을 깨닫고 오히려 감사할 수 있을 것입니다. 예언서의 말씀은 심판과 회개하라는 어두운 말씀이 아니라, 우리를 복음으로 인도하는 소망의 말씀입니다.

먼저, 미가가 바라보았던 당시 사마리아와 유다에 대한 심판이 어떠한 모습으로 나타나고 있는지 장별의 내용을 펼쳐보도록 하겠습니다.

1장에서 하나님이 이스라엘을 심판하러 오시는 장면을 그의 처소에서 나오는 것으로 묘사하고 있습니다. 마치 시내산에서 불과 연기로 오시는 것처럼 묘사했는데 시내산에서는 여호와의 영광이 임하는 것이었다면 미가에서는 심판하시기 위해 사마리아와 예루살렘에 강림하사 땅의 높은 곳을 밟으신다고 표현하고 있습니다. 땅의 높은 곳이란 도시를 의미하는 것이라 할 수 있습니다. 그 이유를 야곱의 허물, 이스라엘 족속의 죄 때문이라 말씀하셨는데 그들의 죄는 예루살렘 성전을 산당처럼 여기고 있는 모습을 지적하고 있습니다. 산당은 크고 작은 우상들을 숭배했던 곳입니다. 미가는 먼저 사마리아에 임할 심판을 선포하고 이어서 유다까지 이르고 백성의 성문 예루살렘까지도 이르게 될 것을 보면서 탄식하고 있습니다. 미가의 심정을 1장8절에서 마치 미친 사람처럼 벗은 몸으로 다니면서 들개같이 애곡하고 타조같이 슬퍼한다고 고백하고 있습니다. 1장 후반부에서 폐허가 될 유다의 성읍 10곳을 열거하고 있습니다.

이어서 미가는 2장에서 세상 권력자들을 책망합니다. 이들은 밤에 침상에서 죄를 꾀하고 악을 꾸미고 날이 밝으면 그 손에 힘이 있기 때문에 그것을 행하는 자들이라 하였습니다. 수단과 방법을 가리지 않는다는 표현입니다. 지도자들은 백성들을 보호하고 가르치고 돌보아야 할 사람들인데 괴롭히고 고혈을 빨아먹는 악한 자들이었습니다. 2장2절을 보니까 밭들과 집들을 탐하여 빼앗고 집의 사람들까지 이방 나라의 노예로 팔아버리게도 하였습니다. 강탈한 것입니다. 심지어 어느 정도였냐면 평안히 지나가는 자들의 의복에서 겉옷을 벗기고 아이들과 부녀들을 집에서 쫓아내기도 하였습니다.

뿐만 아니라, 세상 권력자들뿐만 아니라 제사장과 선지자들 또한 심각한 죄에 빠졌음을 드러내고 있습니다. 백성들도 선지자들이 말을 전하는 것을 욕으로 알아듣고 예언하지 말라 말합니다. 그리고 하나님의 영을 비웃습니다. "하나님! 왜 그리 급하십니까? 왜 그렇게 하십니까?" 평가하고, 조롱합니다. 그리고 포도주와 독주에 대해서 예언하는 선지자들이 오히려 이 백성의 참된 선지자라 말하고 있습니다. 포도주와 독주는 사람들의 입맛에 달콤한 말, 귀를 즐겁게 하는 말을 하면서 선지자 노릇을 하는 사람들을 의미합니다. 하나님은 미가를 통해서 2장10절에서 "그것이 이미 더러워졌음이니라 그런즉 반드시 멸하리니 그 멸망이 크리라", 아주 가혹한 심판을 선언하셨습니다. 마치 로마서의 말씀처럼(롬 1:21) "하나님을 알되 하나님을 영화롭게도 아니하고 감사하지도 아니하고 생각이 허망하여 마음이 어두워진 사람들을 향해 하나님이 더러움에 내버려 두셨다"라는 심판의 모습이라 할 수 있습니다. 미가는 2장4절에서 "우리가 온전히 망하게 되었도다"라고 탄식했지만, 동시에 먼 훗날 이스라엘의 참 목자가 오셔서 다스리실 것에 대한 소망의 말씀을 전해주고 있습니다. 미가는 목자 되시는 이스라엘의 하나님은 그의 양 떼 즉 이스라엘의 남은 자들을 푸른 초장으로 부르셔서 그들의 왕이 될 것을 말씀하십니다. 바로 그분이 길을 여는 분이라 하였습니다.

"길을 여는 자가 그들 앞에 올라가고 그들은 길을 열어 성문에 이르러서는 그리로 나갈 것이며 그들의 왕이 앞서 가며 여호와께서는 선두로 가시리라"(미 2:13)

'길을 여는 자' 라는 말은 갇힌 자의 벽을 헐어 버리고 나갈 길을 열어주시는 분이라 할 수 있습니다. 그분이 앞서 올라가시고 선두에서 행하시겠다는 말씀, 임마누엘의 하나님이십니다.

또다시 미가는 3장에서 미가 시대의 지도자와 선지자들 즉 정치가들과 종교인들이 공모해서 백성들에게 어떻게 죄악을 행하는지를 더 자세히 언급합니다. 지도자들은 정의를 아는 것이 그들의 본분이나 오히려 선을 미워하고 악을 기뻐하고 백성들의 가죽을 벗기고 그 뼈에서 살을 뜯어먹기까지 하는 혹독한 죄악을 폭로합니다. 그래서 4절에서 하나님은 그들이 부르짖어도 응답하지 않고 행위가 악했던 만큼 그들 앞에 얼굴을 가리신다고 하였습니다. 얼마나 죄악이 심했는지를 알 수 있습니다.

더 나아가 미가는 야곱의 우두머리들 이스라엘의 지도자들은 자신에게 유익한 것을 주는 사람에게는 평강을 외치지만 그 입에 무엇을 채워주지 아니하는 자에게는 전쟁을 선포합니다. 여기서 채워주지 못하는 사람들은 가난한 사람들, 병든 사람들이라 할 수 있을 것입니다. 하나님은 이들에 대하여 사망 선고를 내리십니다. 선지자들에게 사망선고는 이상을 보지 못하는 것입니다. 하나님께서 선지자에게 말씀을 주시고 하나님의 뜻을 알려 주셨잖아요. 아모스 3장 7절에서 "주 여호와께서는 자기의 비밀을 그 종 선지자들에게 보이지 아니하시고는 결코 행하심이 없으시리라" 말씀하셨습니다. 아모스는 이상이 사라진 당시의 모습을 미가는 3장6절에서 이렇게 말합니다.

"그러므로 너희가 밤을 만나리니 이상을 보지 못할 것이요 어둠을 만나리니 점치지 못하리라 하셨나니 이 선지자 위에는 해가 져서

낮이 캄캄할 것이라"(미 3:6)

미가는 당시의 죄악을 총체적으로 묘사를 했는데 이렇게 된 이유를 말해줍니다. 3장11절 이하를 보면 재판장이 뇌물을 받고 재판하였습니다. 그리고 제사장이나 선지자들도 하나님의 뜻을 전한 것이 아니라 삯을 위하여 교훈하며, 돈 벌기 위하여 점을 쳐주고 있습니다. 이런 상황 속에서 미가는 당당하게 하나님께 받은 말씀과 사명을 전하겠다는 고백이 너무나 인상적입니다.

"오직 나는 여호와의 영으로 말미암아 능력과 정의와 용기로 충만해져서 야곱의 허물과 이스라엘의 죄악을 그들에게 보이리라"(미 3:8)

미가의 고백을 묵상하면서 말씀의 사역자로 불러주신 소명을 다시 한번 기억하고 다짐해봅니다. 그리고 나 스스로에게 묻습니다. 그리고 기도합니다. "주여! 나에게 말씀의 능력과 정의와 용기로 충만케 하옵소서!" 미가 선지자의 고백이 말씀을 전하고 듣는 사역자들과 신실한 믿음의 사람들에게 고백되기를 간절히 바랍니다.

미가는 3장에서 메시지를 현재 시제에서 전했지만, 4장에서 미래 그것도 가장 먼 미래 시점으로 옮기며 하나님의 말씀을 전합니다. 미가는 '끝날에' 황폐한 예루살렘이 회복되어 예루살렘에서부터 온 땅에 평화가 흘러나올 것을 선포하고 있습니다. 4장 1절로 4절까지의 말씀입니다. (여기서 눈여겨 볼 것은) 그때에 곧 많은 이방 사람들이 그 여호와의 산으로 올라가 하나님의 전에 이르게 될 것이라 말씀하셨습니다. 그때에 하나님이 친히 민족들 사이의 일을 심판하실 것이고 하나님이 친히 다스리시기 때문에 다시 칼을 들고 전쟁하는 것이 없는 샬롬의 나라를 이루게 될 것을 예언하신 말씀입니다. 너무나 유명한 말씀입니다.

여러분, 이러한 나라가 올까요? 너무 이상적인 말씀이지요? 그것이 가능하기나 한 것일까요? 미가의 말을 당시에 받아들인 사람들은 많지 않았을 겁니다. 미가는 개인이나 사회가 마음을 바꿔서 쉽게 정의로워질 수 있다고 생각한 이상주의자가 아닙니다. 미가는 더 근본적인 것을 말합니다. 이러한 샬롬의 나라 즉 공평과 정의가 시행되는 나라는 하나님께서 하시는 일이라고 말입니다. 이 일은 장차 오실 구원자 메시야의 일임을 선포한 것입니다. 그래서 미가는 그 메시야가 오실 것을 5장에서 예언한 것입니다. 미가는 예루살렘에 다윗의 혈통으로부터 메시야 왕이 오실 것이라는 것과 그가 베들레헴에 나서 그가 예루살렘에서 회복된 하나님의 백성을 통치하실 것을 증거한 것입니다.

"베들레헴 에브라다야 너는 유다 족속 중에 작을지라도 이스라엘을 다스릴 자가 네게서 내게로 나올 것이라 그의 근본은 상고에, 영원

에 있느니라"(미 5:2)

여러분, 우리가 성경을 큰 숲으로 볼 때, 미가서 4장에서 예언된 구원은 예루살렘에서부터 나온다는 말씀이 어떻게 성취되었을까요?

사도행전 2장에서 성취되었음을 확인할 수 있습니다. 오순절 날 세계 각국에서 몰려온 사람들이 예루살렘 바로 그곳에서 예수 그리스도의 십자가와 부활의 복음을 세상으로 흩어지는 장면이 나타납니다. 갈보리 십자가 위에서 흘리신 메시야 예수 그리스도의 십자가의 구속의 은혜가 예루살렘에서부터 흘러 나간 것입니다. 그 복음이 이방인이었던 저와 여러분에게 전해져 우리가 거룩한 하나님의 산에 오를수 있게 된 것입니다.

뿐만 아니라, 마태는 예수님 탄생 이야기를 보도하면서 미가의 예언을 인용했습니다. 동방박사들이 예루살렘에 와서 새로 태어난 유대인의 왕을 찾는다는 소문이 퍼지자, 헤롯왕은 제사장들과 서기관들을 모아놓고 그리스도가 어디서 나겠느냐고 물었습니다. 이때 제사장들과 서기관들은 미가 5장2절을 인용해서 베들레헴이라고 대답했습니다.

"또 유대 땅 베들레헴아 너는 유대 고을 중에서 가장 작지 아니하도다. 네게서 한 다스리는 자가 나와서 내 백성 이스라엘의 목자가 되

리라"(마 2:6)

여러분 아시지요? 메시야는 사람들의 예상을 뛰어넘는 방식으로 오셨습니다. 베들레헴은 예루살렘처럼 큰 성읍이 아닙니다. 농촌이고 변방입니다. 에브라다는 작은 부족 이름으로 베들레헴의 옛 이름이라 부르기도 합니다. 왜 베들레헴이었을까요? 다윗의 고향이기 때문입니다. 다윗에게 약속하셨던 대로 이스라엘의 회복이 있게 될 것을 다윗의 후손을 통하여 메시야가 나올 것을 예언한 것입니다. 베들레헴 에브라다에서 평화를 이룰 한 아이가 태어날 것이라는 미가의 예언은 베들레헴에서 실제로 태어난 예수 그리스도에게서 성취되었습니다. 예수님은 평화의 왕으로 우리를 죄와 죽음에서 구속하시기 위해 오신 것입니다. 마태는 이 말씀을 한 후에 이 모든 일이 된 것은 주께서 선지자로 하신 말씀을 이루려 하심이라 하였습니다.

"아들을 낳으리니 이름을 예수라 하라 이는 그가 자기 백성을 그들의 죄에서 구원할 자이심이라"(마 1:21)

여러분, 우리 영혼의 평화를 깨뜨리는 것이 무엇인지를 먼저 생각해보십시오. 돈이 부족한 것일까요? 물론 연약한 인생들에게 돈은 가장 중요한 가치일 수 있지만, 결정적인 것이 아닌 것 같습니다. 우리 주변에 가난하면 가난한대로 영혼의 평화를 누리는 사람들은 많습니다. 그런데 나이가 들고, 질병 앞에서는 사람이 약해지는 것 같습니다.

사람은 연약한 육체를 갖고 있는 존재입니다. 질병이 왜 우리의 영혼의 평안을 파괴하는 것일까요? 그것은 시간이 지날수록 생명이 결핍되고 있다는 것을 느끼기 때문입니다. 삶의 모든 에너지를 발산하면 영혼이 바닥을 보입니다. 그게 죽음입니다. 궁극적으로 죽음의 문제 앞에 맞닥뜨리게 되는 것입니다. 죽음의 공포 앞에서 어떤 것을 채우려 해도 그 궁극적 결핍을 해결하지 못하면 영혼의 평화가 주어질 수가 없습니다.

성경은 그 죽음은 죄로 말미암는 것이라 증거합니다. 예수 그리스도가 십자가에서 죽으심은 우리가 받아야 할 저주의 심판을 받으셨다는 것이고, 그분이 부활하심은 그 죽음을 이기셨다는 것입니다. 예수님께서 우리의 죄를 담당하신 것입니다. 예수 그리스도의 오심은 인간에게 가장 절대적인 절망이자 어둠인 죄와 죽음에서 구원할 구주로 오신 것입니다. 그리고 부활의 첫 열매가 되셨습니다. 바로 그분은 다시 오신다고 약속하셨습니다. 우리는 그 약속을 믿습니다. 따라서 예수 그리스도를 믿는 자는 참된 영혼의 안식을 얻고 이 땅에서 구원받은 자의 삶을 넉넉히 살아가게 되는 것입니다. 죄와 죽음의 문제를 해결 받은 자, 이 땅에 사는 동안 오직 믿음으로 살아가게 되는 것입니다.

미가는 6장에서 다시 현실로 돌아와서 믿음으로 사는 삶이 무엇인지 즉 구체적으로 하나님이 원하시는 것을 분명하게 말씀하셨습니다. 특별히 6장8절의 말씀이 미가서의 핵심 구절이면서 예언서의 메시지를 한 구절로 요약한 말씀이라 말하기도 합니다. 이 말씀을 한 문장으로 말하면 오직 의인은 그의 믿음으로 말미암아 살리라는 말씀으로 요약할 수 있습니다. 미가는 네가 1년 된 흠 없는 수송아지를 드린다 하더라도, 천천의 숫양과 만만의 강물 같은 기름을 드린다 하더라도, 맏아들을 드린다 하더라도, 영혼의 죄를 위하여 몸의 열매를 드린다 하더라도 하나님이 원하시는 것은 오직 정의를 행하며 인자를 사랑하며 겸손하게 네 하나님과 함께 행하는 것이라 하셨습니다.

미가는 또다시 7장에서 그럼에도 아직 기다리고 견뎌내야 할 현실 한가운데 있는 모습을 묘사하고 있습니다. 7장1절이 말하는 현실, 이스라엘은 마치 여름 과일을 딴 후와 포도를 거둔 후 추수가 끝난 후의 들판의 모습처럼 백성들 가운데 경건한 자, 정직한 자가 없음을 안타까워하고 있습니다. 어느 정도였냐면 가장 선한 자라도 가시와 같고, 가장 정직한 자라도 찔레 울타리와 같다고 하였습니다. 이 구절은 사도 바울이 로마서에서 탄식했던 것처럼 모든 사람이 죄를 범하였으매 하나님의 영광에 이르지 못하더니 그렇게 죄악으로 가득한 사회를 미가 역시 본 것입니다. 그러나 미가는 간절히 기도합니다. 그리고 구원의 하나님을 바라봅니다.

"오직 나는 여호와를 우러러보며 나를 구원하시는 하나님을 바라보나니 나의 하나님이 나에게 귀를 기울이시리로다"(미 7:7)

그리고, 미가는 기도하는 가운데 이스라엘의 모습 속에서 자신의 모습을 본 것입니다. 9절에서 내가 여호와께 범죄 하였으니 그의 진노를 당하려니와, 자신이 범죄하여 진노를 당할 수밖에 없는 존재임을 알았습니다. 그러나 9절 하반부에 보면 비록 죄로 말미암아 심판을 받게 되지만 죄를 깨닫고 회개하고 돌이키는 자에게 임할 하나님의 구원을 확신했습니다.

"마침내 주께서 나를 위하여 논쟁하시고 심판하시며 주께서 나를 인도하사 광명에 이르게 하시리니 내가 그의 공의를 보리로다"(미 7:9)

하나님 백성의 의로움은 자신들의 행위가 아니라 하나님의 공의로우심, 하나님의 빛을 통하여 의로워짐을 증거한 것입니다. 이 빛을 당시 이사야 선지자는 사망의 그늘진 땅에 거하던 자들에게 빛이 비칠 것이라 하였고, 말라기 선지자는 그 빛을 가리켜 의로운 태양, 치료하는 광선이라 한 것입니다. 신약의 사도 요한은 그 빛은 곧 독생자 그리스도라 한 것입니다.

미가는 하나님의 자비가 그분의 분노와 심판보다 더 크신 분이심을 증거합니다. 하나님은 죄악과 그 기업의 남은 자의 허물을 사유하시고 인애를 기뻐하시고 진노를 오래 품지 않는 분이십니다. 하나님께서 이스라엘을 회복시킬 때 그들의 죄악을 발로 밟으시고 자녀의 모든 죄를 깊은 바다에 던지신다고 하셨습니다. 더 이상 죄를 기억하지 않는다는 말씀입니다. 이렇게 하나님의 긍휼과 자비를 얻게 된 하나님의 백성들에게 주와 같은 분이 어디 있으리이까?(미 엘 카모하!) 라고 외친 선지자였습니다. 뿐만 아니라, 미가는 한량없이 자비로우신 하나님께서 약속하신 말씀을 다시 소환하여 증거합니다.

"주께서 옛적에 우리 조상들에게 맹세하신 대로 야곱에게 성실을 베푸시며 아브라함에게 인애를 더하시리이다"(미 7:20)

미가는 독자들에게 하나님이 어떤 분이신지를 전해주었습니다. 하나님은 우리를 긍휼히 여기시고 우리 조상들에게 맺은 약속을 우리가 기억한다면 염려할 것이 없습니다. 어둠의 심연, 절망의 깊은 터널 가운데 계신 분들이 있다면 미가가 전해주는 소망의 말씀을 들으시고 하나님을 바라보며 승리하는 믿음의 백성들 되시기를 바랍니다.

보복하시는 하나님

1 니느웨에 대한 경고 곧 엘고스 사람 나훔의 묵시의 글이라 2 여호와는 질투하시며 보복하시는 하나님이시니라 여호와는 보복하시며 진노하시되 자기를 거스르는 자에게 여호와는 보복하시며 자기를 대적하는 자에게 진노를 품으시며 3 여호와는 노하기를 더디하시며 권능이 크시며 벌 받을 자를 결코 내버려두지 아니하시느니라 여호와의 길은 회오리바람과 광풍에 있고 구름은 그의 발의 티끌이로다 4 그는 바다를 꾸짖어 그것을 말리시며 모든 강을 말리시나니 바산과 갈멜이 쇠하며 레바논의 꽃이 시드는도다 5 그로 말미암아 산들이 진동하며 작은 산들이 녹고 그 앞에서는 땅 곧 세계와 그 가운데에 있는 모든 것들이 솟아오르는도다 6 누가 능히 그의 분노 앞에 서며 누가 능히 그의 진노를 감당하랴 그의 진노가 불처럼 쏟아지니 그로 말미암아 바위들이 깨지는도다 7 여호와는 선하시며 환난 날에 산성이시라 그는 자기에게 피하는 자들을 아시느니라

숲으로 전하는 나훔

본문 : 나 1장1-7절

나훔은 구약성경에서 단 세 장이지만 분량에 비해 강력한 메시지를 들려주는 책이다. 나훔서 1장1절에서 나훔서의 저자가 누구인지 보여줍니다. 저자는 '엘고스 사람 나훔'입니다. 그리고 메시지의 성격을 두 단어 안에 분명하게 밝힙니다. 나훔은 '경고'의 글입니다. 나훔은 '니느웨에 대한 경고의 메시지'입니다. 그리고 '묵시'라는 것입니다. 묵시란 '숨겨진 것들이 드러난다'는 의미에서 계시적 성격을 갖고 있습니다. 그리고 나훔의 이름의 뜻은 '위로'라는 의미를 갖고 있습니다. 내용상 이스라엘의 대적인 앗수르에 대한 심판이 이스라엘 편에서는 위로가 된다는 것입니다. 나훔이라는 이름에 메시지를 담고자 했던 것 같습니다.

구약성경의 선지서는 "하나님께서 자기 백성을 대상으로 전한 심판과 회복, 구원의 말씀"입니다. 선택된 하나님의 백성을 향한 말씀이 선포될 때 주변의 나라들은 이스라엘의 대적으로 등장하는 나라들이었습니다. 주변에 애굽과 앗수르, 바벨론, 페르시아와 같은 제국들과 다메섹, 아람, 모압, 암몬, 에돔, 두로, 블레셋 등의 이방 나라들이 있었습니다. 그중에 이방 나라가 주인공이 되어서 기록된 책이 세 권 있는데 오바댜는 '에돔'에 대한 심판 이야기이고, 요나서와 나훔서는 '앗수르의 수도 니느웨에 대한 심판 이야기'입니다. 니느웨가 어떤 도시였습니까? 앗수르 제국의 수도였습니다. 당시 니느웨는 큰 성읍이었고, 피의 성읍이라 불렸던 대제국의 핵심도시였습니다.

나훔서의 내용을 살피기 전에 먼저 소개해야 할 내용이 있습니다. 우리가 알고 있는 대로 선지자 나훔이 활동하기 약 150여 년 전, 선지자 요나 선지자를 통해서 니느웨에 대한 하나님의 자비하심을 보여주셨습니다. 요나가 그렇게도 거부하고 도망가면서까지 니느웨를 싫어했던 나라였지만, 그들이 회개했다는 한마디 기록으로 니느웨 성을 용서하셨던 하나님이셨습니다. 그런데 나훔의 메시지는 너무 당황스러울 정도로 그 니느웨를 너무나 강렬하게 심판하시겠다는 메시지라는 것입니다. 요나서가 증거하는 하나님과 나훔이 증거하는 하나님은 같은 분인가? 질문을 갖게 하는 책입니다. 소선지서 일곱 번째 책, 나훔서가 전해주는 하나님은 어떤 분이실까요?

하나님은 알다가도 모르겠다, 참 역설적인 하나님이다 하는 질문에서 시작하여 하나님은 당신의 뜻대로 모든 세계와 역사를 주관하시는 분이심을 증거하는 책인 것을 알게 될 것입니다.

이제 나훔서의 말씀을 큰 숲의 관점으로 살펴봅시다. 구조를 보면, 1장에서는 니느웨에 대한 심판을 선언합니다. 2장과 3장에서는 심판 장면과 심판의 이유를 교차하여 말씀해주고 있습니다. 나훔은 1장 1절에서 메시지의 성격을 한 구절로 요약한 다음, 바로 2절과 3절에서 메시지를 전하시기도 전에 하나님에 대하여 증거합니다. 처음부터 듣기 어색한 하나님의 성품을 증거합니다.

"여호와는 질투하시며 보복하시는 하나님이시니라 여호와는 보복하시며 진노하시되 자기를 거스르는 자에게 여호와는 보복하시며 자기를 대적하는 자에게 진노를 품으시며"(나 1:2)

2절에서 하나님은 보복하시는 분이심으로 세 번이나 나타납니다. 질투하시고 진노하신다고까지 하셨습니다. 그러나 3절에서 여호와는 노하기를 더디하시며 권능이 크신 분으로 증거하였습니다. 상반되는 하나님에 대한 말씀입니다. 그리고 다시 3절 후반부에서 하나님은 벌 받을 자를 결코 내버려두지 아니하시는 분이라 말씀하시고 있습니다. 이 말은 오래 참으시지만 죄악은 반드시 처리가 된다는 것입니다. 말씀으로 확인해 봅시다.

하나님은 능력이 없어서, 방법이 없어서 참고 있는 것이 아닙니다. 하나님은 요나를 통해서 회개의 메시지가 전해졌을 때 반응했던 니느웨를 100여 년 참고 기다리셨던 것입니다. 바로 이어서 니느웨에 대한 심판이 선언되고 있습니다. 미가서에서 하나님께서 심판하시기 위해 처소에서 나오시고 강림하시자 산들이 녹아버리고 골짜기가 갈라져버리는 모습을 보았습니다. 나훔서에서도 악한 세력을 심판하시는 모습을 자연적인 변화의 모습으로 묘사하고 있습니다. 4절을 보니 하나님께서 꾸짖으시니 바다가 마르고, 모든 강이 말랐다고 하였습니다. 당시 가장 비옥하기로 소문난 땅들 바산과 갈멜, 레바논 세 도시의 땅들이 메마르고 꽃봉오리가 시들어버리는 모습으로 묘사합니다. 5절에서 여호와께서 오시니 산들이 진동하고 작은 산들이 아예 녹아버리고, 6절에서 하나님의 불같은 진노로 인하여 바위들이 깨져버리는 모습입니다. 이 얼마나 두려운 장면입니까?

여기서 나훔은 우리에게 의미심장한 질문을 던집니다. 6절에서 "누가 능히 그의 분노 앞에 서며 누가 능히 그의 진노를 감당하랴"이에 대한 답변은 너무나 명백합니다. 하나님의 진노 앞에 그 어떤 피조물이라도 피할 수 없다, 당시 세상 대제국 앗수르도 그의 진노 앞에 피할 수 없다는 의미입니다.

그렇다면, 나훔의 메시지를 위로의 메시지라 말할 수 있는 이유가 무엇일까요?

선지자 나훔은 6절까지 천지를 진동시키고 산을 녹일 만큼 두려운 하나님을 보여주면서도 동시에 자신을 의지하고 따르는 백성들에게는 피난처가 되어 주시는 선하신 하나님이심을 증거해 주고 있습니다.

"여호와는 선하시며 환난 날에 산성이시라 그는 자기에게 의뢰하는 자들을 아시느니라"(나 1:7)

반대로 하나님은 자신을 대적하는 악인들에 대해서는 어떻게 심판하십니까? 특별히 나훔에서는 물로 심판하신다는 말씀을 여러 번

하십니다. 8절에서 범람한 물이 니느웨를 덮어 진멸하시고 어둠으로 쫓아내 버리시겠다고 하셨습니다.

"그가 범람한 물로 그곳을 진멸하시고 자기 대적들을 흑암으로 쫓아내시리라"(나 1:8)

나훔의 심판 메시지는 더 강렬해집니다.

"여호와께서 이같이 말씀하시기를 그들이 비록 강하고 많을지라 도 반드시 멸절을 당하리니 그가 없어지리라 내가 전에는 너를 괴롭 혔으나 다시는 너를 괴롭히지 아니할 것이라"(나 1:12)

실제로 오랜 세월 이스라엘 백성들을 괴롭혀왔던 원수 앗수르의 몰락과 멸망에 대한 메시지는 분명 이스라엘 백성들에게는 큰 위로 가 되었을 것입니다. 시편 94편의 기도 "여호와여 복수하시는 하나님 이여, 복수하시는 하나님이여 빛을 비추어 주소서 세계를 심판하시는 주여 일어나사 교만한 자들에게 마땅한 벌을 주소서"(시 94:1-2)의 기도가 응답되었던 것입니다. 마치 우리나라를 오랫동안 괴롭히던 일 제 강점기에 일본의 멸망의 메시지가 우리나라 사람들에게는 위로와 기쁨의 메시지로 받아들여진 것과 같다고 볼 수 있습니다. 1장 15절을 나훔서의 핵심 구절이라 할 수 있는데 니느웨의 멸망 소식이 이스라 엘 백성들에게는 아름답고 좋은 소식, 평화의 소식이 되었습니다.

"볼지어다 아름다운 소식을 알리고 화평을 전하는 자의 발이 산 위에 있도다 유다야 네 절기를 지키고 네 서원을 갚을지어다 악인이 진멸되었으니 그가 다시는 네 가운데로 통행하지 아니하리로다"(나 1:15)

하나님께서 원수를 이기셨음은 너무 기쁘고 좋은 소식이라, 이 승전보를 알리기 위해 산을 넘어가고 있습니다(마라톤이 전쟁의 승리를 알리기 위해 목숨을 걸고 뛰어간 이유와 같습니다). 그 아름다운 소식은 평안을 선포하는 소식입니다. 여기서 중요한 내용이 '진멸'되었다는 것입니다. 자기 군사력을 의지하며 힘으로 누르고 악을 행하는 앗수르가 엄청나 보이지만 그래봤자 악인이고 결국 쓸모없는 것으로서 진멸될 것이라는 말입니다. 악인이 진멸되는 것을 복음이라 하였습니다.

2장에서는 앗수르 멸망의 참상을 보여줍니다. 1절에서 살아남으려고 필사적으로 싸우고 있는 니느웨 사람들을 묘사합니다. 나훔은 파괴하는 자가 너를 치러 올라왔다 너는 산성을 지키고 길을 파수하라 네 허리를 견고히 묶고 네 힘을 크게 굳게 해서 지켜보아라(그렇게 해봐라~). 그러나 나훔은 니느웨가 전쟁으로 말미암아 황폐하게 되고 공허하게 될 것이라 말씀하고 있습니다. 뿐만 아니라, 6절에서 강들의 수문이 열릴 것이다. 왕궁이 소멸될 것이다. 왕후는 벌거벗은 몸으로 끌려가게 될 것이고, 시녀들이 가슴을 치며 울게 될 것이다. 역사적으로 앗수르는 물로 인하여 수장되고 토사가 쌓여 1846년 고고학자에 의해 발견되기 전까지 흔적이 사라진 지역이었습니다.

나훔은 앗수르가 바벨론에 의해 패배하게 될 것과 심판하시는 이유를 말씀하십니다. 나훔은 니느웨를 폭력과 정욕과 탐욕의 도시였다고 고발합니다.

제국은 폭력으로 한 나라를 강제적으로 빼앗는 악한 나라였습니다. 당시 앗수르 제국의 땅이 얼마나 컸는가 하면, 오늘날로 말하면 이집트, 이란, 이라크, 시리아, 레바논, 이스라엘, 요르단 그 밖에도 수많은 나라가 앗수르의 통치 아래 있었습니다. 앗수르는 세상 제국 중에서 가장 잔인한 제국이라고 평가됩니다. 막강한 군사력과 막대한 경제력을 바탕으로 무려 100년이 넘는 긴 세월 동안 이스라엘뿐만 아니라 주변 국가들을 괴롭혀 왔습니다.

대영박물관 앗수르관에 니느웨에서 발견된 돌조각에 앗수르인들이 정복당한 성읍을 어떻게 다루었는지를 보여주는 그림들이 있습니다. 이들은 정복지에 반역의 의지를 원천부터 꺾어 버리고, 다른 민족들에게 공포심을 심어주고자 전쟁 시 적의 피부를 벗겨 성벽에 붙였다고 합니다. 사람들의 머리를 잘라 피라미드처럼 높게 쌓았습니다. 죽은 병사들의 시체로 높은 더미를 쌓아 놓고 자랑했습니다. 때로는 남편의 머리를 잘라 아내가 들고 행진하게 했을 정도로 반역을 저지를 수 없도록 엄청난 공포심을 심어주고자 했습니다. 이 앗수르 사람들이 얼마나 잔인했는지 그들의 수도 니느웨의 별명이 'the blood castle'(피의 도성)이라 불린 것입니다.

나훔은 앗수르 잔인함의 모습을 '수사자'로 비유했습니다. 수사자가 암사자와 새끼 사자만을 위하여 사냥했다고 책망한 것입니다. 앗수르는 자기 백성과 자기 나라의 부귀영화만을 위해 제국의 덩치를 키운 것입니다.

"수사자가 그 새끼를 위하여 먹이를 충분히 찢고 그의 암사자들을 위하여 움켜 사냥한 것으로 그 굴을 채웠고 그 찢은 것으로 그 구멍을 채웠었도다"(나 2:12)

뿐만 아니라, 나훔은 3장에서 니느웨의 멸망의 이유를 부정한 여인이 몸을 팔며 음행을 이식시키듯이 앗수르는 주변의 나라들과 북이스라엘에게 우상숭배를 전염시켰다고 하였습니다.

"마술에 능한 능숙한 미모의 음녀가 많은 음행을 함이라 그가 그의 음행으로 여러 나라를 미혹하고 그의 마술로 여러 족속을 미혹하느니라"(나 3:4)

나훔은 남왕국 유다의 왕 므낫세가 다스릴 때 사역한 선지자였습니다. 므낫세는 성전 바닥이 아닌 앗수르 왕 앞에 무릎을 꿇었고 봉신이 되었습니다. 앗수르의 신하가 된 므낫세는 유다 땅에 이방 신들의 제단을 쌓고 열심을 다해 그 신들을 섬기는 모습을 보았던 것 같습니다.

앗수르의 결정적인 죄악이 무엇이었을까요? 하나님의 대적이 되었던 것입니다.

2장13절에 "하나님이 너의 대적이 되어 너의 병거들을 불사르겠다"는 말씀은 앗수르가 하나님을 대적하는 자리에 있었다는 것을 말해줍니다. 하나님을 대적하는 것보다 더 무서운 것은 없습니다. 앗수르는 당시 큰 제국을 이룬 나라입니다. 제국이란 주변의 여러 국가들 위에서 지배하는 막강한 권력을 갖고 있는 나라를 의미합니다. 이러한 제국들의 한 가지 특징은 왕들을 신처럼 섬겼다는 것입니다. 왕은 하나님의 뜻과 마음으로 은혜 안에서 백성들을 섬기기 위하여 선택된 자인데, 스스로 신처럼 되고자 하는 교만한 자가 되었다는 것입니다.

성경이 증거하는 나라들은 모두 제국의 형태를 띤 나라들이었습니다. 창세기 11장에서 시작된 "자, 성읍과 탑을 건설하여 그 탑 꼭대기를 하늘에 닿게 하여 우리 이름을 내고 온 지면에 흩어짐을 면하자" 했던 것처럼, 세상 제국은 애굽과 앗수르, 바벨론, 페르시아, 그리스, 로마에 이어지는 나라들, 지금도 세상 열국들 위에서 지배하려고 하는 교만한 모습들이었습니다. 성경은 이러한 나라들을 세상 제국이라 말하고, 그 정사와 권세를 사로잡고 있는 악한 영이 있음을 증거해 주고 있습니다. 그래서 하나님은 심판하셨습니다. 6절 말씀을 보십시오.

"내가 또 가증하고 더러운 것들을 네 위에 던져 능욕하여 너를 구경거리가 되게 하리니"(나 3:6) 하나님께서 앗수르를 심판 가운데 던져서 주변의 나라들에게 구경거리가 되게 하신 것입니다.

나훔서 3장 7절을 봅시다. 멸망하는 앗수르를 보며 애곡하며 "니느웨가 폐허가 되었다. 이를 어찌할꼬?"하고 슬프게 눈물 흘릴 사람이 아무도 없을 것이란 말씀입니다. 그 누구도 앗수르가 멸망하는 모습을 보며 슬퍼하거나 그를 위로할 자가 없을 것입니다. 나훔서 3장 마지막 절에서도 더 이상 구원의 가능성이 없는 진멸의 모습으로 마무리가 되고 있습니다.

"네 상처는 고칠 수 없고 네 부상은 중하도다 네 소식을 듣는 자가 다 너를 보고 손뼉을 치나니 이는 그들이 항상 네게 행패를 당하였음이 아니더냐 하시니라"(나 3:19)

사랑하는 여러분, 모든 인류를 괴롭혀왔던 오래된 원수 사단의 나라가 멸망하는 것, 죄의 통치가 무너지는 것이야말로 이 세상에서 가장 아름답고 좋은 소식입니다. 이 말씀은 이사야에서도 말씀하셨습니다.

"좋은 소식을 전하며 평화를 공포하며 복된 좋은 소식을 가져오며 구원을 공포하며 시온을 향하여 이르기를 네 하나님이 통치하신다 하는 자의 산을 넘는 발이 어찌 그리 아름다운가"(사 52:7)

그리고 사도 바울이 이 말씀을 그대로 인용했습니다.

"보내심을 받지 아니하였으면 어찌 전파하리요 기록된 바 아름답도다 좋은 소식을 전하는 자들의 발이여 함과 같으니라"(롬 10:15)

성경 66권이 한결같이 증거한 복음은 무엇입니까?

예수의 십자가 죽으심과 부활로써 죄와 사망의 권세, 하나님을 대적하는 사단과 그의 추종자들을 이기신 것이 우리에게 가장 아름답고 좋은 소식 즉 복음임을 가르쳐줍니다. 앗수르의 득세와 압제 속에서 힘들어하던 이스라엘 백성이 나훔을 통하여 하나님의 말씀을 듣고 위로받았던 것처럼, 복음을 듣고 하나님의 자녀가 된 이 땅의 성도들은 요한계시록 18장에 나타난 세상 나라 바벨론의 무너짐을 보며 하나님의 백성이 그 정의로운 심판에 기뻐 찬양하는 모습을 미리 보여주셨습니다.

"이 일 후에 내가 들으니 하늘에 허다한 무리의 큰 음성 같은 것이 있어 이르되 할렐루야 구원과 영광과 능력이 우리 하나님께 있도다 그의 심판은 참되고 의로운지라 음행으로 땅을 더럽게 한 큰 음녀를 심판하사 자기 종들의 피를 그 음녀의 손에 갚으셨도다"(계 19:1-2)

하나님은 자기 백성을 위로하셨습니다. 특별히 말씀으로 위로하셨습니다. 영원한 하나님의 말씀이 기록된 나훔 성경을 통해 거대한 악이 우리를 억압할 때 결국 그 악을 심판하시는 하나님을 알게 되었습니다. 하나님께서 이방 민족을 심판하시는 것을 보면 온 세상과 세계가 하나님의 손안에 있음이 분명합니다.

나훔서는 단순히 이스라엘의 원수인 앗수르에 대한 심판만을 언급하고 있는 것이 아니라, 역사의 무대 위에 등장하는 모든 오만하고 폭력적인 세력들을 영원히 용인하지 않으시는 하나님을 보여줍니다. 나훔서를 읽을 때, 이 세상의 모든 악의 세력을 꺾으시고 여호와 하나님께 피하는 자에게 산성이 되시고 구원이 되심을 앗수르의 진멸로 그 증거를 보여주신 것처럼, 정사와 권세를 사로잡은 사단의 종이 되어 하나님의 백성들을 괴롭히고 공격하는 세상 제국들을 예수 그리스도가 오셔서 마침내 철장으로 짓밟으시고 완전한 승리를 이루신다는 복음을 미리 보여준 책임을 인식하고 읽을 때 성경 66권이 증거하는 복음을 보게 될 것입니다. 나훔서 안에서 우리의 산성이시요 피난처 되시는 하나님을 만날 수 있게 될 것입니다.

오직 그의 믿음으로
말미암아 살리라

1 내가 내 파수하는 곳에 서며 성루에 서리라 그가 내게 무엇이라 말씀하실는지 기다리고 바라보며 나의 질문에 대하여 1)어떻게 대답하실는지 보리라 하였더니 2 여호와께서 내게 대답하여 이르시되 너는 이 묵시를 기록하여 판에 명백히 새기되 달려가면서도 읽을 수 있게 하라 3 이 묵시는 정한 때가 있나니 그 종말이 속히 이르겠고 결코 거짓되지 아니하리라 비록 더딜지라도 기다리라 지체되지 않고 반드시 응하리라 4 보라 그의 마음은 교만하며 그 속에서 정직하지 못하나 의인은 그의 믿음으로 말미암아 살리라

숲으로 전하는 하박국

본문 : 합 2장1-4절

성격적으로 조급한 사람들에게 가장 힘든 요구는 '조금만 기다려보자'라는 말입니다. 그렇다고 느긋한 사람이 더 잘 기다릴까요? 느긋한 사람들은 그 문제를 맞닥뜨리기 싫은 두려움이 있다는 것은 불편한 진실입니다. 우리가 부인할 수 없는 실존이 있습니다. 개인적으로 차이가 있지만 자신이 처한 상황이 자신의 기대에 조금만 빗나가도 나락으로 떨어지는 것 같고, 거꾸로 조금만 좋아져도 하늘을 날 것처럼 우쭐해하는 것은 대부분 사람들의 심정일 것입니다.

신앙생활은 인내 속에서 하나님을 절대적으로 신뢰하고 바라보며 기다리는 여정이라 할 수 있습니다. 오늘 바로 그 사람, 하박국의 이야기를 살펴볼 것입니다. 하박국 이름의 뜻이 '끌어안다', '포용하다' 라는 의미가 있는데 하박국서 안에서 두 가지의 의미가 있어 보입니다. 하나는 하나님의 뜻을 이해하고 수용하였기에 기다릴 수 있었던 선지자라 할 수 있습니다. 또 하나는 하박국서는 1장에서 2장5절까지 자기 백성들의 죄를 끌어안고 하나님에 대해 질문하고 하나님은 대답을 하시는 내용입니다. 이어서 하박국의 구조를 살펴보면 2장6절부터 17절까지 악인, 바벨론에 대한 하나님의 다섯 가지 심판 선언이 나타납니다. 3장에서는 하박국의 질문과 답변 가운데 해답을 발견하고 그 신앙을 예배 가운데 고백한 노래라 할 수 있습니다.

하박국은 북이스라엘이 망하고 남왕국 유다가 망하기 전에 기록된 소선지서라고 할 수 있습니다. 하박국의 저작 시기는 정확하게 알수는 없지만 주전 600년 경, 남쪽 유다가 망하기 20년 전쯤, 요시야 왕의 통치와 그 이후의 시기로 추측합니다. 남왕국 요시야의 지도하에 종교개혁과 사회개혁이 일어났지만, 요시야 왕이 전쟁에 나갔다가 죽은 후 살룸(여호아하스)이 왕이 되는데 애굽이 그 왕을 3개월 만에 폐위시켰습니다. 그리고 다시 요시야의 둘째 아들 엘리야김을 세우고 이름을 여호야김으로 바꿉니다. 예레미야는 여호야김을 일컬어 "네 두 눈과 마음은 탐욕과 무죄한 피를 흘림과 압박과 포악을 행하려 한다"고 평가하고 있습니다. 이 여호야김은 하나님의 말씀이 담긴 두루마리를 태우기까지 했던 교만한 왕이었습니다. 유다 말기 다시금 국가적인 혼란, 도덕적인 부패, 종교적인 타락을 경험하기 시작합니다.

선지자는 하나님의 눈으로 현상을 보고 분석할 수 있는 능력 있는 사람들이었습니다. 하박국은 당시의 상황을 하나님의 관점으로 죄악과 패역, 겁탈과 강포, 변론과 분쟁이 눈앞에서 펼쳐지고 있는 장면을 1장3절에서 묘사합니다.

"어찌하여 내게 죄악을 보게 하시며 패역을 눈으로 보게 하시나이까 겁탈과 강포가 내 앞에 있고 변론과 분쟁이 일어났나이다"(합 1:3)

하박국은 이러한 모습을 보고 어떻게 했을까요? 역시 선지자의 모습을 보여주고 있습니다. 선지자는 세상의 모습으로 인해 하나님께 부르짖는 사람이었습니다. 그러나 하나님은 한 동안 침묵하신 것 같습니다. 하나님께 자신의 심정을 이렇게 토해냅니다.

"여호와여 내가 부르짖어도 주께서 듣지 아니하시니 어느 때까지리이까 내가 강포로 말미암아 외쳐도 주께서 구원하지 아니하시나이다"(합 1:2)

때로는 믿음의 사람들 가운데 자신을 힘들게 하는 많은 문제들이 풀어지기를 간절히 기도하고, 뿐만 아니라 세상의 불의한 현실을 끌어안고 하나님께 대신 나아가 하나님의 긍휼을 구하며 그렇게 간절히 기도했음에도 불구하고 오히려 도무지 이해할 수 없는 방식으로 하나님이 기도에 응답하실 때가 있었을 것입니다. 드디어 하박국의 질문과 항변에 하나님께서 응답하셨습니다. 어떤 응답이었을까요?

"보라 내가 사납고 성급한 백성 곧 땅이 넓은 곳으로 다니며 자기의 소유가 아닌 거처들을 점령하는 갈대아 사람을 일으켰나니"(합 1:6)

이 말씀은 하나님은 내가 너희의 생전에 한 가지 일을 행할 것인데 너희들이 믿지 아니할 수 있지만, 내가 갈대아 사람들 즉 1장 11절에서 자기들의 힘을 자기들의 신으로 삼는 자들이었던 바벨론을 일으켜 유다를 멸하시겠다는 말씀이었습니다.

하박국이 하나님의 말씀을 듣고 어떻게 반응했을까요? 아마도 하박국은 이렇게 하나님의 긍휼을 구한다면 이 백성을 회개하게 하셔서 다시 영적인 부흥을 가져오리라고 기대했을 것입니다. 그런데 하나님께서 하박국의 질문에 악한 이스라엘 백성들을 심판하시기 위해 갈대아 사람들을 보내시겠다는 것이었습니다. 악한 자들 때문에 끙끙 앓고 아파했는데 더 악한 자들을 보내시니 하박국은 더욱더 어리둥절하였습니다. 아무리 하나님의 말씀이라 하지만 아무리 하나님께 양보한다 해도 풀기 힘든 응답이었습니다.

하박국은 두 번째 질문을 조심스럽게 시작합니다. "하나님, 제가 백성들의 행태를 고쳐달라고 기도했지 바벨론을 일으켜서 우리 민족을 심판해 달라고 말한 것은 아닙니다. 하나님, 왜 그러십니까? 하나님, 아무리 생각해도 이건 아닌 것 같습니다." 개인적으로 이렇게 다가옵니다. 하나님, 내가 하나님 앞에 죄를 지어 하나님의 심판을 받는 것은 알고 있는데, 왜 내가 저런 야비한 사람에게 당해야 합니까? 정의롭지 못한 세상의 대표적인 모습입니다. 하박국의 항변은 1장이 끝날 때까지 계속됩니다. 그래서 하박국 선지자는 12-17절에서 검사가 피의자를 심문하듯이 다시 따지고 듭니다.

"주께서는 눈이 정결하시므로 악을 차마 보지 못하시며 패역을 차마 보지 못하시거늘 어찌하여 거짓된 자들을 방관하시며 악인이 자기보다 의로운 사람을 삼키는데도 잠잠하시나이까"(합 1:13)

17절의 말씀을 현대 번역으로 읽어드리면, '이 일을 계속 허용하시렵니까? 이 바벨론 낚시꾼이 주말에 물고기를 잡듯 사람을 죽이는 상황을 계속 허용하실 생각이십니까?' 이렇게 1장은 끝이 납니다.

1장에서 질문이 끝나고 시간이 어느 정도 흐른 것 같습니다. 하나님이 답을 하실 차례가 되었습니다. 하박국은 성루에 올라갔습니다. 성루는 적의 공격을 가장 먼저 확인할 수 있는 높은 곳입니다. 하박국이 이 질문에 대해 가장 먼저 듣고 싶고 보고 싶어 했던 것 같습니다. 하나님이 내게 무엇이라 말씀하실는지 기다리고 어떻게 대답하실지 바라보겠다고 하였습니다.

"내가 파수하는 곳에 서며 성루에 서리라 그가 내게 무엇이라 말씀하실는지 기다리고 바라보며 나의 질문에 대하여 어떻게 대답하실는지 보리라 하였더라"(합 2:1)

거기에서 하나님은 답답한 마음을 가지고 있던 하박국에게 다시 말씀하십니다. 하나님은 2절에서 내가 이르는 말, 묵시를 기록하되 달려가면서도 읽을 수 있도록 크고 분명하게 기록하라 말씀하십니다. 이 묵시는 어떤 내용일까요? 먼저는 바벨론에 의해 유다가 심판을 받을 것이다. 그러나 그것으로 끝나는 것이 아니라 그 다음에는 바벨론을 심판할 것이다. 그 후에야 다시 내 백성이 회복될 것이다 하는 하나님의 큰 구원의 그림이었습니다. 이어서 3절에서 하나님께서 말씀하

십니다,

"이 묵시는 정한 때가 있나니 그 종말이 속히 이르겠고 결코 거짓되지 아니하리라 비록 더딜지라도 기다리라 지체되지 않고 반드시 응하리라"(합 2:3)

세 개의 메시지로 나눌 수 있겠습니다. 첫 번째 메시지는 "내가 네게 말한 이 묵시는 정한 때가 있다"는 말씀입니다. 종말이 온다 하였습니다. 여기서 종말은 하나님이 결정적으로 일하시는 그 때를 말합니다. 하박국에서는 바벨론의 침공, 그리고 그 이후에 전개될 회복과 구원의 때를 말하는 것입니다. 그리고 마침내 그 날에 이루어질 최종적인 구원의 역사입니다.

두 번째 메시지는 '기다리라'는 말씀이었습니다. 그런데 문제는 기다림의 끝이 어디까지인지 그 기한을 사람들이 알 수 없다는 데서 우리는 답답해하고 또 질문하게 됩니다. 그래서 조급함에 '자신들이 때를 정한다'는 것입니다. 그래서 세상을 통치하시는 하나님께 자꾸 훈수를 두려합니다. 지금이 그 때라고 합니다. 아니면 내일까지 그 기한을 정해놓고 하나님을 협박합니다. 그러나 모든 세상의 역사와 하나님의 구속의 드라마는 하나님이 행하시는 것입니다. 하나님께서 그 때를 정하시는 것입니다.

하박국이 질문의 시간을 지나면서 한 가지 깨달은 것이 있습니다. 그 때를 자신이 정해놓고 자신이 생각하는 때로 강요하려고 하는 것은 교만이었구나를 깨닫게 됩니다.

"보라 그의 마음은 교만하여 그 속에서 정직하지 못하나"(합 2:4)

하박국은 교만한 사람들은 그 속에 정직함이 없음을 깨닫습니다. 이 깨달음 후에 신구약 성경의 핵심 구절이라 할 수 있는 유명한 신앙선언을 합니다. 의인은 그의 믿음으로 말미암아 살아야 한다는 확신입니다. 이 말씀은 신약에서 세 번이나 인용하여 복음의 핵심을 전한 말씀입니다.

모세오경에 나오는 율법을 세부적으로 서술하면 613개라 분류할 수 있고, 시편 15편에 11가지 누가 하나님의 성전에 올라갈 수 있는가? 15가지로 요약할 수 있고, 이것을 세 개로 요약하면 미가 6장 8절 정의를 행하고 인자를 사랑하고 겸손하게 하나님과 함께 행하는 것이라 하였고, 두 마디로 요약한다면 이사야 56장1절 정의를 지키며 의를 행하는 것이라 하였고, 한 마디로 요약하면 하박국 2장4절 말씀, 의인은 믿음 즉 하나님을 향한 신실함으로 사는 것이라 하였습니다.

당시 하박국의 눈에 보이는 것이 무엇이었습니까? 당면한 문제는 바벨론의 침략이 예상되지만 아직도 이스라엘 백성들이 우상숭배에 빠져 있고, 종교, 정치, 사회, 모든 면에서 하나님을 배역하는 모습을 보면서 선지자로서 마음이 어떠했겠습니까? 하박국은 실망스러운 세상 때문에 아파하였습니다. 하나님께 기도하며 질문하였다가 세상이 더 실망스럽게 될 것이라는 말씀에 실족할 뻔했습니다. 그러나 그런 상황 가운데에서도 분명히 귀에 들렸던 묵시의 말씀은 '의인은 믿음으로 말미암아 살리라'였습니다.

세상에 실망스러운 것은 하박국 선지자만이 아닐 것입니다. 세상에 실망스럽고 자신에게도 절망스러운 것은 모든 시대 사람들에게 공통적일 것입니다. 그러나 하박국이 의인은 믿음으로 사는 자들이다 확신했던 말씀이 특별히 세상에 실망하고 절망하는 사람들, 악한 자들이 득세하는 것을 보고 분을 풀지 못한 분들, 다른 사람들은 하나님은 평탄한 길로 인도하시는데 나만 이렇게 외롭고 힘들게 사명의 길을 걷고 있다고 여기시는 분들에게 하나님께서 하박국에게 들려주신 말씀이 들려져야 할 것입니다. 악인은 악으로 멸망할 것이요 의인은 믿음으로 구원을 얻을 것입니다.

이어서 하박국은 악인에게 임할 심판을 다섯 가지 경우를 들어 '화 있을지어다'를 선포합니다. 2장5절 이하 의인의 반대되는 모습, 악한 자들의 모습과 그들의 운명을 가슴 시원하게 기록해 주었습니다. 하나님은 때가 되면 바벨론을 포함하여 불의한 모든 자들을 심판하신다고 말씀하십니다. 하박국과 같은 시대 나훔서에서 전해졌던 것처럼 악한 자가 진멸되는 것이 복음이라 했던 것처럼, 하박국서에서도 자기 힘을 신으로 믿는 자들을 향하여 강력한 심판을 선언한 것입니다.

첫 번째는 자기 소유가 아닌 것을 모으는 자들에게 화가 있을 것이다(2:6). 두 번째는 자기 집을 위하여 부당한 이익을 취하는 자들에게 화가 있을지어다(2:9). 세 번째는 피로 성읍을 건설하며 불의로 성을 건축하는 자들에게 화가 있을 것이다(2:12). 네 번째는 이웃을 타락하게 하는 자 즉 술을 마시게 하고 그의 하체를 드러내게 하는 자에게 화가 있을 것이다(2:15). 다섯 번째는 나무에게 깨라 하며 말하지 못하는 돌들에게 일어나라 하는 자들 즉 우상숭배자들에게 화가 있을 것이다(2:19).

심판의 메시지 한가운데 복음의 소식이 있습니다. 지금은 악이 그렇게 이기는 것 같아도 언젠가는 물이 바다 덮음같이 하나님의 영광을 인정하는 것이 세상을 덮을 것입니다. 하나님을 인정하고 산 것이 복되다는 것이 증명될 때가 있을 것입니다.

"이는 물이 바다를 덮음 같이 여호와의 영광을 인정하는 것이 세상에 가득함이니라"(합 2:14)

따라서 세상의 악인이 성공하는 것을 보고 절망하지 말아라. 세상을 통치하시는 하나님께서 그들의 악에 대해 분명하게 심판하실 것이다. 20절에서 14절의 말씀과 같은 의미의 말씀을 선포합니다.

> "오직 여호와는 그 성전에 계시니 온 땅은 그 앞에 잠잠할지니라 하니라"(합 2:20)

1장에서 그렇게 하나님께 부르짖고 조급하고 항변했던 하박국이 하나님께서 행하실 일들을 깨닫고 기다렸던 하박국은 하나님이 성전에 계시다 하였습니다. 여기서 성전은 하나님이 지으신 이 세상을 의미합니다. 하나님이 모든 세상 나라들을 지배하시고 모든 역사를 이루어 나가신다는 의미입니다. 성전은 하나님이 계시는 곳 즉 모든 세상이 하나님이 임재하시는 곳이라는 의미합니다. 따라서 그 크신 하나님의 주권과 역사 앞에 잠잠하라! 그렇게 항변할 필요가 없습니다. 오직 잠잠해야 합니다.

하박국은 성경에 등장하는 믿음의 선진들을 알고 있었습니다. 노아, 아브라함, 모세, 요셉, 이들이 공통적으로 승리할 수 있었던 것은 지금 당장 보이지 않고 숨겨져 있지만, 그 상황과 문제 속에서 하나님을 온전히 신뢰하고 바라보고 약속을 굳게 믿고 기다렸기 때문입니다. 히브리서 기자는 11장에서 수많은 믿음의 증인들을 소환하면서 이 사람들이 한결같이 이 땅에 오실 메시야를 기다리며 바라보았던 사람들이라 증거하고 있습니다. 히브리서 기자는 모든 증인들의 증거를 다 설명한 다음에 메시야로 오신 예수 그리스도! 그분은 그 앞에 있는 기쁨을 위하여 십자가를 참으사 부끄러움도 개의치 아니하시고 하나님의 구원의 사역을 다 이루셨음을 증거해 준 것입니다.

하박국 3장은 음악이 있고, 기도가 있고, 자기 고백이 있고, 마지막 신앙적 결단이 있는 예배의 한 장면을 묘사하는 것과 같다고 할 수 있습니다. 3장1절, 시기오놋에 맞추었다는 말은 수금 같은 악기에 맞추어 하나님께 기도했다는 것이고, 셀라라는 말은 음악 중에 잠시 쉬어 가는 음악 용어라 할 수 있습니다. 하박국은 악기에 맞추어 기도합니다. 합주에 맞춰 회중이 부르는 노래라고 하였습니다.

"시기오놋에 맞춘 선지자 하박국의 기도라"(합 3:1)

이어서 하박국은 부흥을 위한 기도를 드리고 있습니다.

"여호와여 내가 주께 대한 소문을 듣고 놀랐나이다 여호와여 주는 주의 일을 이 수년 내에 부흥하게 하옵소서 이 수년 내에 나타내시옵소서 진노 중에라도 긍휼을 잊지 마옵소서"(합 3:2)

여기서 부흥은 재생한다는 의미가 아닙니다. 부흥은 "하나님! 우리 민족을 심판하시겠다고 하셨지요. 그것이 하나님의 뜻이라면 이 민족을 심판하십시오! 수년 내에 심판하셔도 되겠습니다" 라는 모든 주권을 하나님의 손에 맡기겠다는 온전한 순응입니다. 그러나 한 가지 부탁드립니다. 그 진노 중이라도 우리를 향한 긍휼을 잊지 말아 주십시오! 라고 기도하고 있습니다.

그러나 하박국의 실존은 어떠했을까요? 하박국은 3장16절에서 너무나 솔직한 고백을 합니다. 하박국이 바벨론 적들의 칼날이 임할 것이라는 소식을 듣고 창자가 흔들리고 입술이 떨렸고, 썩이는 것들이 내 뼈에 들어오고 내 몸 구석구석 떨렸다고 고백합니다. 그러나, 그 두려움 속에서도 하나님을 향한 신뢰와 찬송을 드리고 있다는 것입니다. 하박국의 놀라운 믿음은 그의 찬송에 그대로 드러납니다.

"비록 무화과나무가 무성하지 못하며 포도나무에 열매가 없으며 감람나무에 소출이 없으며 밭에 먹을 것이 없으며 우리에 양이 없으며 외양간에 소가 없을지라도"(합 3:17)

이 찬양은 아주 엄중한 고백입니다. 하박국에게 있어서 무화과나무가 없다는 것은 아직 바벨론이 득세하고 있고, 사회 불의가 만연하고, 하나님의 말씀이 무너져 있는 상황이라 할지라도 여호와로 말미암아 즐거워하며 구원의 하나님으로 말미암아 기뻐할 수 있다고 하였습니다.

사랑하는 성도 여러분, 가정에 어려운 문제가 풀리지 않습니까?

열심히 살고자 하나 길이 보이지 않습니까? 자녀를 바라보면 조급함 때문에 불안해지십니까? 우리 교회를 바라보면 어두운 면만 보이십니까? 우리는 하나님을 다 이해할 수 없습니다. 그러나 인정해야 합니다. 하나님의 통치와 하나님의 선하심을 선포해야 합니다. 우리가 보는 것은 항상 지금의 모습일 뿐입니다. 우리는 미래를 모릅니다. 우리는 그 짧은 지식으로 판단하고 하나님을 원망하고 하나님을 밀쳐낼 때가 많습니다. 그러나 믿음은 하나님이 완전하시다는 것을 인정하는 것입니다. 하나님의 주권을 이해하고 수용하고 기다림의 시간을 오직 하나님을 향해 신실함 즉 오직 믿음으로 살아가는 사람들은 하박국의 마지막 고백을 할 수 있을 것입니다.

"주 여호와는 나의 힘이시라 나의 발을 사슴과 같게 하사 나로 나의 높은 곳에 다니게 하시리로다 이 노래는 영장을 위하여 내 수금에 맞춘 것이니라"(합 3:19)

사랑하는 성도 여러분, 세상의 아픔과 불의에 너무 절망하지 마시기 바랍니다. 하박국은 처음에 하나님 앞에 너무나 복잡한 머리를 가지고 왔었습니다. 그는 세상의 악이 풀지 못할 숙제처럼 생각했습니다. 그러나 이제 그는 사슴의 발처럼 가벼워졌습니다. 그 결정적 이유는 높은 곳, 성루에 올라가 판에 새긴 말씀 오직 의인은 그의 믿음으로 말미암아 살리라는 말씀을 들었기에 가능했던 것입니다. 거기에서 믿음의 눈으로 하나님의 큰 구원의 그림을 볼 수 있었기 때문입니다. 높은 곳에 있으면, 성루에 올라가면 하나님의 큰 그림이 보입니다. 그리고 하나님의 말씀이 달려가도 보이는 큰 글씨로 보이고 들리게 될 것입니다. 한 주간 하박국이 질문하면서 보고 들었던 "오직 의인은 그의 믿음으로 말미암아 살리라" 하신 말씀을 기억하고 하박국서를 다시 펼쳐 보시면서 구절구절 묵상하는 가운데 모든 세상과 역사의 주관자 되시는 하나님의 구원의 드라마를 볼 수 있게 되기를 간절히 축복합니다.

숨겨주시는 하나님

1 수치를 모르는 백성아 모일지어다 모일지
어다 2 명령이 시행되어 날이 겨 같이 지나
가기 전, 여호와의 진노가 너희에게 내리기
전, 여호와의 분노의 날이 너희에게 이르기
전에 그리할지어다 3 여호와의 규례를 지키
는 세상의 모든 겸손한 자들아 너희는 여호
와를 찾으며 공의와 겸손을 구하라 너희가
혹시 여호와의 분노의 날에 숨김을 얻으리
라

숲으로 전하는 스바냐

본문 : 습 2장1-3절

스바냐서는 소선지서 아홉 번째 책입니다. 대표적인 구절 스바냐 3장17절의 말씀은 자주 들었던 말씀이었을 것입니다. 이 구절로 만들어진 은혜로운 찬양도 있습니다. 우리가 잘 알고 있는 말씀 구절이지만 스바냐서 안에서 이해될 때 더 깊은 감동과 은혜가 있게 될 것입니다. 자! 함께 스바냐서를 펼쳐서 자기 백성으로 인하여 기쁨을 이기지 못하시는 하나님을 만나도록 합시다.

"너의 하나님 여호와가 너의 가운데 계시니 그는 구원을 베푸실 전능자이시라 그가 너로 말미암아 기쁨을 이기지 못하시며 너를 잠잠히 사랑하시며 너로 말미암아 즐거이 부르며 기뻐하시리라"(습 3:17)

스바냐 1장1절을 보면, 스바냐는 유다 왕 요시야 시대에 활동했던 왕족 출신의 선지자였습니다. '스바냐'의 뜻은 '여호와께서 숨으신다'는 의미와 '여호와께서 숨겨 주신다'는 이중적 의미가 있습니다. 다른 예언서처럼 이름의 뜻에 스바냐가 전하고자 하는 메시지가 있을 것 같다는 복선을 예상하게 됩니다. 4대에 걸친 족보가 나타나는데 히스기야가 스바냐의 현손이라는 말을 명시해 주었습니다. 히스기야는 유다의 왕이었습니다. 현손이란 고조할아버지라는 말입니다. 그래서 기원전 630년경 쯤 될 것이고, 북이스라엘이 앗시리아에 의해서 망한 지 백 년이 지난 때이고, 남유대 역시 한 세대만 지나면 바벨론에 의해서 망하기 직전 시대라 할 수 있습니다. 스바냐는 왕족 출신이기 때문에 당시 국제정세나 궁궐에서 일어나는 일에 대하여 알고 있었을 것입니다. 스바냐는 풍전등화와 같은 자기 조국 유다의 운명을 하나님의 관점, 신학적인 관점에서 해석하며 그것을 유다 백성들에게 선포하며 기록한 말씀이 바로 스바냐서입니다.

스바냐는 자신에 대한 소개 후에 말씀을 시작하자마자 심판의 메시지를 전합니다. 스바냐는 1장2절에서 땅 위의 모든 것을 진멸하고 3절에서 사람과 짐승과 공중의 새와 바다의 고기와 거치게 하는 것과 악인들을 진멸할 것이고, 4절에서 유다와 예루살렘의 모든 주민들을 심판할 것을 말씀하였습니다. 그리고 2장에서는 유다 주변 국가들에 대한 심판의 내용도 기록되어 있습니다.

성경에 나타나는 하나님의 심판은 크게 세 가지로 이해할 수 있습니다. 하나는, 세상 끝날 반드시 이루어질 예수 그리스도의 재림으로 말미암는 우주적 종말의 심판, 두 번째는 지역적으로 소돔과 고모라 성에 임했던 심판처럼 어떤 지역에 임하는 심판, 세 번째는 히브리서 9장 27절 "한 번 죽은 것은 사람에게 정해진 것이요 그 후에는 심판이 있으리니"의 말씀처럼 개인의 죽음으로 임하는 심판이 있습니다.

스바냐는 죄를 지은 그 심판의 대상을 정해놓고 하나님이 심판하실 것이라는 메시지라 할 수 있습니다. 스바냐서의 첫 번째 독자는 남왕국 유다 백성들이었습니다. 스바냐서는 1장에서 남유다 백성들의 죄를 지적하며 여호와의 날이 다가옴을 경고하고, 2장에서는 유다 주변의 나라들 블레셋 족속들, 모압과 암몬, 그리고 구스 사람들, 앗수르를 향해서 심판을 선언하는 내용으로 구성되어 있습니다. 이어서 3장에서 남유다와 예루살렘의 죄를 다시 한번 이들의 죄를 열거하고 있습니다. 요약하면 남유다에 대해서는 선지서가 동일하게 선포했던 것처럼 우상숭배와 불의를 행하고 있는 모습이었고, 주변 나라들에 대해서는 여호와의 백성을 괴롭혔다는 이유를 명시합니다.

1장4절 이하에서부터 스바냐가 바라보았던 유다와 예루살렘의 죄악을 구체적으로 제시하였습니다. 요시야의 종교개혁으로 바알을 척결하기도 하였지만, 여전히 그들은 안식일이 아닌 일상에서는 바알을 숭배하고 있었다는 것을 알 수가 있습니다. 바알은 다산과 풍요의 신이라 하였습니다. 또 바벨론에서 들여온 지붕에서 하늘의 뭇 별에게 경배하는 자들이 있었고, 암몬 족속의 신 말감을 가리켜 맹세하는 자들이 있었던 것입니다(말감이란 왕들을 의미). 한마디로 말하면 종교혼합주의라 말할 수 있겠습니다. 솔로몬 성전이 세워진 이후 안식일에 제사를 한 번도 드리지 않았던 때가 없었습니다. 그러나 스바냐는 6절에서 여호와를 배반하고 따르지 아니하고 여호와를 찾지도 구하지도 아니하였다고 하였고, 8절에서 방백들과 왕자들이 이방인의 옷을 입었고, 문턱을 뛰어넘어서 포악과 거짓으로 자기 왕궁에 가득 채운 자들을 벌하겠다 하신 것입니다. 사회 정의가 훼손되고 사회적 약자들을 탄압하는 모습들, 게다가 종교지도자들까지 타락한 모습을 드러내고 있습니다. 스바냐는 당시의 현상을 마치 포도주의 포도 찌꺼기같이 악이 배어 있다는 비유의 표현을 하면서 하나님에 대하여 이렇게까지 말하였다고 고발합니다.

"그 때에 내가 예루살렘에서 찌꺼기 같이 가라앉아서 마음속에 스스로 이르기를 여호와께서는 복도 내리지 아니하시며 화도 내리지 아니하시리라"(습 1:12)

하나님을 조롱하는 말입니다. 그들은 그들이 복을 원할 때 복을 주지 않으시고, 그들이 죄를 저지를 때 바로 벌을 내리시지 않으니 유명무실한 하나님이라고 생각하였습니다. 하나님은 이렇게 말하는 자를 예루살렘 거리거리를 찾아다니면서 등불로 두루 찾아 벌하겠다고 하신 것입니다. 스바냐는 그 날 즉 여호와의 분노의 날은 은과 금도 건지지 못할 것이다, 이 땅의 모든 거민들이 깜짝 놀랄 정도로 멸절할 것을 말씀하였습니다.

스바냐는 1장에서 아주 신랄하게 유다와 예루살렘에 대한 심판의 메시지를 전한 후에 스바냐는 회개의 기회를 주시는 하나님의 말씀을 대언하고 있습니다.

"수치를 모르는 백성아 모일지어다 모일지어다 2 명령이 시행되어 날이 겨 같이 지나가기 전, 여호와의 진노가 너희에게 내리기 전,

여호와의 분노의 날이 너희에게 이르기 전에 그리할지어다"(습 2:1-2)

3절에서는 어떻게 해야 하는지를 풀어서 덧붙여 전하고 있습니다. 이 말씀이 자기 백성에게 전하고자 했던 말씀이라 여겨집니다.

"여호와의 규례를 지키는 세상의 모든 겸손한 자들아 너희는 여호와를 찾으며 공의와 겸손을 구하라 너희가 혹시 여호와의 분노의 날에 숨김을 얻으리라"(습 2:3)

스바냐 이름의 뜻으로 메시지를 전하고자 했던 것 같습니다. 그리고 스바냐는 2장에서 유다 주변 나라들에 대한 심판을 선언합니다. 블레셋, 모압, 암몬, 구스(에티오피아), 앗수르가 등장합니다. 이들에 대한 심판의 이유는 하나님의 백성, 유다를 괴롭혔고 특별히 교만의 죄를 지적합니다. 하나님께서 모든 열국을 심판하시는 분임을 이스라엘 백성들에게 알리시는 말씀입니다. 2장8절에서 모압과 암몬을 향해서는 "그들이 내 백성을 비방하고 자기들의 경계에 대하여 교만하여졌느니라" 하였고, 2장15절에서는 "오직 나만 있고 나 외에는 다른 이가 없다" 하는 민족이라 한 교만한 앗수르를 향해서 심판을 선언하였습니다.

여러분, 스바냐가 열국의 심판을 말씀하시는 궁극적 이유가 무엇

일까요? 그들의 회개를 요청하기 위함이 아니라 이스라엘의 회개를
요청하기 위함입니다. 이스라엘이 하나님의 심판을 더 잘 알고 준비
하도록 하기 위함입니다. 이스라엘 백성이 하나님의 백성이라 하면서
도 겸손한 마음(하나님을 의지하는 마음)을 갖지 않고, 하나님의 말씀
(공의)을 찾지 않으면 그것은 이방의 열국과 같은 사람이 된다는 것을
경고한 메시지라 할 수 있을 것입니다.

스바냐는 다시 3장에서 유다 예루살렘의 죄를 지적합니다. 스바
냐는 왕족 출신의 선지자였기 때문에 사회 지도층의 민낯을 다 보았
을 것이라 생각됩니다. 스바냐는 이런 자들을 불의한 자들이라 말하
면서 이들은 자기의 수치를 알지 못하는 자들이라 하였습니다. 스바
냐는 3장에서 유다 예루살렘을 패역하고 더러운 곳, 포악한 그 성읍이
라 하였습니다. 그 가운데 살아가는 방백들 즉 왕 주변의 신하들은 부
르짖는 사자와 같다고 하였습니다. 먹이를 찾아다녔다는 의미일 것입
니다. 재판장들은 이튿날까지 남겨 두는 것이 없는 무자비한 저녁 이
리와 같다, 선지자들은 경솔하고 간사한 사람들이었다 하였습니다.
경솔하다는 말은 헛된 말을 하였다는 것이고, 간사하다는 것은 속이
고 신실하지 못한 자들이었다는 것입니다. 그리고 제사장들은 성소를
더럽히고 율법을 범한 자들이었다고 하였습니다.

이러한 모습은 겉으로 드러나는 현상이었고 영적으로 이들은 여
호와의 명령을 듣지 아니하며 교훈도 받지 아니하고 여호와를 의뢰하

지도 아니하고 자기 하나님에게 가까이 나아가지 아니하였다고 하였습니다. 그래서 하나님은 심판을 선언합니다. 이방 나라들을 들어서 소멸시킬 것이다 하셨습니다.

"나 여호와가 말하노라 그러므로 내가 일어나 벌할 날까지 너희는 나를 기다리라 내가 뜻을 정하고 나의 분노와 모든 진노를 쏟으려고 여러 나라를 소집하며 왕국들을 모으리라 온 땅이 나의 질투의 불에 소멸되리라"(습 3:8)

그러나, 스바냐는 반전의 메시지를 전합니다. 스바냐 3장9절은 '진노와, 구원'의 분기점(分岐點)이 되는 지점입니다. 한글 성경에는 번역이 되고 있지 않으나 '그러나'(키)하고 시작이 됩니다. 스바냐의 앞선 다른 부분과 매우 다릅니다. 앞선 부분에서 예루살렘을 보면서 매우 비관적이었습니다. 그런데 매우 긍정적입니다.

"그 때에 내가 여러 백성의 입술을 깨끗하게 하여 그들이 다 여호와의 이름을 부르며 한 가지로 나를 섬기게 하리니"(습 3:9)

스바냐가 백성들을 향하여 위로와 회복, 소망의 메시지를 전하고 있습니다. 스바냐는 암담한 현실 앞에서 하나님의 심판만 말하지 않았습니다. 스바냐는 자기 백성 가운데 하나님이 남겨 두실 사람들이 있다고 말씀했습니다. 그들은 하나님을 신뢰하고 하나님의 보호를 받을 겁니다.

"내가 곤고하고 가난한 백성을 네 가운데에 남겨 두리니 그들이 여호와의 이름을 의탁하여 보호를 받을지라"(습 3:12)

스바냐가 전하고자 했던 메시지는 백성 가운데 남겨 두실 사람은 어떤 사람인가? 그들은 13절에서 말씀하십니다.

"이스라엘의 남은 자는 악을 행하지 아니하며 거짓을 말하지 아니하며 입에 거짓된 혀가 없으며 먹고 누울지라도 그들을 두렵게 할 자가 없으리라"(습 3:13)

그 남은 자는 그 혼돈의 시대에 하나님의 뜻을 헤아리고 순종하면서 세상의 요구에 길들여지지 않은 사람들을 가리킵니다. 하나님은 이들을 바라보시고 "너희는 나의 기쁨이라" 말씀하신 것입니다. 부모가 자녀들의 잘못을 보고 심하게 꾸짖을 때가 있습니다. 마음이 불편해집니다. 누구의 마음이 더 불편할까요? 호되게 혼나고 잠들어 있는 자녀들을 보면 사랑스럽잖아요. 몰래 쓰다듬고 오잖아요. 그럼에도 하나님은 자기 백성을 딸이라 부르고 있습니다. 그리고 그 여호와의 날은 자녀들에게는 구원의 날, 기쁘고 즐거워해야 할 날이라 하였습니다.

"시온의 딸아 노래할지어다 이스라엘아 기쁘게 부를지어다 예루살렘 딸아 전심으로 기뻐하며 즐거워할지어다"(습 3:14)

그리고 스바냐는 노래하고 기뻐해야 할 이유를 15절 이하에서 설명합니다.

"여호와가 네 형벌을 제거하였고 네 원수를 쫓아냈으며 이스라엘 왕 여호와가 네 가운데 계시니 네가 다시는 화를 당할까 두려워하지 아니할 것이라"(습 3:15)

여호와 하나님께서 자기 백성을 위해 친히 하신 일, 여호와가 유다의 형벌을 제거했습니다, "네 원수를 쫓아냈다", "이스라엘의 왕 여호와가 네 가운데 계신다" 하셨습니다. 이 말씀 속에 우리는 복음의 빛을 멀리서 볼 수가 있습니다. 예수 그리스도의 십자가 사건이 어느덧 마음에 자리 잡히게 됩니다. 십자가에서 죄로 인하여 죽어야만 하는 인간의 모든 저주를 짊어지심으로 형벌을 제거해주신 예수 그리스도, 죄와 사망과 어둠의 권세를 사로잡은 사탄을 쫓아내시고, 우리 인생 가운데 성령으로 동행해주시는 임마누엘 하나님을 만나게 됩니다.

그리고 스바냐는 자신의 메시지 끝자락에 19절에 '그 때'에 일어날 일을 묘사합니다. 그 때는 온전한 회복과 구원의 날이라 할 수 있습니다. 그 때에 괴롭힘을 당하던 사람들, 다리를 저는 자들, 쫓겨난 자들, 세상에서 수욕 받는 자들이 구원받는 모습을 묘사하고 있습니다. 세상으로부터 버림받은 이들입니다. 이 말씀도 때가 되었을 때 여자에게서 아들을 보내사 질병과 가난과 저주와 수치와 버림받은 인생들을 예수 그리스도께서 행하신 구원의 사역 가운데 이 모든 일들이 이루어졌음을 알 수가 있습니다. 그리고 20절에서 하나님께서 마침내 이루실 완전한 구원의 역사가 이루어질 것임을 말씀해주시고 있습니다.

"내가 그 때에 너희를 이끌고 그 때에 너희를 모을지라 내가 너희 목전에서 너희의 사로잡힘을 돌이킬 때에 너희에게 천하 만민 가운데서 명성과 칭찬을 얻게 하리라 여호와의 말이니라"(습 3:20)

마지막 절에서 증거한 그 때, 자기 백성을 이끌고 모으시고 사로잡힘을 돌이킬 때, 천하 만민 중에 명성과 칭찬을 얻게 될 백성은 요한계시록이 증거하는 어린 양 되신 예수 그리스도의 피로 구속함을 입은 하나님의 자녀들, 요한이 144000명이라 말하는 믿음으로 구원받은 모든 하나님의 백성들을 의미하는 말씀이라 할 수 있습니다. 그들이 하늘 백성이 되어 흰옷을 입고 손에 종려나무를 들고 영원한 구원의 노래를 부르게 하늘 광경을 미리 보여주신 것입니다. 17절 말씀을 보십시오. 하나님이 어떤 분인지를 실감나게 설명합니다.

"너의 하나님 여호와가 너의 가운데에 계시니 그는 구원을 베푸실 전능자이시라 그가 너로 말미암아 기쁨을 이기지 못하시며 너를 잠잠히 사랑하시며 너로 말미암아 즐거이 부르며 기뻐하시리라 하리라"(습 3:17)

하나님은 "너로 말미암아 기쁨을 이기지 못하고, 너를 잠잠히 사랑하며, 너로 말미암아 즐거이 부르며 기뻐하신다"고 했습니다. 하나님이 '나로 말미암아' 기뻐하신다니, 참으로 놀라운 표현입니다. 하나님이 우리로 말미암아 기쁨을 이기지 못한다는 표현이 인상적입니다. 혹자는 17절 말씀을 구약의 요한복음 3장16절이라고 말합니다.

사랑하는 여러분, 다시 스바냐서를 펼치시기를 바랍니다. 심판의 메시지 가운데에서도 자기 백성을 숨겨주시는 바로 그 하나님, 스바냐서에서 보여주신 하나님의 본심을 느껴보시는 은혜의 한 주간이 되시기를 바랍니다.

성전의 나중 영광이
이전 영광보다 크리라

1 일곱째 달 곧 그 달 이십일일에 여호와의 말씀이 선지자 학개에게 임하니라 이르시되 2 너는 스알디엘의 아들 유다 총독 스룹바벨과 여호사닥의 아들 대제사장 여호수아와 남은 백성에게 말하여 이르라 3 너희 가운데에 남아 있는 자 중에서 이 성전의 이전 영광을 본 자가 누구냐 이제 이것이 너희에게 어떻게 보이느냐 이것이 너희 눈에 보잘것없지 아니하냐 4 그러나 여호와가 이르노라 스룹바벨아 스스로 굳세게 할지어다 여호사닥의 아들 대제사장 여호수아야 스스로 굳세게 할지어다 여호와의 말이니라 이 땅 모든 백성아 스스로 굳세게 하여 일할지어다 내가 너희와 함께 하노라 만군의 여호와의 말이니 5 너희가 애굽에서 나올 때에 내가 너희와 언약한 말과 나의 영이 계속하여 너희 가운데에 머물러 있나니 너희는 두려워하지 말지어다 6 만군의 여호와가 이같이 말하노라 조금 있으면 내가 하늘과 땅과 바다와 육지를 진동시킬 것이요 7 또한 모든 나라를 진동시킬 것이며 모든 나라의 보배가 이르리니 내가 이 성전에 영광이 충만하게 하리라 만군의 여호와의 말이니라 사모하는 것이 8 은도 내 것이요 금도 내 것이니라 만군의 여호와의 말이니라 9 이 성전의 나중 영광이 이전 영광보다 크리라 만군의 여호와의 말이니라 내가 이 곳에 평강을 주리라 만군의 여호와의 말이니라

숲으로 전하는 학개

본문 : 학 2장1-9절

'학개'는 소선지서 10번째 성경입니다. 바벨론 포로에서 귀환한 공동체에 선지자 학개를 보내셔서 주신 말씀입니다. 학개, 스가랴, 말라기 세 권은 포로기 이후의 배경 속에 나온 말씀입니다. 학개서는 하나님의 말씀이 임한 날짜까지 기록되어 있습니다. 여호와의 말씀이 학개에게 임하였다는 형식이 네 번 나타나고 있습니다. 학개서는 다리오 왕 제이 년 여섯째 달 곧 그달 초하루, 주전 520년 8월29일에서 12월18일 약 4개월 동안 주어진 4편의 설교라 할 수 있습니다. 다른 예언서와는 분위기가 다른 단도직입적인 권면과 교훈, 격려로 되어 있고, 미래의 소망에 대한 말씀들과 약속들이 깃들어 있습니다.

저는 학개가 전한 4편의 설교를 살피면서 '오늘 우리 시대의 성전 건축의 의미가 무엇일까?' '학개서가 말하는 세워질 성전 가운데 임하게 될 나중 영광이 무엇일까?'에 대하여 함께 묵상하고 받은 은혜의 말씀을 나누고자 합니다.

첫 번째 설교는 성전 재건을 변명하며 미루고 있는 공동체를 향해서 성전을 건축하라는 메시지였습니다(학 1:1-15).

1장8절에는 "산에 올라가 나무를 가져다가 전을 건축하라"고 하셨습니다. 그리고 놀라운 약속의 말씀을 덧붙여 하십니다. "그리하면 내가 그것으로 말미암아 기뻐하고 또 영광을 얻으리라 여호와가 말하였느니라" 하였습니다.

학개서에서 말하는 성전은 건물로서의 성전이었습니다. 대부분의 예언서의 말씀이 회개와 구원에 대한 영적인 메시지였다면, 학개는 보이는 건물로서의 성전을 지으라는 메시지라는 것입니다. 이스라엘 백성의 삶의 중심에는 성전이 있습니다. 성전건축은 예루살렘에 와서 해야 할 제일 중요한 사명이었습니다. 이러한 메시지의 선명성 때문에 예배당을 건축하고자 하는 교회에서 가장 우선적으로 찾게 되는 말씀인 것 같습니다. 그러나 학개서는 이 한 가지 선명한 주제만을 말씀하시는 성경이 아닙니다. 예배당 건축을 위해 인용되는 말씀만이 아니지 않습니까?

그렇다면, 질문을 하게 됩니다. 학개서 안에서 참 성전으로 오신 메시야, 그리스도에 대한 복음이 나타날까? 예수 그리스도를 믿음으로 말미암아 성령의 전이 된 그리스도인들에게 학개서는 어떻게 읽어야 하고 어떻게 선포되어야 할까요? 먼저, 성전이라는 개념이 어떻게 변하게 되었는지를 알아야겠지요. 신약성경이 말하는 성전은 건물로서의 성전이 아니라, 몸적 존재인 인간에게 붙여지는 성경적, 신학적 인격화시킨 말씀입니다.

"너희는 너희가 하나님의 성전인 것과 하나님의 성령이 너희 안에 계시는 것을 알지 못하느냐"(고전 3:16)

하나님을 믿는 사람들이 '성전'이라 하였습니다. 건물로서의 성전은 유대교의 의식을 행하는 장소 'temple'에 불과하였습니다. 중세에는 성당이라 하였습니다. 개신교에서는 '교회'라 하였고, 예배드리는 장소를 'chapel'이라 하는 것입니다. 예배당은 성전 된 우리가 모여 예배하는 곳이기 때문에 귀한 곳입니다. "성전을 건축하라"는 말씀은 하나님께서 거하시는 진정한 성전인 하나님을 믿는 사람들 곧 교회를 이루어 가는 것을 말합니다. 이것을 개인에게 적용한다면 자신의 신앙을 건축하는 것이라 말할 수 있을 것입니다. 이러한 성경의 숲이 보여주고 있는 관점을 갖고 학개서의 내용을 살피면 오늘 우리에게 주시는 말씀이 선명하게 들리게 될 것입니다.

학개서 내용을 살펴보도록 합시다. 원수의 방해와 내적인 성전 재건에 대한 열망이 사라진 백성들, 성전건축을 16년이나 중단한 이스라엘 백성을 두고 하나님은 학개를 통해서 무엇이라고 말씀하셨을까요? 백성들 중에 "이 백성이 말하기를 여호와의 전을 건축할 시기가 이르지 아니 하였다 하느니라"고 말한 사람들이 생겼다고 하였습니다. 이 말은 자신들의 생활이 안정되지 않았고 외부의 반대에 싸우면서 성전을 건축해야 하느냐? 하는 생각을 했던 것 같습니다. 그때 1장4절에 보면 "이 전이 황폐하였거늘 너희가 이때에 판벽한 집에 거하는 것이 옳으냐"라고 하나님께서 매우 격분한 어조로 말씀하셨습니다. 여기에서 '판벽한 집'이라는 것은 '지붕을 얹은 집' 또는 '벽면을 치장한 집'의 의미를 갖습니다. 지금 성전은 짓다 말아서 지붕도 없고 황폐되어 있는데 너희 집이 완성되고 그렇게 멋을 부리는 것이 하나님의 백성으로서 옳은 삶이냐고 묻고 있는 것입니다.

이어서 학개는 "네 행위를 살펴보라" 권면합니다. 2장으로 기록된 짧은 학개서에 4번이나 반복하여 말씀하고 있습니다 (1:5;7;2:15;2:18). 반복은 강조를 뜻합니다. 중요한 의미를 부여하는 것입니다. 백성들에게는 나름대로 성전건축을 하지 못한다는 이유가 있었습니다. "사마리아 사람의 반대도 있었고, 인부로 투입될 사람의 숫자도 부족했고, 재료와 경제력도 부족했고, 아닥사스다 왕의 조서도 있었다" 등의 핑계가 있었을 것입니다. 그러나 중심을 보시는 하나님께서는 정말 네 마음의 동기와 뜻이 무엇인지를 생각해 보라고 말씀하시는 것입니다.

학개는 하나님이 원하시는 우선순위의 삶을 살지 않는 백성들의 운명에 대해서 경고의 말씀으로 1장6절부터 11절까지 선포하십니다.

"너희가 많이 뿌릴지라도 수확이 적으며 먹을지라도 배부르지 못하며 마실지라도 흡족하지 못하며 입어도 따뜻하지 못하며 일꾼이 삯을 받아도 그것을 구멍 뚫어진 전대에 넣음이 되느니라"(학 1:6)

이러한 상태가 되는 이유를 하나님이 흩어버리시고 불어 버리시고 수고하는 모든 일에 한재를 들게 하시면 너의 집과 네가 모은 모든 것이 황폐하게 될 것이라는 9절에서 말씀해주고 있습니다. 그러면 당시 성전 재건이 왜 그토록 중요했고 오늘날도 성전 재건 곧, 하나님 나라의 일을 먼저 해야 하는 것이 왜 그처럼 중한 위치를 점하고 있는 것일까요? 왜냐하면 성전은 이스라엘 백성들에게 있어서 하나님이 선택하신 자기 백성과 특별한 언약을 맺으시고 자기 백성을 사랑하고 지키시고 돌보시고 함께 있겠다고 하는 가시화된 상징으로서의 건물이기 때문입니다. 이스라엘 백성들에게 있어서 성전은 하나님과의 만남이 있는 곳입니다. 거기에 죄 사함의 은혜가 있고, 하나님의 언약의 말씀이 있는 곳이었습니다. 하나님 백성의 삶의 중심입니다.

하나님께서 학개를 통하여 짓다 만 성전을 놔두고 자신들의 집을 짓고 자신들의 삶에 바쁘던 이스라엘 백성들에게 성전건축을 하라고 말씀하셨던 하나님께서 오늘 코로나 시대를 지나고 있는 우리들에게도 말씀하십니다. 신앙이 과거의 일이 되었거나, 이제 신앙이 삶에서 중요한 위치를 차지하지 않은 채 세상일에 바쁜 사람들에게 하나님께서 말씀하십니다.

"너희는 산에 올라가서 나무를 가져다가 성전을 건축하라 그리하면 내가 그것으로 말미암아 기뻐하고 또 영광을 얻으리라 여호와가 말하였느니라"(학 1:8)

스룹바벨과 여호수아와 남은 모든 백성이 그들의 하나님의 목소리와 선지자 학개의 말을 듣고 용기를 내어 성전 재건을 시작하였습니다. 학개가 처음 메시지를 받아 전한 다음 23일이 지났다고 기록하고 있습니다.

두 번째 메시지는 성전 재건 공사가 다시 시작된 지 한 달이 지난 후에 지어지고 있는 성전이 옛 솔로몬의 성전보다 보잘것없다고 생각하고 있는 공동체를 향하여 "스스로 굳세게 할지어다"세 번이나 말씀하시고 있습니다.

2장1절에 일곱째 달 곧 그 달 이십일일에 여호와의 말씀이 선지자 학개에게 임하였다고 하였습니다.

"그러나 여호와가 이르노라 스룹바벨아 스스로 굳세게 할지어다 여호사닥의 아들 대제사장 여호수아야 스스로 굳세게 할지어다 여호와의 말이니라 이 땅 모든 백성아 스스로 굳세게 하여 일할지어다 내가 너희와 함께 하노라 만군의 여호와의 말이니라"(학 2:4)

이는 그 옛날 가나안을 향해 진군하던 여호수아에게 허락하셨던 말씀으로 지금도 그 말씀과 동일하신 격려의 말씀을 세 번이나 반복하심으로 내가 너희와 함께하니 염려하지 말고 계속하라는 말씀이었습니다. 더 나아가 5절에는 지금도 모든 백성들이 기억하고 있는 출애굽을 상기시키시며 그 때 내가 너희와 언약한 말과 나의 영이 계속하여 너희 가운데에 머물러 있기 때문에 "너희는 두려워하지 말라" 말씀하셨습니다.

이 말씀과 함께 학개는 새롭게 새워질 성전의 영광에 대해서 아주 풍성하고 심오하게 말씀하십니다. 2장6절 이하에는 과거에 화려했던 솔로몬 성전의 영광을 보았던 자들이 지금의 열악한 환경에서 지어져 갈 새 성전이 인간적 시각으로 볼 때 모양이 없고 다소 초라하고 규모도 작았지만 눈물을 흘리며 탄식하는 것을 들으시고 새로이 지어지는 이 성전을 통해 하나님이 "하늘과 땅과 바다와 육지를 진동시키며 또한 모든 나라를 진동시킬 것이며 모든 나라의 보배가 이르리니 내가 이 성전에 영광이 충만하게 하리라" 하셨습니다. 모든 나라의 보배를 두 가지로 해석할 수 있습니다. 하나는 만국이 가져오는 재물로 지은 하나님의 성전의 영광이 이전의 솔로몬이 지었던 성전보다 훨씬 더 영광스러울 것임을 시사해주는 말씀입니다. 또 하나는 보배를 온 세계에 흩어져 있는 예수 그리스도의 피로 구속함을 입은 성도들 즉 교회를 의미합니다. 이어서 학개서의 아주 핵심적인 말씀을 하십니다. "나중 영광이 이전 영광 보다 크리라"는 말씀으로 백성들에게 희망과 소망의 말씀을 주시고 있습니다.

"이 성전의 나중 영광이 이전 영광보다 크리라 만군의 여호와의 말이니라 내가 이 곳에 평강을 주리라 만군의 여호와의 말이니라"(학 2:9)

학개는 그 결정적 이유를 그 성전에서 평강을 주실 것을 말씀한 것입니다. 내가 이곳에 평강을 주리라 – '이곳은' 성전을 의미합니다. 성전에 임할 '평강'은 평강의 왕으로 오셔서 장차 메시야의 시대, 메시야의 왕국에서 이루어지게 될 것이기 때문입니다. 학개는 이 성전의 영광이 이전 영광보다 크리라 예언한 것입니다. 요한은 그 영광을 예수 그리스도에게서 보았다고 증언합니다.

"말씀이 육신이 되어 우리 가운데 거하시매 우리가 그의 영광을 보니 아버지의 독생자의 영광이요 은혜와 진리가 충만하더라"(요 1:14)

그리고 요한은 예수 그리스도의 다시 오심으로 이루어질 하나님 나라의 영광을 요한계시록에서 미리 보여주셨습니다.

"그 성은 해나 달의 비침이 쓸 데 없으니 이는 하나님의 영광이 비치고 어린양이 그 등불이 되심이라 만국이 그 빛 가운데로 다니고 땅의 왕들이 자기 영광을 가지고 그리고 들어가리라 낮에 성문들을 도무지 닫지 아니하리니 거기에는 밤이 없으리라 사람들이 만국의 영광과 존귀를 가지고 그리고 들어가겠고 무엇이든지 속된 것이나 가증한 일 또는 거짓말하는 자는 결코 그리로 들어가지 못하되 오직 어린양의 생명책에 기록된 자들만 들어가리라"(계 21:23-27)

이 말씀은 십자가에서 구속의 사역을 이루시고 그의 피로 구속함을 얻은 하나님의 성전인 택하신 백성, 교회의 영광을 의미하는 것입니다.

세 번째 메시지는 두 번째 메시지를 주신 후 두 달 후에 주신 말씀인데 과거를 돌아보며 정결하게 하고 하나님의 말씀에 순종하라는 말씀이었습니다. 그리하면 하나님께서 복을 주실 것이라는 약속이었습니다(2:10-19).

학개는 대제사장들과 의식적인 대화를 나눕니다. 만일 시체를 만져서 부정해지거나 주검으로 인해 더럽혀진 어떤 사람이 가서 음식을 만지면 그 음식이 부정해지는 것이냐 묻습니다. 레위기 율법을 잘 알고 있는 제사장들이 '그렇다'고 대답하자 만일 지금의 세대가 스스로 겸손하여 불의와 무관심에서 돌이키지 않는다면 새 성전을 포함해 그들이 짓는 모든 것이 부정하게 될 것이라 경고한 것입니다. 학개는 지난 날 성전건축을 시작하기 전 변명하며 하나님의 말씀에 순종하지 아니하여 소득이 없었던 때를 기억해 보아라. 그러나 너희들이 이 일을 선택한 오늘부터 너희에게 복이 임할 것이다 선포하고 있습니다. 2장19절에서 그로 인하여 지어진 성전으로 말미암아 찾아오는 축복을 노래하고 있습니다.

"곡식 종자가 오히려 창고에 있느냐 포도나무, 무화과나무, 석류

나무, 감람나무에 열매가 맺지 못하였었느니라 그러나 오늘부터는 내가 너희에게 복을 주리라"(학 2:19)

네 번째 메시지는 세 번째 메시지를 주신 바로 그 날, 메시야의 심판과 통치에 대한 구원의 약속의 말씀입니다(학 2:20-23).

"너는 유다 총독 스룹바벨에게 말하여 이르라 내가 하늘과 땅을 진동시킬 것이요 여러 왕국들의 보좌를 엎을 것이요 여러 나라의 세력을 멸할 것이요 그 병거들과 그 탄 자를 엎드러뜨리리니 말과 그 탄 자가 각각 그의 동료의 칼에 엎드러지리라 만군의 여호와가 말하노라 스알디엘의 아들 내 종 스룹바벨아 여호와가 말하노라 그 날에 내가 너를 세우고 너를 인장으로 삼으리니 이는 내가 너를 택하였음이니라 만군의 여호와의 말이니라 하시니라"(학 2:21-23)

이 마지막 말씀은 스룹바벨을 향한 메시지이지만 스룹바벨을 내 종이라 부르셨습니다. '내 종'은 다윗을 지칭할 때 많이 사용되었으며[3] 특별히 다윗의 자손인 메시야를 지칭할 때 즐겨 사용되었던 호칭이었습니다.[4] 이러한 측면에서 이해할 때 스룹바벨은 단순히 당시의 유다

---

3) 왕상 11:13,32; 시 78:70; 렘33:21-26
4) 사 41:8; 42:1; 49:5,6; 50:10; 52:13; 53:11; 겔 34:23,24; 37:24,25

총독인 스룹바벨을 가리키는 것만이 아니라 미래에 다윗 왕조를 이어갈 메시야를 예표한다고 볼 수 있습니다. 그리고 "그날에 내가 너를 취하고 너로 인장으로 삼으리니"는 스룹바벨로 예표된 메시야를 통해서 다윗 왕권, 곧 하나님의 나라가 굳건하게 세워질 것을 뜻하는 말씀입니다.

다른 예언서처럼 학개서에서도 다윗 왕조 회복에 대한 예언의 메시지가 나타난다는 것입니다. 메시야를 통해서 새롭게 지어질 우주적인 성전의 영광을 미리 보여주시고 있다는 것입니다. 학개는 보이는 성전 넘어 보이지 않는 하나님이 임재하시고 다스리시는 하나님의 영광으로 충만한 성전을 미리 보여주시며 자기 백성들을 권면하고 위로하고 소망의 메시지를 전한 선지자였습니다.

우리는 성전보다 더 크시고 완전한 성전 되신 예수 그리스도를 믿고 하나님의 자녀가 되었기에 학개가 전했던 이전보다 큰 영광을 본 사람들입니다. 뿐만 아니라, 우리를 성전 삼으사 거룩한 하나님의 백성 되게 하셨습니다. 더 나아가 하나님께서 마침내 이루시고 세우실 그 영광스러운 거룩한 성, 새 예루살렘에 세워질 그 영광의 성전을 바라보며 살아가고 있습니다. 학개서를 묵상하는 동안 참 성전의 의미를 깨닫고 소망 가운데 살아가며 승리하는 주의 백성 되시기를 바랍니다.

스가랴가 보이면 성경이 열립니다

9 여호와의 말씀이 내게 임하여 이르시되 10 사로잡힌 자 가운데 바벨론에서부터 돌아온 헬대와 도비야와 여다야가 스바냐의 아들 요시아의 집에 들어갔나니 너는 이 날에 그 집에 들어가서 그들에게서 받되 11 은과 금을 받아 면류관을 만들어 여호사닥의 아들 대제사장 여호수아의 머리에 씌우고 12 말하여 이르기를 만군의 여호와께서 이같이 말씀하시되 보라 싹이라 이름하는 사람이 자기 곳에서 돋아나서 여호와의 전을 건축하리라 13 그가 여호와의 전을 건축하고 영광도 얻고 그 자리에 앉아서 다스릴 것이요 또 제사장이 자기 자리에 있으리니 이 둘 사이에 평화의 의논이 있으리라 하셨다 하고 14 그 면류관은 헬렘과 도비야와 여다야와 스바냐의 아들 헨을 기념하기 위하여 여호와의 전 안에 두라 하시니라 15 먼 데 사람들이 와서 여호와의 전을 건축하리니 만군의 여호와께서 나를 너희에게 보내신 줄을 너희가 알리라 너희가 만일 너희의 하나님 여호와의 말씀을 들을진대 이같이 되리라

숲으로 전하는 스가랴

본문 : 슥 6장9-15절

스가랴서는 신약성경에서 이사야 다음으로 가장 많이 인용된 선지서입니다. 70회 정도 인용되었다고 합니다. 이 의미는 복음을 예표한 말씀들이 많다는 말이라 할 수 있습니다. 구약의 복음서와 같다고 말하기도 합니다. 스가랴는 포로 이후 학개와 동시대에 사역하면서 유다 백성들이 파괴된 성전을 재건하도록 깨우치고 격려했던 일을 맡았던 선지자입니다. 학개는 보이는 성전건축을 중심으로 메시지를 전하였다면 스가랴는 성전건축의 의미, 중요성에 대한 영적인 메시지를 전한 선지자라 할 수 있습니다. 그런데, 스가랴서는 12소선지서 중에서 가장 길고, 가장 난해한 책이라 말할 수 있습니다. 왜냐하면 전반부에 나오는 스가랴가 꿈에서 본 환상에 대한 설명이 필요하고, 후반부에 나오는 스가랴가 듣고 전하였던 예언의 메시지가 성경 66권을 전체 숲에서 보고 해석해야 알 수 있는 말씀들이 많기 때문입니다.

스가랴는 하나님께서 보여주신 8개의 환상을 통해서 하나님의 뜻을 깨닫습니다.

스가랴가 보았던 첫 번째 환상은 붉은 말을 타고 낮은 골짜기에서 자라나는 향기가 있는 상록수라 불리는 화석류 나무 사이에 서 있는 사람이 있고, 그 뒤에는 붉은 말, 자줏빛 말, 백마가 보입니다. 이 사람들은 하나님께서 세상에 두루다니라고 보내신 자들입니다. 하나님과 천사들 사이에 대화의 내용이 전개되는데, 그 대화의 내용 중에 하나님께서 천사에게 하신 말씀을 전해주고 있습니다. 1장16,17절의 말씀입니다. 예루살렘이 멸망한 지 70년이 지난 후 성읍이 황폐화되고 성전이 파괴되었지만 "예루살렘 위에 먹줄을 칠 것이다. 나의 성읍들이 다시 넘쳐나고 풍부할 것이고 다시 시온을 위로할 것이다" 한마디로 하나님께서 예루살렘에 성전을 건축할 것이다 하는 위로와 소망의 메시지를 전해 준 것입니다.

두 번째 환상은 네 뿔을 보았고 네 명의 대장장이를 보았습니다. 네 뿔은 이스라엘을 괴롭힌 강대국들을 말하고, 대장장이는 네 뿔을 깨뜨리고 흩어버리는 하나님의 사자들을 의미합니다. 이스라엘을 괴롭히는 원수, 세상 권력을 심판하고 멸망시키겠다는 것입니다. 대적을 심판하는 것은 자기 백성에게는 위로와 소망의 메시지입니다.

세 번째 환상은 어떤 한 사람이 측량줄을 손에 잡고 예루살렘을 측량하고 있는 장면이었습니다. 하나님께서 불로 성곽을 둘러싸고 있고 그 성곽 안에 사람과 가축이 많은 성읍이 될 것이라는 말씀을 하신 것입니다. 이것은 황폐화된 예루살렘을 다시 풍요롭고 안정된 성읍이 되게 하여 영화롭게 하겠다는 것이었습니다.

네 번째 환상은 대제사장 여호수아가 사탄에게 고소당하는 모습이 나타납니다. 대제사장 여호수아가 더러운 옷을 입고 있었고, 예루살렘은 '불에 그슬린 나무'라 하였습니다. 그런데 하나님은 그 더러운 옷을 벗기시고 아름다운 옷을 입히시고 죄를 사하시는 복권의 의미로 여호수아에게 정결한 관을 씌워주고 있는 천사의 모습을 본 것입니다.

　이 환상 후에 하나님의 천사가 여호수아에게 말씀하시고 있습니다. 하나는 내가 내 종 싹을 나게 할 것이고, 또 하나는 일곱 눈이 있는 돌 위에 하루 만에 죄악을 제거하시겠다는 말씀을 하셨습니다. 하나님만이 구원과 의로움을 주실 수 있는 분이심을 증거해주고 있습니다.

　다섯 번째 환상은 잠자고 있는 스가랴를 깨워서 스가랴에게 무엇이 보이느냐를 묻습니다. 이 때 스가랴는 순금 등잔대를 보았는데 그 등잔대 위에 기름 그릇이 있고 그 위에 일곱 관이 있고 그 등잔대 옆에 두 감람나무가 있는 것을 보았습니다.

　스가랴는 천사에게 이것이 무엇이냐를 묻습니다. 그런데 갑자기 천사는 스룹바벨을 언급합니다. 스룹바벨은 당시 유다의 지도자였습니다. 스룹바벨은 총독이었고 성전건축의 책임자였습니다. 그리고 스가랴에게 스룹바벨에게 전하라 말씀합니다. 지도자였던 스룹바벨이 예루살렘으로 돌아와 성전을 건축하고자 했을 때 백성들이 힘을 합하면 곧 끝낼 수 있을 것이라 생각했던 것 같습니다. 성전건축에 대한 조감도도 이미 갖고 있었습니다. 그러나 생각대로 된 것이 아니었습니다. 사마리아 사람들의 방해도 있었고, 백성들은 자기 집을 짓느라 정신없이 살다 보니 어느덧 16년의 시간이 흐른 것입니다. 이 상황에서 스룹바벨에게 하신 말씀은 성전 건축은 "힘으로 되는 것이 아니다 능력으로 되는 것이 아니다 오직 나의 영으로 되는 것이라" 는 말씀입니다.

7절에서 소망의 말씀을 주십니다. "큰 산아 무엇이냐 네가 스룹바벨 앞에서 평지가 되리라", "그가 머릿돌을 내놓을 때에 무리가 외치기를 은총, 은총이 그에게 있을지어다 하리라" 하셨습니다. 스룹바벨 앞에 큰 산이 놓여 있었습니다. 사람들이 대제사장 여호수아를 신뢰하지 못했던 것 같습니다. 사람들의 마음에 성전건축에 대한 열망이 식어져 있었습니다. 그리고 외부의 끊임없는 방해 공작이 있었습니다. 그러나 스룹바벨을 통하여 이 일을 이루게 할 것입니다. 9절에 보면 스룹바벨의 손이 이 성전의 기초를 놓았은즉 그의 손이 그 일을 마치리라 말씀해 주셨습니다. 이 말씀은 스룹바벨을 통해서 여호와의 성전을 건축하게 될 것이다는 소망과 확신의 말씀을 주신 것입니다.

이어서 스가랴는 다시 묻습니다. "그렇다면 등잔대 옆에 있는 두 감람나무는 무슨 뜻입니까?"를 묻습니다. 이 때 천사가 대답하기를 바로 두 감람나무는 기름부음 받은 자 둘인데 그 두 사람은 온 세상의 주 앞에 서 있는 자라 하였습니다. 누구일까요? 바로 총독 스룹바벨과 대제사장 여호수아를 말하는 것이었습니다. 스룹바벨과 여호수아는 성전 건축을 위하여 하나님께서 기름부어 세운 주의 종들이었던 것입니다. 그래서 포로에서 돌아와 다시 지은 제2의 성전을 스룹바벨 성전이라 부르는 것입니다.

여섯 번째 환상은 스가랴가 날아가는 두루마리를 보았습니다. 그 두루마리 안에 도둑질 하는 자를 향한 저주의 글이 쓰였는데 곧 임하게 될 하나님의 심판을 의미하는 말씀입니다. 심판의 메시지가 하나님 백성에게는 위로의 메시지라는 것입니다.

일곱 번째 환상은 에바 속의 한 여인을 보았습니다. 에바는 곡물을 측정할 수 있는 그릇입니다. 이 에바 그릇 안에 죄악으로 상징하는 여인이 담겨 있는데 날개 달린 두 여인이 이 에바를 바벨탑을 쌓은 도시, 바벨론의 옛 이름인 시날 땅으로 보내신다는 것입니다. 이 땅에 하나님의 나라, 메시야가 다스리는 세상이 되기 위해서는 도를 넘어서는 죄악이 있어서는 안된다는 메시지가 담긴 환상의 내용입니다.

마지막 여덟 번째 환상은 두 산 사이에 네 병거를 보았습니다. 이 네 병거는 하나님의 네 바람이라 하였습니다. 이 병거들이 하나님의 명령에 의해서 온 세상을 향해서 달려 나가고 있습니다. 심판하시는 하나님의 모습입니다. 이 말은 온 세상이 하나님의 통치 안에 있다는 것을 말합니다.

본문은 여덟 개의 환상을 보여주시고 하나님께서 스가랴에게 요약하여 하신 말씀입니다. 스가랴 6장9절 이하에 보면, '백성의 지도자들에게 가서 은과 금을 받아 대제사장 여호수아에게 면류관을 만들어 그 머리에 씌우라'는 말씀을 하셨습니다. 이 말씀은 옷이 더럽혀진 상태에 있었고, 자신의 권위를 놓치고 있었고, 백성들에게도 신임을 잃어버렸던 대제사장 여호수아에게 복권시켜주시는 장면입니다. 그리고 천사가 말합니다. 하나님께서 스가랴에게 싹이라 이름하는 사람이 돋아나서 여호와의 전을 건축하게 된다는 말씀을 하신 것입니다. 그렇다면, 이 싹이 누구일까요? 여호와의 전을 건축하고, 영광도 얻고, 그 자리에 앉아서 다스린다고 하였습니다. 제사장이 자기 자리에 있으리니 이 둘 사이에 평화의 의논이 있을 것이라고 하였습니다. 더 결정적인 힌트는 15절에 먼데 사람들이 와서 여호와의 전을 건축할 것이라 하였습니다.

바로 이 지점이 성경을 성경으로 보아야 하는 곳입니다. 우리는 성경 전체의 숲을 통하여 이 싹이 누구인가에 대해 알 수 있습니다. 이와 같은 메시지를 이사야는 어떻게 예언하였습니까? 이사야는 그는 주 앞에서 자라나기를 연한 순 같고 마른 땅에서 나온 뿌리 같다고 하였습니다. 예레미야는 다윗에게 의로운 가지를 일으킬 것인데 그가 왕이 되어 지혜롭게 다스리고 세상에서 정의와 공의를 행할 것이라 예언하였습니다. 이 예언의 말씀이 어떻게 되었을까요? 바로 메시야 그리스도가 오셔서 완전한 성전을 세우셨다고 하는 것입니다. 요한복음 2장 19절 말씀을 보면 예수님께서 사흘 만에 성전을 세우시겠다 하셨습니다. 신약성경에서 확인할 수 있는 말씀이 있습니다.

"그리스도께서는 장래 좋은 일의 대제사장으로 오사 손으로 짓지 아니한 것 곧 이 창조에 속하지 아니한 더 크고 온전한 장막으로 말미암아 염소와 송아지의 피로 하지 아니하고 오직 자기의 피로 영원한 속죄를 이루사 단번에 성소에 들어가셨느니라"(히 9:11-12)

예수님이 사흘 동안 세우신 성전이 어디에 있습니까? 바로 저와 여러분인 성도, 즉 교회를 세워 주신 것입니다.

그리고 스가랴는 예언서 메시지에서 빼놓을 수 없는 정의와 자비를 실천하는 권면의 메시지를 7장과 8장에서 전하고 있습니다. 특별히 종교적이고 형식적인 금식이 아니라 하나님 말씀에 철저한 순종을 원하신다는 것을 강조하고 있습니다.

"만군의 여호와가 이같이 말하여 이르시기를 너희는 진실한 재판을 행하며 서로 인애와 긍휼을 베풀며 과부와 고아와 나그네와 궁핍한 자를 압제하지 말며 서로 해하려고 마음에 도모하지 말라"(슥 7:9-10)

스가랴서 후반부, 전반부의 환상과 금식에 대한 교훈을 마치고, 메시야적 왕과 그의 통치하심을 약속하는 예언의 말씀들입니다.

말씀의 시제가 현재에서 미래, 더 나아가 세상 마지막 날에 대한 메시지가 나타납니다. 특별히 앞에서 언급된 새 순, 새 싹으로 예표 되고 있는 메시야에 대한 예언의 메시지입니다. 스가랴서의 핵심이자 선지서의 꽃과 같은 말씀이라 할 수 있습니다. 특히 스가랴서는 신약성경의 메시지 메시야이신 그리스도가 오셔서 성취된 말씀을 떠올리게 될 때 가슴 뛰는 말씀의 능력을 경험하게 될 것입니다. 스가랴는 9장에서 한 분의 왕, 장차 오실 메시야를 전해주고 있습니다.

"시온의 딸아 크게 기뻐할지어다 예루살렘의 딸아 즐거이 부를지어다 보라 네 왕이 네게 임하시나니 그는 공의로우시며 구원을 베푸시며 겸손하여서 나귀를 타시나니 나귀의 작은 것 곧 나귀새끼니라"(슥 9:9)

그리고 참 목자 메시야의 오심으로 이방 사람에게 화평을 전할 것이고, 그의 통치는 바다에서 바다까지 이르게 것이라 말씀하셨습니다. 신약성경에서 예수님의 나귀 타고 오신 사건을 '기록된 바' 라는 말씀을 덧붙이고 기록해주고 있습니다.

10장에서는 미래에 메시야가 오셔서 다스리시는 세상에 대해서 묘사하고 있습니다. 먼저 양 떼를 이방에 팔아먹은 거짓 목자를 폐하시겠고, 우상을 제거하고 흩어진 유다인들을 모으시겠고, 대적을 흩으시고 정의와 평화가 흐르는 새 왕국의 모습을 보여주셨습니다. 10장8절과 9절의 말씀으로 확인해보시기 바랍니다. 그런데 11장에서 하나님 백성들에 대한 혹독한 심판을 전하십니다. 거짓 목자에게 유혹되어 바르게 인도함을 받지 않은 이스라엘에게 내리는 심판에 대해서 증거합니다. 스가랴는 악하고 거짓된 목자들의 모습을 보여주면서 하나님의 백성들이 의지해야 할 참된 목자를 바라보게 하셨습니다.

마지막 메세지(12-14장)는 조금 더 먼 미래적인 날을 통시적으로 바라보며 말씀합니다. 마지막 하나님의 날이 이루어지 전 하나님의 백성(예루살렘)을 공격하는 무리가 항상 있을 것입니다. 그러나 12장에서는 마지막 때 하나님이 적대적인 나라들에게 결정적인 승리를 거두시고 그들 가운데 남은 사람들을 구원하신다는 말씀을 하셨습니다.

특별히 12장의 말씀은 세상 마지막에 일어날 전쟁, 아마겟돈 전쟁을 보여주는 말씀으로 해석할 수 있습니다. 왜냐하면 12장3절 말씀, '그 날에는 내가 예루살렘을 모든 민족에게 무거운 돌이 되게 하리니 그것을 드는 모든 자는 크게 상할 것이라 천하 만국이 그것을 치려고 모이리라', 12장11절 말씀, '그 날에 예루살렘에 큰 애통이 있으리니 므깃도 골짜기 하다드림몬에 있던 애통과 같을 것이라'

여기서 므깃도 골짜기는 어디일까요? 므깃도는 이스라엘 역사상 가장 많은 전쟁이 일어났던 곳입니다. 갈멜산이 있는 지역으로 엘리야와 바알과 아세라 선지자들과 영적인 싸움이 일어났던 곳이기도 합니다. 요한계시록에서 더러운 귀신의 영 즉 용과 짐승과 거짓 선지자의 입에서 나오는 말로 미혹된 세상 왕들이 하나님의 거룩한 백성들과 전쟁을 일으키기 위하여 한 곳에 모일 것인데 그 장소를 아마겟돈이라 말한 것입니다. 그래서 인류 마지막 하나님의 백성들과 사탄의 세력과의 싸움이라 하는 것입니다.

그러나 스가랴의 메시지는 하나님은 예루살렘 주변에 일어나는 열국으로 예루살렘에 대하여 그들에게 무거운 돌이 되게 하신다 말씀합니다. 그들이 감당할 수 없는 강한 나라가 되게 하신다는 것입니다. 그래서 사면에서 모든 나라들이 일어나게 되고, 그 나라들이 이스라엘 백성을 괴롭히려 하지만 이방인들이 예루살렘을 공격할 때 하나님의 백성들은 그것을 두려워하거나 피할 필요가 없습니다. 왜냐하면 하나님께서 메시야를 보내서 예루살렘을 구원하실 뿐만 아니라 자기 백성을 보호하시기 때문입니다.

"그 날에 여호와가 예루살렘 주민을 보호하리니 그 중에 약한 자가 그 날에는 다윗 같겠고 다윗의 족속은 하나님 같고 무리 앞에 있는 여호와의 사자 같을 것이라"(슥 12:8)

그런데 그 승리의 가장 중요한 것은 회개입니다. 예루살렘이 멸망하고 성전이 파괴되었던 결정적 이유는 이스라엘 백성들의 죄악 때문이었습니다. 그러나 스가랴는 메시야 바로 그 분은 모든 백성들의 죄의 문제를 해결하시는 분으로 오실 것을 예언한 것입니다.

13장은 메시야가 오셔서 이루실 세상은 성도의 회개와 새로운 행실에 의해서 세워지는 모습을 보여주고 있습니다.

"그 날에 죄와 더러움을 씻는 샘이 다윗의 족속과 예루살렘 주민을 위하여 열리리라"(슥 13:1)

예수 그리스도의 보혈이 샘물이 되어 인류의 모든 죄를 씻기시고 그로 말미암아 구원받은 백성이 바다에서 바다까지 이르게 되는 완전한 구원이 이루어지게 되었다는 것입니다. 이것이 무엇입니까? 바로 복음입니다. 이로 말미암아 우상숭배가 사라지게 될, 죄가 제거된 세상, 하나님의 백성이 완전히 정결케 된 이상적인 나라의 모습을 보여주고 있습니다.

"만군의 여호와가 말하노라 그날에 내가 우상의 이름을 이 땅에서 끊어서 기억도 되지 못하게 할 것이며 거짓 선지자와 더러운 귀신을 이 땅에서 떠나게 할 것이라"(슥 13:2)

마지막 14장은 마치 메시야의 다시 오심으로 이루어질 거룩한 성, 예루살렘의 모습을 보는 것과 같은 요한계시록을 읽는 것과 같은 감동이 있는 장입니다. 죄의 문제가 해결되고 세상 마지막 전쟁에서 승리한 후, 마지막 큰 싸움에서 살아남게 된 자들 즉 거룩한 자들이라 말합니다. 14장5절에서 모든 거룩한 자들이 주와 함께 거하는 하나님의 나라, 메시야가 다스리는 나라의 모습을 보여줍니다. 계속해서 그 날에 이루어질 새 하늘과 새 땅의 모습을 14장6절에서 그 날에는 빛이 없겠고 광명한 것들이 떠날 것이라 말씀하셨고, 9절에서 만왕의 왕 되신 여호와 하나님을 찬양하고 경배하는 말씀입니다. 여호와께서 천하의 왕이 되시리니 그 날에 여호와께서 홀로 한 분이실 것이요 그의 이름이 홀로 하나이실 것이라. 14장8절 에서는 생수가 예루살렘에서 솟아나서 절반은 동해로 절반은 서해로 흐를 것이라 하였는데 이 말씀은 요한계시록에서 22장에서 수정같이 맑은 생명수의 강이 하나님과 어린 양의 보좌로부터 흘러 나오는 장면을 연상하게 합니다. 그리고 그 날은 이방인의 남은 자가 하나님을 예배하러 온다고 하였습니다.

"예루살렘을 치러 왔던 이방 나라들 중에 남은 자가 해마다 올라와서 그 왕 만군의 여호와께 경배하며 초막절을 지킬 것이라"(슥 14:16)

이 말씀대로 먼데 있던 우리들을 그리스도의 피로 하나님께 가까이 나가 하나님을 예배하는 자, 성전 삼아 주신 것입니다. 뿐만 아니라, 하나님의 영광이 충만히 이루어지고 있다는 것을 볼 수 있습니다.

"그 날에는 말 방울에까지 여호와께 성결이라 기록될 것이라 여호와의 전에 있는 모든 솥이 제단 앞 주발과 다름이 없을 것이니라"(슥 14:20)

이전에 전쟁용으로 사용하던 말의 방울에까지 '여호와께 성결'이라는 글귀가 기록될 것이라 말씀합니다. 여호와의 전에서 사용하는 모든 그릇이 피를 담아 정결케 하는 용도로 사용하는 '제단 앞 주발'과 같이 된다고 말씀합니다. 모든 것이 동일하게 거룩하게 된다는 것을 의미합니다. 하나님 나라의 백성들은 하나님 나라의 완전한 회복을 바라보면서 그 날을 기다리면서 그 나라의 일에 동참하는 사람들입니다.

스가랴서는 포로 이후 고향으로 돌아와 성전을 건축하고자 했던 지도자들과 백성들이 부딪힌 현실과 낙담 앞에서 하나님 나라 백성으로 정체성과 사명을 일깨우고 확인해주었듯이 마지막 시대를 살아가는 저와 여러분도 한 주간 스가랴서가 보여준 복음의 말씀들을 묵상하면서 하나님 나라 백성의 정체성을 확인하시고 주신 사명 충성되이 감당하는 신실한 주의 백성 되시기를 간절히 축원합니다.

내가 너희를 사랑하였노라

1 만군의 여호와가 이르노라 보라 내가 내 사자를 보내리니 그가 내 앞에서 길을 준비할 것이요 또 너희가 구하는 바 주가 갑자기 그의 성전에 임하시리니 곧 너희가 사모하는 바 언약의 사자가 임하실 것이라 2 그가 임하시는 날을 누가 능히 당하며 그가 나타나는 때에 누가 능히 서리요 그는 금을 연단하는 자의 불과 표백하는 자의 잿물과 같을 것이라 3 그가 은을 연단하여 깨끗하게 하는 자 같이 앉아서 레위 자손을 깨끗하게 하되 금, 은 같이 그들을 연단하리니 그들이 공의로운 제물을 나 여호와께 바칠 것이라 4 그 때에 유다와 예루살렘의 봉헌물이 옛날과 고대와 같이 나 여호와께 기쁨이 되려니와 5 내가 심판하러 너희에게 임할 것이라 점치는 자에게와 간음하는 자에게와 거짓 맹세하는 자에게와 품꾼의 삯에 대하여 억울하게 하며 과부와 고아를 압제하며 나그네를 억울하게 하며 나를 경외하지 아니하는 자들에게 속히 증언하리라 만군의 여호와가 말하였느니라 6 나 여호와는 변하지 아니하나니 그러므로 야곱의 자손들아 너희가 소멸되지 아니하느니라

숲으로 전하는 말라기

본문 : 말 3장1-6절

말라기는 구약성경의 마지막 책입니다. 구약의 소선지서들은 책을 지은 선지자들의 이름을 따서 제목으로 붙였습니다. 저자의 이름은 '말라기'이며, 그 이름의 뜻은 '나의 사자'입니다. (우리말로 '말'이란 단어가 한자어로 마지막의 의미가 있지만 그 뜻이 아니고, '나의 사자'라는 히브리어 단어를 한글로 표현한 단어입니다) 말라기 3장1절에 "보라 내가 내 사자를 보내리니…"라는 말씀이 말라기서의 핵심 구절이라 할 수 있습니다.

말라기서 읽기의 중요한 포인트는 '나의 사자'가 누구인가? 지금까지의 모든 선지자나 이스라엘 왕과는 완전히 격이 다른 분을 어떻게 묘사했는지? 왜 말라기를 구약을 마감하고 신약을 내다보는 책, 구약의 결론이면서 동시에 신약의 서론이라고 말하는가를 질문하면서 말라기서를 살펴보고자 합니다.

말라기서의 시대적 배경은 정확한 연대기는 기록이 되어 있지 않지만, 내용을 살펴보면 바벨론에서 돌아와 성전을 재건하고 100년이 지난 후의 상황이라 할 수 있습니다. 당시 학개와 스가랴에 의해 성전 재건이 독려가 되고 메시야에 대한 기대와 소망의 메시지가 선포되었던 시기였습니다. 그리고 에스라 느헤미야에 의해 율법이 강조되고 성전 예배가 회복된 경험도 있었습니다. 그러나 성전이 완공되고 시간이 흐른 후에도 그들에게 아무 일도 일어나지 않았습니다.

구체적인 시대적 사회적 배경은 느헤미야 13장에 나타납니다. 느헤미야는 바사 왕 아닥사스다의 배려로 12년 동안 예루살렘에서 사명을 마치고 다시 바사 수산궁으로 돌아갔습니다. 그런데 다시 2년이 지난 후에 예루살렘으로 돌아오게 되었습니다. 고국에 돌아와 보니 성벽 재건에 가장 방해자였던 도비야에게 성전의 가장 큰 방을 내어주었고, 대제사장 엘리아십의 손자 요야다의 아들 하나가 호론 사람 산발랏의 사위가 되어 있었습니다. 제사장이 이 정도였으니 백성들은 안식일을 범하고 있었고, 백성들은 이방인들과 통혼이 보편화되어 있었습니다. 그리고 레위 사람들은 백성들이 십일조를 하지 않아서 농사를 지을 수밖에 없는 상황이었습니다. 경제적인 상황도 피폐한 상황이었습니다. 여전히 세금도 부담되고 실직자들이 많아지고 심지어 자녀들을 노예로 팔기도 했습니다. 남유다는 포로에서 귀환한 지 이제 100년이 지났지만 그들은 여전히 강대국의 속박에서 벗어나지를 못하고 있었습니다. 이러한 상황을 극복하기 위해 제사장들과 지도자들이 신앙적으로 바로 서야 함에도 불구하고, 이들은 신앙과 가정생활에 실패했기 때문에 말라기 시대는 더욱 암흑으로 치닫게 되었습니다. 그래서 많은 백성들이 하나님의 사랑에 대해 도전하고, 하나님의 능력에 대해 회의를 느끼고, 하나님의 공의에 대해 반감을 갖게 되면서 굳이 하나님께 예배드리고 신앙생활을 해야 하는가 문제를 제기했다는 것입니다.

말라기를 숲에서 보면 하나님과 백성 사이의 질문과 대답의 형식으로 구성되어 있는 것이 보입니다.

질문과 대답이 마치 싸우는 것 같습니다. 하나님과 백성의 끝장 토론이라 부르기도 합니다. 말라기는 두 가지의 목적이 있어 보입니다. 하나는 여섯 가지의 질문을 던짐으로 시대의 다양한 문제점을 지적하고 하나님 백성들의 회개를 요청하기 위해서이고, 하나는 신실하게 하나님을 섬기는 백성들에게 합당한 위로와 소망의 메시지를 전해 주기 위함이었습니다.

말라기는 하나님께서 이스라엘 백성에게 "내가 너희를 사랑하였 노라"라고 말씀으로 첫 번째 메시지를 전하셨습니다(1:2-5).

하나님과 이스라엘 백성 사이의 관계의 시작은 조건 없는 하나님의 사랑이었습니다. "내가 너희를 사랑하였노라" 하는 말씀은 모든 성경이 궁극적으로 전하고자 했던 핵심이자 전부라 말할 수 있습니다. 그런데 하나님의 그 황송한 사랑의 말씀에 이스라엘 백성들이 어떻게 대답하였습니까? '주께서 어떻게 우리를 사랑하셨나이까?'라고 대답 하였습니다. 말라기 시대의 백성들은 그 사랑을 증명해 달라고 요구 하였습니다. 그러자 사랑의 하나님은 하나님께서 에돔에게 행하신 일 들을 소환하십니다. 하나님은 사랑의 대상을 한정하고 있습니다. 하나님이 야곱을 사랑하였다 말하고 있습니다.

"여호와께서 가라사대 내가 너희를 사랑하였노라 하나 너희는 이 르기를 주께서 어떻게 우리를 사랑하셨나이까 하는도다 나 여호와가

말하노라 에서는 야곱의 형이 아니냐 그러나 내가 야곱을 사랑하였고"(말 1:2)

여러분, 생각해보세요. 하나님은 에돔의 죄악으로 인해 심판하셨습니다. 예를 들면 바벨론에 의해 남유다와 에돔이 몰락하였지만, 야곱 백성은 품으시고 다시 고향 땅으로 돌아오게 하셨습니다. 야곱이 하나님의 사랑을 받은 이유가 에서에 비해 사랑받을 만한 것이 있었을까요? 그럼에도 불구하고 야곱, 이스라엘을 축복하시고 보호하시고 자기 백성으로 삼으신 것은 하나님의 사랑밖에 설명할 길이 없습니다. 만약 하나님께서 에돔처럼 자기 백성을 대하셨다면 이미 멸망했을 것입니다.

여러분, 다시 생각해보세요. 우리가 교회에 다니지 않는 사람들보다 더 나은 것이 있다고 생각하십니까? 사랑받을 만한 이유가 있을까요? 눈곱만큼도 없습니다. 하나님께서 이스라엘을 선택하신 사랑은 이스라엘이 에서보다 무엇인가 더 나아서가 아니라 오직 하나님의 주권적인 사랑 때문이었습니다.

두 번째 질문과 대답은 하나님의 이름을 멸시한 제사장들을 질책하시는 장면으로 시작합니다(1:6-2:9).

하나님은 아들은 아버지를, 종은 그 주인을 공경하는데 너희들은 공경함도 없고 두려움도 없다고 하였습니다. 이에 대해 백성들은 우리가 어떻게 주의 이름을 멸시하였나이까? 항의합니다. 이 질문에 대하여 하나님은 물러서지 않습니다. 하나님은 구체적으로 그 증거를 말합니다. 7절을 보면 "너희가 더러운 떡을 나의 제단에 드리고", 8절에 "눈이 먼 희생제물, 저는 것, 병든 것을 드리면서도 악하다 하지 않는다 하는구나, 그것을 너희 총독에게 드려 보아라 그가 너를 기뻐하고 받아 주겠느냐?" 물으셨습니다. 이런 것을 드리면서 나에게 은혜를 구하는구나 우리를 불쌍히 여겨달라고 하는구나 그리고 13절에서 제사에 참여하는 것이 번거로운 것이다 귀찮고 짜증스러운 행위로 간주하지 않았느냐 캐묻습니다.

하나님이 어느 정도 역겨워하셨는지 "성전 문을 닫았으면 좋겠다, 너희들이 무엇을 드려도 받지 않을 것이다, 심지어 내가 너희의 자손의 씨를 썩게 만들겠다, 그리고 똥을 너희의 얼굴에 바를 것이다"라는 표현을 쓰면서 하나님이 강렬하게 논쟁에 참여하십니다. 그래서 하나님은 특별히 구별하여 제사장 직분을 맡겨 이 백성을 옳은 길로 인도하여야 함에도 불구하고 너희들로 인하여 많은 사람이 율법에 거스르게 하고 나와의 언약을 깨뜨렸기 때문에 백성들 앞에서 멸시와 천대를 당하게 할 것이다 하였습니다. 여러분, 생각해봅시다. 제사장들이 제사를 드림에 있어서 더럽게 드림으로 세상 사람들로부터 멸시와 천대를 받고 있지는 않은지...

세 번째 질문과 대답은 하나님께서 이방 여인과의 통혼과 이혼 문제에 대하여 말씀하십니다(2:10-16).

유다 백성들 중에 율법에 따라 결혼한 아내를 버리고 이방인 여자를 데리고 살면서 예배를 드리는 장면, 다른 쪽에서는 남편을 빼앗긴 여자들이 울면서 예배를 드리니 하나님이 괴롭다고 말씀하십니다. 2장13절에 버려진 동족의 여인들이 눈물과 울음과 탄식으로 여호와의 제단을 가리게 된다고 하였습니다. 말라기는 이 문제는 개인적인 문제가 아니라 형제에게 거짓 행하는 것이고 조상들의 언약을 욕되게 하는 것, 하나님이 사랑하시는 성결을 욕되게 하는 것이라 하였습니다. 결혼을 하게 되면 이방 문화를 받아들이고 이방 신을 섬기게 될 것이기 때문입니다. 그런데, 백성들은 자신들의 죄를 죄로 알지 못하고 하나님께 어떻게 대답합니까? "어찌됨이니이까?" 하나님은 계속해서 대답합니다. "나는 이혼하는 것과 옷으로 학대를 가리는 자를 미워하느니라 만군의 여호와의 말이니라 그러므로 너희 심령을 삼가 지켜 거짓을 행하지 말라"(말 2:16)

네 번째 질문과 대답은 말라기서의 핵심 메시지라 할 수 있는데 하나님께서 먼저 너희가 말로 나를 괴롭게 했다고 말씀을 하십니다. (2:17-3:5)

이에 대해 백성들은 "우리가 어떻게 여호와를 괴롭혀 드렸나이까?" 하며 하나님께 대듭니다. 마치 하나님을 조롱하는 것처럼 말합니다. 모든 악을 행하는 자는 여호와의 눈에 좋게 보이는 것 아닙니까? 오히려 하나님께 기쁨이 되는 것 아닙니까? 정의의 하나님이 어디 계십니까? 아마도 이 질문은 포로기 이후 예루살렘 성벽과 성전을 재건하는 일에 헌신하였건만 물질적인 풍요 대신 극심한 가난과 압제가 더하게 된 상황에서 하나님 앞에 따지고 대들며 항변한 대답일 수 있습니다. 이 대답의 속뜻은 우리가 하나님을 괴롭힌 것이 아니라 하나님이 우리를 괴롭힌 것 아닙니까? 하는 불평이라 할 수 있습니다. 이 질문에 하나님은 심판주로 메시야가 오실 것을 예언하고 있습니다.

"만군이 여호와가 이르노라 보라 내가 내 사자를 보내리니 그가 내 앞에서 길을 준비할 것이요 또 너희가 구하는 바 주가 갑자기 성전에 임하시리니 곧 너희가 사모하는 바 언약의 사자가 임하실 것이라"(말 3:1)

여러분, 3장1절이 말하는 내 사자 곧 내 앞에서 길을 준비할 사람이 누구일까요? 4장이 증거하고 있는 엘리야의 능력과 심령으로 주의 길을 예비하는 자임을 알 수가 있습니다. 세례요한입니다. 그리고 이어서 "주가 갑자기 그의 성전에 임한다" 하였습니다. 그분은 너희가 사모하는 바 언약의 사자라 하였습니다. 언약의 사자가 누구일까요? 2절을 보면 알 수 있습니다.

"그가 임하시는 날을 누가 능히 당하며 그가 나타나는 때에 누가 능히 서리요 그는 연단하는 자의 불과 표백하는 자의 잿물과 같을 것이라"(말 3:2)

그는 금을 연단하는 자의 불과 같고 표백하는 자의 잿물과 같다 하였습니다. 금을 연단하는 것은 불순물을 제거하는 것이고, 표백하는 잿물은 더러운 것을 씻는 것입니다. 그분이 임하시면 그 날에 한 점 흠도 없는 순수한 금과 은처럼 만들어주실 것입니다. 그래서 하나님의 백성들을 새로운 언약 백성으로 삼아 주실 것입니다. 언약의 사자가 오셔서 이루실 행하실 일을 말씀해주십니다.

"그가 은을 연단하여 깨끗하게 하는 자같이 앉아서 레위 자손을 깨끗하게 하되 금, 은같이 그들을 연단하리니 그들이 공의로운 제물을 나 여호와께 바칠 것이라 그 때에 유다와 예루살렘의 봉헌물이 옛날과 고대와 같이 나 여호와께 기쁨이 되려니와"(말 3:3-4)

이것이 바로 말라기가 강조하는 그 크신 하나님의 사랑이라 말할 수 있을 것입니다. 말라기는 하나님이 어떤 분이신지를 증거하고 변함없는 자기 백성을 향한 사랑을 선포합니다.

"나 여호와는 변하지 아니하나니 그러므로 야곱의 자손들아 너희가 소멸되지 아니하느니라"(말 3:6)

하나님의 변함없는 신실한 성품을 말씀하셨고, 자기 백성들은 소멸되지 않는다는 약속과 소망의 말씀을 주신 것입니다. 논쟁은 여기서 멈추지 않았습니다.

다섯 번째, 말라기는 하나님 앞에서 회개할 줄 모르는 백성들을 향하여 회개하라는 말씀을 전하고 있습니다(3:6-12).

3장7절에서 말씀합니다. "너희 조상들의 날로부터 너희가 나의 규례를 떠나 지키지 아니하였도다 그런즉 내게로 돌아오라 그리하면 나도 너희에게로 돌아가리라" 하셨습니다. 그러나 그들은 수많은 죄를 범하고 있으면서도 이미 습관에 젖어 죄가 죄인 줄 모르고, 하나님 앞에서 당당하게 말합니다. 뭐라고요? 우리가 무엇을 회개하라는 말이지요? 우리가 어떤 잘못을 했습니까? 이에 대해 하나님은 색다른 대답을 하십니다. 하나님의 것을 도둑질하지 말고 십일조와 봉헌물부터 똑바로 바치라는 것입니다. 갑자기 십일조에 대한 언급을 하고 있습니다. 십일조는 말라기의 말씀으로만 이해하는 것이 아니라, 하나님 백성으로서 십일조는 어떤 의미가 있는가를 성경의 숲 안에서 이해해야 합니다.

십일조는 하나님과 자기 백성 사이에 맺었던 언약을 바탕으로 이해할 수 있습니다. 언약의 기본이 무엇입니까? 신명기 14장에 보면 "매년 토지 소산의 십일조를 드릴 것이고 매 삼 년 끝에 소산의 십분의 일을 다 내어 네 성읍에 저축하고, 성전을 섬기기 위해 선택된 레위인, 제사장, 나그네, 고아, 과부들이 와서 먹을 수 있도록 하라" 하였습니다. 이로 말미암아 여호와 경외하기를 배우게 될 것이라 하였습니다. 십일조는 공동체 전체를 아름답게 세워가는 제사장 나라의 기본적인 하나님과의 언약입니다. 이 말씀의 깊은 뜻이 무엇일까요? 무엇인가를 얻기 위하여 제사를 드리고 잘 되기 위하여 십일조를 드리는 것이 아니라는 것입니다. 십일조는 축복의 지름길이 아니라, 하나님과의 언약을 지키는 순종과 하나님을 사랑하는 것입니다. 하나님을 경외하는 것입니다. 곰곰이 생각해보셔야 합니다. 십일조를 축복의 도구가 하니라 언약 백성이 하나님을 사랑하기에 공동체를 세우기 위해 드리는 것입니다. 이렇게 할 때 3장 12절에서 "너희 땅이 아름다워지므로 모든 이방인들이 너희를 복되다" 할 것입니다.

말라기의 마지막 여섯 번째 논쟁은 완악한 자에 대한 심판의 경고를 하고 있습니다 (3:13-4:3).

하나님은 3장13절에서 "너희들이 완악한 말로 나를 대적하고 있다" 말합니다. 이 말씀에 대해서 백성들은 "도대체 우리가 무슨 말로 주를 대적하였느냐?" 하였습니다. 이들이 말한 완악한 말이 무엇이었나요? 14절에 "하나님을 섬기는 것이 헛되니 하나님 앞에서 그 명령을 지키켜 슬프게 행하는 것이 유익이 없다" 말하는 것이었습니다. 더 나아가 15절에서 이렇게 말합니다. "교만한 자가 잘 되는구나, 악을 행하는 자가 번성하는구나, 하나님을 시험하는 자 즉 하나님의 말씀을 지키지 않아도 화를 면하는구나" 한마디로 "굳이 하나님을 섬길 필요가 있는가?" 말하는 것입니다. 그러나 이 질문과 회의와 절망 속에 있는 백성들에게 여호와를 경외하는 소수의 무리들을 향한 하나님의 약속의 말씀을 선언하십니다.

"그 때에 여호와를 경외하는 자들이 피차에 말하매 여호와께서 그것을 분명히 들으시고 여호와를 경외하는 자와 그 이름을 존중히 여기는 자를 위하여 여호와 앞에 있는 기념책에 기록하셨느니라 만군의 여호와가 이르노라 나는 내가 정한 날에 그들을 나의 특별한 소유로 삼을 것이요 또 사람이 자기를 섬기는 아들을 아낌 같이 내가 그들을 아끼리니"(말 3:16-17)

"내 이름을 경외하는 너희에게는 공의로운 해가 떠올라서 치료하는 광선을 비추리니 너희가 나가서 외양간에서 나온 송아지 같이 뛰리라"(말 4:2)

그러나 교만한 자, 악을 행하는 자를 향한 심판의 말씀도 증거하십니다.

"보라 용광로 불같은 날이 이르리니 교만한 자와 악을 행하는 자는 다 지푸라기 같을 것이라 그 이르는 날에 그들을 살라 그 뿌리와 가

지를 남기지 아니할 것이로되"(말 4:1)

그러나, 말라기는 실망스러운 우리의 변명에도 불구하고 오늘 우리를 향한 하나님의 사랑이 여전한 것을 이 말씀이 선포합니다.

더 놀라운 것은 유대인들이 당혹스러울 예언의 말씀, 즉 복음이 말라기서 안에 있다는 것입니다. 말라기를 시작하자마자 "내가 너희를 사랑하였노라" 말씀하셨습니다. 1장11절의 말씀이 복음의 빛 되신 말씀입니다.

"만군의 여호와가 이르노라 해뜨는 곳에서부터 해 지는 곳까지의 이방 민족 중에서 내 이름이 크게 될 것이라 각처에서 내 이름을 위하여 분향하며 깨끗한 제물을 드리리니 이는 내 이름이 이방 민족 중에서 크게 될 것임이니라"(말 1:11)

이 약속과 예언의 말씀대로 때가 되었을 때 메시야 그리스도가 오셔서 세상 모든 백성을 죄와 사망과 고통에서 구원하셔서 거룩한 백성이 되게 하시고 우리를 성전 삼으사 하나님을 예배하는 자가 되었다는 것입니다. 그리고 믿는 자들의 이름을 영원한 생명책에 기록하시고 영원한 생명을 얻게 하신 하나님의 자녀가 되었다는 것입니다. 그 놀라운 약속을 이루시고 선포하신 말씀이 요한복음 3장16절입니다.

"하나님이 세상을 이처럼 사랑하사 독생자를 주셨으니 이는 그를 믿는 자마다 멸망치 않고 영생을 얻게 하려 하심이라"(요 3:16)

이 놀라운 복음이 담긴 말라기서를 다시 펼쳐 읽으시면서 우리를 여전히, 지금도, 그럼에도 불구하고 붙드시고, 인도하시고, 함께 하시는 신실한 하나님을 만날 수 있는 복된 믿음의 백성들이 되시기를 간절히 축원합니다.

성 경 6 6 권   핵 심 설 교

성경 숲 설교

구약편

초판인쇄일 _ 2022년 9월 23일
초판발행일 _ 2022년 9월 23일

펴낸이 _ 임경묵
펴낸곳 _ 도서출판 다바르

주소 _ 인천 서구 건지로 242, A동 401호(가좌동)
전화 _ 032) 574-8291

지은이 _ 안남기 목사
　　　　장로회신학대학교 신학과 (Th. B)
　　　　장로회신학대학교 신학대학원 졸업 (M.Div)
　　　　아세아연합신학대학교 대학원 (목회상담) 졸업 (Th. M)
　　　　백석대학교 대학원 (기독교상담) 졸업 (Ph.D)
　　　　르호봇 미션 (르호봇코워십스테이션, 공유교회) 대표
　　　　샘솟는 교회 담임목사

기획 및 편집 _ 장원문화인쇄
인쇄 _ 장원문화인쇄

ISBN 979-11-979511-0-7